MFS/47896

# LE COMTE DE CHAMBORD

(1820-1883)

PAR

G. DE NOUVION et É. LANDRODIE

PARIS

LIBRAIRIE FURNE

JOUVET ET Cie, ÉDITEURS

5, RUE PALATINE, 5

M DCCC LXXXIV

LE

COMTE DE CHAMBORD

PARIS — IMPRIMERIES RÉUNIES — C

Rue du Four, 54 bis. — 1960.

# LE COMTE
## DE
# CHAMBORD

(1820 - 1883)

PAR

GEORGES DE NOUVION

ET

ÉMILE LANDRODIE

PARIS

LIBRAIRIE FURNE

JOUVET ET Cⁱᵉ, ÉDITEURS

5, RUE PALATINE. 5

M DCCC LXXXIV

LE COMTE DE CHAMBORD

# PRÉFACE

*La monarchie légitime, interrompue pour la troisième fois par la Révolution de 1830, vient de descendre au tombeau avec le dernier Bourbon de la branche aînée.*

*Exilé dès l'enfance, le comte de Chambord a représenté pendant cinquante-trois ans, en face des révolutions, des coups d'État, des expériences politiques successives, un principe immuable, un ordre de choses politique et social qui, à ses yeux et à ceux de ses partisans, participait du dogme.*

*Que valait ce principe ? Quelles eussent été, aux époques où une troisième Restauration put paraître réalisable, les conséquences de ce rattachement de la chaîne traditionnelle ? Nous n'avons pas eu l'ambition de resoudre ces graves problèmes dans les pages qui suivent, ni de porter dès maintenant un jugement sur le comte de Chambord.*

*Nous avons, plus modestement, voulu noter les principaux traits d'une vie qui n'a été ni sans di-*

gnité ni sans grandeur. A égale distance des panégyristes et des détracteurs, nous avons voulu observer, dans cette étude, une impartialité constante. Nous nous sommes moins attachés à faire une œuvre personnelle qu'à réunir des documents qui fissent connaître les diverses circonstances de la vie du comte de Chambord et l'impression produite par ses actes.

Nous avons la confiance qu'à cet égard notre travail est complet.

Dans l'histoire de ce siècle, le comte de Chambord ne sera qu'un personnage secondaire, en quelque sorte épisodique. Mais il a été, pendant un demi-siècle, l'objet des vœux, l'inspirateur de la politique d'une fraction assez considérable de la France, quelques-uns de ses fidèles ont occupé une place assez large dans nos assemblées parlementaires pour qu'il ne puisse être passé sous silence.

Cette histoire, notre génération ne peut pas l'écrire. Les luttes des partis, où chacun de nous se trouve mêlé, sont trop vives pour que nous nous flattions d'atteindre à la sérénité nécessaire pour les retracer sans parti pris.

Notre rôle, c'est de marquer les traits de caractère de chaque personnage pris isolément.

A la postérité de fondre les personnages dans l'ensemble et de placer chacun au rang qui lui appartient.

*Novembre 1883.*

# LE COMTE DE CHAMBORD

## CHAPITRE PREMIER

### NAISSANCE DU DUC DE BORDEAUX

Mort du duc de Berri. — Déclaration de grossesse de la duchesse. — Tentatives criminelles. — Les dames de la halle de Bordeaux offrent un berceau. — Naissance du duc de Bordeaux. — Procès-verbal et acte de naissance. — La naissance est annoncée au corps municipal de Paris. — Allégresse populaire. — L'enfant est présenté par Louis XVIII aux Parisiens. — Libéralités. — Réjouissances publiques. — Félicitations du corps diplomatique. — *L'enfant du miracle.* — *L'enfant de l'Europe.* — Protestation dite du duc d'Orléans. — Les nourrices. — Le baptême.

Le 13 février 1820, le duc de Berri était assassiné, à la sortie de l'Opéra, par Louvel. Ce prince, second fils du comte d'Artois, frère du roi Louis XVIII, était le seul sur lequel la branche aînée de la maison de Bourbon pût fonder des espérances de postérité. Le roi Louis XVIII, en effet, n'avait pas d'enfants. Le comte d'Artois était veuf, et le mariage de son fils aîné, le duc d'Angoulême, avec sa cousine, Marie-Thérèse, fille de Louis XVI, était resté stérile.

Le duc de Berri, marié le 17 juin 1816 à la

princesse Caroline, fille du prince royal de Naples, avait eu trois enfants. Mais les deux premiers, un fils et une fille, n'avaient vécu que quelques heures. Il ne lui restait, au moment de sa mort, qu'une fille, Louise-Marie-Thérèse, née le 21 septembre 1819. Louvel, en l'assassinant, croyait donc qu'il enlevait à la famille royale tout espoir d'hérédité. Louvel se trompait. La duchesse de Berri était enceinte, et le duc de Berri l'annonçait lui-même, au milieu des angoisses de l'agonie. Le *Journal de Paris* rapporte le fait en ces termes dans son numéro du 15 février 1820 :

> Vers le milieu de la nuit, Monseigneur avait demandé sa fille, qu'il a tenue quelque temps dans ses bras, en la recommandant, avec les expressions les plus touchantes, aux soins de la duchesse et de toute la famille royale. A la vue du désespoir de M<sup>me</sup> la duchesse de Berri, le prince la conjura de songer à l'enfant qu'elle portait dans son sein. Cette circonstance, ignorée jusqu'alors, laisse à la France, mais malheureusement dans un avenir bien éloigné, quelque consolation.

Ce témoignage est confirmé par celui de Dupuytren, qui avait assisté le prince pendant cette dernière nuit, et qui déposa en ces termes, le 25 mars 1820, au procès de Louvel :

> ... « Cependant, frappé des suites que pouvait avoir un dévouement qui ne consultait que la tendresse et la douleur, le Prince la conjura de songer à elle, et, comme sa prière restait sans succès, il ajouta bientôt après : « Songez du moins, chère Caroline, à l'enfant que vous portez dans votre sein ; conservez-vous pour lui. » Ainsi fut révélée pour la première fois, au milieu du deuil qui se préparait, l'existence de cet enfant, sur qui se fondent tant d'espérances.

Cette révélation allégea un moment le poids qui

opprimait les cœurs. Une voix alors, faisant allusion aux dangers qui menaçaient une existence aussi peu assurée, et aux destinées qui lui étaient promises, fit entendre ces paroles :

*Heu, miserande puer, si qua fata aspera rumpas, tu Marcellus eris...* »

Mais que serait l'enfant dont l'existence venait d'être ainsi révélée ? Même en admettant que ce fût un garçon, quel fragile espoir que celui qui repose sur une grossesse de quelques semaines! La trace des inquiétudes du parti royaliste se révèle dans cette note de la *Gazette de France* : « Un journal dit que le conseil municipal de Paris a résolu de se rendre en corps auprès de Monsieur (le comte d'Artois) pour le supplier d'augmenter le plus cher espoir de la France en prenant une épouse » (1).

La démarche fut-elle faite ? Nous n'avons rien trouvé qui permette de le croire. Les ennemis de la royauté n'avaient cependant pas perdu tout espoir de supprimer l'enfant que la duchesse de Berri portait dans son sein. Deux tentatives pour effrayer la duchesse et provoquer une fausse couche eurent lieu dans la nuit du 28 au 29 avril et dans celle du 6 au 7 mai. Des pétards, placés dans le voisinage de ses appartements, éclatèrent avec grand fracas. Deux individus, nommés Gravier et Bouton, furent reconnus coupables de ces attentats.

La grossesse ne suivit pas moins son cours, et la princesse ne doutait pas qu'elle ne dût donner naissance à un fils. Les journaux du temps racontent que, dans les premiers mois de sa grossesse, elle vit en songe saint Louis qui lui annon-

---

(1) N° du 21 février 1820.

çait la naissance d'un fils. Un soir, le comte d'Artois cherchait à la préparer à voir son espoir trompé. « Mon père, lui dit la duchesse en l'interrompant, saint Louis en sait plus que vous là-dessus. »

La délivrance de la duchesse était attendue pour les derniers jours de septembre. Dès le 21, le *Moniteur* publiait la note suivante :

> Tout annonce que l'heureuse délivrance de S. A. R. M$^{me}$ la duchesse de Berri ne tardera pas à s'effectuer ; les canonniers des Invalides sont à leurs postes et attendent le signal qui doit annoncer cet événement à la capitale.

Le lendemain 22, la duchesse faisait transporter dans ses appartements « afin de l'avoir sous les yeux jusqu'au moment de sa délivrance », un tableau de Kinson, où elle était représentée avec sa fille, pleurant devant le buste du duc de Berri.

Le *Moniteur* du 25 septembre mentionne que la duchesse s'est promenée la veille sur la terrasse du bord de l'eau, et qu'elle jouit de la meilleure santé. Le lendemain, il insère cette note :

> On assurait et on se flattait aujourd'hui aux Tuileries que la délivrance de S. A. R. M$^{mo}$ la duchesse de Berri était proche.

Vers le même temps, la princesse, prévoyant le cas où l'enfantement serait laborieux, faisait venir son accoucheur, M. Deneux, et lui disait :

> « Je sais que dans le cas d'une couche périlleuse, l'usage est de sauver la mère au risque de perdre l'enfant. J'ignore si le ciel me réserve un accouchement laborieux : quoi qu'il en soit, souvenez-vous que l'enfant que je porte est à la France ; en cas de danger,

n'hésitez pas de le sauver, même aux dépens de ma vie. » M. Deneux, ajoute la *Gazette de France* (1), ne put répondre à S. A. R. que par des larmes d'admiration et d'attendrissement.

La santé de la duchesse continuait cependant à être satisfaisante, ainsi que l'attestent les bulletins publiés fréquemment au *Moniteur*. Dans tout le royaume, des messes étaient dites pour son heureuse délivrance. La ville de Bordeaux, la « ville du douze mars » se faisait remarquer entre toutes par son allégresse. Louis XVIII avait décidé que si l'enfant à naître était un prince, il porterait le titre de duc de Bordeaux. En remerciement, les dames de la halle de Bordeaux résolurent de lui offrir un berceau, et elles envoyèrent une députation à Paris pour présenter leur cadeau à la duchesse de Berri. La députation se rendit aux Tuileries le 23 septembre. Le *Moniteur* (2) rend compte de leur visite en ces termes :

Les dames de Bordeaux sont allées hier au château des Tuileries. Ces dames ont été reçues par Mme la duchesse de Reggio, chargée par S. A. R. Mme la duchesse de Berri de donner à chacune d'elles une belle médaille en or, suspendue à une chaîne du même métal, et représentant d'un côté S. A. R. Mgr le duc de Berri, et de l'autre, S. A. R. Mme la duchesse de Berri. On ne peut se faire une idée de la joie qu'ont manifestée ces bonnes dames en voyant sur la tranche de la médaille leur nom gravé, ainsi que la date de leur mission. Elles ont reçu, en outre, l'assurance qu'une semblable médaille, en bronze, serait envoyée à toutes les dames qui avaient participé à l'heureuse idée d'offrir un berceau à S. A. R.

(1) 6 octobre 1820.
(2) N° du 24 septembre

La journée du 28 septembre s'écoula sans qu'aucun symptôme fît prévoir l'imminence de la délivrance. Le *Moniteur* (1) enregistre que la duchesse de Berri est sortie à deux heures et est allée se promener sur la terrasse du bord de l'eau, en compagnie de ses premiers officiers et de M<sup>me</sup> la comtesse de Gontaut, qui portait S. A. R. Mademoiselle, et que LL. AA. RR. sont rentrées dans leurs appartements à trois heures et demie. Mais le même numéro, qui contient ces détails insignifiants, publie cette note :

(Cinq heures du matin. Nous suspendons la presse.) Le canon se fait entendre. S. A. R. M<sup>me</sup> la duchesse de Berri est heureusement accouchée d'un Prince.

Le lendemain, 30 septembre, le *Moniteur* publiait le bulletin suivant :

1<sup>er</sup> Bulletin de S. A. R. M<sup>me</sup> la duchesse de Berri.
Aujourd'hui 29 septembre 1820, à 2 heures 35 minutes du matin, S. A. R. M<sup>me</sup> la duchesse de Berri est accouchée d'un prince bien constitué et bien portant.
LL. AA. RR. sont dans le meilleur état.
Au palais des Tuileries, à 4 heures du matin.
Signé : Portal, Alibert, Distel, Guerin, Baron, baron Dupuytren, Bougon, Deneux, accoucheur.

Aussitôt après la naissance, les actes suivants furent dressés :

*Extrait des Registres de l'État Civil de la Maison Royale :*

L'an de grâce 1820, le 29<sup>e</sup> jour du mois de septembre, à trois heures et demie du matin,
Nous, Charles-Henri Dambray, chevalier, chancelier

---

(1) N° du 29 septembre.

de France, président de la Chambre des Pairs, chancelier et commandeur des Ordres du Roi, remplissant, aux termes de l'ordonnance de S. M. du 23 mars 1816, les fonctions d'officier de l'état civil de la Maison Royale ;

Accompagné de Charles-Louis Huguet, marquis de Semonville, pair de France, grand référendaire de la Chambre des Pairs, grand officier de l'Ordre royal de la Légion d'honneur ; et de Louis-François Cauchy, garde des archives de ladite Chambre, dépositaire des registres dudit état civil ;

Sur l'avis à nous donné par le grand-maître des cérémonies de France, que M$^{me}$ la duchesse de Berri était prise des douleurs de l'enfantement, nous nous sommes transportés au palais des Tuileries, pavillon de Marsan, résidence actuelle de S. A. R. très haute et très puissante princesse Caroline-Ferdinande-Louise, princesse des Deux-Siciles, duchesse de Berri, veuve de très haut et très puissant prince Charles-Ferdinand d'Artois, duc de Berri, fils de France, décédé à Paris, le 14 février dernier, à l'effet d'y constater la naissance de l'enfant dont est demeurée enceinte ladite princesse, en dresser procès-verbal, et recevoir, conformément à l'ordonnance du Roi du 23 mars 1816, l'acte de naissance prescrit par le Code civil ;

Arrivés audit palais, et conduits à l'appartement de M$^{me}$ la duchesse de Berri, nous y avons trouvé S. A. R. déjà heureusement accouchée d'un enfant du sexe masculin, ainsi que nous l'avons vérifié ; ledit enfant né à 2 heures 35 minutes du matin, ainsi que nous l'ont déclaré les témoins de l'événement désignés ci-après, et qui, d'après les ordres du Roi à nous transmis par le grand-maître des cérémonies, doit se nommer Henri-Charles-Ferdinand-Marie-Dieu-Donné d'Artois, duc de Bordeaux ;

Suit la déclaration desdits témoins :

1º Louis-Gabriel Suchet, duc d'Albuféra, pair et maréchal de France, grand-croix de l'Ordre royal de la Légion d'honneur, commandeur de l'Ordre royal et militaire de Saint-Louis, âgé de quarante-huit ans, demeurant à Paris, rue du Faubourg-Saint-Honoré, l'un des témoins désignés par le Roi, aux termes de l'ordonnance du 23 mars 1816, de laquelle désignation il nous a justifié par lettre close de S. M. du 11 juillet dernier,

Déclare ce qui suit :

J'étais logé par ordre du Roi au pavillon de Flore ; au premier avertissement qui me fut donné des douleurs que ressentait S. A. R. M^me la duchesse de Berri, je m'empressai de me rendre à son appartement : j'y arrivai à 2 heures 45 minutes ; à mon arrivée dans la chambre de la princesse, S. A. R. était déjà accouchée ; elle me dit : « Monsieur le Maréchal, vous voyez que l'enfant me tient encore, je n'ai point voulu que l'on coupât le cordon avant votre arrivée. » Je reconnus en effet à l'instant que l'enfant n'était point détaché de sa mère, et qu'il était du sexe masculin. La section du cordon ombilical n'eut lieu que quelques minutes après ; elle fut faite par M. Deneux, accoucheur de la princesse, en ma présence et en celle de plusieurs gardes nationaux qui avaient été appelés pour en être témoins, et dont trois étaient arrivés avant moi auprès du lit de la princesse ; MM. Bougon et Baron et M^me de Gontaut étaient aussi présents à cette opération ; lorsqu'elle fut terminée, S. A. R. donna l'ordre de faire entrer dans sa chambre tous les militaires qui se trouvaient au château, ce qui fut exécuté.

Et a signé :

*Signé :* le Maréchal duc d'Albuféra.

2º Marie-François-Henry de Franquetot, duc de Coigny, pair et maréchal de France, chevalier commandeur des Ordres du Roi, gouverneur de l'Hôtel Royal des Invalides, âgé de quatre-vingt-trois ans, demeurant à Paris, audit Hôtel des Invalides, témoin pareillement désigné par lettre close de S. M. sous la même date,

Déclare ce qui suit :

Je logeais par ordre du Roi, et depuis quelques jours, au château des Tuileries ; je fus averti que S. A. R.

venait d'accoucher; je m'empressai de me rendre à son appartement; au moment où j'y arrivai, la section du cordon ombilical venait d'avoir lieu en présence de M. le duc d'Albuféra et de plusieurs autres personnes présentes; je reconnus que l'enfant était du sexe masculin.

Et a signé :

*Signé :* Maréchal duc de COIGNY.

3º Nicolas-Victor Lainé, âgé de vingt-quatre ans, marchand épicier, demeurant rue de la Tisseranderie, nº 52, grenadier au 4e bataillon, 9e légion de la garde nationale de Paris,

Déclare ce qui suit :

J'étais en faction à la porte du pavillon Marsan; une dame vint m'engager à monter dans l'appartement de Mme la duchesse de Berri, pour attester que S. A. R. était accouchée d'un prince; j'y montai de suite, je fus introduit dans la chambre de la princesse, où il n'y avait encore que M. Deneux et une autre personne de la maison. Au moment où j'y entrai, je remarquai que la pendule marquait deux heures trente-cinq minutes. La princesse m'invita elle-même à vérifier le sexe de l'enfant, et la circonstance qu'il n'était pas encore détaché de sa mère; je reconnus en effet qu'il en était ainsi. Bientôt après arrivèrent MM. Paigné et Dauphinot, M. le duc d'Albuféra et ensuite, M. Triozon. Ce n'est qu'après leur arrivée et en leur présence qu'a eu lieu la section du cordon, après vérification faite du sexe de l'enfant, qui a été reconnu être du sexe masculin.

Et a signé :

*Signé :* LAINÉ.

4º Augustin-Pierre Paigné, âgé de trente-quatre ans, pharmacien, demeurant place Baudoyer, nº 1, premier sous-lieutenant de grenadiers au 4e bataillon, 9e légion de la garde nationale de Paris, déclare ce qui suit :

J'étais devant le poste lorsqu'un officier vint m'engager à me rendre avec un autre témoin dans l'appartement de S. A. R. Mme la duchesse de Berri ; j'y montai avec M. Dauphinot ; la princesse m'ordonna de vérifier le sexe de l'enfant, que je reconnus être masculin, et M. Deneux me fit voir qu'il n'était pas encore détaché de sa mère.

Et a signé :

*Signé* : A. Paigné.

5° Hippolyte-Louis Dauphinot, âgé de trente-hui ans, employé, demeurant à Paris, rue de Jouy, n° 8, sergent de grenadiers au 4ᵉ bataillon, 9ᵉ légion de la garde nationale,

Déclare ce qui suit :

On vint prévenir au poste que Mᵐᵉ la duchesse de Berri venait d'accoucher, je montai avec M. Paigné ; je vis l'enfant mâle dont la princesse était accouchée, tenant encore à sa mère. J'éclairai M. Deneux au moment où il opéra la section du cordon ombilical.

Et a signé :

*Signé* : Dauphinot.

6° Pierre-Antoine Triozon-Sadourny, âgé de quarante-neuf ans, négociant, demeurant place Royale, n° 26, capitaine de grenadiers au 4ᵉ bataillon, 9ᵉ légion de la garde nationale,

Déclare ce qui suit :

J'étais au poste du pavillon de Flore, on vint m'avertir de l'accouchement de S. A. R. ; je m'empressai de me rendre à son appartement. Je fus introduit dans la chambre au moment où la section du cordon venait d'être opérée en présence de M. le duc d'Albuféra et de plusieurs gardes nationaux et d'autres personnes. J'ai reconnu que l'enfant était du sexe masculin.

Et a signé :

*Signé :* Triozon-Sadourny.

7° Louis Franque, âgé de trente ans, garde du corps de Monsieur, de 1ʳᵉ classe, demeurant à l'Hôtel des gardes,

Déclare ce qui suit :

J'étais en faction à la porte de S. A. R. Mᵐᵉ la duchesse de Berri, et j'ai été le premier prévenu de l'événement. La dame qui me l'annonça m'ayant engagé à entrer, je laissai un instant mon fusil, j'entrai dans la chambre et je vis l'enfant mâle dont la princesse venait d'accoucher, non encore détaché de sa mère.

Et a signé :

*Signé :* Franque.

8° Augustin-Charles Fleury d'Hardivilliers, âgé de trente-trois ans, capitaine de grenadiers au 3ᵉ régiment de la garde royale, demeurant à Paris, rue du Bac, n° 120,

Déclare ce qui suit :

J'étais à mon poste; on vint me dire que S. A. R. ressentait les douleurs de l'enfantement, je me rendis à son appartement. On me fit entrer dans sa chambre, je vis l'enfant non encore détaché de sa mère. Je sortis aussitôt pour aller chercher M. le duc d'Albuféra, mais il s'était croisé avec moi et je ne le trouvai plus à son appartement.

Et a signé :

*Signé :* d'Hardivilliers.

9° Rose-Joséphine Gaunné de Cazeau, femme Devathaire, première femme de chambre de S. A. R. M^me la duchesse de Berri, âgée de quarante-huit ans, demeurant au pavillon de Marsan,

Déclare ce qui suit :

J'occupe une chambre joignant immédiatement celle de la princesse et dont la porte restait ouverte pendant la nuit. J'avais quitté S. A. R. en parfaite santé à deux heures du matin et je dormais depuis peu de temps lorsque je fus réveillée par la voix de M^me la duchesse de Berri qui appelait à elle; j'y courus à l'instant même; M^me Bourgeois y arriva en même temps que moi. La princesse me dit qu'elle était à l'instant d'accoucher. On m'avait confié la clef de l'appartement des enfants de S. A. R., afin que je pusse avertir, aux premières souffrances, M. Deneux, accoucheur de la princesse et M^me de Gontaut; je m'empressai d'y courir. Lorsque je revins, M^me Bourgeois me dit que la princesse était accouchée; je vis en effet l'enfant tenant encore à sa mère; S. A. R. me dit que c'était un garçon, ce que je vérifiai; il n'y avait encore auprès de la princesse que Mᵐᵉ Bourgeois et moi; je pensai qu'il fallait appeler quelqu'un pour être témoin. On alla chercher le garde du corps et le garde national qui se trouvaient en faction, et successivement il arriva plusieurs autres personnes parmi lesquelles se trouvait M. le duc d'Albuféra. La section du cordon n'a eu lieu qu'en leur présence. On avait envoyé de Pau, à la princesse, du vin de Jurançon et une gousse d'ail. S. A. R. s'en souvint et demanda qu'on fît boire à l'enfant de ce vin, et qu'on lui frottât les lèvres avec la gousse d'ail. Ce qui fut exécuté par S. M. elle-même qui était survenue dans l'intervalle.

Et a signé :

*Signé :* Gaunné-Cazeau-Devathaire.

10° Charlotte-Marie Villemenot, femme Bourgeois, âgée de trente-six ans, femme de chambre ordinaire de S. A. R., demeurant au pavillon de Marsan,

Déclare ce qui suit :

J'avais quitté à deux heures S. A. R. pour me retirer dans ma chambre, qui est très voisine de la sienne, et dont la porte restait ouverte. A peine étais-je endormie que la princesse s'est écriée, en disant : « Madame Bourgeois, vite, il n'y a pas un seul moment à perdre!» Je sautai au bas de mon lit, je tirai les sonnettes, et à peine étais-je arrivée au lit de la princesse que je reçus la tête de l'enfant. La princesse demanda aussitôt de la lumière, car il n'y en avait pas dans ce moment. J'allumai un flambeau à la lampe, « Dieu! quel bonheur, s'est écriée la princesse, c'est un garçon, c'est Dieu qui nous l'envoie! » Mᵐᵉ Devathaire, arrivée en même temps que moi, était allée aussitôt prévenir M. Deneux. A son retour, et sur l'ordre de la princesse, qui désirait qu'on fît entrer le plus de témoins possible, j'allai chercher le garde du corps de Monsieur et le garde national qui se trouvaient de faction; ils arrivèrent aussitôt et furent suivis de plusieurs autres. Bientôt après arriva aussi M. le duc d'Albuféra. Ce n'est qu'après son arrivée et lorsqu'il eut vérifié le sexe de l'enfant, qu'eut lieu la section du cordon ombilical.

Et a signé :

*Signé* : C.-M.-F. Bourgeois.

11° Marie-Charlotte-Julienne-Eugénie de Coucy, duchesse de Reggio, âgée de 29 ans, dame d'honneur de S. A. R., demeurant au pavillon Marsan,

Déclare ce qui suit :

J'ai été avertie sur-le-champ que S. A. R. ressentait les douleurs de l'enfantement. Je m'y suis rendue à l'instant même. En entrant, je vis sur le lit l'enfant non encore détaché de sa mère ; la princesse m'apprit que c'était un garçon. J'allai sur-le-champ en prévenir S. A. R. Monsieur.

Et a signé :

*Signé :* Marie Oudinot, duchesse de Reggio.

12° Marie-Louise-Joséphine de Montaut, vicomtesse de Gontaut-Biron, âgée de 47 ans, gouvernante des enfants de feu S. A. R. Mgr le duc de Berri, demeurant au pavillon Marsan,

Déclare ce qui suit :

A deux heures et demie, M$^{me}$ Devathaire vint m'avertir que S. A. R. ressentait les douleurs de l'enfantement ; je m'y rendis aussitôt. En entrant dans la chambre, j'entendis les premiers cris de l'enfant. M$^{me}$ la duchesse de Berri s'est écriée en me tendant les bras : « C'est Henri ! » J'ai reconnu que l'enfant n'était point encore détaché et était du sexe masculin. Au même moment sont arrivés des gardes nationaux, appelés par les ordres de S. A. R., et immédiatement après, M. le duc d'Albuféra. Ce n'est qu'en sa présence, et après la vérification par lui faite du sexe de l'enfant, que la section du cordon ombilical a eu lieu.

Et a signé :

*Signé :* M.-L.-J. Montaut, vicomtesse de Gontaut.

13° Ursule-Antoinette Blaise, femme Lemoine, âgée de 44 ans, garde de S. A. R. M$^{me}$ la duchesse de Berri, demeurant au pavillon Marsan,

Déclare ce qui suit :

On est venu m'avertir en même temps que Mme de Gontaut. J'arrivai quelques instants avant elle à l'appartement de S. A. R. L'enfant cria très fort et n'était pas encore détaché de sa mère ; je reconnus qu'il était du sexe masculin.

Et a signé :

*Signé :* U{o} Lemoine.

14° Louis-Charles Deneux, âgé de 53 ans, docteur en médecine, accoucheur de S. A. R. Mme la duchesse de Berri, demeurant rue de l'Université, n° 62,

Déclare ce qui suit :

A deux heures et demie, je fus prévenu que S. A. R. ressentait des douleurs de l'enfantement ; je courus sur-le-champ, et sans prendre le temps de m'habiller entièrement, à l'appartement de la princesse, Elle n'avait point eu le temps d'être changée de lit. Au moment où j'arrivai près d'elle, j'entendis l'enfant crier ; je reconnus qu'il était du sexe masculin et qu'il n'était pas encore détaché de sa mère, laquelle n'était point encore délivrée. Il a été vu dans cet état par plusieurs des gardes nationaux et gardes de Monsieur, par M. le duc d'Albuféra, et par MM. Baron et Bougon. D'après le désir de S. A. R., l'enfant jouissant d'une parfaite santé, la section du cordon n'a eu lieu qu'en présence de ces différentes personnes.

Et a signé :

*Signé :* Deneux, accoucheur.

15° Jacques-François Baron, âgé de 39 ans, médecin des enfants de feu S. A. R. Mgr le duc de Berri, demeurant rue du Four-Saint-Germain, n° 47,

Déclare ce qui suit :

Arrivé à deux heures trente-cinq minutes dans la chambre de S. A. R., je vis l'enfant placé sur sa mère, et non encore détaché d'elle. Je reconnus qu'il était du sexe masculin. La section du cordon n'a eu lieu qu'après l'arrivée de M. le duc d'Albuféra et de plusieurs autres témoins.

Et a signé :

*Signé :* Baron.

16º Charles-Jacques-Julien Bougon, âgé de 41 ans, premier chirurgien de S. A. R. Monsieur, demeurant rue Saint-Honoré, nº 333,

Déclare ce qui suit :

Je suis arrivé dans la chambre de S. A. R. M<sup>me</sup> la duchesse de Berri sur le premier avis qui m'en a été donné, et quelques instants après M. Baron. L'enfant était placé sur sa mère et lui était encore attaché par le cordon ombilical, dont la section n'a eu lieu qu'après l'arrivée et en présence de M. le duc d'Albuféra et de plusieurs autres témoins. Je reconnus que l'enfant était du sexe masculin.

Et a signé : *Signé :* Bougon.

17º Alexandre-Marie-Louis-Charles Lallemant, comte de Nantouillet, âgé de 61 ans, premier écuyer de feu S. A. R. Mgr le duc de Berri, demeurant à l'Elysée-Bourbon,

Déclare ce qui suit :

A deux heures trois quarts environ, je fus averti que M<sup>me</sup> la duchesse de Berri éprouvait les douleurs de l'enfantement. Je courus à son appartement, et, par son ordre, j'approchai de son lit. La princesse me montra elle-même que l'enfant tenait encore. Je reconnus qu'il était du sexe masculin.

Et a signé :

*Signé :* le comte de Nantouillet.

A l'information ci-dessus étaient présents : 1º Armand-Emmanuel-Septimanie du Plessis, duc de Richelieu, pair de France, grand-veneur de France, chevalier commandeur des Ordres du Roi, ministre secrétaire d'État, président du conseil des ministres, et, en cette qualité, tenant à défaut du ministre et secrétaire d'État de la maison du Roi, les registres de l'état civil de la maison royale; accompagné de Jules-Jean-Baptiste-François de Chardebœuf, comte de Pradel, directeur-général du ministère de la maison du Roi; 2º Henri-Evrard de Dreux, marquis de Brezé, pair de France, grand-maître des cérémonies de France, maréchal des camps et armées du Roi.

Et du tout avons dressé le présent procès-verbal, inscrit sur le double registre de l'état civil de la maison royale, et auquel, après lecture faite, ont signé avec nous les témoins désignés par le Roi : 1° Très haut, très puissant et très excellent prince Louis, par la grâce de Dieu, roi de France et de Navarre ; très haut et très puissant prince Charles-Philippe de France, comte d'Artois, Monsieur, frère du Roi ; très haute et très puissante princesse Marie-Charlotte de France, Madame, duchesse d'Angoulême ; très haut et très puissant prince Louis-Antoine d'Artois, duc d'Angoulême, fils de France ; 2° très haut et très puissant prince Louis-Philippe d'Orléans, duc d'Orléans, premier prince du sang ; très haute et puissante princesse S. A. R. Marie-Amélie, princesse des Deux-Siciles, duchesse d'Orléans, son épouse, première princesse du sang ; très haute et puissante princesse Louise-Marie-Adélaïde de Bourbon, duchesse d'Orléans, première princesse du sang, douairière ; très haut et puissant prince Louis-Henri-Joseph de Bourbon, duc de Bourbon, prince du sang ; très haute et puissante princesse Louise-Marie-Thérèse-Bathilde d'Orléans, duchesse de Bourbon, princesse du sang ; très haute et puissante princesse Eugénie-Adélaïde-Louise d'Orléans, Mademoiselle d'Orléans, princesse du sang ; 3° le président du conseil des ministres, le directeur général du ministère de la maison du Roi, et le grand-maître des cérémonies de France. Fait à Paris, au palais des Tuileries, les jour, mois et an que dessus.

*Signé* : LOUIS ;
    Charles-Philippe ;
    Marie-Thérèse ;
    Louis-Antoine ;
    Louis-Philippe d'Orléans ;
    Marie-Amélie ;
    Louise-Marie-Adélaïde de Bourbon ;
    Louis-Henri-Joseph de Bourbon ;
    L.-M.-T.-B. d'Orléans-Bourbon ;
    Eugénie A.-L. d'Orléans.

Maréchal duc de Coigny. — Maréchal duc d'Albu-

féra. — Le duc de Richelieu. — Le comte de Pradel.
— Le marquis de Dreux-Brézé. — Dambray. — Marquis de Semonville. — Cauchy.

Et de suite, nous, chancelier de France, assisté comme dessus, avons, en vertu des pouvoirs à nous conférés par l'ordonnance du roi du 23 mars 1816, procédé à la réception de l'acte de naissance ci-après :

## *ACTE DE NAISSANCE*

Du vendredi, vingt-neuvième jour de septembre mil huit cent vingt.

*Acte de naissance* de très haut et puissant prince Henri-Charles-Ferdinand-Marie-Dieu-Donné d'Artois, duc de Bordeaux, petit-fils de France, né aujourd'hui, à deux heures trente-cinq minutes du matin, au palais des Tuileries, à Paris ; fils de très haut et très puissant prince feu Charles-Ferdinand d'Artois, duc de Berri, fils de France, décédé à Paris, le quatorze février dernier, et de très haute et très puissante princesse Caroline-Ferdinande-Louise, princesse des Deux-Siciles, duchesse de Berri, sa veuve, demeurant audit palais des Tuileries, pavillon de Marsan.

Le présent acte reçu par nous, Charles-Henri Dambray, chevalier, chancelier de France, président de la Chambre des pairs, chevalier et commandeur des Ordres du Roi, remplissant, aux termes de l'ordonnance de Sa Majesté du 23 mars 1816, les fonctions d'officier de l'état civil de la maison royale, accompagné de Charles-Louis-Huguet, marquis de Semonville, pair de France, grand-officier de l'Ordre royal de la Légion d'honneur, et Louis-François Cauchy, garde des archives de ladite Chambre, dépositaire des registres dudit état civil.

En présence de très haut, très puissant, très excellent prince Louis, par la grâce de Dieu, Roi de France et de Navarre ; de très haute et très puissante princesse Marie-Thérèse-Charlotte de France, Madame, duchesse d'Angoulême ; de très haut et très puissant prince Louis-Antoine d'Artois, duc d'Angoulême, fils de France ; de très haut et puissant prince Louis-Philippe d'Orléans, duc d'Orléans, premier prince du sang ; de très haute et puissante princesse S. A. R. Marie-Amélie, princesse des Deux-Siciles, duchesse d'Orléans, première princesse du sang ; de très haute et puissante princesse Louise-Marie-Adélaïde de Bourbon, duchesse d'Orléans, première princesse du sang, douairière ; de très haut et puissant prince Louis-Henri-Joseph de Bourbon, duc de Bourbon, prince du sang ; de très haute et puissante princesse Louise-Marie-Thérèse-Bathilde d'Orléans, duchesse de Bourbon, princesse du sang ; et de très haute et puissante princesse Eugénie-Adélaïde-Louise d'Orléans, Mademoiselle d'Orléans, princesse du sang ;

En présence pareillement des témoins désignés par le Roi, à l'effet du présent acte, savoir : Marie-François-Henri de Franquetot, duc de Coigny, pair et maréchal de France, chevalier commandeur des Ordres du Roi, gouverneur de l'Hôtel royal des Invalides, âgé de quatre-vingt-trois ans, demeurant à Paris, audit Hôtel des Invalides, et Louis-Gabriel Suchet, duc d'Albuféra, pair et maréchal de France, grand-croix de l'Ordre royal de la Légion d'honneur, commandeur de l'Ordre royal et militaire de Saint-Louis, âgé de quarante-huit ans, demeurant à Paris, rue du Faubourg-Saint-Honoré, lesquels nous ont l'un et l'autre justifié de leur désignation par lettres closes de Sa Majesté, en date du 11 juillet dernier ;

Et encore en présence : 1° de Armand-Emmanuel-Septimanie du Plessis, duc de Richelieu, pair de France, grand-veneur de France, chevalier, commandeur des Ordres du Roi, ministre secrétaire d'Etat, président du conseil des ministres, accompagné de Jules-Jean-Baptiste-François de Chardebœuf, comte de Pradel, directeur général du ministère de la maison du Roi ; 2° de Henri-Evrard de Dreux, marquis de Brézé, pair de France, grand-maître des cérémonies de France, maréchal des camps et armées du Roi ; 3° des ministres de Sa Majesté, secrétaires d'État aux divers départements de la Justice, des Affaires étrangères, de l'Intérieur, de la Guerre, de la Marine et des Finances, savoir : Pierre-François-Hercule de Serre, garde des sceaux, ministre de la Justice; Etienne-Denis, baron Pasquier, ministre des Affaires étrangères ; Joseph-Jérôme, comte Siméon, ministre de l'Intérieur; Marie-Victor-Nicolas de Foy, marquis de Latour-Maubourg, ministre de la Guerre ; Pierre-Barthélemy, baron Portal, ministre de la Marine ; et Antoine Roy, ministre des Finances ;

Sur la déclaration de très haut et très puissant prince Charles-Philippe de France, comte d'Artois, Monsieur, frère du Roi, aïeul paternel du prince nouveau-né, curateur au ventre nommé par ordonnance de Sa Majesté du 22 juin dernier.

Et ont signé avec nous, après lecture faite :
LOUIS. — Charles-Philippe. — Marie-Thérèse. — Louis-Antoine. — Louis-Philippe d'Orléans. — Marie-Amélie. — Louise-Marie-Adélaïde de Bourbon. — Louis-Henri-Joseph de Bourbon. — L.-M.-T.-B. d'Orléans-Bourbon. — Eugénie A.-L. d'Orléans. — Maréchal duc de Coigny. — Maréchal duc d'Albuféra. — Le duc de Richelieu. — Le comte de Pradel. — Le marquis de Dreux-Brézé. — H. de Serre. — Pasquier. — Siméon. — Marquis V. de Latour-Maubourg. — Baron Portal. — Roy. — Dambray. — Marquis de Semonville. — Cauchy.

(Signé pareillement avec la permission de S. M. présente.)

† A., cardinal de Périgord. — Le prince de Talleyrand. — Le duc de La Châtre. — Le duc de Grammont. — Le duc de Luxembourg. — Le duc de Mouchy. — Le duc d'Havré et de Croï. — Maréchal Oudinot. — Le duc d'Avaray. — Le marquis de Boisgelin. — Le duc d'Escars. — Le marquis de la Suze. — Le duc de Serent. — Le marquis de Champanetz. — Le marquis de Rochemore. — Comte de Talleyrand. — † J.-B., évêque de Chartres. — Duc de Maillé. — Le comte d'Escars. — Le duc de Polignac. — Le comte de Fougières. — † A.-I.-H. de la Fare, archevêque de

Sens. — Le vicomte de Montmorency. — Le vicomte d'Agoult. — Le duc de Damas. — † Marc-Marie, évêque d'Amiens. — Le marquis d'Autichamp. — Ravez. — Le duc de Luis. — Le comte de Ménars. — Le comte de Nantouillet.

Collationné au registre par le soussigné, garde des archives de la Chambre des pairs,

Cauchy.

La nouvelle de la naissance fut aussitôt annoncée au corps municipal de la Ville de Paris. Le procès-verbal suivant fait connaître le cérémonial suivi en cette occasion et les détails de la solennité :

PRÉFECTURE DU DÉPARTEMENT DE LA SEINE

*Procès-verbal relatif à l'annonce de l'accouchement de S. A. R. M<sup>me</sup> la duchesse de Berri* (1).

Cejourd'hui, 29 septembre 1820, à quatre heures du matin, les membres composant le corps municipal de la Ville de Paris se sont réunis à l'Hôtel de Ville, sur l'avis qui leur a été donné par M. le conseiller d'État, préfet de la Seine, de l'accouchement de S. A. R. M<sup>me</sup> la duchesse de Berri.

L'assemblée étant formée de M. le comte de Chabrol, préfet du département, président, de M. le comte Anglès, préfet de police, de MM. les secrétaires généraux des deux préfectures, de MM. les membres du conseil général-municipal et de MM. les maires et adjoints des douze arrondissements de la ville de Paris, et étant réunis dans la grande salle de l'Hôtel de Ville, un des huissiers est venu annoncer M. le chevalier de Béarn, lieutenant des gardes de S. A. R. Monsieur, lequel a été reçu à la porte extérieure par le secrétaire général de la préfecture, et introduit dans l'assemblée.

M. le chevalier de Béarn, M. le préfet du départe-

(1) *Gazette de France*, lundi 2 octobre 1820.

ment ayant pris place à sa droite, a dit « qu'il venait de la part de S. A. R. Monsieur, frère du Roi, annoncer au corps municipal que S. A. R. M$^{me}$ la duchesse de Berri était accouchée fort heureusement ce matin, à deux heures et demie, d'un prince que le roi avait nommé *duc de Bordeaux*, et que M$^{me}$ la duchesse de Berri et Mgr le duc de Bordeaux étaient dans l'état le plus satisfaisant. »

Aussitôt, l'assemblée, ne pouvant contenir sa joie et son ivresse, s'est levée tout entière aux cris de : *Vive le Roi! vive M$^{me}$ la duchesse de Berri! vive le duc de Bordeaux! vivent les Bourbons!*

Ensuite M. le comte de Chabrol a répondu à M. le chevalier de Béarn : « Monsieur, le corps municipal reçoit avec une vive reconnaissance l'annonce de l'heureux événement que S. A. R. daigne lui faire connaître par votre message. La France éplorée demandait au ciel un nouveau rejeton de la race de saint Louis. Le ciel, dans sa justice, a daigné accomplir ce vœu. Il achèvera ce qu'il nous promet, et ce gage de sa clémence nous ouvre enfin la perspective d'un avenir assuré. Veuillez offrir, Monsieur, à S. A. R., l'hommage de notre reconnaissance et de la joie dont vous êtes témoin. Agréez, en même temps, cette faible marque des sentimens de la Ville de Paris à votre égard. »

M. le préfet a remis à ce moment à M. le chevalier de Béarn une tabatière d'or, richement ciselée, aux armes de la ville, sur le dessus de laquelle sont les portraits en émail de Mgr le duc et de M$^{me}$ la duchesse de Berri. M. le chevalier de Béarn a ensuite pris congé de l'assemblée. Il a été conduit jusqu'au grand escalier par le secrétaire général de la Préfecture, précédé des huissiers de la ville.

Quelques moments après, les huissiers ont annoncé l'arrivée de M. le marquis de Rochemore, maître des cérémonies de France, venant de la part du Roi. Il a été reçu à son entrée à l'Hôtel de Ville et conduit dans la grande salle avec tout le cérémonial accoutumé en pareil cas. Le fauteuil d'honneur avait été préparé pour lui entre celui de M. le préfet de la Seine, à droite, et celui de M. le préfet de police, à gauche. M. le marquis de Rochemore s'étant assis et couvert, a dit « qu'il venait de la part du Roi confirmer au corps municipal l'heureuse nouvelle de la naissance d'un prince, et qu'il était chargé en outre de remettre à M. le préfet et aux maires de Paris une lettre close de S. M. »

M. le comte de Chabrol a pris la lettre et, après en avoir lu la suscription, l'a remise au secrétaire général de la préfecture de la Seine, lequel en a fait lecture ainsi qu'il suit :

« A nos très chers et bien-aimés les préfet et maires de notre bonne ville de Paris.

« De par le Roi,

« Très chers et bien-aimés, la naissance d'un prince que la duchesse de Berri, notre très chère nièce, vient de mettre au jour, est un événement si conforme à nos désirs et aux vœux de nos sujets, que nous croyons ne pouvoir trop tôt en donner part à ceux de notre bonne ville de Paris, connaissant leur amour pour nous et leur attachement au bien de l'État. Nous envoyons à cet effet le maître ou aide des cérémonies qui vous dira en même temps que nous souhaitons que vous fassiez les réjouissances qui vous seront indiquées par notre ministre au département de l'Intérieur, conformément aux ordres que nous lui avons donnés. La présente n'étant à d'autres fins, nous prions Dieu qu'il vous ait en sa sainte et digne garde.

« Donné au château des Tuileries, le 29 septembre 1820.

« *Signé :* LOUIS. »

Le ministre secrétaire d'État au département de l'Intérieur,

*Signé :* Siméon.

A cette lecture, l'assemblée, vivement touchée, a fait entendre de nouvelles acclamations de *Vive le Roi! vive le duc de Bordeaux!*

M. le préfet de la Seine a adressé ces paroles à M. de Rochemore :

« Monsieur le marquis, S. A. R. Monsieur nous avait déjà fait annoncer l'heureux événement qui porte la joie dans le cœur de tous les Français. La lettre close de Sa Majesté, dont vous êtes porteur, en nous confirmant ce bonheur, ajoute à notre allégresse et à notre reconnaissance. La Providence a daigné écouter nos vœux ; elle rallume le flambeau presque éteint de la famille de nos rois ; elle a voulu dans sa justice que le crime du fanatisme ne prévalût pas contre ce sang auguste qui régit nos destinées depuis tant de siècles.

» Auguste enfant! comblez nos vœux, vivez pour perpétuer les vertus de vos pères, pour faire fleurir la religion, les mœurs, les libertés publiques. La France place en vous toutes ses espérances ; votre conservation miraculeuse lui promet qu'elles seront toutes accomplies.

» Veuillez, Monsieur le marquis, faire arriver jusqu'au pied du trône l'hommage de notre respectueuse reconnaissance et l'expression des sentimens que fait naître cet heureux jour. Le Roi y reconnaîtra le cœur des magistrats de sa bonne ville de Paris. Ils sont heureux à la fois des consolations que ce jour apporte dans son âme royale et des gages qu'il donne au repos de l'État. Recevez aussi ce témoignage de la reconnaissance que nous inspire à votre égard l'annonce de l'heureux événement que vous nous confirmez. »

Alors, M. le comte de Chabrol a également remis à M. de Rochemore une tabatière d'or, très richement ornée, ayant d'un côté les portraits de Mgr le duc et de M*me* la duchesse de Berri, et de l'autre les armes de la Ville de Paris. M. de Rochemore s'est ensuite levé et a pris congé de l'assemblée. Il a ensuite été reconduit jusqu'au bas du grand escalier par le secrétaire général de la préfecture de la Seine, accompagné de deux membres du conseil municipal et précédé de deux huissiers de la ville.

M. le préfet a levé la séance, et l'assemblée, profondément émue de tout ce qu'elle venait d'apprendre, s'est séparée aux cris répétés de *Vive le Roi! vive le duc de Bordeaux! vivent les Bourbons!*

Fait à l'Hôtel de Ville, le 29 septembre 1820, à six heures du matin.

(Suivent les signatures.)

Les journaux se montrèrent très sobres de détails sur l'événement. Le reportage n'était pas encore inventé. Ils se contentèrent de remarquer que le duc de Bordeaux était le premier Bourbon né à Paris. La *Gazette de France* donna cependant quelques renseignements particuliers. Elle rapporte que les témoins que Mme la duchesse de Berri avait fait appeler n'arrivant pas, M. Deneux voulait couper le cordon ombilical, observant qu'un plus long retard pourrait être dangereux. « A qui ? est-ce à mon enfant ? — Non, madame. — En ce cas, dit S. A. R., attendons » (1).

Elle note encore en ces termes une particularité médicale :

On assure que M. le docteur Deneux, accoucheur de S. A. R. Mme la duchesse de Berri, a été assez heureux pour rendre un important service à l'auguste accouchée, et que S. A. R. s'étant trouvée, après sa délivrance, dans une position analogue à celle où se trouva l'infortunée princesse Charlotte d'Angleterre, il a su écarter le danger et rétablir le cours ordinaire des choses par une manœuvre habile et prompte, exécutée avec précision et sang-froid (2).

Les bulletins officiels ne font aucune allusion à cet accident. Le second bulletin, daté du 29 septembre, à huit heures du soir, est ainsi conçu :

S. A. R. a éprouvé dans le courant de la matinée quelques tranchées qui se sont dissipées. S. A. R. n'a

(1) N° du 6 octobre 1820.
(2) N° du 5 octobre 1820.

cessé dès lors de se bien trouver. Elle a reposé plusieurs heures dans la soirée.

S. A. R. Mgr le duc de Bordeaux exécute parfaitement toutes ses fonctions. Il jouit de la meilleure santé.

*Signé :* PORTAL, ALIBERT, etc.

Les bulletins suivants, jusqu'au 18e et dernier, daté du 7 octobre, constatent tous que l'état de santé de la duchesse et de son enfant est « le plus satisfaisant. »

Les détonations d'artillerie qui annonçaient la naissance du prince royal furent le signal de réjouissances improvisées et de diverses scènes dont le *Moniteur* nous a conservé la physionomie.

Les pages du Roi, réveillés par le canon, entonnèrent immédiatement un *Te Deum* dans leur dortoir.

Nous empruntons au *Moniteur* les principaux passages de son compte rendu de cette journée.

Ce matin (29) (1), à cinq heures, une salve de vingt-quatre coups de canon a annoncé l'heureuse délivrance de M<sup>me</sup> la duchesse de Berri, et la naissance d'un prince. Au premier coup, la classe laborieuse qui commençait à se mettre en mouvement, s'est tout à coup arrêtée, comptant avec une patriotique sollicitude ; le même effet a eu lieu dans les halles et marchés publics ; pendant ce temps, les fenêtres des habitations s'ouvraient successivement et se garnissaient dans toutes les rues. Au treizième coup, les témoignages de l'allégresse publique ont éclaté de la manière la plus vive ; il y a eu dans les halles des rondes et des farandoles, aux cris réitérés de *Vive le Roi! Vive la famille royale! Vive le duc de Bordeaux !*

Pendant tout le cours de la journée, une foule considérable a circulé sur la terrasse du château et se

---

(1) *Moniteur*, 30 septembre.

pressait sous les fenêtres de l'appartement de S. A. R. Mme la duchesse de Berri. Les cris de : *Vive le Roi! Vive le duc de Bordeaux!* retentissaient au milieu de ces groupes qui donnaient les marques de la plus vive allégresse.

A la chute du jour, tous les édifices publics ont été illuminés d'une manière très brillante ; mais leur éclat était en quelque sorte amorti par le nombre et la variété des illuminations particulières dont chaque maison, même dans ses étages élevés, était soigneusement décorée. Le drapeau blanc fleurdelysé flottait à un grand nombre de croisées ; des emblèmes ingénieux, des transparents, des devises, des vers tracés en caractères de feu ajoutaient à la beauté du spectacle. Un très beau temps le favorisait ; de nombreuses files de curieux parcouraient les rues et les places publiques, répétant avec joie les refrains populaires que des chanteurs, accompagnés de nombreux instruments, faisaient entendre. Dans plusieurs quartiers, des boîtes, des pétards et des pièces d'artifice ont été tirés, et il a fallu que les propriétaires rappelassent aux jeunes gens les ordonnances de police pour arrêter ce genre de démonstration de la joie publique. Dans les divers théâtres, des scènes épisodiques analogues à l'heureux événement du jour, de joyeuses rondes, de jolis couplets ont été accueillis avec transport et répétés avec empressement par les acteurs, cédant au vœu unanime des spectateurs, qui leur répondaient par les cris chers aux Français.

Le Roi, accompagné de la famille royale, s'est rendu à midi à la chapelle du château. S. M. y a entendu la messe et le *Te Deum* qui a été chanté immédiatement après.

En retournant dans ses appartements, S. M. s'est avancée sur le balcon de la galerie. Une foule immense remplissait le jardin, et les plus vives acclamations ont été le témoignage le plus irrévocable de la joie que la ville de Paris éprouve, et que le peuple français tout entier va ressentir de l'heureux événement qui donne un nouveau rejeton à la race chérie de nos rois.

S. M. ayant fait signe qu'elle allait parler, un profond silence a succédé aux cris d'allégresse, et le Roi, d'une voix assez forte pour être parfaitement entendu dans le jardin, a prononcé ces mots :

« Mes enfants, votre joie centuple la mienne, il nous est né un enfant à tous. »

Ici, les acclamations n'ont pu se contenir et ont éclaté de nouveau de toutes parts. Le silence étant rétabli, le Roi a ajouté :

« Cet enfant sera un jour votre père, il vous aimera comme je vous aime, comme tous les miens vous aiment. »

Nous n'entreprendrons pas d'exprimer à quel point ces paroles, d'une bonté royale si touchante et si noble dans sa simplicité, ont ému tous ceux qui ont eu le bonheur de les entendre ; mais nous ne craignons pas d'assurer qu'elles ne périront point dans la mémoire des Français, et que, transmises d'âge en âge, elles trouveront dans nos descendants des cœurs non moins reconnaissants que les nôtres.

Le Roi, rentré dans son cabinet, y a entendu, entouré de sa famille, de ses ministres, des grands officiers de sa maison, et des principales personnes de sa cour, la lecture des actes qui constatent la naissance du duc de Bordeaux.

Il était (1) à peine cinq heures, qu'une foule immense conduite au château sur la nouvelle de la délivrance de la princesse, se pressait autour de ses fenêtres et faisait retentir les cris de *Vive le Roi ! Vive la famille royale ! Vive le duc de Bordeaux !* On assure que la princesse avait formé la trop généreuse résolution, si le ciel permettait qu'elle donnât un prince à la France, de se lever pour le montrer au peuple et aux soldats ; mais on a prévenu ce mouvement bien digne de la mère d'un prince qui portera le nom de Henri. M<sup>me</sup> de Gontaut a pris l'auguste enfant dans ses bras et l'a présenté aux fenêtres, aux regards de la multitude dont les vives

---

(1) *Moniteur*, 1<sup>er</sup> octobre.

acclamations semblaient annoncer que les intentions de S. A. R. étaient pressenties et payées de la plus tendre reconnaissance.

C'est M. Hue, valet de chambre du Roi, de service, qui a porté le premier au Roi la nouvelle si impatiemment attendue. Le Roi, profondément ému, a eu besoin de se faire répéter que l'enfant nouveau-né était un prince et s'est écrié : « Grâces soient rendues à Dieu. » S. M. s'est levée aussitôt et s'est rendue immédiatement chez la princesse, où étaient déjà Monsieur, Madame et Mgr le duc d'Angoulême. Les deux augustes frères sont tombés dans les bras l'un de l'autre et ont confondu leurs larmes de joie. S. M. s'est alors approchée du lit de sa nièce, et l'a embrassée avec toute la tendresse d'un père. C'est en ce moment que le petit-fils d'Henri IV a fait sur les lèvres de son neveu nouveau-né l'épreuve faite sur les lèvres du Béarnais, et dont l'histoire garde le souvenir (1).

Peu de temps après sont entrés M. le duc et M<sup>me</sup> la duchesse d'Orléans, qui ont présenté leurs félicitations à M<sup>me</sup> la duchesse de Berri.

. . . . . . . . . . . . . . . . . . . . . . . . . . . . . . . .

Puis la foule, sur les ordres de la princesse, une foule immense, a envahi ses appartements et défilé.

. . . . . . . . . . . . . . . . . . . . . . . . . . . . . . . .

A midi, une distribution de vivres a été faite aux soldats de garde au château et au Louvre ; à la même heure, une salve d'artillerie s'est fait entendre aux Invalides. Le canon de Vincennes avait annoncé aux habitants des campagnes l'heureux événement du jour. La joie brillait sur tous les visages.

. . . . . . . . . . . . . . . . . . . . . . . . . . . . . . . .

Dans tout le cours de la journée et dans l'après-midi, le concours a été le même sous les fenêtres de la princesse. Plusieurs fois, S. A. Monsieur a pris son petit-fils dans ses bras et l'a présenté à la foule qui les

---

(1) On a vu dans le procès-verbal publié plus haut que Louis XVIII avait frotté d'ail les lèvres du nouveau-né et lui avait fait boire quelques gouttes de vin de Jurançon, ainsi qu'avait fait Henri d'Albret à la naissance de Henri IV.

saluait tous les deux de ses vives acclamations. Madame, duchesse d'Angoulême, s'est également chargée de ce précieux fardeau, et l'a présenté à la fois et aux soldats et au peuple, sur lesquels le nom de Henri faisait l'impression la plus forte et la plus touchante. M^me la duchesse de Berri a voulu faire plus encore, elle a fait approcher son lit de la fenêtre, et s'est montrée aux citoyens profondément émus, tenant sur son sein le jeune prince et réalisant sur sa douce et auguste physionomie ce mélange du sourire et de la souffrance que le pinceau d'un grand maître a si bien réunis, en retraçant aussi la naissance de l'un de nos Rois. C'est en ce moment qu'est échappé de la bouche de la princesse un de ces mots touchants qui vont au cœur parce qu'ils partent de lui. Tous les efforts de la journée, et particulièrement ce dernier, avaient épuisé ses forces ; on craignait qu'elle ne se trouvât mal, et les hommes de l'art préparaient un calmant : « Laissez, laissez, dit-elle, en entendant les cris proférés par l'ivresse générale, voilà le véritable calmant. »

Le lendemain de la naissance du duc de Bordeaux, Louis XVIII faisait cadeau, à la duchesse de Berri d'une pendule que le *Moniteur* (1) décrit ainsi :

S. M. vient de faire présent à S. A. R. M^me la duchesse de Berri, d'une très belle pendule en bronze, sortant des ateliers de M. Thomire, et à l'embellissement de laquelle des artistes renommés, tels que MM. Lepaute et Parent, ont contribué, chacun dans leur genre.
Le sujet en est heureusement choisi. Sur un socle parfaitement fini, on voit d'un côté Lucine, appuyée sur un piédestal et attendant l'heure de l'enfantement ; de l'autre côté est Clotho, la plus jeune des Parques, qui doit filer d'or et de soie les jours de l'auguste en-

(1) N° du 1^er octobre.

fant. Au milieu de la pendule est un camée qui représente une allégorie touchante.

En même temps, des messes étaient dites à Paris et en province pour remercier Dieu de l'heureuse délivrance de la duchesse. La duchesse de Berri elle-même témoignait au cardinal, grand aumônier de France, son intention d'envoyer dire une messe à l'autel de Saint-Remy de Reims, et le cardinal chargeait l'abbé Godinot-Desfontaines, chapelain du roi, d'aller acquitter le vœu de la duchesse. Des actions de grâces étaient également célébrées dans les temples protestants et dans les synagogues. Une grande quantité de fleurs étaient déposées sur le piédestal de la statue d'Henri IV et beaucoup de personnes se présentaient à la tontine perpétuelle d'amortissement pour prendre des actions sur la tête du duc de Bordeaux.

De toutes parts les corps constitués, les municipalités envoyaient au Roi des adresses de félicitation et des députations. La famille royale répandait des libéralités. Le jour même de l'accouchement, le comte d'Artois faisait remettre 25,000 francs à l'archevêque de Paris et pareille somme au préfet de la Seine pour être distribués aux pauvres. Par ordonnance du 2 octobre, Louis XVIII donnait 50,000 francs « pour servir à acquitter les dettes contractées envers le bureau des nourrices par des pères et mères de Paris. » Il faisait acquitter par l'État les mois de nourrice de tous les enfants mâles nés le 29 septembre à Paris, de parents indigents, et une somme de 200 francs était versée, au nom de chacun de ces enfants, à la Caisse d'épargne et de prévoyance. La duchesse de Berri accordait, sur sa cassette, une gratification d'un franc à chacun des sous-officiers et soldats de la garde royale et des corps de la ligne composant la garnison de Paris.

Le Roi, enfin, rendait une ordonnance dont voici le préambule :

LOUIS, par la grâce de Dieu, roi de France et de Navarre (1),

A tous ceux qui ces présentes verront, salut.

Lorsque la divine Providence, par une faveur signalée, comblant nos vœux les plus ardents et accordant à l'amour de nos peuples une preuve si éclatante de sa protection, permet que nous espérions de voir renaître, pour le bonheur de la France, nos plus glorieux ancêtres, en la personne de notre bien-aimé petit-neveu le duc de Bordeaux ; voulant qu'un événement si cher à notre cœur, et qui doit exercer une si heureuse influence sur l'avenir des Français, soit célébré par une distribution solennelle de grâces, et désirant récompenser, à cette occasion, les services rendus à l'État et à nous, nous avons résolu de ne pas différer plus longtemps une promotion solennelle de nos Ordres.

. . . . . . . . . . . . . . . . . . . . . . . . . . .

Donné à Paris, le trentième jour du mois de septembre, de l'an de grâce 1820 et de notre règne le vingt-sixième.

*Signé :* LOUIS.

Et plus bas :

Richelieu.

Des remises de peines étaient en effet accordées et une nombreuse promotion était faite dans les ordres royaux. L'accoucheur de la duchesse de Berri, M. Deneux, était en même temps nommé chevalier de la Légion d'honneur.

Les municipalités organisaient des réjouissances publiques. Le 29 septembre même, la pré-

(1) *Moniteur,* 1er octobre.

fecture de police avait fait illuminer tous les édifices publics de Paris et invité les habitants à illuminer aussi leurs maisons. Le *Moniteur* du 2 octobre publiait l'annonce suivante :

> Il y aura, mardi prochain, une grande fête à l'occasion de l'heureuse naissance de Monseigneur le duc de Bordeaux. Des distributions de comestibles et de vin seront faites aux Champs-Élysées ; des jeux et des divertissements pareils à ceux qui ont eu lieu le jour de la fête du Roi seront renouvelés ce jour-là.
> Dimanche 8 octobre, les dames et les forts de la Halle se réuniront dans un banquet que M. le préfet de la Seine doit donner dans le marché Saint-Martin. Les charbonniers se réuniront, pour le même objet, dans le Marché des Blancs-Manteaux (1).

La préfecture de la Seine organisait pour ce même jour, mardi 3 octobre, des fêtes dont voici le programme :

PRÉFECTURE DU DÉPARTEMENT DE LA SEINE

*Programme des fêtes et réjouissances publiques municipales, qui auront lieu le mardi 3 octobre 1820, jour où sera chanté le* Te Deum *en actions de grâces de la naissance de S. A. R. Monseigneur le duc de Bordeaux.*

§ I<sup>er</sup>. CÉRÉMONIES MUNICIPALES.

Dans la matinée du mardi 3 octobre, le corps municipal se réunira à l'Hôtel de Ville pour se rendre en cortège au Te Deum qui sera chanté à l'église métropolitaine de Notre-Dame, en actions de grâces de l'heureuse naissance de S. A. R. Monseigneur le duc de Bordeaux.

(1) *Moniteur*, 2 octobre.

§ II. Fêtes et réjouissances publiques.

1º *Distribution de vin et de comestibles.*

A midi du même jour, il sera fait, aux Champs-Élysées, une distribution publique et gratuite de comestibles et de cent pièces de vin.

Les buffets seront, ainsi que les fontaines, placés le long des deux côtés de l'avenue des Champs-Élysées;

Les distributions de comestibles commenceront à midi, et les fontaines de vin couleront sans interruption, depuis la même heure jusqu'à la nuit.

2º *Jeux, spectacles et divertissements.*

A midi, s'ouvriront aussi, dans les deux carrés des Champs-Élysées, différents jeux, spectacles et exercices publics, savoir :

### Grand Carré.

Huit orchestres de danses et de chants;
Quatre mâts de cocagne, garnis chacun de cinq prix, savoir :
Une montre d'or à cadran d'or;
Une montre d'argent;
Un couvert d'argent;
Une timbale d'argent;
Et une paire de boucles d'argent;
Deux théâtres de sauteurs et danseurs de cordes équilibristes, voltigeurs, lutteurs, chanteurs et autres.
Un théâtre de vaudevilles, pantomimes, parades et scènes bouffonnes.

### Carré Marigny.

Quatre orchestres de danses et de chant;
Un théâtre de danseurs, voltigeurs, sauteurs de corde et danseurs;
Un théâtre de variétés amusantes, tours de physique, parades, automates, etc.

Ces jeux, spectacles, récréations et exercices commenceront tous à midi, et dureront, sans interruption, jusqu'à neuf heures du soir.

Toute l'avenue des Champs-Élysées, les deux carrés, les allées et les quinconces, seront illuminés en festons et guirlandes.

3º *Feu d'artifice.*

A huit heures du soir, un grand feu d'artifice sera tiré sur le pont Louis XVI, au signal qui en sera donné du château (1).

4º *Illuminations générales.*

Dans la soirée du même jour, l'Hôtel de Ville, les Mairies, le Palais de Justice, les halles et marchés, les fontaines, châteaux d'eau et tous les édifices publics et particuliers de la ville de Paris seront illuminés.

Fait à l'Hôtel de Ville, le 30 septembre 1820.

*Signé* : CHABROL.

(1) Les dispositions sont prises pour que ce feu réussisse mieux que le dernier.

Le dimanche précédent, 1ᵉʳ octobre, les forts de la halle et les charbonniers de Paris avaient témoigné de leur allégresse par une manifestation que le *Moniteur* (1) retrace en ces termes :

Hier, à onze heures, les forts de la halle et les charbonniers de la ville de Paris, tous en costume neuf, sont venus exécuter diverses danses devant les croisées de Mᵐᵉ la duchesse de Berri. S. A. R. ayant fait approcher son lit d'une fenêtre, a pris son fils entre ses bras et l'a montré à ces braves gens ; elle a ordonné ensuite que les portes de ses appartements leur fussent ouvertes, et tous en entrant deux à deux et observant un respectueux silence, ont pu contempler de près l'héritier de nos rois et son auguste mère.

Pour remercier la princesse de sa bienveillance, ils ont exécuté dans le jardin de nouvelles danses qui ont diverti extrêmement MONSIEUR et Madame la duchesse.

(1) *Moniteur*, 3 octobre.

Enfin, pour clore ces réjouissances, le conseil général de la Seine prenait la délibération suivante :

PRÉFECTURE DU DÉPARTEMENT DE LA SEINE

*Extrait des registres des procès-verbaux des séances du conseil général du département de la Seine, faisant fonctions de conseil municipal de la ville de Paris. — Séance du 2 octobre 1820* (1).

Sur la proposition de M. le comte de Chabrol, conseiller d'État, préfet de la Seine,

Le conseil général du département, remplissant à Paris les fonctions de conseil municipal,

Pénétré, comme tous les Français, des idées de bonheur que fait naître l'heureux événement qui vient de combler la France d'espérance et de joie ;

Touché particulièrement des manières naïves et de la gaîté franche qui ont présidé à l'expression des bons sentiments de plusieurs corporations laborieuses de la ville ;

Considérant que ces sentiments n'appartiennent qu'à de bons et loyaux Français, et que la réunion de ces sujets fidèles dans une fête de famille ne peut que faire encore mieux apprécier les vœux et les désirs du peuple de la capitale,

Délibère ce qui suit :

ARTICLE I<sup>er</sup>. — Monsieur le préfet est invité à réunir en un ou plusieurs banquets :

Les dames de la halle ;
La corporation des forts de la halle et des ports ;
Celle des charbonniers.

ART. II. — Monsieur le préfet réglera toutes les dispositions relatives à ces banquets, et donnera à connaître au conseil le crédit qui sera nécessaire pour ces dépenses.

*Signé au registre :* BELLART, président.
MONTAMANT, secrétaire.

(1) *Moniteur*, 8 octobre.

En même temps qu'il publiait cette délibération, le *Moniteur* donnait sur l'organisation des banquets ces indications :

Les banquets commenceront à 2 heures. Celui de mesdames de la halle sera servi au marché des Blancs-Manteaux.

Celui de MM. les forts de la halle et des ports, dans le local des greniers de réserve, boulevard de l'Arsenal.

Celui de MM. les charbonniers, au marché Saint-Martin.

La première table sera de 180 couverts.

La seconde de 250.

La troisième de 1,000.

MM. les maires de Paris feront les honneurs de chaque table.

Ces banquets seront suivis d'un bal.

Les poètes accordaient à l'envi leur lyre pour célébrer l'heureuse naissance du duc de Bordeaux, et l'on peut lire dans les journaux du temps une foule de pièces de vers dont l'intention est ordinairement meilleure que la facture (1). Deux odes seulement ont survécu et sont célèbres, celles de Victor Hugo et de Lamartine. C'est dans son ode que Lamartine donna au duc de Bordeaux le surnom d'*enfant du miracle* sous lequel il a été fréquemment désigné :

> « Il est né, l'enfant du miracle,
> Héritier du sang d'un martyr,
> Il est né d'un tardif oracle,
> Il est né d'un dernier soupir. »

(1) Le *Polybiblion*, dans ses livraisons de septembre et octobre 1883, a donné une bibliographie très étendue des écrits qui ont été publiés sur le comte de Chambord. On y trouvera notamment la liste de toutes ces poésies.

Le corps diplomatique s'unissait à la France pour saluer l'héritier du trône auquel il décernait le titre d'Enfant de l'Europe. Le *Moniteur* du 4 octobre rend compte en ces termes de l'audience solennelle de la veille :

Ce jourd'hui, 3 octobre, après la messe, MM. les ambassadeurs et ministres étrangers ont fait leur cour au Roi et à la famille royale, à l'occasion de l'heureux accouchement de S. A. R. Mme la duchesse de Berri et de la naissance de S. A. R. Mgr le duc de Bordeaux. S. Exc. M. de Machy, nonce de Sa Sainteté, a présenté en ces termes, à S. M., les félicitations du corps diplomatique :

« Sire,
« Le corps diplomatique vient réunir ses félicitations à celles de toute la France, pour le grand bienfait que la Providence, la plus favorable, a daigné accorder à la tendresse paternelle de V. M. Cet enfant de douleurs, de souvenirs et de regrets, est aussi l'enfant de l'Europe ; il est le présage et le garant de la paix et du repos qui doivent suivre tant d'agitations. »

Le Roi a répondu :
« Jamais je n'ai reçu avec autant de satisfaction les félicitations du corps diplomatique. Je suis persuadé que vos souverains partagent la joie qui remplit mon cœur ; elle est d'autant plus vive que je vois dans ce grand événement le bienfait le plus signalé de la Providence, et le gage du repos qu'elle daigne enfin accorder au monde. Je recommande ce cher enfant aux prières du Saint-Père, à celles de toute l'Église et à l'amitié de tous les souverains. »

Le Czar Alexandre Ier confirmait lui-même les sentiments exprimés par le nonce du Pape et il écrivait à Louis XVIII : « La naissance du duc de Bordeaux est un événement que je regarde comme très heureux pour la paix et qui porte de justes consolations au sein de votre famille. Je prie Votre Majesté de croire que je ratifie le titre d'Enfant de l'Europe dont on a salué M. le duc de Bordeaux. »

Après l'audience du Roi, les membres du corps diplomatique exprimaient le désir d'être admis auprès du duc de Bordeaux qui leur était présenté par Mᵐᵉ la vicomtesse de Gontaut, gouvernante des enfants de la duchesse de Berri. Enfin, quelques jours après, les ambassadeurs offraient leurs félicitations à la duchesse de Berri. Le *Moniteur* du 22 octobre raconte ainsi cette visite :

A l'issue de l'audience du Roi, le corps diplomatique tout entier a été introduit auprès de S. A. R. Mᵐᵉ la duchesse de Berri, qui était sur sa chaise longue, placée au-dessous du portrait en pied de l'époux qu'elle pleure et regrette tous les jours. Sur ses genoux reposait le fils, le successeur de tant de monarques illustres, en un mot le nouvel Henri que le Ciel a donné pour être la consolation de son héroïque mère et l'espoir de la patrie. Toute sa maison, rangée autour d'elle, partageait sa douloureuse situation ; les larmes étaient dans tous les yeux. Mais au milieu de cette affliction générale, la princesse serrait sur son sein, avec une tendre affection, le présent qu'elle tenait du Ciel, tandis que son auguste fille semblait, par les grâces et l'expression de bonté qu'elle tient de sa famille, dire à tous ceux qui étaient présents : « *Aimez-moi, je le mériterai un jour comme tous les miens.* »

C'est dans cette situation que Mgr le Nonce apostolique lui adressa, au nom du corps diplomatique, le discours suivant :

« Madame,

» Le Ciel a daigné accorder à V. A. R. la plus grande de toutes les consolations : cet enfant précieux qui fait le bonheur de la France et qui essuie tant de larmes, est une récompense des vertus éminentes qui honorent

V. A. R. et du courage vraiment héroïque qui la distingue.

» Le corps diplomatique, comblé de joie, a l'honneur de présenter l'hommage de ses félicitations à l'auguste mère, et il fait les vœux les plus ardents pour la conservation d'un prince, objet de tant d'espérances et de tant d'intérêts. »

Nouvelle Jeanne d'Albret, l'auguste princesse a répondu avec autant de grandeur d'âme que de noblesse :

« Je remercie les souverains des sentiments que vous venez de m'exprimer. Je suis fière du titre que vous avez donné à mon fils de *l'Enfant de l'Europe*. Recevez aussi mes remerciements de la part que vous avez prise à mes malheurs. »

Enfin une députation de la ville de Bordeaux, composée de MM. le vicomte de Gouges, maire, Ernoux, adjoint, Emerigon, président du tribunal de première instance, de Gauduque et de Marbotin était reçue le 13 octobre par le Roi. Au discours de félicitation du maire, Louis XVIII répondait par des paroles pleines de bienveillance pour la ville et rappelait les souvenirs du 12 mars. Après avoir félicité Bordeaux d'avoir, la première, ouvert ses portes à son prince légitime, le Roi ajoutait: « Il aurait manqué quelque chose à ma joie si je n'eusse rattaché son nom à l'heureux événement de la naissance de cet enfant. »

Cependant, au milieu des félicitations officielles et de l'allégresse publique, l'opposition libérale et bonapartiste continuait à émettre des doutes sur l'authenticité de la naissance de l'enfant royal. On racontait mystérieusement des histoires de grossesse simulée, de supposition d'enfant ; on discutait avec subtilité tous les incidents de la nuit du 29 septembre ; on examinait point par point les dépositions insérées au procès-verbal et on relevait soigneusement les plus légères divergences dans les témoignages.

Les résultats de cet examen malveillant se trouvent consignés dans un document que ses auteurs attribuèrent, pour lui donner plus d'autorité, au duc d'Orléans (le Roi Louis-Philippe). Dès que cette protestation eut été publiée dans le *Morning Chronicle*, le duc d'Orléans s'empressa de la désavouer. Nous ne la reproduisons que parce qu'elle résume les articulations du parti libéral contre l'authenticité de la naissance du duc de Bordeaux.

*Protestation du duc d'Orléans sur la légitimité de la naissance du comte de Chambord.*

S. A. R. déclare par les présentes qu'il proteste formellement contre le procès-verbal daté du 29 septembre dernier, lequel acte prétend établir que l'enfant nommé *Henri-Charles-Ferdinand-Dieudonné* est le fils légitime de S. A. R. Madame la duchesse de Berri.

Le duc d'Orléans produira en temps et lieu des témoins qui peuvent faire connaître l'origine de l'enfant et sa mère. Il produira toutes les preuves nécessaires pour rendre manifeste que la duchesse de Berri n'a jamais été enceinte depuis la mort infortunée de son époux et il signalera les auteurs de la machination dont cette triste princesse a été l'instrument.

En attendant qu'il arrive un moment favorable pour dévoiler cette intrigue, le duc d'Orléans ne peut s'empêcher d'appeler toute l'attention sur la scène fantastique qui, d'après le susdit procès-verbal, a été jouée au pavillon Marsan.

Le *Journal de Paris*, que tout le monde sait être un journal confidentiel, annonça le 20 août dernier le prochain accouchement dans les termes suivants :

« Des personnes qui ont l'honneur d'approcher la princesse nous assurent que l'accouchement de S. A. R. n'aura lieu que du 20 au 28 septembre. »

Lorsque le 28 septembre arriva, que se passa-t-il dans les appartements de la duchesse?

Dans la nuit du 28 au 29, à deux heures du matin, toute la maison était couchée et les lumières éteintes. A deux heures et demie, la princesse appelle, mais la dame de Vathaire, sa première femme de chambre, était endormie; la dame Lemoine, sa garde, était absente, et le sieur Deneux, l'accoucheur, était déshabillé.

Alors, la scène changea. La dame Bourgeois alluma une chandelle et toutes les personnes qui arrivèrent dans la chambre de la duchesse virent un enfant qui n'était pas encore détaché du sein de la mère.

Mais comment cet enfant était-il placé?

Le médecin Baron déclare qu'il vit l'enfant placé sur sa mère et non encore détaché d'elle.

Le chirurgien Bougon déclare que l'enfant était placé sur sa mère et encore attaché par le cordon ombilical.

Ces deux praticiens savent combien il est important de ne pas expliquer plus particulièrement comment l'enfant était placé sur sa mère.

M<sup>me</sup> la duchesse de Reggio a fait la déclaration suivante :

« Je fus informée sur le champ que S. A. R. ressentait les douleurs de l'enfantement. J'accourus auprès d'elle à l'instant même, et en entrant dans la chambre, je vis l'enfant sur le lit et non encore détaché de sa mère. »

Ainsi, l'enfant était sur le lit, la duchesse dans le lit, et le cordon ombilical introduit sous la couverture.

Remarquez ce qu'observa le sieur Deneux, accoucheur, qui, à deux heures et demie, fut averti que la duchesse ressentait les douleurs de l'enfantement, qui accourut sur le champ auprès d'elle sans prendre le temps de s'habiller entièrement, qui la trouva dans son lit et entendit l'enfant crier.

Remarquez ce que vit le sieur Lainé, garde national, qui était en faction à la porte du pavillon Marsan, qui fut invité par une dame à monter, monta, fut introduit dans la chambre de la princesse, où il n'y avait que le sieur Deneux et une autre personne de la maison, et qui, au moment où il entra, observa que la pendule marquait deux heures trente-cinq minutes.

Remarquez ce que vit le médecin Baron, qui arriva à deux heures trente-cinq minutes, et le chirurgien Bougon, qui arriva quelques instants après le sieur Baron.

Remarquez ce qui doit avoir été vu par le maréchal de Coigny, qui était logé aux Tuileries par ordre du Roi, qui fut appelé lorsque S. A. R. était délivrée, qui se rendit en hâte à son appartement, mais qui n'arriva qu'un moment après que la section du cordon ombilical avait eu lieu.

Remarquez ce que vit le maréchal Suchet, qui était logé par ordre du Roi au pavillon de Flore, et qui, au premier avis que S. A. R. ressentait les douleurs de l'enfantement, *se rendit en toute hâte à son appartement, mais n'arriva qu'à deux heures quarante-cinq minutes*, et qu'il fut appelé pour assister à la section du cordon ombilical quelques minutes après.

Remarquez enfin ce qui fut vu par toutes les personnes qui furent introduites après deux heures et demie jusqu'au moment de la section du cordon ombilical, qui eut lieu quelques minutes après deux heures trois quarts.

Mais où étaient donc les parents de la princesse, pendant cette scène qui dura au moins vingt minutes? Pourquoi, durant un aussi long espace de temps, affectèrent-ils de l'abandonner aux mains de personnes étrangères, de sentinelles et de militaires de tous les rangs? Cet abandon affecté n'est-il pas précisément la preuve la plus complète d'une fraude grossière et manifeste? N'est-il pas évident qu'après avoir arrangé la pièce, ils se retirèrent à deux heures et demie et que, placés dans un appartement voisin, ils attendaient le moment d'entrer en scène et de jouer les rôles qu'ils s'étaient assignés?

Et, en effet, vit-on jamais, lorsqu'une femme, de quelque classe que ce soit, est sur le point d'accoucher, que pendant la nuit, les lumières fussent éteintes, que les femmes placées auprès d'elle fussent endormies, que celle spécialement chargée de la soigner s'éloignât, que son accoucheur fût déshabillé, et que sa famille, habitant sous le même toit, demeurât plus de vingt minutes sans donner signe de vie ?

S. A. R. le duc d'Orléans est convaincu que la nation française et tous les souverains de l'Europe sentiront toutes les conséquences dangereuses d'une fraude aussi audacieuse et si contraire au principe de la monarchie héréditaire et légitime.

Déjà la France et l'Europe ont été victimes d'usurpations. Certainement, une nouvelle usurpation, de la part d'un prétendu Henri V, amènerait les mêmes malheurs sur la France et sur l'Europe.

Fait à Paris, le 30 septembre 1820.

Le parti royaliste ne releva pas sur le moment les griefs énumérés dans la protestion. Mais à quelque temps de là, Fouché étant venu à mourir, la *Gazette de France* en profita pour renvoyer aux bonapartistes les soupçons qu'ils avaient émis au sujet du duc de Bordeaux. On lit, en effet, dans la *Gazette* du 11 avril 1821 cette note perfide : « On dit que parmi les papiers adressés par le feu duc d'Otrante à d'augustes personnages, il en est qui jettent un grand jour sur les naissances du mois de mars 1811. »

Dès le 18 septembre, la nourrice de l'enfant dont la naissance était imminente était installée aux Tuileries. Elle se nommait M^me Bayart et était femme d'un notaire d'Armentières (Nord). Mais elle dut bientôt résigner ses fonctions. Le *Journal des Débats* lui consacra, lors de son départ, un curieux article qui fut reproduit le lendemain par le *Moniteur* (1) :

M^me Bayart, disait le *Journal des Débats*, qui s'était offerte et avait été acceptée et choisie pour être la nour-

(1) 19 octobre.

rice de Mgr le duc de Bordeaux, et qu'une indisposition passagère, fruit peut-être de son excessive sensibilité, a empêchée de continuer une fonction qui lui était si honorable et si chère, quitte aujourd'hui (18 octobre) le château des Tuileries et retourne à Armentières avec son mari, notaire dans cette ville. Son départ a été précédé de faveurs singulières, accordées moins encore à celle qui a eu le bonheur d'allaiter un ou deux jours le précieux enfant, joie et espoir de la France, qu'à la royaliste ardente et courageuse qui, pendant les Cent Jours, âgée seulement de vingt ans et point encore mariée, se dévoua à la cause royale, protégea plusieurs serviteurs du Roi contre leurs ennemis, correspondit à Gand avec les personnages les plus illustres et les plus fidèles, négocia même la reddition d'une place forte, et, par conformité de sentimens, unit sa destinée à celle d'un bon Français qui, à la même époque, donnait des preuves non moins signalées du même dévouement et apportait à Gand, aux pieds du Roi, une somme de 500,000 francs offerte par lui et par quelques royalistes d'Armentières. Monsieur lui a fait présent d'un superbe médaillon enrichi de brillants d'une très grande valeur, et ce qui en rehausse le prix, c'est qu'il contient des cheveux de Mgr le duc de Bordeaux. S. A. R. a accompagné ce présent des paroles les plus obligeantes, dites avec cette bonté et cette grâce qui lui sont particulières. Dans une lettre charmante, M$^{me}$ la duchesse de Berri a daigné exprimer ses regrets à M$^{me}$ Bayart et lui promettre sa constante protection, ainsi qu'à son mari et à l'enfant qui devait avoir l'honneur d'être le frère de lait de Mgr le duc de Bordeaux. Cette auguste princesse, qui se connaît si bien en courage, avait dit de ce lait que devait sucer son fils, que c'était un *lait courageux*.

Elle fut remplacée par M$^{me}$ Coutray, femme d'un vigneron de Voisemont, commune des environs de Poissy.

Le 4 novembre, le duc de Bordeaux fut vacciné. Les détails de cette opération sont consignés dans le procès-verbal suivant, inséré au *Moniteur* du 5 novembre :

Le samedi 4 novembre 1820, à une heure après midi, MM. Portal, premier médecin du Roi ; Hallé, premier médecin de S. A. R. Monsieur ; Bougon, premier chirurgien de Monsieur ; Baron, médecin de LL. AA. RR. Mgr le duc de Bordeaux et Mademoiselle, se sont réunis pour assister à la vaccination de Mgr le duc de Bordeaux, qui devait être pratiquée par M. Deneux, accoucheur de M$^{me}$ la duchesse de Berri.
M. Deneux a présenté l'enfant qui devait fournir le vaccin. Cet enfant, du sexe masculin, âgé de six semaines, présentant toutes les apparences d'une bonne santé, ainsi que sa mère, offrait deux boutons au bras droit et un au bras gauche, lesquels étaient remplis d'un fluide de bonne qualité. M. Deneux procéda à l'opération et pratiqua trois piqûres à chacun des bras du jeune prince.
Au pavillon Marsan, lesdits jour et an que dessus.
*Signé* : Portal, Hallé, Bougon, Baron, Deneux.

Le lendemain, le *Moniteur* insérait un bulletin ainsi conçu :

La santé de S. A. R. Mgr le duc de Bordeaux n'éprouve aucune altération des suites de l'opération de la vaccine, qu'il a subie hier.

Vers ce moment, la cour d'assises de la Seine fut saisie du procès criminel de Gravier et Bouton, accusés d'être les auteurs de l'attentat du 28 avril. Reconnus coupables, ils furent condamnés à mort. La duchesse de Berri écrivit au Roi pour demander leur grâce, et, le 11 décembre, leur peine fut commuée en celle des travaux forcés à perpétuité.
Le duc de Bordeaux avait été ondoyé le 1$^{er}$ octobre par l'évêque d'Amiens, premier aumônier

de la duchesse de Berri. La cérémonie du baptême se trouva donc ajournée. Mais les préparatifs de la solennité commencèrent presque aussitôt. Dès le 7 octobre, Louis XVIII rendait l'ordonnance suivante :

### ORDONNANCE DU ROI

LOUIS, par la grâce de Dieu, roi de France et de Navarre,

A tous ceux qui ces présentes verront, salut. Voulant que le baptême de notre bien-aimé petit-neveu le duc de Bordeaux soit pour nous et notre peuple une nouvelle occasion de rendre de solennelles actions de grâce à la Providence, du bienfait signalé qu'après tant de jours de malheur et de deuil, elle a accordé aux vœux de la France; voulant resserrer les liens indissolubles qui unissent le trône et la nation; et désirant, dans un jour si cher à notre cœur, être entouré des membres des deux Chambres, des grands corps de magistrature et des députations des bonnes villes de notre royaume, afin que la France tout entière soit représentée dans cette cérémonie. Voulant enfin marquer cette époque et en perpétuer le souvenir par des récompenses accordées aux citoyens qui ont bien mérité de l'État;

Sur le rapport de nos ministres secrétaires d'État, nous avons ordonné et ordonnons ce qui suit:

ART. I<sup>er</sup>. Le baptême de notre bien-aimé petit-neveu le duc de Bordeaux aura lieu dans l'église de Notre-Dame de notre bonne ville de Paris, en notre présence et en celle des Princes et Princesses de notre famille, et des princes et princesses de notre sang.

ART. II. Seront appelés comme témoins à cette cérémonie :

Les ministres secrétaires d'État,
Les maréchaux de France,
Les ministres d'État,
Les conseillers et maîtres des requêtes en notre Conseil d'État,
La Cour de cassation,

La Cour des comptes,
La Cour royale de Paris,
Le corps municipal de Paris,
Les députations nommées par les bonnes villes du royaume, pour représenter leurs corps municipaux.

Art. III. Les mariages de quatorze filles dotées par notre bonne ville de Paris seront célébrés dans la matinée du même jour dans les douze arrondissements de la ville.

Art. IV. Des réjouissances publiques auront lieu dans notre bonne ville de Paris, ainsi que dans toutes les villes du royaume.

Art. V. Une amnistie est accordée à tous les déserteurs de nos armées de terre et de mer, aux conditions et dans les formes qui seront déterminées par nos ordonnances spéciales.

Art. VI. Au jour fixé pour le baptême, notre garde des sceaux, ministre de la Justice, nous présentera l'état des individus détenus en vertu d'un jugement criminel ou correctionnel, qui, en raison des circonstances atténuantes de leurs crimes ou délits, ou de leur bonne conduite depuis leur condamnation, auraient des titres à notre clémence.

Art. VII. Une promotion dans les ordres royaux de Saint-Louis et de la Légion d'honneur aura lieu dans nos armées de terre et de mer, et dans les différents départements de l'administration publique.

Nos ministres secrétaires d'État nous proposeront, au jour fixé pour le baptême, les nominations qui devront avoir lieu en vertu de cette disposition.

Art. VIII. Nos ministres secrétaires d'État sont chargés de l'exécution de la présente ordonnance.

Donné à Paris, en notre château des Tuileries, le 7 octobre de l'an de grâce 1820, et de notre règne le vingt-sixième.

*Signé :* LOUIS.

Par le Roi :
Le ministre secrétaire d'État au département de l'Intérieur,

*Signé :* Siméon.

Presque en même temps, Bordeaux se préparait à offrir au jeune prince un nouveau gage de son attachement. Le 24 octobre, la *Gazette de France* annonçait que « les dames de la Halle de Bordeaux, qui ont fait l'hommage du superbe berceau destiné au jeune prince, se proposent, de concert avec les marchands de sardines de la même ville, d'offrir, pour le baptême, un magnifique couvre-pied enrichi d'emblèmes et d'ornements. »

Le 11 novembre, la *Gazette* donnait de nouveaux détails sur ce cadeau. « Le couvre-pied destiné par les dames de la Halle de la ville du *douze mars* à S. A. R. Mgr. le duc de Bordeaux doit être terminé à la fin de ce mois, disait-elle; ce sont les dames Vincent de la communauté du Sacré-Cœur qui s'occupent de sa confection.

Enfin, un mois plus tard, le 12 décembre, le *Moniteur* parlait à son tour du couvre-pied.

Les curieux, disait-il, vont voir, dans l'atelier de M. Galard, le riche couvre-pied qui doit être offert, pour l'époque du baptême, à S. A. R. Mgr le duc de Bordeaux.

Outre l'image du duc, on remarque celle de l'archange saint Michel terrassant le démon.

On sait que le duc de Bordeaux fut baptisé avec de l'eau du Jourdain, que Chateaubriand avait rapportée de son voyage en Terre-Sainte. Voici, d'après le *Journal des Débats* (1), dans quelles circonstances cette eau fut offerte à la duchesse de Berri :

Mme la duchesse de Berri a honoré de sa visite, vendredi dernier (1er novembre), l'infirmerie de Marie-Thérèse. Ce nouvel asile, que la religion a ouvert à nos

---

(1) 3 décembre 1820.

nouveaux malheurs, a paru intéresser vivement la princesse. Elle a été reçue par M^me la vicomtesse de Chateaubriand, qui consacre tous ses soins à cet hospice; par les conseillers de l'établissement, MM. de Levis, de Montmorency, de Saulot, de Polignac, de la Rochefoucault, de Chateaubriand; par MM. les docteurs Lucas, Cayolle et Charpentier; par l'aumônier et par les sœurs de la Charité attachés à l'infirmerie. Au moment où S. A. R. allait se retirer au milieu des vœux et des bénédictions qui l'accompagnent partout, M. de Chateaubriand lui a demandé la permission de lui offrir de l'eau du Jourdain qu'il a lui-même puisée dans le fleuve. Cette eau, parfaitement conservée, est renfermée dans un de ces vases de fer-blanc que les pèlerins prennent au couvent de Saint-Sauveur, à Jérusalem, et qui, scellés avec du plomb fondu, ne laissent aucun passage à l'air extérieur. M. de Chateaubriand a encore fait hommage à la princesse, au nom d'un voyageur anglais, M. Joliffe, d'un petit flacon de verre également rempli d'eau du Jourdain. S. A. R. M^me la duchesse de Berri, a daigné agréer la double offrande pour servir au baptême de Monseigneur le duc de Bordeaux.

Le baptême fut célébré en grande pompe à Notre-Dame, le 1^er mai 1821. La *Quotidienne* rend compte en ces termes de la cérémonie :

« LL. AA. RR. Monsieur et Madame ont tenu sur les fonts baptismaux l'enfant auguste par procuration de S. M. le roi des Deux-Siciles et S. A. R. la princesse héréditaire de Naples. Après le baptême, Monseigneur le duc de Bordeaux a été reconduit aux Tuileries avec Mademoiselle, qui avait aussi assisté à la cérémonie et dont les grâces avaient souvent été remarquées par le public.

» Après la messe basse, accompagnée de musique de M. Lesueur et le *Te Deum*, le roi et les princes de sa famille ont signé l'acte. Puis Monseigneur le chancelier, M. le président de la Chambre des députés,

MM. les députés des bonnes villes du royaume ont été admis à le signer également. »

Le même jour, fut célébré le mariage de seize orphelines dotées par la Ville de Paris. Après la bénédiction nuptiale, les nouveaux époux furent conduits par les maires et adjoints de leur arrondissement à Notre-Dame et présentés au Roi.

# CHAPITRE II

## LA SOUSCRIPTION DE CHAMBORD

Historique de Chambord. — Le domaine est mis en vente. — Première pensée de la souscription. — Ajournement de l'adjudication. — Commission d'organisation. — Rapport du comte Siméon au Roi. — La souscription devant la Chambre. — *Simple discours* de P.-L. Courier. — Acquisition du domaine.

Le jour même de son baptême, le duc de Bordeaux devenait possesseur du domaine de Chambord. Ce domaine appartenait à l'origine à la maison d'Orléans. Il fut réuni à la couronne lors de l'avènement de Louis XII. François I$^{er}$ se prit d'affection pour cette résidence où il pouvait satisfaire son goût pour la chasse et où il se trouvait à proximité du château de la comtesse de Thoury, sa maîtresse. Au retour de sa captivité d'Espagne, en 1526, il fit construire le château qui existe encore et dont les architectes furent Pierre Nepveu, dit Trinqueau, et Jacques Cogneau. C'est sur une des vitres de Chambord que François I$^{er}$ aurait tracé au diamant le fameux distique :

> Souvent femme varie,
> Bien fol est qui s'y fie.

Henri II témoigna pour Chambord la même prédilection que son père. Ces deux rois furent loin de donner dans ce château l'exemple de toutes les vertus et surtout de la continence. Après eux, il fut un peu délaissé ; cependant Louis XIV y fit faire d'importants travaux par Mansart ; il y donna quelques fêtes au cours desquelles eut lieu la première représentation de deux comédies : *M. de Pourceaugnac*, en 1669, et le *Bourgeois gentilhomme*, en 1670. En 1745, Louis XV donna Chambord au maréchal de Saxe, qui y mourut le 30 novembre 1750. Chambord fit ensuite retour à la couronne. Après avoir échappé à la destruction sous la Révolution, il fut d'abord affecté, sous Napoléon I$^{er}$, à la 15$^e$ cohorte de la Légion d'honneur, puis donné à Berthier, prince de Wagram, avec une dotation de 500,000 francs de rente.

La dotation ayant été supprimée sous la Restauration, la princesse de Wagram obtint de Louis XVIII l'autorisation d'aliéner une propriété onéreuse. Ce vaste domaine, dont l'enceinte n'a pas moins de 33 kilomètres (1), paraissait menacé de destruction et de morcellement. La fameuse *bande noire*, qui a tant contribué à cette époque à la constitution de la petite propriété, semblait seule en état d'acquérir Chambord pour le revendre ensuite par lots.

Un fourrier des logis du roi, le comte Adrien de Calonne, eut la pensée de provoquer dans tout le royaume une souscription pour acheter le domaine de Chambord et en faire présent au duc de Bor-

(1) « Le domaine de Chambord renferme dans son enceinte de plus de huit lieues le château et ses dépendances, un village, vingt-trois fermes, quatorze étangs et 5407 hectares ou 11,000 arpens environ, grande mesure. Il est susceptible d'un revenu de plus de 100,000 francs et a été estimé 1,301,180 francs. » (*Gazette de France*, 23 février 1821.)

deaux. Mais il fallait se hâter et réunir une somme considérable, car l'adjudication provisoire, faite dans les derniers jours de septembre 1820, au moment où la souscription n'était encore qu'à l'état de projet, avait eu lieu en l'étude du notaire Rousse, moyennant 1,300,000 francs et l'adjudication définitive était annoncée pour le 18 octobre.

C'est presque à la veille de cette adjudication définitive que se rencontre le premier document relatif à cette souscription. C'est une adresse du Conseil municipal de Caen au Roi. Il y était dit (1) :

« ..... Chambord, bâti par ce roi valeureux, que Bayard arma chevalier, demeure chérie du père des lettres, monument splendide où viennent se rattacher tant de souvenirs, pour les beaux-arts comme pour nos guerriers, Chambord va tomber sous la hache sacrilège des Vandales, et bientôt l'ombre magnanime de celui qui sut dire : « Tout est perdu fors l'honneur », ne planera plus que sur des ruines.

» ..... Certaine d'être l'interprète d'un vœu universel, votre bonne ville de Caen ose donc, Sire, vous conjurer, au nom de l'honneur français, d'autoriser tous les conseils municipaux de vos États à s'assembler et à voter ce qu'ils jugeront convenir pour acquérir et conserver le domaine de Chambord, afin que, premier apanage de Henri-Dieu-Donné, il devienne un gage et comme un lien d'amour entre lui et les peuples qu'il doit gouverner un jour. »

Le 18 octobre, il ne put être procédé à l'adjudication définitive pour des motifs que le *Moniteur* expose en ces termes :

L'adjudication définitive (2) du domaine de Cham-

---

(1) *Gazette de France*, 14 octobre 1820.
(2) N° du 20 octobre 1820.

bord, annoncée pour hier (18 octobre), en l'étude de Mᵉ Rousse, notaire, n'a pas eu lieu. Deux motifs s'y sont opposés. Le premier, résultant d'une opposition formée à cette vente par un sieur Bourbon, dit Hullin, *se prétendant fils légitimé de S. M. Louis XV, et en cette qualité propriétaire de Chambord, comme lui ayant été donné en apanage par le monarque son père.* (ce sont les propres expressions de l'acte) ; le second, résultant d'un ordre de S. Exc. le ministre des Finances d'ajourner la vente à trois mois.

L'adjudication préparatoire avait eu lieu le 27 septembre dernier. L'adjudicataire ayant requis hier qu'il fût passé outre à l'adjudication définitive, nonobstant l'opposition et l'ordre d'ajournement, et M. le directeur des domaines, chargé d'assister à la vente, s'y étant opposé, le notaire, ne pouvant être juge de ces difficultés, en a dressé son procès-verbal et a renvoyé les parties à se pourvoir devant le tribunal, qui devra statuer.

La plupart des journaux reproduisaient ces explications sans donner aucun renseignement sur ce prétendu fils de Louis XV. Le *Constitutionnel* ajoutait cependant qu'il était âgé de 68 ans.

La *Gazette de France* disait encore :

Dans le cas où l'adjudication aurait eu lieu, nous savons de bonne source qu'une société de vrais Français avait chargé un notaire de cette ville de se rendre acquéreur, en son nom et à quelque prix que ce fût, du domaine de Chambord. La première clause de cette association était qu'en aucun temps et sous aucun prétexte le marteau ne serait mis dans cet antique domaine.

Ce n'est que vers la fin d'octobre et le commencement de novembre que les souscriptions commencèrent à être votées par les conseils municipaux et par les conseils généraux, auxquels se joignirent des corporations et des particuliers. Dans le nombre nous ne relevons que la souscription de Bordeaux qui vota dix mille francs.

Vers le milieu de novembre, les adhésions étaient assez nombreuses pour qu'il fût nécessaire de pourvoir au mode de perception et de donner une organisation à la souscription. Une commission fut chargée de ce soin. Elle se composait ainsi :

Pairs de France : S. E. Monseigneur le cardinal duc de Talleyrand-Périgord, archevêque de Paris ; maréchal duc de Bellune ; maréchal duc de Reggio ; duc de Fitz-James ; marquis de Talaru ; marquis d'Herbouville ; marquis de la Suze ; marquis de Vibray ; marquis de Fontanges ; comte de Sèze ; comte de La Tour-Maubourg ; vicomte du Bouchage ; vicomte de Chateaubriand ; vicomte d'Ambray.

Députés : Bellart (Seine), Lainé (Gironde), Strafforello (Bouches-du-Rhône), Maigneval (Rhône), de Villèle (Haute-Garonne), vicomte de Bonald (Aveyron), comte Dijeon (Lot-et-Garonne), comte de Combout de Coislin (Loire-Inférieure), comte de la Bourdonnaye (Maine-et-Loire), prince de Montmorency (Seine-Inférieure), de Wendel (Moselle), comte Ch. de Bethisy (Nord), de Corday (Calvados), Cornet d'Incourt (Somme), comte de Salaberry, Josse de Beauvoir, Pardessus (Loir-et-Cher).

Autres membres : MM le baron de Vitrolles, ancien ministre d'État ; vicomte Tabarié, ancien sous-secrétaire d'État ; abbé Frayssinous, prédicateur ordinaire du Roi ; Aury, président à la Cour royale de Paris ; chevalier de Frasans, conseiller à la même Cour ; Delvincourt, doyen de la Faculté de droit de Paris ; Quatremère de Quincy (de l'Institut) ; Piault, maire du X$^e$ arrondissement de Paris; Le Brun, maire du IV°; vicomte Pinon, colonel de la 2ᵉ légion de la garde nationale de Paris; Aclocque de St-André, colonel de la 11ᵉ légion; Eug. de Bray, du conseil général des manufactures; Couture, avocat; Berryer fils, avocat; César de la Panouze, banquier; Saulot-Baguenault, banquier; Trudon, manufacturier; de Monchau, maréchal des logis du Roi; comte Adrien de Calonne, fourrier des logis du Roi (auteur de la proposition); M..., notaire, trésorier de la commission.

La commission tint sa première réunion le 30 novembre, au palais de l'archevêché, sous la présidence du cardinal duc de Talleyrand-Périgord. Elle désigna aussitôt un comité chargé de s'occuper des travaux préliminaires que nécessitait l'acquisition. Ce comité fut composé de MM. d'Herbouville, Quatremère de Quincy, Bellart, de Frasans et Berryer fils.

Le même jour, un jugement du tribunal de première instance de la Seine renvoyait l'adjudication définitive de Chambord au 5 mai 1821.

Jusqu'alors la souscription était restée une affaire absolument privée. Il fallait bien cependant que l'Administration finît par s'en occuper, ne fût-ce que pour approuver ou annuler les délibérations des conseils municipaux et des conseils généraux. Le comte Siméon, ministre de l'Intérieur, soumit la question au Roi dans un rapport inséré au *Moniteur* du 31 décembre 1820.

*Rapport du Ministre de l'Intérieur au Roi.*

Paris, le 20 décembre 1820.
SIRE,

La maison royale de Chambord, bâtie par François Iᵉʳ, bientôt abandonnée à cause de son éloignement de la capitale, autour de laquelle s'élevèrent des résidences plus magnifiques, est devenue une propriété particulière sur la tête du feu prince de Wagram et de ses héritiers mâles, assujétie, à leur défaut, au retour en faveur du domaine. V. M. en a permis l'aliénation à charge de remploi et de la même condition de retour.

On avait vu jusque-là avec indifférence le dépérissement de ce château trop vaste pour un particulier, quelque riche qu'il puisse être ; mais lorsque la vente en a été annoncée, on a craint que sa ruine ne fût prête à se consommer. On a exprimé vivement le désir de sa conservation, sans songer à ce qu'elle coûtera de réparations foncières et d'entretien, à toutes les dépenses qu'exigeront son ameublement et son habitation.

Bientôt l'heureux événement de la naissance de Monseigneur le duc de Bordeaux a suggéré l'idée que toutes les communes du royaume lui en fissent hommage ; elle a été accueillie par un grand nombre de conseils municipaux, de conseils généraux de départemens et de particuliers. Tous ont saisi avec enthousiasme cette occasion d'exprimer leur joie de voir renaître dans un fils le prince qu'ils pleuraient, d'offrir à cet auguste enfant un des premiers monumens de la renaissance des arts, l'ouvrage de François I$^{er}$, qui les appela en France, et la demeure du héros de Fontenoy.

On ne peut qu'applaudir aux sentimens qui ont inspiré ce mouvement, et les partager. Ils sont d'autant plus respectables que les conseils qui ont voté des sommes pour l'acquisition de Chambord n'ont point été arrêtés par les embarras de finances qu'éprouvent presque toutes les communes : les unes, épuisées par la suite des guerres, par l'invasion et le long séjour des étrangers ; les autres, appauvries par les fléaux du ciel, la grêle, les gelées, les inondations, les incendies ; obligées la plupart de recourir à des impositions extraordinaires pour acquitter leurs charges courantes et leurs dettes. Dans d'autres circonstances, l'Administration devrait examiner pour chaque commune si ses moyens répondent à son zèle. Mais comment étouffer sous des calculs cet élan généreux ? Combien on paraîtrait froid au milieu de l'allégresse générale, si l'on refusait, sous prétexte d'économie, à des Français, d'offrir au jeune prince qui ranime toutes leurs espérances, un faible prélèvement sur leurs revenus, lorsqu'ils sont prêts à lui sacrifier, s'il en était besoin, leurs biens et leur vie ; lorsqu'ils compteront au nombre de leurs richesses l'honneur d'avoir fourni leur part du don gratuit qui attestera à jamais leur attachement et leur amour !

Il n'appartiendrait qu'à Votre Majesté de refuser, au nom de son auguste pupille, un présent dont il n'a pas besoin. Assez de châteaux seront un jour à sa disposition ; et ce sont les Chambres qui auront à composer, au nom de la nation, son apanage. Cependant agréer des vœux que Votre Majesté recueille certainement dans son cœur, et ne pas accepter l'hommage qui les accompagne, ne serait-ce pas affliger de bons et fidèles sujets ? Il est peut-être autant de la générosité que de la bonté de Votre Majesté de condescendre à leurs désirs. Tant de délibérations se pressent les unes sur les autres qu'il ne s'agit plus d'affaires particulières à examiner d'après les règles ordinaires de l'Administration. C'est un vœu universel et national qui demande d'être accueilli. Y céder sera pour Votre Majesté une douce satisfaction et pour ses sujets un nouveau bienfait.

Dans cette persuasion, je me préparais à demander à Votre Majesté de m'autoriser à approuver les délibérations qui m'arrivent de toute part, lorsqu'il s'est formé, sous la présidence de M. le cardinal-archevêque de Paris, une assemblée « des amis de la royauté et des beaux-arts, désirant préserver d'une destruction prochaine un monument auquel se rattache un grand nombre de souvenirs monarchiques, et qui, fondé lors de la naissance des arts, honore les artistes français ; désirant aussi offrir à S. A. R. Monseigneur le duc de Bordeaux un gage de l'amour des sujets fidèles à la maison de Bourbon, ils se sont réunis pour effectuer l'acquisition du domaine de Chambord, et l'offrir, sous le bon plaisir du Roi, à Monseigneur le duc de Bordeaux. »

C'est ainsi qu'au retour de Votre Majesté, des particuliers relevèrent par une souscription la statue de Henri IV. Les mêmes sentimens dictent la seconde souscription et lui méritent la même autorisation.

Les souscripteurs réunis ont projeté un règlement qu'ils se proposent de publier après qu'il aura reçu l'approbation nécessaire.

Leur dessein est de proposer à toutes les communes du royaume, aux corps et corporations et aux particuliers, de se joindre à eux pour contribuer à l'acquisition ;

D'écrire circulairement pour cela à tous les préfets, à tous les maires des chefs-lieux de département ; d'inviter les préfets et les sous-préfets à communiquer la circulaire dans les arrondissemens et les communes, et à faire connaître à une commission les délibérations qui seront prises.

Ces dispositions sont susceptibles de quelques observations que je dois présenter à Votre Majesté.

Plusieurs conseils généraux de départemens et beaucoup de conseils municipaux ont prévenu le vœu des souscripteurs. D'autres imiteront les exemples donnés, sans avoir besoin d'y être excités. S'il en est qui ne le suivent pas, ils ne manqueront pas pour cela d'attachement et d'amour pour le Roi et pour sa dynastie. Ils seront retenus par le défaut de moyens. Le denier du pauvre mérite d'être accueilli comme le tribut du riche ; mais il ne faut pas le demander. Il serait à craindre qu'on ne vît une sorte de contrainte dans une invitation si solennelle, venue de si haut, au nom d'une réunion de personnages importans qui s'occuperaient à donner une si vive impulsion à tous les administrateurs et à tous les administrés. Des dons, qui ne sont acceptables que parce qu'ils sont spontanés, paraîtraient peut-être commandés par des considérations qui doivent être étrangères à des sentimens dont l'expression n'aura plus de mérite si elle n'est entièrement libre. Il me semble donc que, sans rien empêcher, il faut soigneusement éviter tout ce qui pourrait donner prétexte de croire que le Gouvernement désire que les communes s'engagent. Elles doivent consulter les moyens des contribuables bien plus que leur zèle. Celles qui ne se trouveront pas des moyens suffisants ne seront pas vues de moins bon œil que celles à qui leurs ressources permettront de se livrer à leurs sentimens.

Si Votre Majesté partageait cette opinion, on retrancherait du règlement proposé par la réunion des souscripteurs tout ce qui est relatif à la correspondance à établir avec les préfets et tous les maires des villes chefs-lieux de département, et quelques expressions qui pourraient prêter, à l'invitation de souscrire, un caractère officiel qu'elle ne doit pas avoir. Le surplus serait approuvé. Il y s'agit de l'ouverture de la souscription, de son but, de son administration et de sa comptabilité.

Je suis avec respect,
Sire,
De Votre Majesté,
Le très dévoué et très fidèle sujet.
*Le ministre secrétaire d'État au département de l'Intérieur,*
Signé : Siméon.

L'initiative de M. de Calonne pour l'acquisition de Chambord suscita un certain nombre d'autres propositions. C'est ainsi qu'un sieur Boutard, de Paris, demandait, par voie de pétition à la Chambre des députés, la création d'une garde d'honneur pour le duc de Bordeaux. Dans ce corps seraient admis, à titre de récompense, les sous-officiers qui, pendant la durée de leur service, auraient donné des marques de bonne conduite et de leur dévouement. La Chambre discuta cette pétition dans sa séance du 30 janvier 1821. Malgré l'opposition de M. de Marcellus, la Chambre adopta les conclusions de la commission qui, tout « en partageant les sentiments louables du pétitionnaire », proposait l'ordre du jour en se fondant sur l'art. 14

de la Charte. Cet article, rendu fameux par les ordonnances de 1830, attribuait au Roi le commandement des forces de terre et de mer et le pouvoir de faire les règlements et ordonnances nécessaires pour la sûreté de l'État.

Dans cette même séance, la discussion d'une pétition du Conseil municipal de Vitry demandant « que la souscription ouverte pour l'acquisition du domaine de Chambord soit régularisée par l'intervention des Chambres » donna lieu à un débat passionné. La commission proposait le renvoi au ministre de l'Intérieur. Ces conclusions furent combattues avec une grande vivacité par M. de Girardin, qui donna à entendre que les souscriptions n'étaient pas toujours spontanées et que dans plus d'un cas elles étaient le résultat de pressions administratives. M. de Girardin demandait le renvoi de la pétition au président du Conseil. Mais il finit par abandonner sa demande et les propositions de la commission furent adoptées.

La souscription était, du reste, très vivement combattue par le parti libéral. Le pamphlet de Courier, intitulé *Simple discours de Paul-Louis, vigneron de la Chavonnière, aux membres du Conseil de la commune de Véretz, département d'Indre-et-Loire, à l'occasion d'une souscription proposée par S. E. le Ministre de l'Intérieur pour l'acquisition de Chambord* (1821), et le compte rendu qu'il a lui-même rédigé du procès que lui valut le *Simple discours*, sont trop connus pour qu'on songe à les reproduire ici. Courier pensait que les communes, obérées par les guerres, avaient un meilleur emploi à faire de leur argent que d'offrir au jeune prince un cadeau inutile et même nuisible. Chambord, où « il verra partout les chiffres d'une Diane, d'une Chateaubriand, dont les noms souillent encore les parois infectées jadis de leur présence », ne peut lui apprendre que les « augustes débauches » de ses aïeux. Courier soutenait enfin que la souscription n'était pas libre ; car si la commune votait les fonds, c'était le contribuable qui les payait, partisan ou non de l'acquisition.

A la veille même de l'adjudication, le *Constitutionnel* faisait appel à la concurrence des enchérisseurs, afin que la somme dont la souscription pouvait disposer fût dépassée et que, par conséquent, le domaine passât en d'autres mains.

Mais ces appels furent vains. Le 5 mars 1821, le domaine de Chambord était adjugé au notaire Chevrier pour le prix de 1,542,000 francs. Le lendemain, M. Chevrier faisait sa déclaration de command, de laquelle il résultait que l'acquisition était faite au nom de la commission générale de la souscription de Chambord, pour être offerte en hommage à M. le duc de Bordeaux.

Les souscripteurs furent informés officiellement de ce résultat par la circulaire suivante :

*La commission d'exécution pour l'acquisition de Chambord à MM. les souscripteurs* (1).

Messieurs,

L'adjudication du domaine de Chambord a eu lieu le 5 de ce mois, et la commission d'exécution s'en est rendue adjudicataire, moyennant 1,542,000 francs, indépendamment des frais.

En prenant cet engagement, la commission s'est persuadée qu'elle accomplissait le vœu manifesté dans toutes les parties de la France pour faire hommage à S. A. R. Mgr le duc de Bordeaux d'un ancien domaine de ses ancêtres, domaine auquel se rattachent de si

(1) *Quotidienne*, 11 mars 1821.

glorieux souvenirs, et qui, de même que ces grands monumens dont la France déplorera toujours la destruction, allait tomber sous le marteau des Vandales.

Le cahier des charges accorde deux années pour le paiement du prix total, divisé en quatre termes, à raison de un quart par terme. La commission s'est imposé le devoir d'y satisfaire ; et pour se persuader que ses engagemens seront remplis, elle a dû seulement se rappeler que ses fonctions se réduisent au soin d'administrer les offrandes du peuple le plus généreux et le plus naturellement attaché à ses rois. Elle ne peut oublier que tous les Français s'écrièrent, en répondant à une noble provocation : « Oui, le prince auguste, objet de nos regrets éternels, nous a légué un royal enfant : Henri-Dieudonné est destiné par la Providence à réparer nos maux ; nous l'avons reçu avec transport, nous voulons le doter, afin de prouver à nos amis, comme à nos ennemis, que ce jeune prince, qui doit régner sur nous, n'aura que des sujets fidèles. Fiers de le servir, empressés à le défendre, c'est sur son berceau que nous lui jurons amour et dévouement, et que nous serons heureux d'en déposer le gage. »

*Signé :* Marquis d'Herbouville,
Pair de France, président.
Chevalier de Frasans et Berryer fils, secrétaires.

# CHAPITRE III

## L'EXIL

Années d'enfance. — Les gouverneurs. — Premières études. — La Révolution de juillet. — Abdication de Charles X et du duc d'Angoulême. — Départ pour l'Angleterre. — Lielleworth. — Edimbourg. — Holy-Rood. — Première communion. — La famille royale s'établit à Prague. — Nouveaux précepteurs. — Majorité du duc de Bordeaux. — Manifestation royaliste. — La famille royale s'établit à Goritz. — Mort de Charles X.

Ces commencements nous ont longtemps retenus. Nous avons jugé utile de les retracer dans le plus grand détail, parce qu'ils indiquent des idées, des sentiments, des façons de voir et de juger bien différents des idées et des appréciations actuelles. C'est en quelque sorte de l'archéologie morale. Chaque trait a sa valeur, chaque épisode son importance et ajoute quelque chose à l'intelligence de l'ensemble.

Les années suivantes ne présentent pas de particularités bien mémorables. Confié tout d'abord à M<sup>me</sup> de Gontaut, déjà gouvernante de sa sœur, le duc de Bordeaux passa en 1826 aux mains des gouverneurs. La confiance du roi Charles X se porta d'abord, pour ce poste, sur le duc Mathieu de Montmorency, revenu des idées libérales qu'il avait professées jadis au fanatisme religieux et royaliste. M. de Montmorency étant mort presque aussitôt, avant d'être entré en fonctions, Charles X le remplaça d'abord par le duc de Rivière, l'un de ses anciens compagnons d'exil, qui mourut en 1828, puis par le lieutenant-général baron de Damas ; tous deux animés des mêmes sentiments que le duc de Montmorency. Le parti libéral voyait avec regret l'héritier du trône confié à des hommes qui ne pouvaient lui apprendre que la haine des idées modernes. Mais si Charles X consentait, dans le gouvernement politique, « à se prêter à un essai auquel il n'accordait qu'une confiance médiocre et qui le froissait dans les susceptibilités de sa conscience, s'il acceptait de prendre successivement pour ministres des hommes d'opinions différentes, il ne voulait, pour gouverneurs de l'héritier du trône, que des chrétiens sans peur et sans reproche » (1). Il compléta ces choix en désignant pour précepteur de son petit-fils Mgr Tharin, évêque de Strasbourg. M. Barande, ancien élève de l'École polytechnique, fut nommé directeur des études du prince ; MM. Colart et Lefranc furent ses professeurs ordinaires ; M. d'Hardivillier reçut mission de lui apprendre le dessin, et le colonel Amoros fut son maître de gymnastique. Son éducation commença de bonne heure, et l'un de ses biographes dit qu'il savait lire à quatre ans. Quelques enfants suivaient avec lui le cours de gymnastique. Ils formaient le *régiment de Bordeaux* et dans les grandes occasions ils portaient l'uniforme de l'infanterie de la garde. Le

(1) *Histoire de Henri V*, par Alex. de Saint-Albin.

fils d'un ancien militaire était le tambour du régiment dont le duc de Bordeaux était ordinairement le porte-drapeau. Vers l'âge de huit ans, Charles X attacha à sa personne M. de la Villatte, chargé principalement de lui donner des habitudes viriles et pour lequel le prince s'éprit d'une vive affection.

Pendant que le duc de Bordeaux partageait son temps entre les travaux et les jeux de son âge, l'horizon politique s'assombrissait. Au ministère Martignac succédait le ministère Polignac. A l'adresse des 221 signalant le désaccord entre les vues politiques du Gouvernement et les vœux de la nation, Charles X répondait par l'affirmation de sa résolution immuable et par la dissolution de la Chambre. Les 221 étaient réélus presque sans exception ; l'opposition était renforcée de beaucoup de membres nouveaux et la minorité ministérielle notablement amoindrie. Enfin les ordonnances du 25 juillet 1830, par une interprétation abusive de la Charte, supprimaient la liberté de la presse, dissolvaient la Chambre récemment élue et qui n'avait pas encore siégé, bouleversaient le système électoral et fixaient la date des nouvelles élections et de la convocation des Chambres. Une explosion de colère accueillait ces ordonnances. La Révolution ébranlait le trône et pendant que les députés présents à Paris confiaient au duc d'Orléans la lieutenance générale du royaume, la famille royale quittait Saint-Cloud pour Versailles, première étape de la route d'un exil sans retour ! A Rambouillet, cependant, Charles X, se sentant perdu lui-même, essayait de sauver du moins la monarchie et adressait au duc d'Orléans son abdication et celle du duc d'Angoulême par la lettre suivante :

Rambouillet, ce 2 août 1830.

Mon cousin,

Je suis trop profondément peiné des maux qui affligent ou qui pourraient menacer mes peuples, pour n'avoir pas cherché un moyen de les prévenir. J'ai donc pris la résolution d'abdiquer la couronne en faveur de mon petits-fils le duc de Bordeaux.

Le Dauphin, qui partage mes sentimens, renonce aussi à ses droits en faveur de son neveu.

Vous aurez donc, en votre qualité de lieutenant général du royaume, à faire proclamer l'avènement de Henri V à la Couronne. Vous prendrez, d'ailleurs, toutes les mesures qui vous concernent, pour régler les formes de gouvernement pendant la minorité du nouveau roi. Ici, je me borne à vous faire connaître ces dispositions; c'est un moyen d'éviter encore bien des maux.

Vous communiquerez mes intentions au corps diplomatique et vous me ferez connaître, le plus tôt possible, la proclamation par laquelle mon petit-fils sera reconnu roi, sous le nom de Henri V.

Je charge le lieutenant général, vicomte Foissac-Latour, de vous remettre cette lettre. Il a l'ordre de s'entendre avec vous pour les arrangements à prendre en faveur des personnes qui m'ont accompagné, ainsi que pour les arrangements convenables pour ce qui me concerne et le reste de ma famille.

Nous réglerons ensuite les autres mesures qui seront la conséquence du changement de règne.

Je vous renouvelle, mon cousin, l'assurance des sentimens avec lesquels je suis votre affectionné cousin,

CHARLES

Louis-Antoine.

Vains efforts ! il était trop tard : la lieutenance générale que le duc d'Orléans tenait déjà des représentants de la nation, il ne pouvait plus l'accepter du Roi qui s'était jeté personnellement dans la mêlée des partis politiques et qui avait été vaincu. En se conformant aux instructions de Charles X, le duc d'Orléans ne pouvait que se perdre lui-même, sans aucun espoir de sauver la branche aînée. L'abdication, communiquée aux Chambres, fut déposée aux Archives. Quant à la royauté du duc de Bordeaux, elle se trouva emportée par la tourmente avec celle de son grand-père et de son oncle. Un instant, Charles X eut la pensée d'assembler quelques forces et d'engager la lutte contre la révolution. « Et mon petit-fils ! disait-il à M. Odilon Barrot, l'un des commissaires chargés de l'accompagner pour lui servir de sauvegarde, j'ai réservé ses droits ; je les défendrai jusqu'à la dernière goutte de mon sang. » — « Quels que soient les droits de votre petit-fils, répondait M. Odilon Barrot, quelles que soient vos espérances d'avenir pour lui, soyez bien convaincu, Sire, que, dans l'intérêt même de ces espérances, vous devez éviter que son nom soit souillé de sang français. » Ces paroles décidaient Charles X à continuer, sans résistance, son chemin vers l'exil. Le 14 août, il était parvenu à Valognes, la dernière station avant Cherbourg, où la famille royale devait s'embarquer. Ce même jour, les douze plus anciens gardes du corps de chaque compagnie, précédés de leurs officiers, furent admis près du Roi pour lui remettre leurs étendards. « Ce fut, a dit un historien (1), une scène à la fois grande et touchante. Les gardes du corps se rangèrent en cercle dans le salon où le Roi les attendait, entouré de sa famille. Le Roi et son fils avaient quitté tous les

---

(1) *Histoire du règne de Louis-Philippe I$^{er}$, roi des Français* (1830-1848), par Victor de Nouvion.

insignes de leur rang. Le plus profond silence régnait dans la salle. Charles X paraissait commander avec peine à son émotion. Tout à coup des sanglots éclatent; les rangs sont rompus; les gardes du corps se précipitent vers la famille royale, s'emparent des mains du Roi, de celles des princes et des princesses, et y collent leurs lèvres avec les démonstrations d'une profonde douleur. Après quelques instants donnés à ce muet épanchement : « Allons, mes amis, dit le Roi, calmez-vous, faudra-t-il que ce soit moi qui vous console? » Les gardes du corps reprirent leurs rangs, et les étendards furent successivement apportés au Roi. « Je reçois, dit Charles X, ces étendards que vous avez su conserver sans tache. J'espère qu'un jour mon petit-fils aura le bonheur de vous les rendre. »

Enfin, le 16 août, la famille royale s'embarquait à Cherbourg sur le *Great Britain*, dont le commandement avait été confié au capitaine de vaisseau Dumont-Durville. Charles X monta le premier sur le navire; le duc de Bordeaux suivait son aïeul, porté dans les bras de M. de Damas. Le 22 août, à sept heures et demie du matin, Charles X, devenu simplement le comte de Ponthieu, en compagnie du Dauphin et de la Dauphine, qui avaient pris le nom de comte et comtesse de Marnes, allait s'établir provisoirement dans le comté de Dorset, sur la côte méridionale de l'Angleterre, au château de Lielleworth, dans le voisinage de Weimouth.

A peine installé, le 24 août 1830, Charles X rédigeait et envoyait aux cours étrangères une protestation où il était dit : Nous révoquons et déclarons nulle et non avenue la disposition par laquelle nous avions confié au duc d'Orléans la lieutenance générale du royaume. Nous nous réservons de pourvoir à la régence, lorsque besoin sera, jusqu'à là majorité de notre petit-fils Henri V. »

De Lielleworth, la famille royale allait bientôt s'établir à Edimbourg et à Holy-Rood. A Edimbourg, le duc de Bordeaux reprit ses études et commença son éducation militaire. Son gouverneur, le baron de Damas, était alors secondé par MM. de Barbançois et de Maupas, qui avaient le titre de sous-gouverneurs, auxquels il faut joindre le fidèle La Villatte et le valet de chambre Collas, ancien soldat des guerres de la République et de l'Empire.

Le 2 février 1832, le duc de Bordeaux faisait sa première communion dans la chapelle catholique d'Edimbourg, après une exhortation prononcée par le cardinal de Latil, l'un des anciens conseillers de Charles X. C'est ce même jour que le duc de Bordeaux fut instruit des circonstances du meurtre de son père qu'on lui avait laissé ignorer jusque-là.

Dans l'automne de 1832, la famille royale quittait Edimbourg et allait se fixer à Prague, où elle occupa l'ancien palais des rois de Bohême, le Hradschin, et, pendant l'été, la résidence de Buschtirhad.

A Prague comme à Edimbourg, le prince continua son éducation. La duchesse de Berri, qui dès les premiers jours de 1831 avait conçu le projet de soulever la France et de placer son fils sur le trône, aurait voulu l'emmener avec elle pour le confier à la garde des royalistes du Midi et de l'Ouest et enflammer leur ardeur. Mais Charles X, tout en souscrivant aux projets aventureux de la duchesse de Berri, avait voulu conserver le duc de Bordeaux auprès de lui.

Ce n'est pas ici le lieu de raconter les entreprises de la duchesse de Berri. Il suffit de rappeler que, le 7 novembre 1832, elle était arrêtée à Nantes, et qu'enfermée au château de Blaye, elle était obligée d'avouer une grossesse qu'elle avait d'abord dissimulée et de déclarer qu'elle s'était mariée au comte Lucchesi-Palli, des princes de Campo-Franco, gentilhomme de la chambre du Roi des Deux-Siciles. Le 10 mai 1833, elle mettait au monde une fille, et quelques jours après elle reprenait la route de Palerme. Sa vie politique était close désormais. « Comtesse sicilienne, elle n'avait plus rien à prétendre dans les affaires de la France. Sa réconciliation avec la famille de Charles X fut lente et semée de bien des déboires. Les efforts de M. de Chateaubriand ne parvinrent pas à apaiser complètement la colère du vieux roi. « Que madame la duchesse de Berri aille à Palerme, lui dit Charles X ; qu'elle y vive maritalement avec M. Lucchesi, aux yeux de tout le monde ; alors on dira aux enfants que leur mère est mariée ; elle viendra les embrasser » (1). Ce fut seulement vers la fin de l'année qu'il fut permis à Marie-Caroline de recevoir à Léoben, pendant quelques jours et comme à la dérobée, les caresses de ses enfants » (2).

L'écho lointain de ces événements n'arrivait pas jusqu'au jeune prince. Il ne s'était produit qu'une modification dans sa vie : ses précepteurs avaient changé. En arrivant à Prague, Charles X avait jugé qu'il convenait de lui donner de nouveaux maîtres et il avait choisi deux jésuites, les PP. Deplace et Druilhet. Mais cet appel à une con-

---

(1) *Mémoires d'outre-tombe.*
(2) *Histoire du règne de Louis-Philippe Ier*, par Victor de Nouvion. Tome III.

grégation détestée, contre laquelle Charles X lui-même avait rendu la célèbre Ordonnance de 1828, ne blessait pas moins les amis que les ennemis de la monarchie. Charles X « pouvait même prévoir qu'il allait réjouir ceux-ci et affliger ceux-là » (1). Aussi ne put-il maintenir longtemps les deux jésuites au poste qu'il leur avait confié, et le 2 novembre 1833 il le leur retirait, « obligé par des raisons qui tiennent au malheur des temps. »

Le baron de Damas les suivit dans leur retraite. Il fut remplacé dans la charge de gouverneur par le général de La Tour-Maubourg, auquel Charles X adjoignit le général d'Hautpoul. Frayssinous, évêque d'Hermopolis, fut désigné pour précepteur. L'abbé Trébuquet, MM. Cauchy et Lefranc furent les maîtres du prince. Le colonel Monnier l'instruisit des choses militaires ; M. de Montbel, l'ancien ministre des Finances du ministère Polignac, ami de M. de Villèle et ardent partisan des jésuites, lui donna des leçons d'économie politique, et le comte O'Hégerty se chargea de lui apprendre l'équitation.

Quelque temps avant ces modifications intérieures, le duc de Bordeaux avait fait son premier acte politique.

Le 29 septembre 1833, il entrait dans sa quatorzième année et par conséquent devenait majeur, d'après les antiques usages de la monarchie.

Les royalistes français avaient saisi cette occasion d'affirmer l'ardeur de leurs sentiments. Un certain nombre de notabilités du parti, accompagnées de délégués des groupes royalistes, se rendirent à Prague. La manifestation, fixée naturelle-

(1) *Histoire de Henri V*, par Alex. de Saint-Albin, p. 125.

ment au 29 septembre, dut être avancée de deux jours, le duc de Bordeaux et sa sœur se trouvant soudain obligés de partir pour Léoben, où la duchesse de Berri était tombée malade.

Le 27 septembre 1833, les royalistes français se rendaient à Buschtirhad. Parmi eux, on remarquait « onze pairs de France, cinq lieutenants-généraux, trois maréchaux de camp, quatre colonels, trente-huit officiers de grades divers, un ancien député, un ancien préfet et les deux sous-préfets de son département, un jeune secrétaire général, le directeur d'un journal de Paris, trois directeurs de gazettes de province, trois étudiants de l'École de Droit de Paris, un étudiant de l'École de Toulon, un élève de l'École de Rennes, un élève de l'École de Médecine de Paris, trois anciens élèves de l'École Polytechnique, un ouvrier de Bordeaux, un ouvrier de Paris, un curé de campagne, un membre de l'Académie des sciences et trois artistes » (1).

M. Édouard Walsh, chargé de porter la parole au nom des manifestants, s'exprima en ces termes :

« Légitimistes français, vos jeunes compatriotes, nous venons, au jour de votre majorité, vous assurer de notre dévouement et vous présenter nos hommages.

» Daignez recevoir nos vœux, qui se confondent avec ceux que nous formons pour la France. Dans tout ce qui peut contribuer à son affranchissement et à son bonheur, vous ne sauriez être séparé d'elle. Appelé à relever sa destinée, sûr de toujours la comprendre, elle vous devra ce qu'elle a dû à un plus glorieux ancêtre, et vous

---

(1) *Henri de France*, par Alfred Nettement.

serez, ainsi que vous l'avez promis vous-même, l'Henri IV second de la France. »

Le duc de Bordeaux répondit :

« Je travaille de toutes mes forces à me rendre digne des devoirs importants que ma naissance m'impose et que vous venez de me rappeler; c'est, je crois, le plus sûr moyen de reconnaître les sentiments que vous venez de m'exprimer au nom de nos jeunes compatriotes. Je ne serai heureux que quand il me sera permis d'unir mes efforts aux vôtres et aux leurs pour l'affranchissement de notre commune patrie.

» Soyez-en persuadés, messieurs, je sais apprécier les motifs qui ont inspiré votre démarche et que vous venez de me rappeler; il me sera doux de conserver vos noms, et plus encore de vous montrer un jour que je n'en ai pas perdu le souvenir. »

D'enthousiastes acclamations accueillirent ces paroles. Les visiteurs remirent ensuite au prince divers cadeaux parmi lesquels une médaille commémorative en or, une statue en ivoire d'Henri IV avec Sully à ses pieds, une épée d'or et une aigrette. Enfin le vicomte de Nugent lui attacha, au nom des royalistes de Paris, une paire d'éperons d'or, sur laquelle étaient inscrits ces mots : « France! en avant! en avant! »

Les années suivantes ne présentent pas de fait notable. La famille royale partageait son temps entre les résidences du Hradschin et de Buschtirhad, qu'égayaient seules les visites de quelques royalistes.

En 1836, elle quittait Prague pour se rendre à Goritz, où Charles X avait exprimé le désir de fixer sa résidence. Le voyage fut long. Le vieux Roi fit un premier séjour à Tœplitz pour prendre les eaux. Pendant ce temps, le duc de Bordeaux se rendit à Dresde et au château de Pilnitz, où le roi de Saxe l'avait invité. Puis la famille royale poursuivit sa route. En passant à Budweiss, le duc de Bordeaux fut pris d'une fièvre cérébrale qui mit quelques jours sa vie en danger. Enfin, après un séjour au château de Kirchberg, que le duc de Blacas venait d'acheter, la famille royale se trouva installée à Goritz au mois d'octobre. A peine avait-elle pris possession de cette nouvelle demeure, que Charles X mourut (6 novembre 1836).

# CHAPITRE IV

## ANNÉES D'ÉTUDES

Études militaires. — Entretiens avec M. de Larochefoucauld. — Opinions du duc de Bordeaux. — Voyages en Autriche. — Voyage à Rome. — Manifestation royaliste. — Lettre à Berryer. — Chute de cheval. — Mort du duc d'Orléans. — Voyage en Allemagne. — Voyage à Venise. — Études navales.

Les années qui suivirent furent encore consacrées à l'éducation du prince, et surtout à ses études militaires qu'il poursuivait sous la direction d'anciens officiers, et principalement du général Clouet. Ces occupations le retinrent jusqu'au printemps de 1839. Les familiers de Goritz étaient, à cette époque, le comte de Montbel, le marquis de Bouillé « qui avait passé plusieurs années auprès du duc de Bordeaux, occupé à diriger son esprit et à développer sa jeune âme (1) », le cardinal de Latil, l'abbé Trébuquet, élève et ami de l'évêque d'Hermopolis. Celui-ci avait dû se séparer du prince dont il avait été le gouverneur au mois d'octobre 1838, sa santé ne

(1) *Pèlerinage à Goritz*, par M. de Larochefoucauld.

lui permettant plus de supporter le climat de l'Allemagne. Le duc de Bordeaux avait conservé pour lui une tendre vénération, et il disait de lui à un visiteur français : « Si vous saviez tout ce qu'il a été pour moi! Si je vaux quelque chose, c'est à ses soins et à ceux des personnes qui m'ont entouré depuis mon enfance que je le dois. Assurez bien ce bon évêque que ses exemples et ses leçons sont gravés dans mon cœur en caractères ineffaçables. » L'abbé Trébuquet était le directeur de conscience du prince et de sa sœur. L'entourage du prince était complété par M. et M^me de Saint-Aubin, le docteur Bougon, qui avait assisté Charles X durant sa dernière maladie, les fils du duc de Blacas et le jeune de Foresta.

La relation d'un royaliste français, qui visita le prince au printemps de 1839, nous fait savoir quelle était alors la situation du duc de Bordeaux vis-à-vis de son oncle et de sa tante, le duc et la duchesse d'Angoulême, que, malgré l'abdication de Rambouillet et les déclarations du duc d'Angoulême au lendemain de la mort de Charles X, certains royalistes considéraient encore comme le roi et la reine.

« Objet de toutes les sollicitudes, de toutes les espérances, de tous les vœux, dit M. de Larochefoucauld, c'est vers lui que se tournent, avec amour, les regards de la Reine lorsqu'on parle de la France, avec orgueil ceux du Roi, quand on parle de l'avenir; avec enthousiasme ceux de tous les exilés, quand il est question de grandes choses. Quel que soit le titre qu'on lui donne, il est évident que c'est de lui que découlent toutes les consolations, que c'est à lui que se rapportent tous les projets, et l'on ne peut douter, en voyant la respectueuse déférence dont il est entouré, que

Henri de France ne soit, aux yeux de ses nobles parents eux-mêmes, le véritable représentant des droits héréditaires que Charles X et Louis XIX lui ont transmis. »

Le même visiteur nous a conservé les entretiens qu'il eut avec le prince. Nous en extrayons quelques passages :

« Quel effet a produit le mariage du duc d'Orléans? me demandait hier le duc de Bordeaux.

— Le plus mauvais effet, Monseigneur; non seulement les familles chrétiennes, et leur nombre augmente tous les jours, ont blâmé le mariage d'un prince français avec une princesse protestante, mais le peuple, qui, quoi qu'on fasse pour le corrompre, est catholique au fond du cœur, a compris toute l'inconvenance d'un semblable choix.

— Je le conçois, a repris le prince, les Français sont trop libéraux dans la juste acception du mot, pour ne pas aimer la religion qui proclame l'égalité des hommes devant Dieu. »

Pendant notre promenade, le prince m'a dit qu'il ne comprenait pas qu'on pût se flatter d'asseoir un trône en dehors de la religion; qu'il lui semblait que les rois n'étaient institués que pour faire respecter les lois de Dieu, et que, d'ailleurs, c'était le seul moyen de faire respecter les lois humaines. »

Dans un autre entretien, M. de Larochefoucauld développait cette idée, que les destinées de la France avaient été faussées le jour où l'Assemblée de 1789 avait déchiré ses mandats pour se faire constituante, abandonnant ainsi l'antique constitution de la France par engouement pour les chartes anglaises.

« Ah! sans doute, répondit le prince, ce sont les institutions empruntées qui ont fait tout le mal. Conçoit-on qu'une nation aussi fière que la France l'est, à juste titre, de sa suprématie intellectuelle, ait consenti à se calquer sur une nation étrangère? Quant à moi, M. de Larochefoucauld, je suis tellement Français, que j'aimerais mieux ne jamais rentrer en France que de devoir mon retour, je ne dis pas seulement aux baïonnettes, mais même à l'influence de l'étranger.

Le 3 avril 1839, M. de Larochefoucauld quittait Goritz en même temps que M. de Bouillé. Celui-ci laissait au duc de Bordeaux « des conseils dictés par le cœur le plus droit, par la conscience la plus pure et par l'esprit le plus éclairé. Ils s'étendent à tout », ajoute M. de Larochefoucauld.

Le 6 mai de la même année, le duc de Bordeaux, sous le titre de comte de Chambord, quittait Goritz pour entreprendre une série de voyages d'études. Le duc de Levis, qui avait pris part à l'expédition de Grèce en 1828, comme colonel du 54e de ligne, le général Latour-Foissac et le comte de Locmaria, ancien officier supérieur de la garde royale, furent choisis pour l'accompagner dans ces voyages. Il visita successivement les provinces de l'Autriche, la Transylvanie, les frontières ottomanes, poussa jusqu'à Belgrade et parcourut la Hongrie. Il se rendit ensuite à Vérone, où un camp de manœuvres avait été formé par l'Autriche. Il y fut rejoint par le général Vincent et par le duc de Valmy, fils du maréchal Kellermann, en compagnie desquels il visita les principaux champs de bataille des guerres de l'Empire, Wagram et Austerlitz.

Mais ces voyages à l'intérieur de l'empire d'Autriche ne lui suffisaient pas. Il tenait à établir que s'il était l'hôte de l'Autriche, il n'était pas son prisonnier et que sa situation était toute différente de celle du duc de Reichstadt. Dans ce but, il conçut le projet de se rendre à Rome. M. de Metternich, craignant des complications avec la France, ne se souciait pas de voir le duc de Bordeaux entreprendre ce voyage. Il comptait, pour l'empêcher, sur les résistances du duc et de la duchesse d'Angoulême. Le voyage se fit cependant; mais, par une sorte de surprise, le prince s'était procuré un passeport où il était désigné comme le neveu du duc de Levis, qui l'accompagnait. Il arriva à Rome le 24 octobre 1839. L'ambassadeur de France auprès du Saint-Siège fit des représentations au Gouvernement romain, duquel il voulait obtenir l'expulsion du prince. Mais la diplomatie pontificale, habile entre toutes à traîner les négociations en lenteur, usa cette fois de toutes ses ressources. Pendant ce temps, le duc de Bordeaux avait loué un palais pour trois mois, avait reçu de Grégoire XVI un excellent accueil, et des députations de royalistes français accoururent le saluer.

De Rome, il se rendit, en janvier 1840, à Naples, où son oncle Ferdinand II le reçut avec un appareil royal. A la fin de janvier 1840, il était de retour à Rome, où il fit encore un court séjour et reçut de nouveau des royalistes français. Enfin, il reprenait la route de Goritz. Florence l'arrêtait encore quelques jours, et vers la fin de février, il était réuni à sa famille.

Les événements d'Orient qui se déroulaient à ce moment et les éventualités de guerre européenne que le traité du 15 juillet laissait entrevoir, imposèrent au prince l'obligation de suspendre ses pérégrinations. « Le Gouvernement ne fera pas la guerre, disait-il; son isolement ne le lui permet pas. Cependant, il suffit qu'on la croie possible en France pour que je m'abstienne de toute relation avec les Puissances qui ont signé le traité du 15 juillet. Je rentrerai donc dans ma solitude et j'y resterai jusqu'à ce que ces nuages factices soient complètement dissipés. »

Le ministère belliqueux de M. Thiers ayant fait place au ministère pacifique du 29 octobre, présidé par M. Guizot, le duc de Bordeaux quitta Goritz de nouveau et alla passer quelques mois à Venise, en compagnie du duc de Levis et du capitaine de vaisseau Villaret-Joyeuse, afin d'étudier l'art nautique. Puis il vint rejoindre la famille royale au château de Kirchberg, que le duc d'Angoulême avait racheté au duc de Blacas et qui était sa résidence d'été.

C'est là qu'il apprit la mort d'un ancien royaliste, du père du grand orateur de la légitimité, de Berryer. La lettre de condoléance qu'il écrivit à Berryer est l'une des premières lettres politiques du prince. C'est à ce titre que nous la reproduisons :

Kirchberg, 10 juillet 1841.

Je viens d'apprendre, monsieur, la perte que vous avez faite de votre respectable père, et je veux vous exprimer moi-même toute la part que je prends à votre juste douleur.

Je saisis cette occasion pour vous dire avec combien d'attention et d'intérêt j'ai suivi les importantes discussions dans lesquelles vous avez si souvent et si utilement pris la parole ; la Providence a voulu, et je lui en rends grâce, que la voix la plus éloquente de notre temps fût consacrée à la défense des principes qui ont assuré si longtemps le bonheur et la gloire de notre patrie.

Continuez, monsieur, à servir ainsi la France en l'éclairant sur ses véritables intérêts, et croyez bien que vous acquerrez par là de nouveaux droits à mon estime et à mon affection dont j'aime à vous renouveler ici la bien sincère assurance.

Henry.

Quelques jours plus tard, le 28 juillet, le duc de Bordeaux était victime d'un accident que lui-même a raconté ainsi dans une lettre à l'évêque d'Hermopolis :

Kirchberg, 30 juillet 1841.

Mon cher évêque, je ne veux pas que vous appreniez par les journaux l'épreuve que le Ciel vient de m'envoyer et qu'il me fera la grâce de supporter avec courage. Mercredi dernier, 28 juillet, dans une de mes courses à cheval comme vous savez que j'ai coutume d'en faire trois ou quatre fois la semaine, mon cheval, effrayé par une charrette, s'est cabré, et, se renversant sur moi, m'a cassé la cuisse gauche. La fracture a été réduite aujourd'hui par le docteur Bougon et M. Watman, un des premiers chirurgiens de Vienne, et l'on a maintenant la certitude que ce grave accident n'aura pas de suite fâcheuse. Dieu soit béni ! J'ai beaucoup souffert ; je souffre encore beaucoup : mais notre Seigneur a souffert plus que moi. Cette pensée me soutient et me ranime au plus fort de ma douleur. C'est vous, mon cher évêque, qui avez imprimé au fond de mon cœur ces sentiments de foi où je puise la force dont j'ai besoin dans cette triste circonstance. Je vous remercie de toute mon âme. Ne vous tourmentez pas, je vous en prie. Ce n'est plus qu'une affaire de patience. Demandez-en à Dieu pour moi une bonne provision, et tout ira bien.

La guérison fut lente et, s'il en faut croire certaines assertions, l'accident du 28 juillet aurait eu des conséquences irrémédiables. C'est aux lésions occasionnées par lui que serait due l'extinction de la branche aînée (1).

(1) *Dict. de la Conversation.* V° Chambord.

L'appareil appliqué à la blessure fut levé le 24 septembre. Au mois d'octobre, le prince se rendait à Vienne, où il était l'objet des plus délicates attentions de la part de la famille impériale. Puis, après un séjour à Gratz, chez la duchesse de Berri, il se rendait à Tœplitz pour prendre les eaux.

C'est dans cette ville qu'il apprit la mort du duc d'Orléans sur la route de la Révolte, le 13 juillet 1842. Il disait aussitôt à M. de Locmaria : « Quelle que soit la portée politique de cet événement, c'est un grand malheur privé, que je déplore de tout mon cœur, car le duc de Chartres (1) est mort sans avoir eu seulement le temps de se reconnaître !... Voici ses noms ; veuillez les remettre au curé de Tœplitz ; dites-lui que je demande pour Ferdinand d'Orléans les prières de l'Église et que demain je me rendrai, avec tous les Français qui sont ici, à la messe qui sera dite à son intention. »

Quelques jours plus tard, le 28 juillet, il écrivait au marquis de Pastoret, sur le même sujet :

A la nouvelle du triste événement dont vous me parlez dans votre dernière lettre, ma première pensée a été de prier et de faire prier pour celui qui en a été la malheureuse victime. J'ai été plus favorablement traité l'année dernière, et j'en rends d'autant plus de grâce à la Providence que j'espère qu'elle ne m'a conservé la vie que pour la rendre un jour utile à mon pays. Quel que soit le cours des événements, ils me trouveront toujours prêt à me dévouer à la France et à tout sacrifier pour elle.

(1) C'est le titre que le prince portait sous la Restauration, à l'époque où son père était duc d'Orléans. Quand celui-ci fut devenu le roi Louis-Philippe, son fils aîné prit, conformément à l'usage, le titre de duc d'Orléans.

La saison aux eaux de Tœplitz terminée, le duc de Bordeaux fit un nouveau voyage en Allemagne et visita le champ de bataille de Leipzig, où le général de Latour-Maubourg, son ancien gouverneur, avait eu une jambe emportée par un boulet. Au sortir de cette visite, il lui écrivait :

J'ai eu un bien grand plaisir à revoir le général (1), à le conserver quelque temps auprès de moi, et à prendre ses bons et utiles conseils. En visitant avec lui ces champs de bataille où vous avez si glorieusement combattu à la tête du corps d'armée que vous commandiez, je me suis senti heureux et fier de penser que je compte parmi les amis qui me sont restés fidèles, des hommes comme vous qui ont versé leur sang pour la gloire de nos armes et porté si haut le nom français. Si j'avais pu vous avoir vous-même pour guide, accompagné par vous et par le général Foissac, je me serais trouvé aussi heureux qu'on peut l'être sur la terre étrangère.

Je charge notre excellent général d'aller vous voir à son retour, afin de vous donner de mes nouvelles plus en détail. Connaissant votre dévoûment et tout votre attachement pour ma personne, je suis sûr que vous serez bien aise d'entendre ces détails de sa bouche. Je le prie aussi, lorsqu'il vous aura vu, de m'écrire des nouvelles de votre santé à laquelle je m'intéresse vivement. »

Le prince passa l'hiver de 1843 à Venise, occupé d'études nautiques, puis revint à Kirchberg d'où il écrivait au général Vincent, le 14 août 1843 :

Je viens aujourd'hui, mon cher général, faire encore appel à votre dévoûment et à votre attachement pour ma personne, qui, je le sais, sont toujours restés les

(1) Le général Latour-Foissac, qui accompagna le prince pendant ce voyage.

mêmes, et je vous demande de venir m'accompagner dans un voyage que je compte entreprendre, au commencement de septembre, vers le nord de l'Allemagne. Depuis le court séjour que vous avez fait auprès de moi à Vérone, j'éprouve le désir de vous revoir, et je crois utile aussi de m'entretenir avec vous de tout ce qui nous intéresse. Pendant le peu de jours que nous avons passés ensemble, j'ai pu apprécier les nobles qualités qui vous font estimer et aimer de tous ceux qui vous connaissent, et vous avez su gagner toute mon affection et ma confiance. Forcé de vivre sur la terre étrangère, je suis du moins heureux et fier lorsque je puis montrer auprès de moi des amis fidèles qui, comme vous, ont toujours combattu pour la France et dont le nom se rattache à la gloire de nos armes.

J'espère, cher général, que rien ne s'opposera à ce que vous puissiez vous rendre à mes désirs. A bientôt donc le plaisir de vous serrer la main. Je vous renouvelle, en attendant, l'assurance de ma bien sincère et constante affection.

# CHAPITRE V

## BELGRAVE-SQUARE

Le duc de Bordeaux se propose de visiter l'Angleterre. — Motifs de ce voyage. — Lettre à Chateaubriand. — Arrivée à Belgrave-Square. — Manifestation royaliste. — Lettre à Chateaubriand. — Réponse de Chateaubriand. — Discussion de l'*Adresse*. — Vote de flétrissure. — Lettres à MM. Hyde de Neuville, de Fontaine, de Villèle. — Réélection des *flétris*.

Le voyage annoncé se fit en effet en septembre. Mais il ne se borna pas à l'Allemagne. Le duc de Bordeaux avait formé le projet de visiter l'Angleterre, et les raisons de ce voyage sont indiquées dans la lettre suivante qu'il écrivait à Chateaubriand le 30 septembre 1843.

Vous savez, monsieur le vicomte, que j'ai souvent désiré vous avoir pendant quelque temps auprès de moi. Des obstacles qui m'ont vivement contrarié s'y sont opposés jusqu'ici ; mais une circonstance qui me paraît favorable s'offrant à moi, je m'empresse d'en profiter pour faire appel à votre dévoûment.

Après y avoir mûrement réfléchi, je me suis décidé à aller en Angleterre. Sans doute, on peut faire des objections contre ce voyage, surtout dans le moment présent ; mais il m'a paru que je devais avant tout chercher à me rapprocher de la France, à entrer en relation avec les hommes qui peuvent le plus m'aider de leurs conseils et de leur influence. Je serai à Londres dans la première quinzaine de novembre, et je désire bien vivement qu'il vous soit possible de venir m'y rejoindre. Votre présence auprès de moi me sera très utile, et expliquera, mieux que toute autre chose, le but de mon voyage. Je serai heureux et fier de montrer auprès de moi un homme dont le nom est une des gloires de la France, et qui l'a si noblement représentée dans le pays que je vais visiter. Venez donc, monsieur le vicomte, et croyez bien à toute ma reconnaissance et au plaisir que j'aurai à vous parler de vive voix des sentiments de haute estime et d'attachement dont j'aime à vous renouveler ici la bien sincère assurance.

Le 4 octobre, le prince s'embarquait à Hombourg, accompagné du duc de Levis, du vicomte de Saint-Priest, du général Vincent, du duc des Cars, de MM. Barande et Villaret-Joyeuse. Il commença par visiter l'Écosse, où il retrouvait les souvenirs de ses premières années d'exil, puis se dirigea vers Londres en passant par les grandes cités manufacturières de Liverpool, de Manchester, de Sheffield.

Le 27 novembre il arrivait à Londres et descendait à l'hôtel de Belgrave-Square, où Chateaubriand l'avait précédé de quelques jours.

Le Gouvernement français avait conçu des inquiétudes au sujet de ce voyage et il avait essayé de faire expulser le prince d'Angleterre. Mais le Gouvernement britannique avait invoqué les lois du royaume pour n'en rien faire. Un voyage que le duc de Nemours fit à ce moment à Londres, prouva cependant que les sympathies de l'Angleterre pour le Gouvernement français n'étaient pas diminuées.

Ce voyage du comte de Chambord est resté célèbre sous le nom de pèlerinage de Belgrave-Square. Les journaux royalistes l'avaient annoncé d'avance dans toutes les parties de la France, et, de toutes parts, les légitimistes s'étaient préparés à en faire une manifestation imposante. La proximité de l'Angleterre rendait, du reste, le déplacement assez facile.

Le 28 novembre, le duc de Bordeaux recevait les premiers visiteurs, au nombre de deux cents environ. Parmi eux, on remarquait MM. de Verac et de Richelieu, pairs de France ; MM. Berryer, de Larochejacquelin, de Larcy, Blin de Bourdon et de Valmy, députés. Puis c'étaient les députations de la Bretagne, de la Vendée, du Midi qui venaient saluer le prince ou plutôt le Roi, ainsi que l'appela le duc de Fitz-James. Tous ces visiteurs, dont le nombre a été évalué à deux mille, formaient une petite France où l'enthousiasme s'excitait lui-même. Dans Londres, les royalistes ne voyaient qu'eux. « Il n'y avait qu'un palais, l'hôtel de Belgrave-Square. » Ils traitaient Londres en « auberge », banquetaient pour ainsi dire en plein air, effaçant par la pensée et les Ordonnances et la révolution de 1830. « Tout est français ici, nous sommes en France... Henri de France semblait avoir paisiblement hérité du trône de ses aïeux » (1). Puis c'étaient les causeries, les paroles affables que le prince avait adressées à chacun, au plus obscur comme au plus illustre des visiteurs, qui étaient répétées, commentées. « Il nous a parlé comme un ami, disaient-ils au retour, mais en l'écoutant nous sentions bien qu'il était quelque chose de plus. » Dans ces entretiens, il n'était

(1) *Henri de France*, par Alfred Nettement.

guère de sujet qui ne fût abordé et sur lequel les royalistes ne provoquassent le prince à exprimer son avis. Le plus souvent, c'était des conseils qu'il leur donnait et où se révélait un sincère amour de la France. Une autre fois, il discutait les théories saint-simoniennes exposées devant lui par un adepte de la doctrine, auquel il disait, en manière de conclusion : « Je n'ai jamais entendu un plus beau rêve raconté dans un plus beau langage. » Puis c'étaient les fortifications de Paris, si vivement critiquées par l'opposition, sur lesquelles il devait faire connaître son avis : « Il y a dans toutes ces constructions, disait-il, de grands éléments pour former des hôpitaux, des ateliers et même des habitations pour les indigents. »

Le 18 décembre 1843, il quittait Londres pour visiter quelques villes d'Angleterre et particulièrement Birmingham.

Quelques jours auparavant il avait écrit à Chateaubriand une lettre destinée à dissiper les incertitudes qui existaient, même au sein du parti royaliste, sur le mode de gouvernement qu'il entendait appliquer s'il montait sur le trône. En se déclarant en communauté d'opinions et de sentiments avec Chateaubriand, avec l'auteur de la *Monarchie selon la Charte*, en plaçant au même rang les libertés nationales et les principes monarchiques, le duc de Bordeaux se proposait de résoudre la difficulté que la Restauration avait cru trancher par les Ordonnances de 1830. Faut-il voir dans cette lettre, comme l'a fait un historien royaliste (1), la condamnation des Ordonnances, et dire que dans l'esprit du prince « les libertés nationales » n'étaient pas l'effet d'un octroi royal ;

(1) *Henri de France*, par Alfred Nettement.

que, par conséquent, elles ne pouvaient point être sujettes au retrait et qu'elles appartenaient essentiellement à la nation. Peut-être ne faut-il pas tirer des conclusions aussi rigoureuses des termes un peu vagues de la lettre du prince et de la réponse de Chateaubriand.

Voici ces deux lettres :

Londres, le 4 décembre 1843.

Monsieur le vicomte de Chateaubriand,

Au moment où je vais avoir le chagrin de me séparer de vous, je veux vous parler encore de toute ma reconnaissance pour la visite que vous êtes venu me faire sur la terre étrangère, et vous dire tout le plaisir que j'ai éprouvé à vous revoir et à vous entretenir des grands intérêts de l'avenir. En me trouvant avec vous en parfaite communauté d'opinions et de sentiments, je suis heureux de voir que la ligne de conduite que j'ai adoptée dans l'exil et la position que j'ai prise sont en tout point conformes aux conseils que j'ai voulu demander à votre longue expérience et à vos lumières. Je marcherai donc avec encore plus de confiance et de fermeté dans la voie que je me suis tracée.

Plus heureux que moi, vous allez bientôt revoir notre chère patrie. Dites à la France tout ce qu'il y a dans mon cœur d'amour pour elle. J'aime à prendre pour mon interprète cette voix chère à la France et qui a si glorieusement défendu, dans tous les temps, les principes monarchiques et les libertés nationales.

Je vous renouvelle, monsieur le vicomte, l'assurance de ma sincère amitié.

HENRI.

Londres, 5 décembre 1843.

Monseigneur,

Les marques de votre estime me consoleraient de toutes les disgrâces ; mais, exprimées comme elles le sont, c'est plus que de la bienveillance pour moi, c'est un autre monde qu'elles découvrent, c'est un autre univers qui apparaît à la France.

Je salue avec des larmes de joie l'avenir que vous annoncez. Vous, innocent de tout, à qui l'on ne peut rien opposer que d'être descendu de la race de saint Louis, seriez-vous donc le seul malheureux parmi la jeunesse qui tourne les yeux sur vous ?

Vous me dites que, plus heureux que vous, je vais revoir la France. *Plus heureux que vous !* C'est le seul reproche que vous trouviez à adresser à votre patrie !

Non, prince, je ne puis jamais être heureux tant que le bonheur vous manque. J'ai peu de temps à vivre, et c'est ma consolation. J'ose vous demander, après moi, un souvenir pour votre vieux serviteur,

CHATEAUBRIAND.

Le 13 janvier 1844, le duc de Bordeaux quittait inopinément l'Angleterre et reprenait la route de Goritz, rappelé par une maladie du duc d'Angoulême.

Ce voyage de Londres eut en France un assez grand retentissement ; le ministère eut la maladresse d'en grossir lui-même l'importance. Il songea d'abord à poursuivre les manifestants ; mais il dut s'arrêter devant des impossibilités matérielles, et ce projet ne lui attira qu'une bravade de M. de Fitz-James. Le cabinet se décida à intenter des procès aux journaux royalistes et à destituer quelques maires qui s'étaient rendus à Belgrave-Square. Enfin, il déféra à la Cour de cassation M. de Fontaine, juge au tribunal de Lille, qui avait également pris part à la manifestation.

Les procès n'eurent d'autres résultats que de permettre aux avocats royalistes d'attaquer avec violence la monarchie de Juillet, et le jury prononça l'acquittement des accusés. Si la Cour de cassation émit un blâme contre M. de Fontaine, ce fut avec de telles atténuations, que ce blâme se retournait presque contre le ministère.

Restaient les pairs de France et les députés qui s'étaient rendus à Londres. Ils échappaient à l'action légale. Le ministère n'avait d'autre ressource que d'obtenir des Chambres qu'elles insérassent dans l'*Adresse* un blâme à leur égard. La Chambre des pairs répondit aux désirs du Gouvernement en votant le paragraphe suivant : « Le Roi, en montant au trône, a promis de nous consacrer son existence tout entière, de ne rien faire que pour la gloire et le bonheur de la France ; la France lui a promis fidélité, le Roi a tenu ses serments. Quel Français pourrait oublier ou trahir les siens ? »

La Chambre des députés, après une lutte des plus vives entre Berryer et Guizot, adopta un paragraphe ainsi conçu : « Oui, Sire, votre famille est vraiment nationale. Entre la France et vous, l'alliance est indissoluble : les droits de votre dynastie, fondés sur l'impérissable principe de la souveraineté nationale, sont garantis par vos serments et les nôtres. La conscience publique flétrit de coupables manifestations ; notre Révolution de Juillet, en punissant la violation de la foi jurée, a consacré chez nous la sainteté du serment. »

Ce paragraphe fut adopté sans scrutin. L'ensemble de l'*Adresse* fut voté par 220 voix contre 190.

Le 24 janvier 1844, le duc de Bordeaux était de retour à Goritz. Une amélioration s'était produite dans la santé du duc d'Angoulême, et le jeune prince pouvait se consacrer à une active correspondance destinée à mettre en relief les résultats de son voyage de Londres, et à compléter ses déclarations antérieures.

Au baron Hyde de Neuville, il écrivait, le 4 février :

.... Notre excellent ami, le vicomte de Chateaubriand, vous aura sans doute parlé de mon séjour à Londres. Il a acquis de nouveaux droits à ma reconnaissance en répondant avec tant de dévouement à mon appel, et en venant, par sa présence, donner à mon voyage en Angleterre son véritable caractère et toute son utilité. Les hommes qui gouvernent aujourd'hui la France cherchent à faire croire qu'animé de sentiments personnels ou d'une ambition vulgaire, je veux porter le trouble et la discorde dans notre pays. Il faut donc que ceux de mes amis, qui comme vous et M. de Chateaubriand, me connaissent bien, et exercent de l'influence sur l'opinion publique, s'attachent à démentir ces calomnies. Je regarde les droits que je tiens de ma naissance comme appartenant à la France, et bien loin qu'ils puissent devenir, dans un intérêt personnel, une occasion de troubles ou de malheurs pour elle, je ne veux jamais remettre le pied en France que lorsque ma présence sera utile à son bonheur et à sa gloire. »

Le lendemain, il exprimait les mêmes idées dans une lettre de condoléances à M. de Fontaine, au sujet de sa citation devant la Cour de cassation :

.... Les hommes qui se sont faits mes ennemis cherchent à calomnier mes sentiments et les motifs honorables qui ont porté tant de Français à venir vers moi. Mais heureusement, les mille témoins qui m'ont vu à Londres peuvent attester qu'il n'a été question que du bonheur de notre commune patrie. C'est là l'objet constant de mes vœux, et je ne vois dans les droits que, d'après les antiques lois de la monarchie, je tiens de ma naissance, que des devoirs à remplir. La France me trouvera toujours prêt à me sacrifier pour elle.

Quelques jours plus tard, le 19 février, c'était à M. de Villèle que le prince s'adressait pour renouveler les mêmes affirmations et en même temps pour indiquer leur devoir aux royalistes. Les députés flétris par l'Adresse, MM. Berryer, Blin de Bourdon, de Larcy, de la Rochejacquelin et de Valmy, avaient donné leur démission et se représentaient devant leurs électeurs. Mais un point est un peu obscur dans cette lettre. Le prince s'y déclare en conformité d'idées avec M. de Villèle comme il s'était, à Londres, déclaré en conformité d'idées avec Chateaubriand. Or, M. de Villèle était le représentant le plus considérable de ce système de gouvernement que la Chambre des députés de 1828 avait qualifié, dans son *Adresse*, de « système déplorable » et qui contenait en germe les Ordonnances de 1830. Entre M. de Villèle et l'auteur de la *Monarchie selon la Charte*, il existait donc de véritables divergences d'opinion.

Voici la lettre à M. de Villèle :

Mes voyages et les nombreuses occupations qui en ont été la suite, m'ont empêché, mon cher comte, de vous remercier des utiles indications que renferment vos lettres. Vous avez pu vous convaincre depuis que mes idées étaient d'accord avec les vôtres. J'ai atteint le but sans manquer à aucun égard et avec la bienveillance que je dois à tous ceux qui viennent à moi. Vous savez apprécier les difficultés de ma situation. Je me félicite que les résultats vous paraissent favorables.

Mes adversaires se sont laissé égarer par une préoccupation qui ne leur a pas permis de voir qu'en s'inquiétant vivement d'un simple voyage, ils proclamaient eux-mêmes, devant le monde entier, l'importance de mon avenir.

Je ne viens pas de me constituer prétendant, comme ils le disent. Dieu, en me faisant naître, m'a imposé de grands devoirs envers la France ; je ne les oublierai jamais. Quand il m'appellera à les remplir, je serai prêt, sans orgueil et sans faiblesse.

La question de l'Adresse des députés est une faute du Gouvernement actuel; il prolonge ainsi un souvenir qu'il aurait dû s'efforcer d'effacer. Il va rencontrer une défaite dans les nouvelles élections auxquelles il donne lieu. Dites à nos amis que j'espère et que je désire la nomination des députés expulsés à cause de moi.

Les députés flétris furent réélus, ainsi qu'il était à prévoir, et le prince leur écrivit à cette occasion :

19 mars 1844.

J'apprends, messieurs, votre réélection à la Chambre des députés, et je m'empresse de venir m'en féliciter avec vous. C'eût été un bien vif sujet de regret pour moi, si la visite que vous m'avez faite à Londres avait dû priver la France d'aussi bons défenseurs de ses intérêts. Je suis heureux et reconnaissant que les électeurs des villes de Marseille, Toulouse, Montpellier, Doullens et Ploermel, aient fait si bonne justice des calomnies que l'on voulait accréditer sur mon voyage en Angleterre et sur votre présence à Londres. Tous ceux qui me connaissent savent qu'il n'y a dans mon cœur, et qu'il n'est jamais sorti de ma bouche, que des vœux pour le bonheur de la France.

Le sentiment de générosité qui a porté les hommes honorables qui ne partagent pas encore nos convictions à se rapprocher de nous dans cette circonstance, doit donner l'espoir qu'un jour viendra, jour heureux de conciliation, où tous les hommes sincères de tous les partis, de toutes les opinions, abjurant leurs trop longues divisions, se réuniront de bonne foi sur le terrain des principes monarchiques et des libertés nationales pour servir et défendre notre commune patrie.

# CHAPITRE VI

## LE COMTE DE CHAMBORD

Mort du duc d'Angoulême. — Questions ouvrières. — Questions agricoles. — Mariage de *Mademoiselle*. — Élections de 1846. — Lettre à M. de Larcy. — Mariage du comte de Chambord. — Attitude du duc de Modène envers le Gouvernement de Juillet. — Libéralités. — Les ateliers de charité de Chambord. — Inaction du comte de Chambord. — Ses causes. — Lettre à M. de Saint-Priest.

Le 3 juin 1844, le duc d'Angoulême allait rejoindre son père dans le caveau des Franciscains de Goritz. A la suite de cette mort, le duc de Bordeaux adressait aux cours européennes la notification suivante :

Devenu, par la mort de M. le comte de Marnes, chef de la Maison de Bourbon, je regarde comme un devoir de protester contre le changement qui a été introduit dans l'ordre légitime de succession à la couronne, et de déclarer que je ne renoncerai jamais aux droits que, d'après les anciennes lois françaises, je tiens de ma naissance.

Ces droits sont liés à de grands devoirs, qu'avec la grâce de Dieu je saurai remplir ; toutefois, je ne veux les exercer que lorsque, dans ma conviction, la Providence m'appellera à être véritablement utile à la France.

Jusqu'à cette époque, mon intention est de ne prendre, dans l'exil où je suis forcé de vivre, que le nom de comte de Chambord ; c'est celui que j'ai adopté en sortant de France ; je désire le conserver dans mes relations avec les cours.

L'année qui suivit ne fut marquée que par un seul événement. La famille royale quitta Goritz pour aller s'établir au château de Frohsdorf, dont la duchesse d'Angoulême avait fait l'acquisition. Le comte de Chambord fit un voyage en Hongrie et quelques séjours à Venise auprès de sa mère. A ce moment, il se livrait à l'étude des questions ouvrières et des questions agricoles, sur lesquelles ses lettres nous donnent le résumé de ses idées.

Il écrit au comte de Turenne, le 27 juin 1844 :

Monsieur le Comte, je profite du départ du duc de Clermont-Tonnerre pour vous remercier de la note intéressante que vous m'avez envoyée sur les congrès agricoles. Le duc de Levis m'a rendu compte de sa conversation avec vous, et c'est avec un bien grand plaisir que j'ai appris tous les efforts qui sont faits pour hâter les progrès de la culture en France, et surtout pour améliorer le sort de la classe agricole. Je ne cesserai de recommander à tous ceux qui sont restés fidèles à notre cause d'habiter le plus possible leurs terres, et de donner l'exemple de toutes les améliorations utiles. C'est le vrai et le seul moyen de détruire les préventions injustes et de rendre à la propriété foncière la part d'influence qui lui appartient et qu'il serait si utile qu'elle obtînt dans l'administration et la conduite des affaires du pays. Je suis heureux de trouver cette occasion de vous remercier de vos sentiments de fidélité et de dévouement, et de vous donner l'assurance de toute mon estime et de mon affection.

Le 20 septembre 1844, au comte d'Esclaibes :

... Je sais qu'après avoir glorieusement combattu pour la France sur les champs de bataille, vous la servez encore aujourd'hui dans la retraite en favorisant par vos soins et votre exemple les progrès de l'agriculture dans la province que vous habitez. M'occupant aussi moi-même, autant par goût que par devoir, de tout ce qui se rattache à l'agriculture, cette source véritable de la richesse des nations et du bien-être des classes laborieuses, j'éprouve un grand désir de vous voir et de m'entretenir avec vous. Le voyage que vous faites en ce moment en Belgique me fournit, en nous rapprochant, une occasion dont je veux profiter pour vous demander de venir passer quelques semaines auprès de moi. Il ne sera d'ailleurs pas sans intérêt pour vous d'examiner l'état de la culture en Autriche. Nous visiterons ensemble les grands établissements que le Gouvernement a fondés pour l'amélioration des chevaux, question dont l'importance n'a peut-être pas été appréciée en France jusqu'à ce jour. Ce sera un grand bonheur pour moi de m'associer ainsi à des recherches qui doivent avoir quelque utilité pour notre patrie, car ma plus grande consolation sur la terre étrangère est de m'occuper de tout ce qui peut contribuer au bonheur, à la gloire et à la prospérité de la France.

Le 11 octobre 1844, au vicomte du Bouchage, pair de France :

Monsieur le Vicomte, je profite d'une occasion sûre pour vous remercier des deux mémoires que vous m'avez envoyés. Je les ai lus avec d'autant plus d'intérêt et d'attention que je m'occupe moi-même de ces graves et importantes questions qui doivent exercer dans l'avenir une si grande influence sur la destinée des nations. Je regarde comme un devoir d'étudier dès à présent tout ce qui se rattache à l'organisation du travail et à l'amélioration du sort des classes laborieuses. Quels que soient les desseins de la Providence sur moi, je n'oublierai jamais que le grand roi Henri IV, mon aïeul, a laissé à tous ses descendants l'exemple et le devoir d'aimer le peuple. C'est là un héritage qui ne peut m'être enlevé, et mes amis ne sauraient me rendre un meilleur service que de faire connaître ces sentiments qui sont dans mon cœur.

L'année 1845 fut marquée par le mariage de *Mademoiselle*, Louise-Marie-Thérèse, avec le prince héréditaire de Lucques (plus tard Charles III, duc de Parme). Ce mariage fut célébré à Frohsdorf, le 10 novembre.

A ce moment, la correspondance du comte de Chambord est peu active. Lui-même songeait à se marier et son attention était peut-être un peu distraite de ses préoccupations ordinaires. La politique était du reste fort calme et ne lui fournissait guère d'occasion de manifester ses sentiments.

Les élections générales de 1846 furent loin d'être favorables au parti royaliste. Plusieurs députés légitimistes ne furent pas réélus; parmi eux M. de Larcy. La lettre que le comte de Chambord lui écrivit à propos de son échec semble indiquer qu'il méditait, en montant sur le trône, de modifier la loi électorale, mais sans faire connaître le sens de cette modification. Cette lettre est datée du 6 octobre 1846.

Je vous remercie, Monsieur le Baron, de la lettre que vous m'avez adressée, et je veux, en même temps, vous exprimer tout le regret que j'ai éprouvé en vous voyant, ainsi que quelques-uns de vos honorables collègues, éloignés malgré vous du poste d'honneur où vous défendiez, avec tant de courage et de dévoûment, les véritables intérêts du pays. Espérons qu'un jour viendra où des lois plus équitables, rendant à chacun la légitime part d'influence qui doit lui appartenir, la France sera mieux et plus fidèlement représentée; alors, soyez-en bien sûr, vous serez appelé de nouveau à continuer la noble tâche que vous vous étiez imposée.

Vous me parlez de la visite que vous êtes venu me faire à Londres. C'est me rappeler un souvenir qui me sera toujours bien cher : entouré de tant de Français fidèles, je pouvais presque me croire de retour dans notre chère patrie. Toutes les preuves de dévoûment qui m'ont été données à cette époque restent gravées dans mon cœur; comme je n'oublierai jamais, non plus, tout ce qui m'a été dit d'utile sur les intérêts et les besoins de la France.

Quelques jours plus tard, le 19 octobre, dans une lettre à une personne inconnue, le comte de Chambord revient sur les questions sociales considérées au point de vue des intérêts royalistes.

Monsieur, j'ai lu avec beaucoup d'attention et d'intérêt les notes que vous avez été chargé de me communiquer. J'applaudirai toujours aux efforts qui seront faits pour rapprocher et unir entre elles toutes les classes de la société. C'est en renonçant à une vie oisive, en travaillant au bien-être du peuple, et en protégeant les intérêts du commerce et de l'industrie, que mes amis doivent chercher à dissiper les préventions qui pourraient encore exister, et à reconquérir cette influence salutaire qu'ils sont naturellement appelés à exercer, et qui peut devenir un jour si utile au pays.

J'ai particulièrement remarqué, dans le projet que vous m'avez soumis, les dispositions qui permettraient de fournir à bon marché, à la propriété et à l'agriculture, les capitaux qui leur seront nécessaires et qu'elles ne peuvent se procurer aujourd'hui qu'à des conditions ruineuses. Il existe, dans quelques parties de l'Allemagne que j'ai visitées, des institutions de crédit foncier qui ont déjà produit de très bons résultats, et je crois qu'il serait possible de fonder avec avantage en France, par les moyens que vous proposez, des établissements de ce genre. Ils contribueraient puissamment à dégrever la propriété foncière de cette masse énorme de créances hypothécaires qui pèse sur elle et nuit aux progrès de l'agriculture, véritable source de la richesse des nations. Je verrai donc avec plaisir mes amis s'associer à des projets qui me paraissent n'avoir pour but que la prospérité de la France, et je fais bien des vœux pour que le succès vienne couronner leurs efforts.

Le mariage du comte de Chambord était alors arrêté. Il avait obtenu la main de Marie-Thérèse-Béatrix, fille de François IV, duc de Modène, de la maison d'Este, et archiduchesse d'Autriche. Cette princesse, née en 1817, était cousine du comte de Chambord. Le duc de Modène, son père, s'était acquis, en 1830, des titres particuliers à la sympathie des légitimistes, en refusant de recevoir l'envoyé français chargé de lui notifier l'avènement du roi Louis-Philippe, et cet acte avait été représenté comme « un trait d'antique honneur, qui avait produit en France une vive sensation (1) ». Les légitimistes se trompaient, paraît-il, sur les motifs qui avaient dicté la conduite du duc de Modène. « Ce prince ambitieux, violent et astucieux, avait conçu le projet d'étendre sa domination sur toute l'Italie. Dans ce but, il s'était mis en rapports secrets avec les chefs du parti de l'indépendance italienne et avait autorisé les conspirateurs de tous les États de la péninsule à compter sur sa coopération. Cet accord apparent cachait les arrière-pensées les plus opposées. Tout en travaillant de concert à renverser les Gouvernements existants pour constituer l'unité italienne, les patriotes se flattaient de jouer le duc de Modène et de se servir de lui pour établir une république, tandis que le duc de Modène se proposait de duper

---

(1) *Quotidienne*, 10 décembre 1830.

les patriotes et de se faire, par leurs mains, un royaume d'Italie. La Révolution française avait paru d'abord devoir seconder les desseins de François. Mais l'esprit de modération dont fit preuve le Gouvernement de Juillet détruisit cette illusion. Loin donc que le duc de Modène dût être considéré comme le paladin de la légitimité, sa colère venait de ce que Louis-Philippe, en mettant obstacle à l'expansion de la Révolution, lui faisait perdre l'espoir de se poser sur la tête une couronne révolutionnaire » (1).

Les royalistes commettent encore une erreur quand ils affirment que le duc de Modène refusa, pendant toute la durée du Gouvernement de Juillet, de reconnaître Louis-Philippe. La France avait dédaigné l'injure qui lui était faite par un aussi chétif adversaire. Dans le courant de l'année 1831, François IV offrit à son tour de reconnaître le roi Louis-Philippe. Le Gouvernement français ne répondit pas, et pendant toute la durée du règne, la cour de Modène ne fut pas représentée près du cabinet des Tuileries.

Le mariage du comte de Chambord eut lieu, par procuration, à Modène, le 7 novembre 1846. Le 16 novembre, les nouveaux époux se rencontraient à Bruck, où la bénédiction nuptiale leur était donnée par l'abbé Trébuquet.

La lettre suivante adressée à M. de Pastoret, le 6 octobre 1846, est relative aux libéralités du comte de Chambord à l'occasion de son mariage.

Monsieur le marquis de Pastoret, je désire qu'à l'occasion de mon mariage, les pauvres aient part à la joie que m'inspire cette nouvelle preuve de la protection du

---

(1) *Hist. de Louis-Philippe I*[er], par Victor de Nouvion, tome II, p. 21-22.

ciel sur ma famille et sur moi, et il me paraît que ceux de Paris ont un droit particulier à mon intérêt : car je n'oublie pas que c'est dans cette ville que je suis né et que j'ai passé les premières années de ma vie. Je m'empresse, en conséquence, de vous annoncer que je mets à votre disposition une somme de vingt mille francs que je vous charge de distribuer.

Dans la répartition de ce secours, vous n'aurez égard à aucune autre considération qu'à celle des besoins et de la position plus ou moins malheureuse de chacun, vous concertant, à cet effet, avec quelques-uns de mes meilleurs amis, qui seront heureux de vous prêter le concours de leur zèle pour vous aider à remplir mes intentions. Je n'ai qu'un seul regret, c'est de ne pouvoir pas donner davantage. Quand je pense surtout à la misère qui règne en ce moment, et dont l'hiver qui s'approche ne peut qu'augmenter encore les rigueurs, je voudrais avoir des trésors à répandre pour soulager tant de souffrances !

Je suis sûr que mes amis sentiront comme moi la nécessité de s'imposer de nouveaux sacrifices et de rendre leurs aumônes plus abondantes que jamais. Ils ne peuvent rien faire qui me soit plus agréable ; c'est d'ailleurs le grand moyen d'éloigner de notre commune et chère patrie les maux qui la menacent, et d'attirer sur elle toutes les bénédictions qui peuvent assurer son bonheur.

La seconde lettre que le comte de Chambord adressait, le 30 octobre, à M. de Pastoret, est doublement intéressante. Si elle montre le désir du prince de contribuer au soulagement de la misère publique à un moment où elle était particulièrement poignante, elle montre aussi le prince devançant les républicains de 1848 dans la création des fameux ateliers nationaux.

Monsieur le marquis de Pastoret, vous savez que c'est surtout par des secours distribués aux classes indigentes que je désire marquer l'heureuse époque de mon mariage, et remercier la divine Providence d'avoir écarté les obstacles qui s'y étaient opposés jusqu'ici. Quoique forcé de vivre sur la terre étrangère, je ne puis être indifférent ou insensible aux maux de la patrie. En pensant à la cherté des subsistances et aux justes craintes qu'elle inspire pour la saison rigoureuse où nous allons entrer, j'ai cherché comment je pourrais contribuer au soulagement de la misère publique. Il m'a paru que le meilleur emploi à faire des sommes dont je puis disposer, c'est de les consacrer à établir, à Chambord et dans les forêts qui nous appartiennent encore, des ateliers de charité qui, offrant aux habitants pauvres de ces contrées un travail assuré pendant l'hiver prochain, leur fournissent les moyens de pourvoir à leurs besoins et à ceux de leur famille. Je vous charge donc de prendre les mesures nécessaires pour l'exécution d'un projet que j'aimerais à voir s'étendre à la France entière. Pour moi, je me féliciterai du moins d'avoir pu adoucir le sort de Français malheureux qui, par leur position particulière, ont encore plus de titres à mon intérêt.

Le même jour, le comte de Chambord donnait, par la lettre suivante, ses instructions au duc de Lorge pour les libéralités qu'il faisait dans les provinces de l'Ouest. Entre ces libéralités et celles que M. de Pastoret avait été chargé de faire à Paris, la différence est notable. Ce n'est plus un acte de bienfaisance générale. Ce nouveau don est uniquement destiné aux partisans actifs du prince.

Mon cher duc, voulant, à l'occasion de mon mariage, donner à mes fidèles amis des provinces de l'Ouest une nouvelle marque de ma sollicitude, et leur prouver encore que je n'oublie pas ce qu'ils ont fait et souffert pour moi, je vous charge d'être, dans cette circonstance, mon intermédiaire auprès d'eux. Je mets à votre

disposition une somme de seize mille francs pour la
distribuer à ceux qui, par leurs blessures, leurs services et leur position, ont des titres plus particuliers à
mon intérêt. Tout mon regret, surtout lorsqu'il s'agit
de si nobles infortunes, c'est de ne pouvoir pas faire
davantage pour les soulager; mais le temps viendra,
je l'espère, où il me sera possible de leur témoigner
plus efficacement toute ma reconnaissance.

Les dames de la Halle de Paris s'étaient souvenues, à l'occasion du mariage du comte de Chambord, de la situation particulière dont elles avaient
joui sous la monarchie, et elles avaient envoyé à
Frohsdorf une adresse de félicitation et des fleurs.
Très touchés de cette attention, les jeunes époux
répondirent :

Frohsdorf, novembre 1846.

Nous remercions sincèrement les Dames de la Halle
et des marchés de la bonne ville de Paris des félicitations et des vœux qu'elles nous ont adressés à l'occasion de notre mariage. Tout ce qui nous vient, tout ce
qui nous parle de la France a des droits sur nos cœurs.
Nous recevons avec plaisir et reconnaissance les fleurs
qui nous sont envoyées, et nous les garderons comme
un témoignage précieux du souvenir et de l'affection
que l'on nous conserve dans notre chère patrie.

*Signé :* Henry, Marie-Thérèse.

D'autres adresses, en grand nombre, furent envoyées au comte de Chambord à l'occasion de
son mariage.

Au baron Muller, qui lui avait transmis les félicitations des royalistes d'Alsace, il répondait, le
9 décembre 1846 :

... Les félicitations que je reçois de toutes les parties
de la France ajoutent encore à mon bonheur et à la

reconnaissance que m'inspire cette nouvelle marque de la protection divine sur ma famille et sur moi. Dites bien à mes fidèles amis d'Alsace, en leur parlant de la Princesse qui vient de s'associer à ma destinée, que son cœur n'est pas moins français que le mien, et qu'elle est prête à se dévouer, comme moi, à la prospérité et à la gloire de la France.

Au comte de Jumilhac, le 14 janvier 1847 :

... Soyez mon interprète auprès de ceux qui vous ont choisi pour le leur auprès de moi dans cette circonstance. Je trouve mes peines moins vives et mes joies plus douces quand je pense que de nobles cœurs s'associent à tout ce que le mien éprouve. Combien je leur sais gré surtout d'avoir répondu avec tant d'empressement à mon appel en faveur des classes indigentes. Assister des Français qui souffrent, c'est me servir ! La charité de mes amis, autant que leur fidélité et leur dévoûment, me portera bonheur.

A M. de Lesquen, ancien évêque de Rennes, le 25 mars 1847 :

Monsieur l'Évêque, les adresses de la cité bretonne à laquelle Du Guesclin a légué sa fidélité avec son cœur, ne pouvaient manquer d'être ici les bienvenues. Le dévoûment profond qu'elles respirent, les noms qui les couvrent, à la tête desquels le vôtre était si digne de paraître, auraient suffi pour me prouver, si j'avais pu en douter jamais, que cette noble ville a gardé religieusement le dépôt que lui avait confié le bon connétable. J'ai été charmé, en particulier, de retrouver là plusieurs de mes amis que j'ai vus à Londres. Je sais que tous auraient voulu y venir, et ceux qui ne l'ont pas pu ont le même droit à ma gratitude.

La compagne que le Ciel m'a donnée, et qui partage tous mes sentiments, a été, comme moi, vivement touchée des félicitations et des vœux dont les royalistes de Dinan nous ont envoyé la chaleureuse expression. En vous priant de leur en faire nos remerciements, nous sommes heureux d'avoir pour interprète, dans cette circonstance, le vénérable évêque, le fidèle Breton, le vieux soldat de l'armée de Condé, le brave chevalier de Saint-Louis, à qui je me plais à dire ici qu'il peut toujours compter sur toute mon estime et ma bien sincère affection.

Dans une lettre au baron de Rivière, du 14 juin 1847, le comte de Chambord revient aux questions sociales et s'exprime ainsi :

... Je vous remercie également de la note qui était jointe à votre lettre et que j'ai lue avec beaucoup d'attention. Sans doute, c'est à nous de marcher à la tête du mouvement social pour lui donner une sage et utile direction, de nous montrer toujours et partout les plus empressés comme les plus habiles à faire le bien, et de prouver ainsi à la France, et principalement aux classes laborieuses, de quel côté sont leurs vrais amis et les défenseurs constants de tous leurs intérêts.

Cependant, de graves événements politiques s'accomplissaient. A Rome, le gouvernement de Pie IX avait débuté par des mesures libérales. En France, la monarchie de Juillet chancelait et les légitimistes, croyant le moment favorable pour une restauration, se plaignaient que le comte de Chambord demeurât silencieux. C'est à ces plaintes qu'il répond par la lettre suivante, au vicomte de Saint-Priest, le 22 janvier 1848 :

J'ai reçu, mon cher Saint-Priest, la note que vous avez rédigée de concert avec quelques-uns de mes amis. Je m'empresse de vous en remercier et de vous donner l'assurance que je l'ai lue avec beaucoup d'intérêt et d'attention.
Ce n'est pas la première fois qu'on m'exprime le désir qu'une manifestation publique de ma part témoi-

gne de ma sympathie pour la ligne de conduite politique adoptée par le saint-père, et je comprends très bien l'avantage qui pourrait résulter, dans l'état actuel des esprits, d'une telle démarche ; mais, d'un autre côté, elle présenterait de si graves inconvénients, que je regarde comme un devoir de m'y refuser. Sans doute, je fais des vœux sincères pour que le pape puisse accomplir avec succès la grande et difficile tâche qu'il a entreprise, et pour que ses généreux desseins en faveur de ses sujets ne soient point paralysés et compromis par l'esprit révolutionnaire qui, depuis soixante ans, a déjà été tant de fois et en tant de lieux le seul obstacle à l'établissement d'une sage et véritable liberté. Ces sentiments, je serai toujours heureux de les professer toutes les fois que j'en trouverai l'occasion ; mais tant que je serai forcé de vivre sur la terre d'exil, il importe essentiellement au maintien de ma dignité et de mon indépendance personnelle que je conserve la plus stricte neutralité, et que je reste constamment étranger à tout ce qui touche la politique des divers Gouvernements. C'est la règle de conduite que j'ai adoptée; je m'en suis bien trouvé jusqu'ici, et je crois qu'il y aurait imprudence et danger à s'en écarter.

Je passe maintenant à ce qui regarde les questions de l'intérieur de la France. Je sais, et je m'en afflige, qu'un grand nombre de mes amis m'accusent d'inaction, d'indifférence même, et qu'ils voudraient me voir prendre une part plus active, si ce n'est à la lutte des partis, au moins à la discussion des questions sociales qui préocupent en ce moment tous les esprits. Ma position actuelle exige trop de réserve, de prudence et de circonspection, pour qu'il me soit permis de donner satisfaction à ces vœux ; mais il faut que ceux de mes amis qui, comme vous, jouissent plus particulièrement de ma confiance et sont connus pour avoir avec moi des relations habituelles, mettent tous leurs soins à éclairer les royalistes sur mes sentiments et mes intentions. Rappelez-leur donc que, dans toutes les occasions, et notamment à Londres, j'ai hautement manifesté ma conviction que le bonheur de la France ne pouvait être assuré que par l'alliance sincère des principes monarchiques avec les libertés publiques. Tout ce qui tendra à ce but aura toujours mon approbation. Ainsi, je vois avec un vif intérêt les efforts qui sont faits pour obtenir, dès à présent, la réforme de ces lois injustes qui privent le plus grand nombre des contribuables de la participation légitime qui leur appartient dans le vote de l'impôt, et qui, tenant sous le joug, par l'exagération de la centralisation administrative, les communes, les villes, les provinces, les associations diverses, les dépouillent des droits et des libertés qui leur sont le plus nécessaires.

Je m'associe également à la lutte persévérante et courageuse des catholiques de tous les partis, en faveur de la liberté de l'enseignement, qui ne devrait avoir d'autres limites que l'autorité tutélaire dont un sage Gouvernement ne saurait se départir dans l'intérêt de la société. Obligé de vivre loin de la patrie, je ne puis, hélas ! jusqu'ici que me borner à faire des vœux pour elle, étudiant avec soin toutes les questions qui intéressent son avenir et me tenant constamment au courant de la situation des choses et des esprits par la lecture assidue des journaux des diverses opinions, et par les correspondances que je multiplie le plus que je puis avec des hommes qui appartiennent aux différentes nuances de l'opinion royaliste. C'est ainsi qu'en recherchant tout ce qui me paraît de nature à m'éclairer sur ce qui fait l'objet habituel de mes méditations, j'espère me trouver prêt, lorsque le cours des événements amènera des circonstances qui me permettront de travailler plus activement, plus personnellement au bonheur de la France.

J'apprends avec plaisir qu'un nouveau congrès de la presse doit bientôt se réunir à Paris, et j'approuve tous les soins qui sont pris d'avance pour donner à cette assemblée toute l'utilité qu'elle peut avoir. Que l'on s'attache surtout à prévenir ces discussions irritantes et dangereuses qui peuvent compromettre l'avenir et jeter le trouble et la désunion au sein du parti royaliste. Pour être fort, il doit toujours rester uni.

Lors de l'ouverture du congrès, j'aurai soin de lui donner, par l'intermédiaire de son président, l'assurance de toute ma sympathie. Les fidèles amis, venus avec tant de zèle et de dévoûment des divers points de la France, sauront que leur Prince est au milieu d'eux par le cœur, par la pensée, s'associant à leurs travaux, à leurs efforts, et prêt comme eux à tout sacrifier pour la prospérité et la grandeur de la commune patrie.

# CHAPITRE VII

## LA FUSION

Chute de Louis-Philippe. — Mort de Chateaubriand. — Lettre à Berryer. — Lettre au duc de Noailles. — Premiers projets de fusion. — Opinion de Louis-Philippe. — M<sup>me</sup> la duchesse d'Orléans. — Lettres du comte de Chambord. — Voyage à Ems. — La révolution à Rome. — Lettre au général Oudinot. — Voyage à Wiesbaden. — Exposés politiques. — Lettre au duc de Noailles. — Lettre à Berryer. — Mort de M<sup>me</sup> la duchesse d'Angoulême. — Manifeste du 25 octobre 1852. — La fusion. — Visite de M. le duc de Nemours à Frohsdorf. — Le drapeau. — Lettre à M. le duc de Nemours. — La fusion est abandonnée.

Un mois à peine après la lettre à M. de Saint-Priest, le 24 février 1848, une nouvelle révolution s'abattait sur la France et Louis-Philippe prenait, à son tour, le chemin de l'exil. Cette catastrophe ne fit pas sortir le comte de Chambord de la réserve où il s'était enfermé. Les chefs du parti royaliste pensaient d'ailleurs qu'il ne fallait pas agir avec précipitation. On devait laisser la France faire l'essai de la république. Quand l'expérience aurait prouvé l'inaptitude de la France pour cette forme de gouvernement, la restauration se ferait d'elle-même.

Le comte de Chambord ne rompit le silence que le 1er juin 1848. De fausses lettres avaient été publiées, dans lesquelles on lui faisait exprimer l'intention d'abandonner à jamais la France. C'est contre ces lettres qu'il protestait dans le manifeste suivant, sous forme de lettre à un anonyme :

Je viens, Monsieur, de lire la prétendue lettre adressée par moi au Président de l'Assemblée nationale, imprimée et publiée à Paris le 18 mai dernier.

Je sais aussi qu'il a été répandu plusieurs autres lettres qui tendraient à faire croire que j'ai renoncé au doux espoir de revoir ma chère patrie. Aucune de ces lettres n'est de moi. Ce qu'il y a de vrai, c'est mon amour pour la France, c'est le sentiment profond que j'ai de ses droits, de ses intérêts, de ses besoins dans les temps actuels, c'est la disposition où je suis de me dévouer tout entier, de me sacrifier à elle si la Providence me juge digne de cette noble et sainte mission.

Français avant tout, je n'ai jamais souffert, je ne souffrirai jamais que mon nom soit prononcé lorsqu'il ne pourrait être qu'une cause de division et de trouble. Mais si les espérances du pays sont encore une fois trompées, si la France, lasse enfin de toutes ces expériences qui n'aboutissent qu'à la tenir perpétuellement suspendue au-dessus d'un abîme, tourne vers moi ses regards, et prononce elle-même mon nom comme un gage de sécurité et de salut, comme la garantie véritable des droits et de la liberté de tous, qu'elle se souvienne alors que mon bras, que mon cœur, que ma vie, que tout est à elle et qu'elle peut toujours compter sur moi.

A quelques jours d'intervalle, le comte de Chambord recevait la nouvelle de l'insurrection de Juin et de la mort de Chateaubriand (1), et il écrivait à Berryer, le 15 juillet 1848 :

(1) 4 juillet 1848.

Votre lettre, Monsieur, est la première qui m'ait apporté la nouvelle de la mort de M. de Chateaubriand. J'avais en lui un ami sincère, un conseiller fidèle, de qui j'étais heureux, dans mon exil, de recevoir les avis et de pénétrer les généreuses pensées. Depuis plusieurs mois, je m'affligeais de voir ce beau génie approcher du terme de sa carrière; cette perte, si grande, m'est plus pénible encore en ce moment où mon cœur a tant à gémir des douleurs de la patrie.

Que de malheurs n'ai-je pas à déplorer! Ces luttes affreuses qui viennent d'ensanglanter la capitale; la mort de tant d'hommes honorables et distingués dans la garde nationale et dans l'armée, le martyre de l'archevêque de Paris, la misère du pauvre peuple, la ruine de nos industries, les alarmes de la France entière! Je prie Dieu d'en abréger le cours.

Puissent le spectacle de ces calamités et la crainte des maux qui menacent l'avenir, ne point emporter les esprits loin des grands principes de justice et de liberté publique, qu'en ce temps, plus que jamais, les amis des peuples et des rois doivent défendre et maintenir!

A partir de ce moment, les manifestes se succèdent rapidement. Au mois d'août, le comte de Chambord écrit au duc de Noailles :

. . . . . . Vous le savez déjà : ce que je veux, c'est la paix, c'est le bonheur, c'est la gloire de la France; et dans ma conviction profonde, ces graves intérêts ne peuvent être assurés que par le retour au principe qui, pendant tant de siècles, a été la garantie de notre ordre social, et peut seul permettre de donner aux libertés publiques tous leurs développements, sans rien ôter au pouvoir de la force et de l'autorité qui lui sont nécessaires. Tous les bons esprits et tous les cœurs droits ne tarderont pas, je l'espère, à reconnaître cette vérité, et plus que jamais ils éprouveront le besoin de s'entendre, de se soutenir mutuellement et de travailler tous ensemble au salut de la patrie.

Pour moi, dans la part que je puis être destiné à

prendre à ces nobles efforts, exempt de toute vue personnelle, je n'ai d'autre pensée que de remplir les devoirs sacrés que m'impose ma naissance, de contribuer à délivrer mon pays des maux présents et des craintes de l'avenir, et de l'aider à recouvrer sa sécurité au dedans, sa grandeur au dehors. Qui ne sent que l'unique moyen d'atteindre un but si désirable est dans l'alliance et le concours de tous les partis, n'en formant plus qu'un seul indissolublement uni désormais pour la défense des grands intérêts de la société ?

Aussi, le plus beau jour de ma vie sera celui où je pourrai voir tous les Français, après tant de dissentiments et de rivalités funestes, rapprochés par les liens d'une confiance réciproque et d'une véritable fraternité ; la famille royale réunie autour de son chef dans les mêmes sentiments de respect pour tous les droits, de fidélité à tous les devoirs, d'amour et de généreux dévoûment pour la patrie ; enfin, la France entière, pacifiée par la réconciliation de ses enfants, donner au monde le spectacle d'une concorde universelle, sincère, inaltérable, qui lui promette encore de longs siècles de gloire et de prospérité.

Un certain nombre d'hommes politiques, parmi les partisans de la monarchie constitutionnelle comme parmi les légitimistes, pensaient avec le comte de Chambord qu'un rapprochement entre les deux branches de la maison royale pouvait aider puissamment au rétablissement de la monarchie. Ils avaient même, dans quelques conférences, examiné les bases sur lesquelles l'accord pouvait se faire.

Au mois d'octobre 1848, les négociations paraissaient en assez bonne voie pour que le comte de Chambord pût croire que son intervention aplanirait les dernières difficultés. Dans ce but, il écrivit au duc de Noailles :

D'après ce que vous m'écrivez, mon cher Duc, des

personnes éminentes, convaincues de la nécessité de réunir en un seul faisceau toutes les forces qui peuvent résister à la tempête dont le monde social est si violemment ébranlé, pensent qu'un rapprochement entre les deux branches de ma famille est la condition première de cette désirable union. Mes devoirs envers la France seront toujours la règle essentielle de ma conduite. Tout ce qui peut contribuer à la sécurité, au bonheur, à la gloire de notre pays, je suis prêt à l'accomplir sans hésitation, sans arrière-pensée. Je crois avec vous que le concours de tous les hommes de cœur, de talent et d'expérience est nécessaire au rétablissement et au maintien de l'ordre dans notre patrie. Je vous l'ai déjà dit, étranger et inaccessible à toutes les passions qui perpétuent les funestes discordes, je regarderai comme le plus beau jour de ma vie celui où je verrai tous les Français rapprochés par les liens d'une fraternité véritable, et la famille royale réunie à son chef dans les mêmes sentiments de respect pour tous les droits, de fidélité à tous les devoirs, d'amour et de dévoûment pour la patrie.

Tous les événements du passé disparaissent pour moi en présence des hauts intérêts de la France, qu'il s'agit de sauver au bord d'un effroyable abîme. J'appelle à concourir à ce grand œuvre tous les hommes distingués qui, jusqu'à ce jour, ont utilement et consciencieusement servi le pays et qui peuvent le servir encore. J'ai employé les longues années de mon exil à étudier les choses et les hommes. Je comprends les conditions que le temps et les événements ont faites à la société actuelle; je reconnais les intérêts nouveaux qui, de toutes parts, se sont créés en France, et le rang social que se sont légitimement acquis l'intelligence et la capacité. Si la Providence m'appelle sur le trône, je prouverai, je l'espère, que je connais l'étendue et la hauteur de mes devoirs. Exempt de préjugés, loin de me renfermer dans un esprit étroit d'exclusion, je m'efforcerai de faire concourir tous les talents, tous les caractères élevés, toutes les forces intellectuelles de tous les Français, à la prospérité et à la gloire de la France.

La fusion était à ce moment l'objet de toutes les préoccupations des légitimistes comme des orléanistes. Parmi ces derniers, l'un de ceux qui s'en montraient les plus ardents partisans était M. de Salvandy, le dernier ministre de l'Instruction publique de la monarchie de Juillet. Il s'était rendu à Claremont, auprès de Louis-Philippe, afin d'obtenir son adhésion aux projets de rapprochement. « Mon cher comte, lui répondit le roi, il ne peut être question de moi en cette affaire. Mon rôle est fini en ce monde. La chose ne peut regarder que mes fils. Dans mon opinion, ils doivent être toujours prêts à la faire, mais dans mon opinion aussi, elle ne se fera jamais, parce que, de l'autre côté, on ne fera jamais rien de ce qui serait nécessaire pour la rendre possible. » Dans la famille d'Orléans même, les avis étaient fort partagés sur ce sujet. Si M. le duc de Nemours se montrait favorable à un rapprochement, la fusion trouvait, dans M<sup>me</sup> la duchesse d'Orléans, un adversaire résolu.

Les royalistes espéraient cependant triompher de ces résistances et quelques-uns des hommes les plus considérables du parti, parmi lesquels Berryer, continuaient à rechercher, de concert avec divers orléanistes, les moyens de parvenir à un accord. Le comte de Chambord ne doutait pas que ces négociations ne fussent couronnées de succès. Il écrivait le 12 octobre 1848 à une personne non désignée :

J'ai lu avec beaucoup d'intérêt tous les détails que vous me donnez sur la situation des choses et des esprits, mais ce qui m'a le plus frappé, c'est de voir les hommes de cœur et de talent des divers partis oublier leurs anciennes divisions et s'unir dans leurs efforts pour la défense de la société près de périr. C'est là un symptôme heureux et qui doit fortifier nos espérances pour l'avenir. Je me réjouis surtout de ce que vous me dites des bonnes dispositions du maréchal Bugeaud. Par ses talents militaires, sa haute capacité, son caractère ferme et énergique, et l'influence qu'il exerce sur l'armée, le maréchal peut être appelé à rendre à notre patrie, dans les circonstances actuelles, les services les plus signalés.

Quant à moi, dont la devise a toujours été : *Tout pour la France,* mon seul vœu, ma seule ambition, vous le savez, est de servir ma patrie, de me dévouer pour elle, et ceux qui m'aideront à la sauver, à lui rendre repos, liberté, prospérité, grandeur, ah ! ceux-là peuvent bien compter sur toute ma reconnaissance. Ils me trouveront toujours prêt à leur tendre la main de quelque côté qu'ils viennent.

Continuez, mon ami, à me parler de notre chère et malheureuse France. C'est un devoir, c'est un besoin pour moi d'être au courant de tout ce qui s'y passe.

### Le 15 janvier 1849, il écrit à Berryer :

….. Je veux vous dire combien j'apprécie la prudence que vous apportez dans vos démarches et l'utilité de vos relations avec les hommes considérables au milieu desquels vous place naturellement votre situation politique. L'état présent des affaires et des esprits en France, et la marche des événements font pressentir de nouvelles crises. Elles me trouveront prêt à me dévouer tout entier, avec l'aide de Dieu, à l'accomplissement des devoirs que m'imposent les droits que je tiens de ma naissance. Mais ces droits, je ne les ferai jamais valoir que dans l'intérêt de ma patrie, et pour la sauver des déchirements et des périls extrêmes dont elle est menacée. Car mon règne ne saurait être ni la ressource ou l'œuvre d'une intrigue, ni la domination exclusive d'un parti.

Vous connaissez, Monsieur, mes sentiments et mes intentions à l'égard des membres de ma famille, comme à l'égard des hommes que leur haute probité et leur capacité éprouvée appellent à rendre au pays d'éminents services. Je vous autorise à donner en mon nom l'assurance que l'on me verra toujours disposé et résolu à prendre toutes les mesures qui, en conciliant avec les droits de la couronne la dignité du gouvernement, la stabilité et la grandeur des institutions politiques, favoriseront le développement des libertés et des intérêts généraux, et feront surtout régner cet esprit de paix et d'union entre tous les Français, qui est ma plus chère pensée.

Au mois d'août 1849, un voyage que le comte et la comtesse de Chambord firent à Ems fut l'occasion de manifestations analogues à celles de Rome et de Belgrave-Square. Une délégation ouvrière offrit au prince une paire de pistolets ornés de ses armes et portant ces mots : « Les ouvriers au comte de Chambord. » Le prince adressa ses remerciements aux ouvriers de Paris dans la lettre suivante, du 25 août 1849 :

C'est avec l'émotion la plus vive que j'ai reçu le témoignage qui m'a été offert par des ouvriers de tous les états de la ville de Paris. J'ai été profondément touché de voir leurs délégués venir me trouver sur la terre étrangère, et je les charge d'être auprès de tous leurs camarades les interprètes de ma gratitude et de mon affection. Apprendre que mon nom est prononcé avec sympathie dans mon pays, dans ma ville natale, c'est la plus grande consolation que je puisse recevoir dans l'exil !

En parcourant les listes nombreuses qui m'ont été apportées, j'ai été heureux et fier de compter tant d'amis dans les classes laborieuses. Étudiant sans cesse les moyens de leur être utile, je connais leurs besoins, leurs souffrances, et mon regret le plus grand est que mon éloignement de la patrie me prive du bonheur de leur venir en aide et d'améliorer leur sort. Mais un jour viendra, c'est mon espoir le plus cher, un jour viendra où il me sera donné de servir la France et de mériter son amour et sa confiance.

La Révolution de 1848 avait eu son contre-coup dans toute l'Europe. Les États Pontificaux eux-mêmes n'avaient pas été épargnés. Une Assemblée constituante s'était formée à Rome et un triumvirat révolutionnaire, composé de Mazzini, Garibaldi et Avezzana, avait pris le pouvoir. Pie IX s'était adressé aux puissances pour rétablir son autorité dans ses États, et les troupes françaises, commandées par le général Oudinot, duc de Reggio, avaient assiégé Rome, l'avaient occupée et avaient restauré la souveraineté pontificale.

Le comte de Chambord écrivit à ce sujet au général Oudinot, le 15 septembre 1849 :

Mon Cousin, comme Français, comme fils aîné de l'Église, je ne pouvais rester étranger au grand fait d'armes que vous venez d'accomplir. Rome rendue à son souverain légitime, la ville des apôtres ramenée sous l'obéissance de celui qui a hérité de leur mission divine, ce sont là d'illustres souvenirs qui demeureront attachés aux armes françaises. J'ai éprouvé un vif sentiment de joie en voyant nos soldats ajouter cette gloire nouvelle à tant d'autres gloires qui sont notre patrimoine à tous. Je ne suis pas moins heureux de penser que c'est vous qui avez rempli cette haute et belle mission ; que c'est à vous qu'en appartient l'honneur et en est due la reconnaissance. Votre épée a été digne de celle de votre noble père, du guerrier de Zurich, de Friedland et de Wagram. Quoique les portes de la patrie me soient fermées encore, et que ma position me prive du bonheur de distribuer les récompenses nationales justement acquises à la valeur et aux services rendus, je sens cependant le besoin de vous donner ici ce témoignage de ma satisfaction personnelle, auquel je sais que vous attachez du prix.

L'année suivante, le comte de Chambord se préparait à faire un voyage à Wiesbaden et les royalistes se proposaient d'offrir au prince, à cette occasion, divers cadeaux, parmi lesquels un service de linge damassé qui avait appartenu à Louis XVI. Le comte de Chambord, dans plusieurs lettres particulières aux membres des commissions de souscription, informa ses amis qu'il ne pouvait accepter ces dons et demanda que les listes de souscription seules lui fussent adressées. La lettre suivante, du 10 mars 1850, fait connaître les motifs généreux de cette détermination :

J'apprends que des souscriptions ont été ouvertes dans plusieurs départements pour m'offrir en hommage des objets de grand prix. Je suis profondément touché et reconnaissant de ces marques de souvenir et de sympathie, mais je désire que mes amis sachent que, dans les circonstances actuelles, il ne m'est pas possible d'accepter leurs dons. En présence des maux de la patrie et de tant d'infortunes à soulager ; lorsque l'amélioration du sort des classes laborieuses appelle surtout notre sollicitude, et que je m'afflige moi-même tous les jours d'être privé, par le malheur des temps et par mon absence, de la satisfaction de venir à leur aide suivant mon cœur, comment pourrais-je voir avec plaisir mes amis faire des dépenses pour moi ? Qu'ils réservent donc pour un emploi plus utile, je le leur demande, toutes les ressources dont ils peuvent disposer. Le bien qu'ils feront en France, en mon nom, sera la meilleure preuve qu'ils puissent me donner de leur affection, celle dont je leur saurai toujours le plus de gré.

Le voyage de Wiesbaden eut lieu au mois d'août 1850. Les manifestations royalistes se reproduisirent dans les conditions accoutumées. Des hommes politiques vinrent aussi visiter le prince, et parmi eux M. de Salvandy, qui poursuivait toujours l'œuvre de la fusion.

Au moment de quitter Wiesbaden, le comte de Chambord apprenait la mort de Louis-Philippe, pour lequel il faisait célébrer un service funèbre. Le lendemain, il prenait congé des Français qui s'étaient réunis auprès de lui pendant ce voyage, et il leur adressait ces paroles :

Venez, Messieurs, que je vous serre encore une fois autour de moi pour vous dire... non pas : Adieu ! mais : Au revoir !... pour vous remercier d'avoir quitté vos familles, vos affaires pour accourir auprès de moi. Dites à vos amis, à nos amis qui n'ont pas pu vous accompagner, que je sais qu'ils partagent vos sentiments et que mon cœur en est profondément touché. J'ai voulu recevoir chacun de vous en particulier, et connaître vos pensées, vos craintes, vos espérances. J'ai vu avec bonheur dans la liberté de ces conversations, qu'unis entre vous par les principes et par la pensée d'un même but, vous l'êtes aussi par une mutuelle confiance.

Mes intentions, mes désirs, la ligne de conduite à suivre, rien de tout cela ne vous a été caché. Je veux vous répéter à tous que si vous voulez le triomphe de notre noble et sainte cause, qui est celle de la France, il faut union et discipline... Montrez-vous donc inébranlables sur les principes, modérés et conciliants pour les personnes. Celui que vous regardez comme votre chef... comme votre roi... et qui, je puis le dire, est le meilleur de vos amis, ne vous donnera jamais d'autre exemple...

Les événements peuvent faire naître soudainement de graves questions tandis que je serais encore loin de vous. Je vous ai dit quels amis ont toute ma confiance parce qu'ils ont la vôtre. Votre accord et le leur résoudront les difficultés. Vous avez pour guides assurés de vos résolutions, votre attachement au droit héréditaire de la couronne, votre foi dans les libertés nationales, et cet amour vrai du pays qui est la plus forte des garanties pour la société menacée.

Mais si la France, si notre cher pays était jamais en péril, ah! dites bien à ceux qui ne peuvent m'entendre combien je serais fier et heureux de voler le premier à sa défense! Retournez-y donc, messieurs, dans cette chère patrie, retournez-y en attendant que je vous y rejoigne! Quels que soient les événements, comptez sur moi comme j'aime à compter sur vous!

A ces heures troublées, où l'on sent que le gouvernement existant est déjà mort et où aucune espérance n'est téméraire, le comte de Chambord ne négligea aucune occasion d'exposer ses idées de gouvernement et d'opposer la solidité du principe qu'il représentait à la fragilité des autres régimes.

En remerciant le duc de Valmy de l'envoi de sa brochure : *Du droit de la force et de la force du droit,* il dit, le 16 mai 1850 :

..... Le mal vient des atteintes portées depuis plus d'un demi-siècle aux grands principes sur lesquels repose tout l'ordre social et politique, et le remède c'est le retour à ces principes sacrés. Tout ce qui pourrait encore être essayé hors de là n'aboutirait qu'à des révolutions nouvelles et au triomphe plus ou moins prochain, mais infaillible, des fatales doctrines dont le but est le bouleversement et l'entière destruction de la société.

Il écrit au duc de Noailles, le 22 décembre 1850 :

..... Je sais toutes les difficultés que rencontre le retour aux principes de l'hérédité monarchique tant de la part de ceux qui le combattent, que souvent même par le fait de ceux qui le défendent, et ces divers obstacles, je sens qu'il est de mon devoir de chercher, autant qu'il est en moi, à les faire disparaître. Aussi me suis-je constamment efforcé de prouver par mes paroles comme par ma conduite que, si la Providence m'appelle à régner un jour, je ne serai pas le roi d'une seule classe, mais le roi ou plutôt le père de tous. Partout et toujours je me suis montré accessible à tous les Français sans distinction de classes et de conditions. Je les ai tous vus, tous écoutés, tous admis à se presser autour de moi. Vous en avez été vous-même le témoin. Comment après cela pourrait-on encore me soupçonner de ne vouloir être le roi que d'une caste privilégiée, ou, pour employer les termes dont on se sert, le roi de l'ancien régime, de l'ancienne noblesse, de l'ancienne cour? J'ai toujours cru, et je suis heureux de me voir ici d'accord avec les meilleurs esprits, que désormais la cour ne peut plus être ce qu'elle était autrefois.

J'ai toujours cru également qu'il faut que toutes les classes de la nation s'unissent pour travailler de concert au salut commun, y contribuant, les unes par leur expérience des affaires, les autres par l'utile influence qu'elles doivent à leur position sociale. Il faut que toutes soient engagées dans cette lutte du bien contre le mal ; que toutes y apportent le concours de leur zèle et de leur active coopération, que toutes y prennent leur part de responsabilité, afin d'aider loyalement et efficacement le pouvoir à fonder un gouvernement qui ait tous les moyens de remplir sa haute mission, et qui soit durable. Toujours aussi j'ai eu l'intime conviction qu'il n'y a que la monarchie restaurée sur la base du droit héréditaire et traditionnel qui, répondant à tous les besoins de la société telle que l'ont faite les événements accomplis depuis plus d'un demi-siècle, puisse concilier tous les intérêts, sauvegarder tous les droits acquis, et mettre la France en pleine et irrévocable possession de toutes les sages libertés qui lui sont nécessaires.

J'apprécie tous les services qui ont été rendus à la patrie ; je tiens compte de tout ce qui a été fait, à différentes époques, pour la préserver des maux extrêmes dont elle était et dont elle est encore menacée. J'appelle tous les dévoûments, tous les esprits éclairés, toutes les âmes généreuses, tous les cœurs droits, dans quelques rangs qu'ils se trouvent, et sous quelque drapeau qu'ils aient combattu jusqu'ici, à me prêter l'appui de leurs lumières, de leur bonne volonté, de leurs nobles et unanimes efforts pour sauver le pays, assurer son avenir, et lui préparer, après tant d'épreuves, de vicissitudes et de malheurs, de nouveaux jours de prospérité.

Dans la séance de l'Assemblée nationale du 16 janvier 1851, M. Baroche avait parlé des tendances orléanistes et légitimistes qui s'étaient manifestées par les voyages de Claremont et de Wiesbaden. Berryer répondit à l'orateur du gouvernement et exposa ses principes politiques : l'alliance de la monarchie et de la liberté, la fusion dans la famille royale et l'union des honnêtes gens de tous les partis.

Le comte de Chambord, qui était alors à Venise, écrivit à Berryer, le 23 janvier 1851 :

Que je suis donc heureux que vous ayez si bien exprimé des sentiments qui sont les miens et qui s'accordent parfaitement avec le langage, avec la conduite que j'ai tenue dans tous les temps !

Vous vous en êtes souvenu ; c'est bien là cette politique de conciliation, d'union, de fusion, qui est la mienne, et que vous avez si éloquemment exposée ; politique qui met en oubli toutes les divisions, toutes les récriminations, toutes les oppositions passées, et veut pour tout le monde un avenir où tout honnête homme se sente, comme vous l'avez si bien dit, en pleine possession de sa dignité personnelle.

Dépositaire du principe fondamental de la monarchie, je sais que cette monarchie ne répondrait pas à tous les besoins de la France si elle n'était en harmonie avec son état social, ses mœurs, ses intérêts, et si la

France n'en reconnaissait et n'en acceptait avec confiance la nécessité. Je respecte sa civilisation et sa gloire contemporaines autant que les traditions et les souvenirs de son histoire. Les maximes qu'elle a fortement à cœur et que vous avez rappelées à la tribune, l'égalité devant la loi, la liberté de conscience, le libre accès pour tous les mérites à tous les emplois, à tous les onneurs, à tous les avantages sociaux, tous ces grands principes d'une société éclairée et chrétienne me sont chers et sacrés comme à vous, comme à tous les Français.

Donner à ces principes toutes les garanties qui leur sont nécessaires par des institutions conformes aux vœux de la nation, et fonder, d'accord avec elle, un gouvernement régulier et stable, en le plaçant sur la base de l'hérédité monarchique et sous la garde des libertés publiques à la fois fortement réglées et loyalement respectées, tel serait l'unique but de mon ambition. J'ose espérer qu'avec l'aide de tous les bons citoyens, de tous les membres de ma famille, je ne manquerai ni de courage ni de persévérance pour accomplir cette œuvre de restauration nationale, seul moyen de rendre à la France ces longues perspectives de l'avenir, sans lesquelles le présent, même tranquille, demeure inquiet et frappé de stérilité.

Après tant de vicissitudes et d'essais infructueux, la France, éclairée par sa propre expérience, saura, j'en ai la ferme confiance, reconnaître elle-même où sont ses meilleures destinées. Le jour où elle sera convaincue que le principe traditionnel et séculaire de l'hérédité monarchique est la plus sûre garantie de la stabilité de son gouvernement, du développement de ses libertés, elle trouvera en moi un Français dévoué, empressé de rallier autour de lui toutes les capacités, tous les talents, toutes les gloires, tous les hommes qui, par leurs anciens services, ont mérité la reconnaissance du pays.

Je vous renouvelle, mon cher Berryer, tous mes remercîments, et vous demande de continuer, toutes les fois que l'occasion vous en sera offerte, à prendre la parole, comme vous venez de le faire avec tant de bonheur et d'à-propos. Faisons connaître de plus en plus à la France nos pensées, nos vœux, nos loyales intentions, et attendons avec confiance ce que Dieu lui inspirera pour le salut de notre commun avenir.

Le comte de Chambord comptait sur la fusion pour avancer l'heure du salut, et dans une lettre du 17 mars 1851, il semble presser M. de Salvandy de faire de nouveaux efforts.

Apprendre, par des hommes, qui, comme vous, connaissent la France, que mes paroles ont pu pénétrer dans les cœurs et dissiper de fâcheuses préventions, c'est assurément la meilleure nouvelle, la plus grande consolation qui puisse m'arriver dans l'exil. J'ai lu avec beaucoup d'intérêt tous les détails que vous me donnez ; ils sont de bon augure. Espérons que cette grande œuvre d'union et de conciliation, que je hâte de tous mes vœux, s'accomplira bientôt. Dieu veuille que ce soit assez à temps pour épargner à notre chère patrie tous les malheurs dont elle est menacée ! Voilà le point essentiel et dont il faut se préoccuper avant tout. Aussi, est-ce là l'objet de toutes mes craintes, de toutes mes sollicitudes. Que les hommes de cœur, que tous ceux qui aiment sincèrement leur pays, unissent leurs efforts aux miens, et la France sera sauvée !

Dans le courant de cette année 1851, un nouveau deuil vint atteindre la famille royale. La fille de Louis XVI, madame la duchesse d'Angoulême, mourut le 19 octobre à Frohsdorf, d'où elle fut transportée à Goritz, auprès de Charles X et de son époux.

Le coup d'État de décembre ne semble pas avoir ému le comte de Chambord. Sa correspondance est muette à ce sujet et ses biographes ne nous révèlent pas son impression. La fin de 1851 et les premiers mois de 1852 ne fournissent qu'un très petit nombre de lettres dans lesquelles le prince se borne à répéter que « hors de la monarchie héréditaire il n'y a ni repos, ni grandeur, ni prospérité durable pour le pays ».

Le 25 octobre 1852, seulement, il lance de Frohsdorf le manifeste suivant :

Français ! en présence des épreuves de ma patrie, je me suis volontairement condamné à l'inaction et au silence. Je ne me pardonnerais pas d'avoir pu un seul moment aggraver ses embarras et ses périls. Séparé de la France, elle m'est chère et sacrée autant et plus encore que si je ne l'avais jamais quittée. J'ignore s'il me sera donné de servir un jour mon pays ; mais je suis bien sûr qu'il n'aura pas à me reprocher une parole, une démarche qui puisse porter la moindre atteinte à sa prospérité et à son repos. C'est son honneur comme le mien, c'est le soin de son avenir, c'est mon devoir envers lui qui me décident à élever aujourd'hui la voix.

Français ! vous voulez la monarchie, vous avez reconnu qu'elle seule peut vous rendre, avec un gouvernement régulier et stable, cette sécurité de tous les droits, cette garantie de tous les intérêts, cet accord permanent d'une autorité forte et d'une sage liberté, qui fondent et assurent le bonheur des nations. Ne vous livrez pas à des illusions qui tôt ou tard vous seraient funestes. Le nouvel empire qu'on vous propose ne saurait être cette monarchie tempérée et durable dont vous attendez tous ces biens. On se trompe et on vous trompe, quand on vous les promet en son nom. La monarchie véritable, la monarchie traditionnelle, appuyée sur le droit héréditaire et consacrée par le temps, peut seule vous remettre en possession de ces précieux avantages et vous en faire jouir à jamais.

Le génie et la gloire de Napoléon n'ont pu suffire à fonder rien de stable ; son nom et son souvenir y suffiraient bien moins encore. On ne rétablit pas la sécurité en ébranlant le principe sur lequel repose le trône, et on ne consolide pas tous les droits en méconnaissant celui qui est parmi nous la base nécessaire de l'ordre monarchique. La monarchie en France, c'est la maison royale de France indissolublement unie à la nation. Mes pères et les vôtres ont traversé les siècles, travaillant de concert, selon les mœurs et les besoins du temps, au développement de notre belle patrie. Pendant quatorze cents ans, seuls entre tous les peuples de l'Europe, les Français ont toujours eu à leur tête des princes de leur nation et de leur sang. L'histoire de mes ancêtres est l'histoire de la grandeur progressive de la France, et c'est encore la monarchie qui l'a dotée de cette conquête d'Alger, si riche d'avenir, si riche déjà par les hautes renommées militaires qu'elle a créées, et dont la gloire s'ajoute à toutes vos gloires.

Quels que soient sur vous et sur moi les desseins de Dieu, resté chef de l'antique race de nos rois, héritier de cette longue suite de monarques, qui durant tant de siècles ont incessamment accru et fait respecter la puissance et la fortune de la France, je me dois à moi-même, je dois à ma famille et à ma patrie de protester hautement encore contre des combinaisons mensongères et pleines de dangers. Je maintiens donc mon droit qui est le plus sûr garant des vôtres, et, prenant Dieu à témoin, je déclare à la France et au monde que, fidèle aux lois du royaume et aux traditions de mes aïeux, je conserverai religieusement jusqu'à mon dernier soupir le dépôt de la monarchie héréditaire dont la Providence m'a confié la garde, et qui est l'unique port de salut où, après tant d'orages, cette France, objet de tout mon amour, pourra retrouver enfin le repos et le bonheur.

Vaines protestations ! Effort inutile ! Deux mois plus tard l'Empire était fait.

Le gouvernement impérial n'était pas tendre aux compétiteurs. Au principe monarchique que le comte de Chambord considérait comme le seul solide, l'Empire en opposait un autre qu'il affectait de considérer comme le seul véritable et sur lequel il ne perdait aucune occasion de s'appuyer ouvertement, sauf à le fausser en secret : le suffrage populaire, la consultation directe de la nation par voie de plébiscite.

Les lettres du comte de Chambord deviennent moins fréquentes. Elles ont du reste peu d'intérêt, ne faisant pas la critique du gouvernement impérial, se bornant à affirmer de temps à autre la supériorité absolue de la monarchie légitime et à exprimer l'espérance que la France, désabusée, rentrerait enfin dans les voies véritables que Dieu lui-même lui avait tracées.

La lettre à Berryer, écrite de Venise, le 23 janvier 1851, est comme un programme, auquel le comte de Chambord se reporte, dont il cite des fragments dans une lettre au duc de Levis, le 25 juin 1853, et auquel il ne lui semble pas qu'il y ait rien à ajouter.

Ce programme, il le résume ainsi dans une nouvelle lettre au duc de Levis, du 12 mars 1856 :

Je n'ai rien à ajouter aux nombreuses manifestations que j'ai faites de mes dispositions. Elles sont toujours les mêmes et ne changeront jamais.

Exclusion de tout arbitraire ; le règne et le respect des lois ; l'honnêteté et le droit partout ; le pays sincèrement représenté, votant l'impôt et concourant à la confection des lois ; les dépenses sincèrement contrôlées ; la propriété, la liberté individuelle et religieuse inviolables et sacrées ; l'administration communale et départementale sagement et progressivement décentralisée ; le libre accès pour tous aux honneurs et avantages sociaux ; telles sont à mes yeux les véritables garanties d'un bon gouvernement, et tout mon désir est de pouvoir un jour me dévouer tout entier à l'établir en France et à assurer ainsi le repos et le bonheur à ma patrie. Je n'ai cessé en toute occasion d'exprimer à cet égard mes intentions, mes sentiments et mes vœux. Vous pouvez et vous devez le rappeler en mon nom à tous ceux qui pourraient l'avoir oublié.

Durant ces années, la famille royale fut encore atteinte par un événement douloureux. Le 27 mars 1857, le duc de Parme fut assassiné et la duchesse, sœur du comte de Chambord, prenait la régence du duché pendant la minorité de son fils, âgé de six ans.

Au point de vue politique, ces années sont employées par le comte de Chambord à l'étude de questions administratives et à la poursuite des négociations relatives à la fusion.

Il était secondé dans ces négociations par M. le comte Molé, par M. le comte Duchâtel, par M. Guizot, qui partageaient pleinement les sentiments de M. de Salvandy. Parmi les légitimistes, MM. Berryer, de Saint-Priest et Benoist-d'Azy s'étaient consacrés à la même tâche. Ils s'étaient rendus à Londres pour obtenir l'adhésion de la reine Marie-Amélie. Mais c'était surtout celle de M<sup>me</sup> la duchesse d'Orléans qui importait. Chargée de défendre les intérêts de son fils, l'héritier de la couronne du roi Louis-Philippe, M<sup>me</sup> la duchesse d'Orléans hésitait à fermer elle-même les voies à M. le comte de Paris. Elle voulut prendre l'avis de quelques-uns des hommes dans le jugement desquels elle avait confiance. Ceux-ci, dans leurs réponses, lui exposèrent les inconvénients certains que la fusion présentait, selon eux, sans offrir, en compensation, l'éventualité d'aucun avantage pour la cause monarchique (1). Ces opinions

---

(1) Nous pouvons affirmer ce fait. Nous pourrions même publier un des mémoires qui furent adressés à M<sup>me</sup> la duchesse d'Orléans, sur sa demande, et dont nous avons l'original entre les mains.

confirmèrent M^me la duchesse d'Orléans dans sa propre appréciation et elle ne prit aucune part aux négociations de la fusion. Les pourparlers continuèrent cependant et, dans l'automne de 1853, M. le duc de Nemours se rendit à Frohsdorf et déclara au comte de Chambord, « en son nom et au nom de ses frères » qu'ils « ne reconnaissaient plus en France d'autre royauté que la sienne et qu'ils hâtaient de tous leurs vœux le moment où l'aîné de leur maison s'assoierait sur le trône ».

Bien que M^me la duchesse d'Orléans et ses fils ne fussent point intervenus, le comte de Chambord considéra la fusion comme faite. Il la considérait encore comme telle le 25 décembre 1856, quand il écrivait à M. Pageot, au sujet de la mort de M. de Salvandy :

Personne n'avait apprécié plus que moi cet homme de bien, de tant d'intelligence, de talent et de cœur. Je n'ai pas oublié surtout que c'est lui qui, le premier, est venu me voir avec vous à Wiesbaden, et en m'apportant les nobles et franches assurances de son entier dévoûment, m'offrir le concours de son zèle et de ses constants efforts pour préparer les voies à cette réconciliation désirée, qui depuis s'est heureusement accomplie, et que la France est en droit d'envisager aujourd'hui comme une des plus fermes garanties de son avenir. Ce sont là de bons et loyaux services qui, joints aux autres souvenirs de sa vie si honorable et de sa fin si chrétienne, me rendront sa mémoire à jamais précieuse et chère.

Mais alors, comme plus tard, une question irritante fut soulevée, celle du drapeau. M. le duc de Nemours ne crut pas pouvoir abandonner le drapeau tricolore, que la monarchie de Juillet avait rétabli et auquel le comte de Chambord voulait substituer le drapeau blanc. M. le duc de Nemours s'expliqua sur ce point dans une lettre au comte de Chambord.

La réponse que lui fit celui-ci, le 5 février 1857, est l'épilogue de ces longues et laborieuses négociations.

Mon cousin, j'ai lu votre lettre avec un profond sentiment de tristesse et de regret. J'aimais à penser que nous avions compris de la même manière la réconciliation accomplie entre nous il y a bientôt quatre ans. Ce rétablissement de nos rapports politiques et de famille, en même temps qu'il plaisait à mon cœur, semblait à ma raison un gage de salut pour la France et une des plus fermes garanties de son avenir. Pour justifier mon espérance, pour rendre notre union efficace et digne tout ensemble, il ne fallait que deux choses qui étaient bien faciles : rester de part et d'autre également convaincus de la nécessité d'être unis ; nous avouer une confiance également inébranlable en nos mutuels sentiments.

Je n'ai pas douté de votre dévoûment aux principes monarchiques ; personne ne peut mettre en question mon attachement à la France, mon respect de sa gloire, mon désir de sa grandeur et de sa liberté. Ma sympathique reconnaissance est acquise à ce qui se fait par elle, à toutes les époques, de bon, d'utile et de grand. Ainsi que je n'ai cessé de le dire, j'ai toujours cru et je crois toujours à l'inopportunité de régler dès aujourd'hui, et avant le moment où la Providence m'en imposerait le devoir, des questions que résoudront les intérêts et les vœux de notre patrie. Ce n'est pas loin de la France et sans la France qu'on peut disposer d'elle.

Je n'en conserve pas moins ma conviction profonde que c'est dans l'union de notre maison et dans les efforts communs de tous les défenseurs des institutions monarchiques que la France trouvera un jour son salut. Les plus douloureuses épreuves n'ébranleront pas ma foi.

# CHAPITRE VIII

## QUESTIONS ADMINISTRATIVES
## ET ÉCONOMIQUES

Lettre sur la décentralisation. — Lettre sur l'Algérie, la décentralisation et l'enseignement. — Lettre sur les ouvriers. — Lettre sur l'enquête agricole. — Lettre sur l'agriculture.

Nous avons dit que les questions administratives et économiques avaient surtout attiré l'attention du comte de Chambord pendant la période impériale. Il indiquait ainsi ses idées sur ces questions dans une lettre du 12 juin 1855 :

La question de la décentralisation administrative n'est pas nouvelle pour moi. Elle est depuis longtemps le sujet de mes préoccupations les plus sérieuses comme de celles de mes amis. Les convictions à cet égard sont arrivées à ce point de maturité, que les esprits qui, d'abord, y étaient le plus opposés, reconnaissent aujourd'hui la nécessité de modifications, dans lesquelles la centralisation du pouvoir, qu'il serait dangereux d'affaiblir, trouverait elle-même de précieux avantages.

Vous savez ce que je pense sur la liberté individuelle et des garanties que le sentiment public réclame contre l'arbitraire. C'est surtout dans le respect des lois, dans l'honnêteté et la moralité des dépositaires du pouvoir, que sont les véritables et les plus sûres garanties de ce droit essentiel ainsi que de tous les autres.

Le système actuel de recrutement pèse trop inégalement sur la population, et il me paraît susceptible d'être pareillement amélioré. Le problème à résoudre est de ne porter aucune atteinte à la force militaire de la France, tout en accordant aux classes pauvres la faculté de s'exempter du service moyennant un sacrifice en rapport avec les ressources que leur procure leur travail. En temps de paix, c'est facile; en temps de guerre, ce n'est peut-être pas impossible, et rien ne sera épargné pour atteindre ce but. D'ailleurs, avec des cœurs français, lorsque la patrie est en danger, ce n'est pas seulement sur une partie de ses enfants, c'est sur tous, c'est sur la nation entière qu'elle peut compter pour sa défense.

Quant aux associations ouvrières, elles ont pris, depuis plusieurs années, un développement qui n'a point échappé à mon attention. En se formant dans des idées d'ordre, de moralité, d'assistance mutuelle, en régularisant leur existence sous l'autorité tutélaire des lois, et en évitant, avec les abus du monopole qui, à une autre époque, amenèrent la suppression des anciens corps de métiers, tout ce qui pourrait en faire des instruments de troubles et de révolutions, ces associations constitueront de plus en plus des intérêts collectifs sérieux qui auront naturellement droit à être représentés et entendus pour pouvoir être efficacement protégés. Du reste, ces intérêts et toutes les questions qui s'y rapportent ont été, dans tous les temps, mes amis le savent bien, l'un des principaux objets de mes méditations, et vous ne pouvez douter que mes plus vives sympathies ne soient acquises d'avance à tout ce qui tendra à l'amélioration du sort des classes laborieuses.

Sur ces divers points, et sur la plupart de ceux dont votre dévoûment vous a fait accepter la mission de m'entretenir, je crois que, malgré les difficultés inhérentes à des questions si délicates, des solutions sages et raisonnables sont possibles. Les chercher et les trouver est le but constant de mes efforts, et avec l'aide du Ciel comme avec le concours de tous les bons esprits et de tous les nobles cœurs, je ne désespère pas d'y réussir.

Plusieurs notes du prince sont relatives à ces questions. Nous croyons devoir les grouper ensemble. Elles sont importantes pour l'histoire des idées, mais elles n'ont pas de rapport avec la biographie.

### LETTRE SUR LA DÉCENTRALISATION.

14 novembre 1862.

Il vous a été demandé de ma part, Messieurs, de diriger vos travaux vers l'examen et la propagation des idées qui se rapportent à la décentralisation administrative. Je suis heureux d'apprendre que vous vous occupez de mettre cette pensée à exécution. Malgré les difficultés que vous rencontrez au début, j'ai la confiance que vous réussirez, et vous aurez donné par là un utile exemple auquel j'attache le plus grand prix.

Vous ne sauriez, dans les circonstances présentes, rendre à la France un service plus important et plus méritoire que de vous efforcer, par des études pratiques, de préparer les voies à une réforme indispensable, dont le principe est aujourd'hui accepté par les meilleurs esprits, mais dont les avantages sont encore loin d'être appréciés à leur juste valeur par tous ceux qui sont appelés à les recueillir.

Le champ est vaste; plus vous le cultiverez et plus vous reconnaîtrez combien il est fécond. Mettez-vous hardiment à l'œuvre, associez-vous, même hors de nos rangs, toutes les personnes qui peuvent vous prêter le secours de leur expérience, et soyez sûrs que vos efforts persévérants seront couronnés de succès.

L'alliance de l'autorité et de l'ordre avec la liberté, tel est le problème dont la solution préoccupe constamment la France. Or ce n'est que sur la base du droit que cette alliance peut être fondée d'une manière solide et durable. Vos travaux contribueront efficacement à remettre en lumière cette vérité trop longtemps méconnue, mais que l'on commence maintenant à entrevoir, comme on voit aussi plus clairement chaque jour que le despotisme et l'arbitraire corrompent fatalement et finissent par tuer l'autorité, qui trouvera au contraire ses garanties et sa force dans les institutions libres dont elle doit être entourée.

Décentraliser l'administration largement mais progressivement et avec prudence, sans lui enlever l'initiative et la sécurité qu'elle doit à la tutelle de l'État, et en tenant compte des éléments qui existent comme de ceux qui se formeront ; la rendre plus expéditive, plus simple, moins dispendieuse, plus équitable, parce qu'elle resterait étrangère à des combinaisons politiques, désormais inutiles, ce serait déjà un grand bienfait pour le pays ; mais, j'en ai la ferme conviction, vos études prouveront que, même sur le terrain social et politique, la décentralisation ne produirait pas de moins précieux avantages. En effet, quel moyen plus puissant et plus en harmonie avec nos mœurs et les faits contemporains pour établir à la longue, au milieu de nous, une hiérarchie naturelle, mobile, conforme par conséquent à l'esprit d'égalité, c'est-à-dire de justice distributive, qui est aussi nécessaire au maintien de la liberté qu'à la direction des affaires publiques ? Multiplier et mettre à la portée de chacun les occasions d'être utile en se consacrant, selon ses facultés, à l'administration des intérêts communs, faire que les rangs dans la société soient distribués suivant les capacités et les mérites, entretenir par un concours incessant l'émulation du dévoûment, de l'intelligence et de l'activité dans des carrières constamment ouvertes à tous, et arriver ainsi à ce que l'influence et les distinctions se perpétuent avec les services rendus, c'est là ce que l'on peut légitimement se promettre de la décentralisation. Un tel résultat ne s'obtiendra sans doute qu'à l'aide du temps ; mais il est assuré et sera durable, parce qu'il n'aura rien de factice. Plus la démocratie

gagne du terrain, plus il est urgent de la régler et de
l'organiser, pour préserver l'ordre social des périls
auxquels elle pourrait l'exposer.

La décentralisation n'est pas moins indispensable
pour asseoir sur de solides fondements le régime représentatif, juste objet des vœux de la nation. L'essai qui
a été fait de ce régime à l'époque où la France avait
voulu confier de nouveau ses destinées à la famille de
ses anciens rois, a échoué pour une raison très simple,
c'est que le pays qu'on cherchait à faire représenter
n'était organisé que pour être administré. Comment
des assemblées formées en quelque sorte au hasard et
par des combinaisons arbitraires autant qu'artificielles,
auraient-elles pu être la véritable et sincère représentation de la France? La décentralisation est seule capable
de lui donner, avec la conscience réfléchie de ses besoins, une vie pleine, active, régulière, et de permettre
que le gouvernement représentatif devienne une vérité.
Elle aussi peut créer les mœurs politiques, sans lesquelles les meilleures institutions se dégradent et tombent en ruines. En appelant tous les Français à s'occuper plus ou moins directement de leurs intérêts dans
leurs communes, leurs cantons et leurs départements,
on verra bientôt se former un personnel nombreux qui,
à l'indépendance et à l'intégrité, joindra l'expérience pratique des affaires. Alors les assemblées politiques, sorties pour ainsi dire des entrailles mêmes de la nation,
aideront le gouvernement à remplir sa haute mission,
en lui apportant, avec leur utile concours, un contrôle
aussi intelligent que dévoué, qui sera une force de
plus, sans jamais être un obstacle ou un péril.

Déjà des ouvrages remarquables, composés par
des écrivains éminents qui appartiennent aux écoles
les plus diverses, ont traité ces grandes questions
d'avenir et conquis à l'idée générale de la décentralisation les suffrages de tous les hommes éclairés. Il s'agit
maintenant de la répandre et de la populariser, afin de
lui obtenir l'assentiment de l'opinion publique. Car,
vous le savez, de nos jours surtout, nul ne peut entièrement se soustraire au mouvement de l'opinion et le

gouvernement le plus ami du progrès ne saurait transporter du domaine de la théorie dans celui des faits des idées qui n'auraient pas été mûries d'avance et auxquelles l'opinion publique refuserait son appui.

J'ai esquissé le plus clairement et le plus brièvement qu'il m'a été possible la tâche à laquelle je vous convie. Elle est difficile et laborieuse, mais elle n'est pas au-dessus des forces de votre dévoûment et de votre zèle pour les intérêts de notre chère patrie.

### LETTRE SUR L'ALGÉRIE, LA DÉCENTRALISATION ET L'ENSEIGNEMENT

30 janvier 1865.

Un article publié dans le *Moniteur* du 3 janvier, à la suite du décret de nomination à la vice-présidence du conseil privé, semble annoncer que le gouvernement veut aborder, en se les réservant, trois grandes questions : l'Algérie, la décentralisation et l'enseignement.

Ces trois questions, comme tout ce qui tient, soit à l'honneur de nos armes et à notre dignité nationale, soit à la prospérité matérielle et morale du pays, soit à la liberté et à l'avenir de la France, nous touchent de près, et font partie, en quelque sorte, de notre patrimoine.

Nul n'y est plus intéressé que nous, et nul, par conséquent, ne doit s'employer avec plus de zèle et d'ardeur que nous à en préparer la solution.

#### ALGÉRIE

L'Algérie est un don de la monarchie. En se retirant sur la terre étrangère où elle emportait avec elle le droit, la justice et la liberté, la monarchie laissait à la France cette merveilleuse conquête, comme un joyau précieux, dont le plus pur rayon de la gloire militaire relevait encore l'éclat.

Elle avait vengé l'honneur du drapeau français et les longues souffrances de la civilisation outragée. Elle offrait au pays un immense territoire à coloniser, après l'avoir soumis ; elle lui ouvrait un champ de bataille où devaient se former la plus vaillante armée du monde et les plus habiles capitaines du temps présent ; enfin, elle lui donnait tout un royaume nouveau sur les bords de cette mer qui a été appelée avec tant de raison *un lac français*.

L'Afrique du Nord était à nous malgré les jalousies et les murmures de l'étranger. — Ce magnifique don de la monarchie a été accepté, et, pour le rendre fécond, après avoir hésité quelque temps, on s'est enfin mis à l'œuvre. Ni soldats ni trésors n'ont été épargnés. Il est juste de tenir compte de tous les efforts, de tous les dévoûments. Qui travaille pour la France a droit à notre gratitude. — Mais tout en reconnaissant ce qui a été fait, qui ne voit combien il reste à faire ?

Même sous le rapport militaire et au point de vue de la soumission, la conquête n'a-t-elle plus rien à accomplir ? A-t-elle réussi à s'assimiler les populations vaincues ? Les a-t-elle pliées définitivement à une obéissance sans retour ? Les derniers soulèvements, qui ne sont pas encore étouffés, n'ont que trop prouvé le contraire.

Où en est la civilisation religieuse, morale, intellectuelle ? Où en est la colonisation ? N'y a-t-il pas toujours au fond de certains esprits, une sourde hostilité, une disposition secrète de déplaisir, de défiance et d'éloignement pour cette glorieuse conquête de la monarchie ? Ne semble-t-on pas avoir oublié que ce n'est point un empire arabe, mais une royauté française et chrétienne qu'il s'agit de constituer en Afrique ?

En effet, les intérêts de l'ordre religieux sont-ils suffisamment ménagés, favorisés, défendus ? Dans la réalité, l'apostolat chrétien est-il parfaitement libre ? Ne rencontre-t-il sur ses pas aucune entrave, lorsqu'il vient, non par la violence et la contrainte, mais avec les seules armes de la persuasion, de la charité, des saints exemples, essayer d'amener ces peuples encore plongés dans les ténèbres de l'ignorance et de l'erreur à la connaissance de l'Evangile, de cette divine loi qui a civilisé le monde ? En un mot, les besoins spirituels ne sont-ils point partout en souffrance ? Pour répondre à ces questions, je n'ai qu'à rappeler ici un fait : c'est que là où, autrefois, cent évêchés florissaient, on n'en compte aujourd'hui qu'un seul.

Les écoles sont-elles aussi nombreuses qu'il le faudrait pour faire pénétrer peu à peu dans les masses nos idées, notre langue, nos mœurs ? — Les grands travaux publics n'éprouvent-ils pas de singuliers et inexplicables retards ? Les routes, les chemins de fer, les édifices communaux, tout reste en suspens. — C'est à peine si cette belle colonie, qui est à deux pas de nous, vient de commencer enfin à être assimilée à la mère-patrie pour le régime des douanes. Le commerce et l'industrie y subissent encore de pénibles entraves.

Rien n'égale l'incertitude, les hésitations, la mobilité des systèmes qui ont présidé tour à tour à l'administration, si ce n'est peut-être le désarroi, la confusion et le désordre qui en ont été les tristes et inévitables conséquences.

Ici, évidemment, nos amis ont un grand devoir à remplir. Sans avoir la responsabilité de l'impuissance administrative, ils peuvent avoir l'honneur de l'initiative particulière et du dévoûment privé.

L'Afrique est une excellente école. Qu'on y fasse l'expérience des associations agricoles, commerciales, industrielles. Qu'on s'y forme à la gestion des intérêts, soit isolés, soit communs. Qu'on y serve la civilisation et le christianisme. Ce sera tout à la fois se rendre utile dans le présent et disposer les voies à cet heureux avenir qui est le constant objet de nos vœux les plus chers, comme de nos plus douces espérances.

### DÉCENTRALISATION

La décentralisation est une de nos doctrines. Nous avons été les premiers et longtemps les seuls à la proclamer et à la soutenir contre des résistances et des obstacles sans nombre. Aujourd'hui, elle est acceptée partout. Ne la laissons ni confisquer ni fausser. — Déjà, par ma lettre du 14 novembre 1862, j'appelais particulièrement l'attention de mes amis sur ce grave sujet.

. . . . . . . . . . . . . . . . . . . . . . . . .

Ce que je disais à mes amis en 1862, je le leur répète avec plus d'instance encore aujourd'hui. L'heure est venue de redoubler d'efforts dans la sphère de la publicité, de la persuasion, de l'influence, pour éclairer l'opinion, ouvrir la voie aux solutions favorables, ou du moins conserver intactes les doctrines qui nous appartiennent. Tout ce qui a été tenté jusqu'ici est à peu près illusoire. C'est un déplacement d'attributions; ce n'est ni une diminution d'arbitraire, ni une restitution de libertés.

Il faut le démontrer et faire voir à la France que, plus que personne, nous nous préoccupons de ses intérêts et de son bonheur, et que seuls nous en avons la garde et le secret.

### ENSEIGNEMENT

Est-il besoin d'insister longuement sur l'importance sociale de la grande question de l'enseignement? Qui ne reconnaît qu'un des plus sûrs moyens de remédier aux maux présents de la France, et de lui préparer un meilleur avenir, c'est de pourvoir à l'éducation religieuse et morale de la jeunesse, sur laquelle reposent les plus chères espérances de la patrie?

La famille et l'État ont un égal intérêt à ce que l'éducation à tous les degrés jouisse pleinement de l'indépendance qui lui est nécessaire pour former dans tous les rangs de la société d'honnêtes gens, des Français dévoués, de vrais chrétiens. Mais il n'y a que la liberté qui puisse produire ces heureux résultats.

Or, pour l'enseignement supérieur la liberté n'existe pas. Pour l'enseignement secondaire elle est amoindrie et menacée. Pour l'enseignement primaire elle tend chaque jour à disparaître tout à fait. Il est donc essentiel de la conserver, de la pratiquer, de la défendre partout.

Sans doute la loi de 1850 était loin d'être parfaite, mais elle établissait les principes et garantissait la liberté.

De nombreuses et graves atteintes ont été portées à

cette loi. Il faut protéger intrépidement ce qui en reste, revendiquer avec une persévérante énergie ce qui nous a été enlevé, et réclamer hautement l'exécution réelle de la loi dans toutes ses dispositions.

Surtout préserver les classes populaires du joug tyrannique et de l'odieuse servitude de l'instruction obligatoire qui achèverait de ruiner l'autorité paternelle, et d'effacer les dernières traces du respect dans la famille et dans l'État.

### LETTRE SUR LES OUVRIERS

20 avril 1865.

L'opinion publique a le pressentiment d'une crise prochaine. Les ouvriers le partagent, et l'expression de leurs vœux après l'exposition de Londres suffit pour nous en convaincre.

Il m'a donc semblé que le moment était venu de leur montrer que nous nous occupons de leurs intérêts, que nous connaissons leurs besoins et que nous avons à cœur d'améliorer, autant qu'il est en nous, leur situation.

En conséquence, j'ai pensé qu'il était utile d'appeler l'attention et la sollicitude de nos amis sur cette grave question. Essayons ici, après avoir signalé le mal, d'en indiquer le remède.

1º La royauté a toujours été la patronne des classes ouvrières. Les *Établissements* de saint Louis, les *règlements* des métiers, le système des *corporations* en sont des preuves manifestes. C'est sous cette égide que l'industrie française a grandi, et qu'elle est parvenue à un degré de prospérité et de juste renommée qui, en 1789, ne l'a laissée inférieure à aucune autre.

Qu'avec le temps et à la longue les institutions aient dégénéré; que des abus s'y soient introduits, c'est ce que personne ne conteste.

Louis XVI, un de nos rois qui ont le plus aimé le peuple, avait porté ses vues sur les améliorations nécessaires; mais les économistes qu'il consulta servirent mal ses paternelles intentions, et tous leurs plans échouèrent. L'Assemblée constituante ne se contenta pas, ainsi que l'avaient demandé les cahiers, de donner plus de liberté à l'industrie, au commerce et au travail; elle renversa toutes les barrières, et au lieu de dégager les associations des entraves qui les gênaient, elle prohiba jusqu'au droit de réunion, et à la faculté de concert et d'entente. Les *jurandes* et les *maîtrises* disparurent. La liberté du travail fut proclamée, mais la liberté d'association fut détruite du même coup. De là cet individualisme dont l'ouvrier est encore aujourd'hui la victime. Condamné à être seul, la loi le frappe s'il veut s'entendre avec ses compagnons, s'il veut former pour se défendre, pour se protéger, pour se faire représenter, une de ces unions qui sont de droit naturel, que commande la force des choses, et que la société devrait encourager en les réglant.

Aussi cet isolement contre nature n'a pu durer. Malgré les lois, des *associations*, des *compagnonnages*, des *corporations* se sont ou rétablis ou maintenus. On les a poursuivis, on n'a pu les anéantir. On n'a réussi qu'à les forcer de se réfugier dans l'ombre du mystère, et l'individualisme, par suite, a produit les sociétés secrètes, double péril dont soixante ans d'expérience ont révélé toute l'étendue.

L'individu, demeuré sans bouclier pour ses intérêts, a été de plus livré en proie à une concurrence sans limites, contre laquelle il n'a eu d'autre ressource que la *coalition* et les *grèves*. Jusqu'à l'année dernière ces *coalitions* étaient passibles de peines sévères, qui tombaient la plupart du temps sur les ouvriers les plus capables et les plus honnêtes, que la confiance de leurs camarades avait choisis comme chefs ou comme mandataires. C'était un tort; on crut le faire cesser en autorisant légalement la *coalition*, qui, de délit qu'elle était la veille, est devenue le lendemain un *droit* : faute d'autant plus grave qu'on a négligé d'ajouter à ce droit ce qui aurait servi à en éclairer la pratique.

En même temps se constituait par le développement de la prospérité publique une espèce de *privilège industriel* qui tenant dans ses mains l'existence des ouvriers, se trouvait investi d'une sorte de domination qui pouvait devenir oppressive, et amener par contre-coup des crises funestes. Il est juste de reconnaître qu'il n'en a pas abusé autant qu'il l'aurait pu. Mais malgré la généreuse bienveillance d'un grand nombre de chefs d'industrie et le zèle dévoué de beaucoup de nobles cœurs, malgré la création de sociétés de *secours mutuels*, des *caisses de secours*, des *caisses d'épargne*, des *caisses de retraite*, des œuvres pour le logement, pour le service des malades, pour l'établissement des écoles dans les manufactures, pour la moralisation des divertissements, pour la réforme du *compagnonnage*, pour les soins aux infirmes, aux orphelins, aux vieillards, malgré tous les efforts de cette charité chrétienne qui est particulièrement l'honneur de notre France, *la protection* n'est pas encore suffisamment exercée partout, et les intérêts moraux et matériels des classes ouvrières sont encore grandement en souffrance.

Voilà le mal tel qu'une rapide et incomplète esquisse peut en donner l'idée. Il est évidemment une menace pour l'ordre public. Aussi convient-il avant tout de l'examiner avec la plus sérieuse attention.

2º Quant aux remèdes, voici ceux que les principes et l'expérience paraissent indiquer :

A l'individualisme opposer l'association, à la concurrence effrénée le contre-poids de la défense commune, au privilège industriel la constitution volontaire et réglée des corporations libres.

Il faut rendre aux ouvriers le droit de se concerter, en conciliant ce droit avec les impérieuses nécessités de la paix publique, de la concorde entre les citoyens et du respect des droits de tous. Le seul moyen d'y parvenir est la liberté d'association sagement réglée, et renfermée dans de justes bornes. Or, il est à remarquer que c'est là précisément la demande instante par laquelle se terminent les vœux de tous les délégués à l'exposition de Londres.

Ce ne sera du reste que la régularisation légale d'une situation qui, à propos de cette exposition, s'est révélée tout à coup, à la grande surprise de l'administration alarmée. Car on a bien été obligé de reconnaître alors que, par le fait, malgré la législation et contre elle, ces associations existaient déjà, qu'elles s'étaient reformées sous l'abri du secret et en dehors de toute garantie. Les rapports des délégués ont été publiés, et ils concluent tous à la constitution libre des associations et des syndicats. La couleur dont ces rapports sont parfois empreints est une raison de plus pour qu'on s'en occupe, qu'on s'en inquiète, et qu'on cherche à dégager de ce qu'ils ont de faux et de pernicieux ce qu'ils peuvent avoir de juste et de vrai.

En un mot, ce qui est démontré, c'est la nécessité d'associations volontaires et libres des ouvriers pour la défense de leurs intérêts communs. Dès lors, il est naturel que dans ces associations il se forme sous un nom quelconque des *syndicats*, des *délégations*, des *représentations* qui puissent entrer en relation avec les patrons ou syndicats de patrons pour régler à l'amiable les différends relatifs aux conditions du travail, et notamment au salaire. Ici, la communauté d'intérêts entre les patrons et les ouvriers sera une cause de concorde, et non d'antagonisme. La paix et l'ordre sortiront de ces délibérations, où, selon la raison et l'expérience, figureront les mandataires les plus capables et les plus conciliants des deux côtés. Une équitable satisfaction sera ainsi assurée aux ouvriers; les abus de la concurrence seront évités autant que possible, et la domination du privilège industriel resserrée en d'étroites limites.

L'autorité publique n'aura rien à craindre, car, en sauvegardant les droits d'autrui, loin d'abandonner les siens, elle en maintiendra au contraire l'exercice avec la haute influence, comme avec les moyens de force et de précautions qui lui appartiennent. Toute réunion devra être accessible aux agents du pouvoir. Aucune ne se tiendra sans une déclaration préalable, et sans que l'autorité, si elle le juge à propos, ait la faculté d'être présente. Les règlements devront lui être communiqués, et elle aura soin que jamais le but et l'objet des réunions ne puissent être ni méconnus, ni dépassés.

Laissant une entière liberté aux débats et aux transactions, elle n'interviendra qu'amiablement, et à la demande des deux parties, pour faciliter leur accord. Elle sera toujours en mesure de réprimer sévèrement les troubles, les manœuvres et les désordres. Des commissions mixtes, des syndicats de patrons et d'ouvriers pourront se rassembler sous son égide pour entretenir les bons rapports, et prévenir ou vider les différends.

Enfin l'intervention généreuse des particuliers devra être admise pour venir en aide aux ouvriers et pour exercer à leur égard en toute indépendance, et avec la pleine liberté du bien, les ministères de protection et de charité chrétienne mentionnés plus haut.

En résumé, droit d'association sous la surveillance de l'État, et avec le concours de cette multitude d'œuvres admirables, fruits précieux des vertus évangéliques, tels sont les principes qui semblent devoir servir efficacement à délier le nœud si compliqué de la question ouvrière.

Qui ne voit d'ailleurs que la constitution volontaire et réglée des corporations libres deviendrait un des éléments les plus puissants de l'ordre et de l'harmonie sociale, et que ces corporations pourraient entrer dans l'organisation de la commune et dans les bases de l'électorat et du suffrage ? Considération qui touche un des points les plus graves de la politique de l'avenir.

En présence surtout des difficultés actuelles, ne semble-t-il pas que, fidèle à toutes les traditions de son glorieux passé, la royauté vraiment chrétienne et vraiment française doive faire aujourd'hui, pour l'émancipation et la prospérité morale et matérielle des classes ouvrières, ce qu'elle a fait en d'autres temps pour l'affranchissement des communes ? N'est-ce pas à elle qu'il appartient d'appeler le peuple du travail à jouir de la liberté et de la paix, sous la garantie nécessaire de l'autorité, sous la tutelle spontanée du dévoûment et sous les auspices de la charité chrétienne ?

## LETTRE SUR L'ENQUÊTE AGRICOLE

Mars 1866.

Le zèle intelligent et dévoué de mes amis prendra, j'en suis certain, une part active à l'enquête qui va s'ouvrir sur les souffrances, malheureusement trop réelles, de l'agriculture française. Il n'y a pour eux dans cette circonstance aucun motif de refuser le concours qu'ils doivent à tout ce qui est utile au pays, et sur ce terrain, leur rôle est tracé d'avance. En effet, ils comptent dans leurs rangs un grand nombre d'hommes qu'une pratique journalière met à même de bien entendre ces difficiles questions, et qui, par conséquent, sont des mieux placés pour contribuer à les résoudre. Aussi, est-ce avec une vive satisfaction que j'ai vu plusieurs d'entre eux intervenir déjà dans cette grave controverse, et seconder par leurs paroles et leurs écrits ce mouvement d'opinion qui a décidé l'enquête. Mais, pour devenir efficace, cette enquête doit être sérieuse et complète. Or, les causes de l'état douloureux qui excite aujourd'hui de si générales et si justes plaintes, sont nombreuses et profondes. Il faut donc sans passion, sans esprit de parti, sans idées préconçues, sonder toutes les sources du mal, en chercher de bonne foi les remèdes, et ne rien négliger de ce qui peut rendre à l'agriculture, appelée avec tant de raison la mère et la nourrice de la France, toute sa naturelle et vigoureuse fécondité. C'est là une nécessité si hautement proclamée et si universellement reconnue qu'il y a lieu d'espérer qu'elle dominera toutes les vues particulières, et empêchera que l'enquête, dont la forme insuffisante couvrira peut-être d'autres intentions, et même certains calculs plus ou moins intéressés, puisse être forcément détournée de son véritable but, pour aller se perdre sur des objets étrangers et purement politiques. Néanmoins il sera sage de se prémunir contre un péril qui est toujours à craindre, et de suivre attentivement la direction qui sera donnée à l'enquête, afin d'en assurer encore davantage tous les salutaires effets.

Ceux de nos amis qui sont surtout en position de remplir cette tâche ne se contenteront pas de porter devant la commission le résultat consciencieux de leurs études et le tribut loyal de leur expérience. Ils s'appliqueront également à éclairer par des publications spéciales les classes agricoles qui, souvent, ne sauraient pas d'elles-mêmes embrasser dans son ensemble et dans ses détails une si vaste question, et ils se feront un devoir de mettre leurs loisirs, leurs connaissances, tout leur dévouement à la disposition et au service des populations au sein desquelles ils vivent.

Heureux de cette nouvelle occasion qui leur est offerte de travailler activement au bien de leur pays, ils la saisiront avec empressement, et, ici comme partout, on les verra figurer au premier rang parmi ceux dont la noble mission est de se montrer constamment les plus fidèles interprètes, les gardiens les plus intègres et les plus fermes défenseurs des intérêts permanents de la France.

### LETTRE SUR L'AGRICULTURE

*12 mars 1866.*

L'agriculture française est dans un état de souffrance qui mérite une sérieuse attention. La France est essentiellement agricole, et la prospérité des champs y est étroitement liée à celle de l'industrie et du commerce. Les productions du sol sont la première richesse du pays. C'est le sol qui nourrit la nation. C'est lui qui est le juste objet de l'attachement et du zèle dévoué de ses habitants. C'est sur lui que pèsent les plus lourdes charges. Dans les crises publiques c'est lui qui est toujours le plus sensiblement atteint, et aux heures de détresse c'est encore lui qui offre les dernières ressources et fait le plus généreusement les sacrifices suprêmes. L'équité, la politique et l'intérêt de tous sollicitent donc pour l'agriculture les soins éclairés et le constant appui d'une protection efficace. Aussi la Royauté l'a-t-elle eue de tout temps en grande estime et en haute faveur. Qui n'a gardé le souvenir du mot si populaire de mon aïeul Henri IV, vive expression de sa sollicitude pour le bien-être de l'agriculteur? Et qui ne sent la vérité de ce que disait pareillement son fidèle et sage ministre : « Le labourage et le pâturage sont les deux mamelles de la France. »

Aujourd'hui cependant l'agriculture souffre, et elle souffre partout. Le nord se plaint comme le midi, l'ouest comme l'est et le centre. L'Assemblée législative, les conseils généraux, les comices agricoles, les publicistes, les divers organes de l'opinion, tous, sans distinction de doctrine et de parti, n'ont ici qu'une voix. On peut différer de sentiments sur les causes du mal et sur les remèdes à y apporter ; mais nul n'en conteste ni l'existence ni l'étendue. Quiconque aime sincèrement sa patrie reconnaît la gravité de la situation et l'urgente nécessité d'y pourvoir.

Naturellement la culture du *blé*, la plus importante de toutes, est celle qui souffre davantage, tant à raison du rang qu'elle occupe dans le travail national qu'à cause du régime auquel de récents traités et la législation qui s'en est suivie l'ont soumise. Ses pertes ont été évaluées à des chiffres énormes, qui, dût-on les réduire, n'en accusent pas moins une véritable détresse. Or, tandis que le blé est à vil prix, et ne rend pas à celui qui le cultive le fruit de ses labeurs, le pain reste cher, et la population ouvrière ne profite pas du bon marché qui ruine la population rurale.

L'élève du *bétail* n'est pas dans de meilleures conditions. Malgré le développement de cette branche de produits, malgré l'accroissement de la consommation, malgré les ravages du typhus dans des contrées voisines, les prix ne sont pas relevés, et en même temps la viande de boucherie a continué d'être portée à des taux de plus en plus exagérés. Quelle peut être l'explication de ces singuliers phénomènes ?

Quoique les progrès agricoles et les améliorations introduites dans les différentes cultures n'aient pas cessé de se développer, quoique les rapports des concours et des comices témoignent du zèle, de l'intelligence et des sacrifices de nos agriculteurs, en ont-ils été récompensés par leurs produits ? Non.

La *distillerie* et la *culture de la betterave* en particulier n'ont pas obtenu le succès auquel on était en droit de s'attendre. On n'ose plus conseiller l'exploitation de ces distilleries agricoles, qui ne promettent que des résultats incertains, et quelquefois même n'offrent que des perspectives de ruine imminente aux cultivateurs assez hardis pour les adjoindre à leurs domaines.

La *vigne*, qui en certaines contrées et grâce à des années exceptionnellement favorables, a donné de beaux revenus, est loin en d'autres régions d'avoir également prospéré. Des réclamations se sont fait entendre et des réunions ont été provoquées, pour mettre en commun les observations et les doléances tant sur l'état des cultures que sur le régime des impôts et des prohibitions qui les frappent. Il est donc trop manifeste que la souffrance est presque générale.

A quelles causes faut-il attribuer cette souffrance ?

Par quelles modifications, par quelles améliorations peut-on espérer de l'adoucir et d'y remédier ?

N'y a-t-il rien à faire pour alléger le fardeau des charges exorbitantes qui pèsent sur le sol ?

Quels moyens prendre pour venir en aide à la propriété si profondément atteinte par les hypothèques ?

Des institutions de crédit ne pourraient-elles pas être utilement fondées en vue des besoins de l'agriculture ?

La législation ne devrait-elle pas se préoccuper des effets désastreux du morcellement indéfini des domaines ?

Comment arrêter la dépopulation toujours croissante des campagnes, et retenir chez eux les propriétaires, dont l'absence porte un coup si funeste à la prospérité du sol ?

Les cultures doivent-elles être changées ?

Pourquoi l'élève du bétail ne dédommage-t-elle pas le propriétaire de ses sacrifices et de ses peines ?

Qu'y a-t-il à tenter en faveur de la culture de la betterave et des distilleries agricoles ?

En un mot, comment guérir le mal présent et assurer à l'agriculture un meilleur avenir ?

Voilà des questions du plus grand intérêt qui demandent à être soigneusement étudiées, et sur lesquelles doivent se porter les sollicitudes de tous ceux qui aiment leur pays.

De toute part on réclame une enquête sérieuse et libre de tout système préconçu. Ce vœu unanime doit être secondé.

L'opinion publique a ici une puissance salutaire qu'on ne peut nier. Il appartient surtout à nos amis de s'en faire les échos et les interprètes. La cause du sol est naturellement entre leurs mains. Qu'ils s'en constituent hautement les défenseurs. Ils auront bien mérité des populations et de la France.

# CHAPITRE IX

## LE COMTE DE CHAMBORD
### PENDANT L'EMPIRE

L'épuration de la magistrature. — La guerre de Crimée. — L'Église et l'État. — La guerre d'Italie. — La question romaine. — Lettre à Villemain. — Lettre à Lamoricière. — Le comte de Chambord offre ses services au Pape. — Castelfidardo. — Les traités de commerce de 1860. — Opinion du comte de Chambord sur la politique impériale. — Lettre à M. de Saint-Priest. — Mentana. — Manifeste du 15 novembre 1869. — Mort de la duchesse de Berri. — La guerre de 1870. — Manifeste du 9 octobre 1870. — Protestation contre le bombardement de Paris.

Les appréciations du comte de Chambord sur la politique impériale sont rares. Elles se trouvent, de plus, dans des lettres d'un caractère un peu intime et où sa pensée ne reçoit pas toujours son entier développement.

Ce n'est que dans une lettre de félicitations à M. Sauzet, du 6 janvier 1855, qu'il fait allusion au décret de mise à la retraite anticipée par lequel l'Empire avait épuré la magistrature.

.... La justice, dit-il, est le fondement des États, et ceux qui la rendent au nom du prince ont besoin, pour remplir dignement leur haute mission, d'une noble et sage indépendance. Rien de ce qui peut y porter atteinte ne saurait avoir mon approbation, et je juge comme vous la mesure dont vous parlez.

S'il blâme la guerre de Crimée, c'est dans une lettre de condoléance du 9 janvier 1855 à M. Léopold de Gaillard, dont le frère avait été tué à l'ennemi, et le blâme est singulièrement enveloppé :

..... Quelle douleur de voir tant de victimes héroïques moissonnées chaque jour, et tant de sang français répandu pour des intérêts qui ne sont vraiment pas ceux de la France !

La pensée ne se développe guère plus dans la lettre du 3 mars 1855, au comte de Locmaria, où il dit :

..... A l'abri des préventions et de l'esprit de parti, vous jugez les choses sainement, et vous vous affligez comme nous de voir nos braves soldats servir d'instruments à une politique toute personnelle. N'est-il pas à craindre que ce ne soit là le commencement d'entreprises aventureuses où les véritables intérêts de la France ne seraient guère consultés ?

La question des rapports de l'Église avec l'État est une de celles sur lesquelles le comte de Chambord s'est le moins expliqué. Dans une lettre du 29 mai 1857, il y touche en quelques lignes qui n'atteignent pas assurément à un degré suffisant de précision :

. . . . . . . . . . . . . . . . . . . . . . . . .

Nul doute, dit-il, que je ne sois disposé à laisser à l'Église la liberté qui lui appartient et qui lui est nécessaire pour le gouvernement et l'administration des choses spirituelles, et à m'entendre constamment pour cela avec le Saint-Père. Mais, de leur côté, les évêques et tous les membres du clergé ne sauraient éviter avec trop de soin de mêler la politique à l'exercice de leur ministère sacré, et de s'immiscer dans les affaires qui sont du ressort de l'autorité temporelle ; ce qui n'est pas moins contraire à la dignité et aux intérêts de la religion elle-même qu'au bien de l'État.

Il y revient, dans une lettre du 26 mars 1859 à M. de Cherrier, qui lui avait fait hommage de son *Histoire de la lutte des Papes avec les Empereurs de la maison de Souabe*. Dans ce passage, le comte de Chambord ne vise que les rapports normaux des deux pouvoirs. Il ne prévoit pas le cas où l'un des pouvoirs veut empiéter sur l'autre. C'est pourtant dans ce cas seulement que la question se pose. L'ouvrage de M. Cherrier était, pour le comte de Chambord, une véritable occasion historique de faire connaître sa pensée. Il se borne à dire :

Que d'enseignements salutaires nous offre l'histoire de ces luttes dont le passé nous a transmis le souvenir ! Pleine liberté de l'Eglise dans les choses spirituelles, indépendance souveraine de l'État dans les choses temporelles, parfait accord de l'une et de l'autre dans les questions mixtes, tels sont les principes qui, au sein des sociétés chrétiennes, doivent, aujourd'hui plus que jamais, régler les rapports des deux puissances pour le bien de la religion et le bonheur des peuples. Espérons que le temps n'est pas éloigné où l'application sincère de ces grandes et sages maximes au gouvernement des affaires humaines ouvrira au monde une ère nouvelle de prospérité, de calme et de véritable progrès.

A ce moment, la France s'engageait dans la lutte du Piémont contre l'Autriche. Le comte de

Chambord ne fait qu'une allusion bien timide à ces événements dans une lettre de condoléance du 18 juin 1859, à un de ses amis dont le fils était tombé à Magenta :

> Qu'il est cruel de voir, au milieu des nouveaux prodiges de valeur de notre incomparable armée, le plus généreux, le plus héroïque, le plus pur sang de la France répandu ainsi par torrents ! Et pourquoi ? Que Dieu ait pitié de notre chère et infortunée patrie ; qu'il la sauve, et avec elle l'Europe entière, des bouleversements dont elles sont encore une fois menacées.

Le renversement des princes italiens, parmi lesquels sa sœur, la duchesse de Parme, ne lui arrache ni une plainte ni une protestation. Mais quand les Italiens veulent annexer les États Pontificaux au nouveau royaume, le comte de Chambord fait entendre une protestation qui n'est pas sans éloquence. Il écrit à Villemain, le 25 janvier 1860 :

> Vous venez, Monsieur, de rendre à la religion et à la société un service dont, pour ma part, j'éprouve le besoin de vous remercier. Une politique ténébreuse a cru le sens moral assez affaibli et l'opinion suffisamment comprimée pour pouvoir impunément, sous une vaine apparence de zèle et une feinte douceur, justifier, encourager, favoriser, après avoir formellement promis de l'empêcher, une odieuse spoliation dont la conséquence inévitable serait de mettre bientôt partout la force à la place du droit. En effet, quelle possession plus antique, plus légitime, plus digne par sa faiblesse même de tous les respects, plus souvent garantie par les traités, plus universellement proclamée nécessaire au repos du monde, que le domaine temporel de la papauté ? Comment ne pas reconnaître, dans cette œuvre des siècles, une disposition de la Providence qui a voulu assurer par là au chef de l'Église, source principale et centre vénéré de la civilisation

chrétienne, l'indépendance spirituelle dont il a besoin pour remplir sa sainte et salutaire mission ? Qui ne comprend qu'annuler un droit si sacré, c'est annuler tous les droits; que dépouiller le souverain dans la personne du successeur de saint Pierre, c'est menacer tous les souverains, et que renverser son trône dix fois séculaire c'est saper le fondement de tous les trônes ?

Il est triste de voir la France servir ainsi d'instrument, contre sa conscience, son cœur, ses traditions, tous ses intérêts, à des entreprises qui ne peuvent aboutir qu'à de nouveaux bouleversements. Aussi, dans ce commun péril, aux voix épiscopales qui ont jeté le cri d'alarme, n'ont pas tardé à se joindre d'autres voix non moins courageuses, non moins zélées pour soutenir la cause du droit et celle de la liberté confondues et attaquées toutes deux ensemble dans leur plus auguste représentant, le Pontife roi. Mais nul ne l'a fait avec plus d'énergie, de raison, de talent et d'éloquence que l'auteur de ce remarquable écrit intitulé : *La France, l'Empire et la Papauté*. Je n'ai pu lire, sans en être vivement ému, ce qu'il dit, en finissant, au Pontife, si doux, si confiant, si généreux, maintenant abreuvé de tant d'amertume :

« Vivez, persistez, souffrez... dans vos droits anciens,
» reconnus si longtemps et naguère encore, vous main-
» tenez, vous défendez le droit public de l'Europe, l'in-
» violabilité des faibles puissances et des titres légi-
» times. Avec vous, vous aurez la foi de tant d'âmes
» catholiques, le respect du saint asile des consciences
» et l'amour de la liberté véritable, celle qui croit en
» Dieu et en la dignité morale de l'homme. »

Puissent ces belles et touchantes paroles être entendues de tous ! Combien il est regrettable que, sous la pression qui étouffe aujourd'hui au fond des cœurs les plus nobles sentiments, l'absence d'une sage liberté, livrant à la merci de l'arbitraire tous les droits, tous les principes, laisse sans défense, sans protection, sans aucune garantie, les plus chers intérêts de la France, de la religion et de la société !

Recevez, Monsieur, avec l'expression de ma gratitude, l'assurance de mes sentiments bien sincères.

HENRI.

Le 7 avril 1860, le général Lamoricière était appelé par Pie IX au commandement des troupes pontificales, et son premier ordre du jour avait été un manifeste contre l'esprit de révolution.

Le comte de Chambord lui écrit le 18 avril :

Je vous écris, mon cher Général, sous l'impression de votre ordre du jour que je viens de lire. Appelé par le Chef de l'Église à soutenir ses droits sacrés, sauvegarde inviolable et sainte garantie de tous les droits, vous n'avez pas hésité un seul instant à mettre votre vaillante épée à sa disposition. Honneur au héros chrétien qui se voue ainsi à la défense de l'autorité et de la vraie liberté, attaquées à la fois dans le Pontife suprême qui en est sur la terre le plus auguste représentant ! Honneur à tous ceux qui, marchant sur vos traces, sont prêts à donner non seulement leur or, mais leur sang et leur vie pour une si noble cause ! Combien je me sens heureux et fier de voir que c'est surtout dans les rangs de mes amis que se manifestent ces admirables dévouements ! Fasse le ciel que bientôt, sortant moi-même de mon inaction forcée, je puisse me sacrifier aussi tout entier au triomphe du droit sur l'iniquité, de la vérité sur le mensonge, de l'ordre et de la liberté sur la licence et l'oppression, en un mot, de la civilisation chrétienne sur la barbarie révolutionnaire. C'est mon désir ardent et ma ferme espérance.

A Charles de Riancey, le 12 mai 1860 :

Qui ne voit, en effet, que la chute de la souveraineté la plus auguste qu'il y ait en ce monde, entraînerait celle de toutes les souverainetés, que dans ses droits sacrés sont attaqués tous les droits, que sous son pouvoir temporel, c'est son pouvoir spirituel que la révolution veut atteindre, et qu'ainsi c'est à la société, à la religion, à l'Église, à Dieu même qu'elle fait la guerre? — Mais espérons que de l'excès du mal sortira le remède, que l'œuvre de régénération qui doit réparer tant d'iniquités ne tardera plus à s'accomplir, et que bientôt à de si longues et si douloureuses épreuves succéderont enfin les jours meilleurs que nous attendons.

Il écrit à M. Dupanloup pour le féliciter de la brochure qu'il venait de publier sur la souveraineté pontificale et il insiste de nouveau sur la nécessité du pouvoir temporel, qui est « l'œuvre même de la Providence. »

Quel était le sens des désirs exprimés par le comte de Chambord dans sa lettre à Lamoricière, et comment espérait-il se sacrifier au triomphe du droit et de la vérité? Il semble tout d'abord qu'il comptait sur quelque revirement qui, en plaçant la couronne de France sur sa tête, lui permettrait, en sa qualité de fils aîné de l'Église, de prêter à la souveraineté temporelle du Pape le secours des armes françaises.

Ne pouvant disposer que de lui-même, il offrit du moins à Pie IX son épée par la lettre suivante (1) :

Très Saint-Père,

Au moment où les ennemis de l'Église s'acharnent plus que jamais contre le trône auguste de Votre Sainteté, celui qui dans son exil et dans ses longues épreuves s'est toujours honoré avant tout du glorieux titre de Fils aîné de l'Église, éprouve le besoin de dire à Votre Sainteté qu'il a été, qu'il est, qu'il sera jusqu'à la mort, de cœur et d'âme avec Elle. Si je n'ai pas couru

(1) Cette lettre ne se trouve pas dans le recueil officiel de la correspondance du comte de Chambord. Nous l'empruntons à l'*Histoire d'Henri V*, de M. de Saint-Albin.

depuis longtemps, pour offrir au digne successeur du Prince des Apôtres, au représentant de Notre-Seigneur Jésus-Christ sur la terre, les services de mon bras et de ma vie, c'est que je craignais d'ajouter encore, par ma présence, aux difficultés de la situation ; mais à un appel, à un signe venant de lui, je serai trop heureux de voler à ses pieds pour aider, dans la faible mesure de mes forces, à la défense du Père chéri et respecté.

Mon neveu, le duc de Parme, élevé par ma sœur d'abord, par moi ensuite dans les mêmes principes, partage tous mes sentiments. Que Votre Sainteté dispose de nous en tout temps et en toute circonstance, elle nous trouvera toujours prêts à lui prouver que dans ce siècle d'abaissement et de triste défaillance, il y a encore des princes fermement attachés à cette pierre contre laquelle viendront à la fois se briser tous les efforts de la Révolution triomphante.

Que Votre Sainteté reçoive ici l'expression bien sincère de mon admiration pour son courage et sa vertu apostolique, en même temps que le nouvel hommage de tous les sentiments de respect et de dévoûment filial avec lesquels je suis,

  Très Saint-Père,
   De Votre Sainteté,
    Le dévot Fils,

          Henri.

Cette offre ne fut pas acceptée.

Peu de temps après, la cause pontificale était vaincue à Castelfidardo, et Lamoricière se rendait prisonnier de guerre. Le comte de Chambord lui écrivit le 8 octobre 1860 :

Il a fallu, mon cher Général, un concours de circonstances où la duplicité le dispute à l'infamie pour que vous ayez eu à faire face, avec une poignée de braves, à une armée tout entière. Aussi est-il parfaitement vrai de dire que cette héroïque phalange n'a pas été vaincue, mais qu'elle a été assassinée. Quoi qu'il en soit, vous avez donné au monde un grand exemple, vous avez rendu à la société et à la religion un immense service en tenant ainsi en échec, pendant de longs mois, la révolution qui, pour écarter l'obstacle inattendu qui arrêtait sa marche, n'a pas vu d'autre moyen que de joindre la ruse à la violence, et de tromper jusqu'au dernier moment votre loyauté par des promesses perfides, afin de venir tout à coup, contre toutes les lois divines et humaines, vous écraser sous le nombre. Mais le règne de l'iniquité n'aura qu'un temps. Votre noble épée, aujourd'hui rentrée dans le fourreau, en sortira pour servir encore la plus sainte des causes et en assurer le triomphe.

En cette même année 1860, l'Empire, modifiant brusquement notre régime économique, substituait le libre-échange à la protection. Cette révolution ne fut pas sans inspirer à certains économistes de vives craintes, que M. Casimir Périer avait exprimées dans un livre fort remarqué. Le comte de Chambord, le remerciant de l'envoi de cet ouvrage, lui écrivait le 31 mars 1860 :

Je veux vous remercier moi-même, Monsieur, de l'envoi de votre excellent écrit sur une grave question récemment soulevée par un acte de pouvoir, qui menace de jeter dans plusieurs branches de l'industrie nationale et dans la condition des classes ouvrières une perturbation profonde. L'expérience du passé n'avait déjà que trop démontré que le propre des gouvernements issus d'une pareille origine, surtout quand ils ont réussi à s'affranchir de tout contrôle sérieux, est de ne prendre conseil que des besoins du moment et de sacrifier toujours aux nécessités changeantes de leur politique personnelle les intérêts véritables et permanents du pays. Mais à ce jeu plein de péril l'opinion se trouble, la confiance disparaît, de nouvelles complications appellent sans cesse de nouveaux expédients. Plus de sécurité, plus de foi dans l'avenir. Tant il est vrai que hors du droit et de la justice les fortunes privées comme la fortune publique ne reposent que sur un sable mouvant, ou plutôt semblent constamment suspendues sur des abîmes ! C'est ce que tous les bons esprits et tous les nobles cœurs ne tarderont pas, j'espère, à reconnaître.

La lettre suivante, au marquis de Montaigu, du 23 février 1861, est plus instructive sur les idées économiques du prince :

Au nombre des questions qui doivent être soigneusement examinées, l'une des plus graves est celle qui touche aux rapports entre la France et l'étranger, par conséquent à la prospérité de l'industrie, qui est devenue de nos jours un des principaux éléments de la puissance des nations. L'absence d'enquêtes sérieuses jointe à la précipitation avec laquelle a été conclu le dernier traité de commerce, prouve assez que pour le pouvoir ce n'était pas un but, mais seulement un moyen. Des transformations si radicales exigent beaucoup de temps, de suite et d'unité de vues, sans quoi elles amènent des perturbations et des souffrances, ce qui dans la circonstance présente ne pouvait manquer d'arriver. Mais puisque le fait accompli ne laisse plus la liberté de l'étude, il faudrait maintenant tenir compte surtout de l'opinion des hommes pratiques qui peuvent donner d'utiles conseils. Ainsi les efforts devraient se porter aujourd'hui sur la question des transports qui, réduits à des prix modérés et raisonnables, pourraient, par de sages combinaisons où les droits acquis seraient respectés, rétablir entre l'industrie étrangère et la nôtre l'équilibre qui n'existe pas, et sans lequel la lutte est impossible.

Les années suivantes sont encore une période de retraite. La mort de la duchesse de Parme, survenue en février 1864, avait été pour son frère une vive douleur. Plusieurs vides s'étaient encore faits parmi ses amis et ses partisans : M. de Villèle, le duc de Lévis, Lamoricière. Si le prince n'en éprouvait pas de découragement, il avait peut-être besoin de se recueillir et de demander à Dieu les moyens d'accomplir la mission pour laquelle il se croyait né.

D'autre part, nous avons vu que l'année 1866 avait été surtout consacrée à l'étude des questions administratives et sociales. Il faut arriver aux derniers jours de cette année pour trouver une appréciation générale sur la politique de l'Empire. Le 9 décembre, le comte de Chambord écrit au vicomte de Saint-Priest :

L'année qui va finir, mon cher ami, n'a pas été heureuse pour l'Europe et, en particulier, pour la France. La gravité des circonstances frappe tous les esprits. La situation est pleine d'incertitudes et de périls ; l'opinion publique s'en émeut, les intérêts menacés s'inquiètent du présent et s'effraient de l'avenir ; à peine remis d'une secousse violente, ils en redoutent de nouvelles. Des questions qui semblaient assoupies se réveillent. Partout on arme, partout on prépare des moyens formidables de destruction et de guerre. Les événements dont l'Allemagne et l'Italie ont été récemment le théâtre ont confondu tous les calculs, trompé toutes les prévisions, rompu brusquement l'équilibre européen, et aucun pays n'en a ressenti plus vivement que le nôtre le douloureux contre-coup. Cependant, grâce à Dieu, en considérant avec calme et sang-froid l'état des choses, je n'y vois rien pour nous d'irréparable. Notre influence prépondérante a été profondément atteinte, mais une sage et ferme conduite, sans témérité comme sans faiblesse, peut la relever. Oui, la France, avec son énergie, sa loyauté, son désintéressement prompt à se passionner pour toutes les grandes idées, à se dévouer pour toutes les justes causes, avec son armée aussi admirable par la discipline que par la valeur, avec sa puissante unité, œuvre des siècles, marchera toujours à la tête des nations ; sa grandeur est nécessaire à la stabilité, au repos de l'Europe. Mais c'est une raison de plus pour ne pas négliger les conseils d'une politique prévoyante, pour ne pas accepter en silence ce que nos pères se sont efforcés d'empêcher dans tous les temps, pour ne pas laisser se former à nos portes deux vastes États, dont l'un surtout dispose d'une puissance militaire incontestable. Justement jaloux de l'honneur et de la dignité de notre belle patrie, craignons pour elle jusqu'à l'ombre même d'un amoindrissement de l'influence qui lui appartient.

Ici, naturellement, ma pensée se porte avec tristesse sur Rome, où nous laissons abattre en ce moment une des grandes choses que Dieu a faites par la France, *gesta Dei per Francos*, je veux dire la souveraineté temporelle du chef de l'Église, indispensable garantie de son indépendance et du libre exercice de son autorité spirituelle dans tout l'univers.

Lorsqu'il y a dix-huit ans, nous avons relevé cette institution dix fois séculaire, un instant renversée par la révolution, nous avons revendiqué hautement comme un droit sacré le devoir de la défendre contre de nouvelles attaques, et tant que nos soldats ont gardé la cité sainte, la révolution a tremblé devant eux; mais leur départ est annoncé; après eux, qu'arrivera-t-il? Si d'autres pensées avaient présidé au gouvernement de notre pays, fidèle à ses traditions nationales et à son glorieux titre de fille aînée de l'Église, la France aurait eu quelque chose de plus à offrir au Saint-Père qu'un appui provisoire et passager. Soutenu par elle, Pie IX n'aurait eu rien à craindre de ses ennemis, il eût accompli en paix sa double mission de Pontife et de Roi, et ses peuples lui devraient depuis longtemps les améliorations dont il avait pris lui-même la généreuse et paternelle initiative. Aujourd'hui, nous touchons peut-être à une catastrophe dont les conséquences sont incalculables. Ce n'est pas l'avenir de la souveraineté pontificale qui est seul en péril. Jusque là, il ne s'agissait, disait-on, en dépouillant le chef de l'Église de son pouvoir temporel, que de le ramener à la sainte et vénérable pauvreté apostolique, afin que, déchargé de tous les soins de la terre, il pût exercer plus librement son autorité spirituelle. Mais maintenant on ne s'en cache plus; dans son pouvoir temporel, c'est bien son autorité spirituelle qu'on veut atteindre; c'est au principe même de toute religion et de toute autorité qu'on s'en prend. Bientôt on demandera logiquement que de nos lois et de nos tribunaux disparaisse l'idée de Dieu. Alors il n'y aura plus entre les hommes d'autre lien que l'intérêt ; la justice ne sera plus qu'une convention ; il ne restera plus d'autre moyen pour l'obtenir que la force, et l'édifice social, miné jusque dans ses fondements, s'écroulera de toutes parts.

On repousse, non sans raison, l'immixtion de l'Église dans la politique; on veut que le clergé se renferme dans ses saintes fonctions, sans se mêler aux choses du dehors. Mais comment pourra-t-il ne pas s'en occuper, quand on aura jeté le trouble dans le gouvernement de l'Église, quand son chef vénéré ne sera plus libre, ou qu'on l'aura forcé à quitter Rome et à errer, sans asile, n'ayant pas où reposer sa tête ?

Non, la cause de la souveraineté temporelle du Pape n'est pas isolée, elle est celle de toute religion, celle de la société, celle de la liberté. Il faut donc à tout prix en prévenir la chute.

Disons-le à la louange de notre pays, à aucune époque et dans aucune circonstance, il ne s'est trompé sur le caractère et la portée de ce qu'il voyait s'accomplir. Son sens droit n'a cessé d'indiquer ce qu'il y avait à faire et à éviter. Ainsi ses impressions premières sur l'Italie, sur l'expédition du Mexique, sur la lutte prête à s'engager en Allemagne, ont signalé d'avance, dans les étroites limites laissées à leurs manifestations, les dangereuses conséquences d'une politique poursuivie malgré ses avertissements réitérés que les faits n'ont pas tardé à justifier.

Vous me tracez un affligeant tableau de notre situation intérieure. Je reconnais comme vous la profondeur du mal qui arrête au dedans l'essor de nos destinées. — Vous savez depuis longtemps les vœux que ma raison et mon cœur me dictent pour ma patrie. Est-il besoin de vous le redire ici ? Un pouvoir fondé sur l'hérédité monarchique, respecté dans son principe et dans son action, sans faiblesse comme sans arbitraire, le gouvernement représentatif dans sa puissante vitalité, les dépenses publiques sérieusement contrôlées, le règne des lois, le libre accès de chacun aux emplois et aux honneurs, la liberté religieuse et les libertés civiles consacrées et hors d'atteinte, l'administration intérieure dégagée des entraves d'une centralisation excessive, la propriété foncière rendue à la vie et à l'indépendance par la diminution des charges qui pèsent sur elle, l'agriculture, le commerce, l'industrie constamment encouragés, et au-dessus de tout cela, une grande chose : l'honnêteté ! L'honnêteté, qui n'est pas moins une obligation dans la vie publique que dans la vie privée; l'honnêteté qui fait la valeur morale des États comme des particuliers.

Est-il nécessaire d'ajouter qu'après tant de déchirements, un des premiers besoins de la France, c'est l'union. La seule politique qui lui convienne est une politique de conciliation, qui relie au lieu de séparer, qui mette en oubli toutes les anciennes dissidences, qui fasse appel à tous les dévouements, à tous les mérites, à tous les nobles cœurs qui, aimant leur patrie comme une mère, la veulent grande, libre, heureuse et honorée.

Quant à moi, ma douleur est de voir de loin les maux de mon pays, sans qu'il me soit donné de les partager; mais si dans les épreuves qu'il peut avoir encore à traverser, la Providence m'appelle un jour à le servir, n'en doutez pas, vous me verrez paraître résolument au milieu de vous, pour nous sauver ou périr ensemble.

Vous qui me connaissez, mon cher ami, vous savez bien que les idées que je viens d'exprimer ont toujours été les miennes. C'étaient les idées de ma jeunesse, ce sont mes idées d'aujourd'hui, confirmées et mûries par le travail et l'expérience.

Je vous renouvelle, mon cher général, l'assurance de ma bien sincère et constante affection.

Quelques mois plus tard, le 29 avril 1867, le comte de Chambord écrivait au comte de Breda :

« Je vois les inquiétudes s'accroître et les dangers d'une crise sociale s'approcher à grands pas. Vous savez que le moment venu, je ne manquerai pas aux devoirs sacrés qui me seront imposés par la Providence. »

Cependant il ne sort pas de son rôle d'observateur. Seule, pour cette époque, la lettre qu'il écrivit au baron de Charette après Mentana, le 15 novembre 1867, mérite d'être citée :

Au moment, mon cher Charette, où vous, vos frères et un si grand nombre de nos amis, venez de combattre et de vaincre pour la plus sainte des causes, j'éprouve le besoin de vous dire que j'étais avec vous par le cœur et par la pensée, puisque, à mon grand regret, je ne pouvais y être en personne. Grâce à ces merveilleux dévouements et à ce brillant courage, la révolution, pour la première fois depuis de longues années, a été obligée de reculer, et jusqu'ici la souveraineté du Saint-Père est sauvée. Gloire à vous et à vos compagnons d'armes! Ceux qui ont succombé dans cette lutte héroïque ne sont pas à plaindre ; ils reçoivent maintenant au ciel la récompense de leur généreux sacrifice ; mais nous, nous les pleurons en les admirant. Dites dans l'occasion à tous ces braves accourus à Rome de tous les coins du monde à l'heure du péril que j'honore leur belle conduite, et que je les envie. Quant à vous, vous avez prouvé une fois de plus que vous portiez dignement votre noble nom. Croyez plus que jamais à ma vive gratitude et à ma grande amitié.

Il faut arriver jusqu'au 15 novembre 1869 pour trouver un nouveau plaidoyer en faveur de la monarchie en même temps que l'explication du silence prolongé dans lequel le comte de Chambord s'était renfermé. Il écrit à cette date à l'anonyme qui paraît avoir été un de ses confidents les plus intimes et de ses conseillers les plus actifs :

Vous savez mieux que tout autre, mon cher ami, si la pensée de la France, la passion de son bonheur et de sa gloire, le désir de lui voir reprendre dans le monde la place que la Providence lui a assignée, font l'objet de mes constantes et bien vives préoccupations. J'ai toujours respecté mon pays dans les essais qu'il a voulu tenter. On a pu même s'étonner de la persistance d'une réserve dont je ne dois compte qu'à Dieu et à ma conscience. Mais si les amertumes prolongées de l'exil pouvaient avoir un adoucissement, je le trouverais dans la certitude de n'avoir pas manqué à la résolution que j'avais prise envers moi-même, de ne point aggraver les embarras et les périls de la France. Cependant, l'honneur et le devoir me recommandaient de la prémunir contre de funestes entraînements. Je n'hésitais pas, vous vous le rappelez, à protester contre les prétentions d'un pouvoir qui, uniquement basé sur le prestige d'un nom glorieux, croyait, au lendemain d'une crise violente, le moment propice pour s'imposer aux destinées du pays. Vous voulez la monarchie, disais-je alors aux Français; vous avez reconnu qu'elle seule peut vous rendre, sous un gouvernement régulier et stable, cette sécurité de tous les droits, cette garantie de tous les intérêts, cet accord permanant d'une autorité forte et d'une sage liberté, qui fondent et assurent le bonheur des nations ; ne vous livrez pas à des illusions qui tôt ou tard vous seraient fatales. Ce nouvel empire qu'on vous propose ne saurait être cette monarchie tempérée et durable dont vous attendez tous ces biens.... La monarchie véritable, la monarchie traditionnelle appuyée sur le droit héréditaire et consacrée par le temps, peut seule vous remettre en possession de ces précieux avantages..... Le génie et la gloire de Napoléon n'ont pu suffire à fonder rien de stable ; son nom et son souvenir y suffiraient bien moins encore. Les dix-sept années qui viennent de s'écouler depuis que je faisais entendre ces paroles à mon pays, n'ont-elles pas justifié mes prévisions et mes conseils ?

La France et la société tout entières sont menacées de nouvelles commotions : aujourd'hui, comme il y a dix-sept ans, je suis convaincu et j'affirme que la monarchie héréditaire est l'unique port de salut, où, après tant d'orages, la France pourra retrouver enfin le repos et le bonheur. — Poursuivre en dehors de cette monarchie la réalisation des réformes légitimes que demandent avec raison tant d'esprits éclairés, chercher la stabilité dans les combinaisons de l'arbitraire et du hasard, bannir le droit chrétien de la société, baser sur des expédients l'alliance féconde de l'autorité et de la liberté, c'est courir au devant de déceptions certaines. La France réclame à bon droit les garanties du gouvernement représentatif, honnêtement, loyalement pratiqué avec toutes les libertés et tout le contrôle nécessaires. Elle désire une sage décentralisation administrative et une protection efficace contre les abus d'autorité. Un gouvernement qui fait de l'honnêteté et de la probité politique la règle invariable de sa conduite, loin de redouter ces garanties et cette protection, doit, au contraire, les rechercher sans cesse. — Ceux qui envahissent le pouvoir sont impuissants à tenir les promesses dont ils leurrent les peuples, après chaque crise sociale, parce qu'ils sont condamnés à faire appel à leurs passions au lieu de s'appuyer sur leurs vertus. — Berryer l'a dit admirablement: « Pour eux, gouverner ce n'est plus éclairer et diriger la pensée publique; quelle qu'elle soit, il suffit de savoir la flatter, la mépriser, ou l'éteindre. » Pour la monarchie traditionnelle, gouverner c'est s'appuyer sur les vertus de la France, c'est développer tous ses nobles instincts, c'est travailler sans relâche à lui donner ce qui fait les nations grandes et respectables, c'est vouloir qu'elle soit la première par la foi, par la puissance et par l'honneur.

Puisse-t-il venir ce jour si longtemps attendu où je pourrai enfin servir mon pays! Dieu sait avec quel bonheur je donnerais ma vie pour le sauver. Ayons donc confiance, mon cher ami, et ne cessons de travailler dans ce noble but. A la justice et au droit appartient toujours la dernière victoire. Comptez plus que jamais sur mon affection.

L'année suivante débuta péniblement pour le comte de Chambord : M^me la duchesse de Berri mourut le 17 avril 1870. Trois mois plus tard, la guerre éclatait entre la France et l'Allemagne. La première pensée du prince était de mettre le château de Chambord à la disposition de la société internationale de secours aux blessés. Il écrivait à cet effet, le 22 août 1870, au comte de Flavigny, président de cette société :

Condamné par l'exil à la douleur de ne pouvoir combattre pour ma patrie, j'admire plus que personne les prodiges de valeur de notre héroïque armée, et je veux du moins venir en aide autant qu'il est en moi à nos soldats blessés en accomplissant le plus saint des devoirs. Je leur offre pour asile le château de Chambord que la France m'a donné en des temps plus heureux, et dont j'aime à porter le nom en souvenir de mon pays.

Puis les défaites survenant, il écrit à son confident anonyme, le 1^er septembre :

...... Au milieu de toutes ces poignantes émotions, c'est une grande consolation de voir que l'esprit public, l'esprit de patriotisme ne se laisse pas abattre et grandit avec nos malheurs. Je suis heureux que nos amis aient si bien compris leurs devoirs de citoyens et de Français. Oui, avant tout, il faut repousser l'invasion, sauver à tout prix l'honneur de la France, l'intégrité de son territoire. Il faut oublier en ce moment tout dissentiment, mettre de côté toute arrière-pensée.

Nous devons au salut de notre pays toute notre énergie, notre fortune, notre sang.

La vraie mère préférait abandonner son enfant plutôt que de le voir périr.

J'éprouve ce même sentiment et je dis sans cesse : Mon Dieu, sauvez la France, dussé-je mourir sans la revoir !

Avant même que ces lignes eussent été publiées, la France, dans une explosion de colère, avait renversé l'Empire et proclamé la République. Un gouvernement provisoire s'était constitué sous le nom de Gouvernement de la Défense nationale. A la première nouvelle de cette révolution, le comte de Chambord s'était rapproché de la frontière, et de là, il publiait ce manifeste :

Frontière de France (Suisse), 9 octobre 1870.

Français !

Vous êtes de nouveau maîtres de vos destinées.

Pour la quatrième fois depuis moins d'un demi-siècle, vos institutions politiques se sont écroulées, et nous sommes livrés aux plus douloureuses épreuves.

La France doit-elle voir le terme de ces agitations stériles, source de tant de malheurs ? C'est à vous de répondre.

Durant les longues années d'un exil immérité, je n'ai pas permis un seul jour que mon nom fût une cause de division et de trouble, mais aujourd'hui qu'il peut être un gage de conciliation et de sécurité, je n'hésite pas à dire à mon pays que je suis prêt à me dévouer tout entier à son bonheur.

Oui, la France se relèvera, si, éclairée par les leçons de l'expérience, lasse de tant d'essais infructueux, elle consent à rentrer dans les voies que la Providence lui a tracées.

Chef de cette Maison de Bourbon, qui, avec l'aide de Dieu et de vos pères, a constitué la France dans sa puissante unité, je devais ressentir plus profondément que tout autre l'étendue de nos désastres, et mieux qu'à tout autre, il m'appartient de les réparer.

Que le deuil de la Patrie soit le signal du réveil et des nobles élans. L'étranger sera repoussé, l'intégrité de notre territoire assurée, si nous savons mettre en commun tous nos efforts, tous nos dévouements et tous nos sacrifices.

Ne l'oubliez pas ; c'est par le retour à ses traditions de foi et d'honneur que la grande nation, un moment affaiblie, recouvrera sa puissance et sa gloire.

Je vous le disais naguère : gouverner ne consiste pas à flatter les passions des peuples, mais à s'appuyer sur leurs vertus.

Ne vous laissez pas entraîner par de fatales illusions. Les institutions républicaines, qui peuvent correspondre aux aspirations de sociétés nouvelles, ne prendront jamais racine sur notre vieux sol monarchique.

Pénétré des besoins de mon temps, toute mon ambition est de fonder avec vous un gouvernement vraiment national, ayant le droit pour base, l'honnêteté pour moyen, la grandeur morale pour but.

Effaçons jusqu'au souvenir de nos dissensions passées, si funestes au développement du véritable progrès et de la vraie liberté.

Français, qu'un seul cri s'échappe de votre cœur :

Tout pour la France, par la France et avec la France.

Au milieu des angoisses de l'invasion, du siège de Paris et de Metz, de la lutte chaque jour renouvelée sur presque toute la surface du territoire, cet appel resta pour ainsi dire ignoré.

Une fois encore pendant la guerre, le comte de Chambord prit la parole, le 7 janvier 1871. Ce n'était plus à la France qu'il s'adressait, mais aux Allemands qui, sans même faire les déclarations préliminaires usitées en pareil cas, avaient commencé à bombarder Paris.

Contre ce bombardement, le comte de Chambord protesta en ces termes :

7 janvier 1871.

Il m'est impossible de me contraindre plus longtemps au silence.

J'espérais que la mort de tant de héros tombés sur le champ de bataille, que la résistance énergique d'une capitale résignée à tout pour maintenir l'ennemi en dehors de ses murs, épargnerait à mon pays de nouvelles épreuves. Mais le bombardement de Paris arrache à ma douleur un cri que je ne saurais contenir.

Fils des rois chrétiens qui ont fait la France, je gémis de ses désastres. Condamné à ne pouvoir les racheter au prix de ma vie, je prends à témoin les peuples et les rois, et je proteste, comme je le puis, contre la guerre la plus sanglante et la plus lamentable qui fut jamais.

Qui parlera au monde, si ce n'est moi, pour la ville de Clovis, de Clotilde et de Geneviève, pour la ville de Charlemagne et de Saint Louis, de Philippe-Auguste et de Henri IV, pour la ville des sciences, des arts et de la civilisation ?

Non ! je ne verrai pas périr la grande cité que chacun de mes aïeux a pu appeler *ma bonne ville de Paris*.

Et puisque je ne puis rien de plus, ma voix s'élèvera de l'exil pour protester contre la ruine de ma patrie ; elle criera à la terre et au ciel, assurée de rencontrer la sympathie des hommes, en attendant tout de la justice de Dieu.

# CHAPITRE X

## LE DRAPEAU BLANC

L'Assemblée nationale de 1871. — M. Thiers chef du pouvoir exécutif. — La Commune. — Manifeste de mai 1871. — Nouvelle tentative de fusion. — Manifeste « Chambord, 5 juillet 1871. » — Déclaration du 25 janvier 1872. — Manifestations royalistes d'Anvers. — La république conservatrice. — Lettre à M. de la Rochette. — La question du drapeau. — Le 24 mai 1873. — Visite de M. le comte de Paris à Froshdorf. — Les voitures du sacre. — La commission des neuf. — Visite de M. Chesnelong à Froshdorf. — Séance de la commission des neuf du 16 octobre 1873. — Lettre à M. Chesnelong. — Le comte de Chambord à Versailles. — Manifeste du 2 juillet 1874. — Vote des lois constitutionnelles.

Nous touchons à une des périodes les plus délicates de cette histoire, à celle où le comte de Chambord revendiqua le plus énergiquement ses droits et put croire qu'après une séparation de quarante ans, la France et la royauté allaient de nouveau se réunir. L'Assemblée nationale élue le 8 février 1871 était en majorité monarchique. Elle s'était reconnu le pouvoir constituant et un retour vers la monarchie paraissait assez probable. Mais si les légitimistes joints aux orléanistes l'emportaient numériquement sur les républicains, ils étaient, des deux parts, en trop petit nombre pour proclamer soit la Monarchie légitime, soit la Monarchie constitutionnelle. Il fallait cependant qu'il y eût un gouvernement qui pût traiter avec l'Allemagne et remettre un peu d'ordre dans l'administration intérieure. Une proposition de MM. Dufaure, Grévy, de Malleville, Vitet et Barthélemy Saint-Hilaire, ayant pour objet de nommer M. Thiers « chef du pouvoir exécutif de la République française, en attendant qu'il soit statué sur les institutions de la France », fut adoptée le 17 février à la presque unanimité.

Cependant les passions révolutionnaires fermentaient dans Paris. L'insurrection éclatait, la Commune était proclamée et le Gouvernement français devait, à son tour, faire le siège de Paris. Le comte de Chambord, dans un manifeste sous forme de lettre à son confident anonyme qui avait été élu député, recherche les causes de ces bouleversements successifs et en indique ainsi le remède :

Mai 1871.

Comme vous, mon cher ami, j'assiste, l'âme navrée, aux cruelles péripéties de cette abominable guerre civile, qui a suivi de si près les désastres de l'invasion.

Je n'ai pas besoin de vous dire combien je m'associe aux tristes réflexions qu'elle vous inspire et combien je comprends vos angoisses.

Lorsque la première bombe étrangère éclata sur Paris, je ne me suis souvenu que des grandeurs de la ville où je suis né. J'ai jeté au monde un cri de douleur qui a été entendu. Je ne pouvais rien de plus, et aujourd'hui comme alors, je suis réduit à gémir sur les horreurs de cette guerre fratricide.

Mais ayez confiance, les difficultés de cette douloureuse entreprise ne sont pas au-dessus de l'héroïsme de notre armée.

Vous vivez, me dites-vous, au milieu d'hommes de tous les partis, préoccupés de savoir ce que je veux, ce que je désire, ce que j'espère.

Faites-leur bien connaître mes pensées les plus intimes et tous les sentiments dont je suis animé.

Dites-leur que je ne les ai jamais trompés, que je ne les tromperai jamais, et que je leur demande, au nom de nos intérêts les plus chers et les plus sacrés, au nom de la civilisation, au nom du monde entier témoin de nos malheurs, d'oublier nos dissensions, nos préjugés et nos rancunes.

Prémunissez-les contre les calomnies répandues dans l'intention de faire croire que, découragé par l'excès de nos infortunes et désespérant de l'avenir de mon pays, j'ai renoncé au bonheur de le sauver.

Il sera sauvé le jour où il cessera de confondre la licence avec la liberté ; il le sera surtout quand il n'attendra plus son salut de ces gouvernements d'aventure qui, après quelques années de fausse sécurité, le jettent dans d'effroyables abîmes.

Au-dessus des agitations de la politique, il y a une France qui souffre, une France qui ne veut pas périr, et qui ne périra pas : car, lorsque Dieu soumet une nation à de pareilles épreuves, c'est qu'il a encore sur elle de grands desseins.

Sachons reconnaître aussi que l'abandon des principes est la vraie cause de nos désastres.

Une nation chrétienne ne peut pas impunément déchirer les pages séculaires de son histoire, rompre la chaîne de ses traditions, inscrire en tête de sa constitution la négation des droits de Dieu, bannir toute pensée religieuse de ses codes et de son enseignement public.

Dans ces conditions, elle ne fera jamais qu'une halte dans le désordre ; elle oscillera perpétuellement entre le césarisme et l'anarchie, ces deux formes également honteuses des décadences païennes, et n'échappera pas au sort des peuples infidèles à leur mission.

Le pays l'a bien compris, quand il a choisi pour mandataires des hommes éclairés comme vous sur les besoins de leur temps, mais non moins pénétrés des principes nécessaires à toute société qui veut vivre dans l'honneur et dans la liberté.

C'est pourquoi, mon cher ami, malgré ce qui reste de préjugés, tout le bon sens de la France aspire à la monarchie. Les lueurs de l'incendie lui font apercevoir son chemin; elle sent qu'il lui faut l'ordre, la justice, l'honnêteté, et qu'en dehors de la monarchie traditionnelle, elle ne peut rien espérer de tout cela.

Combattez avec énergie les erreurs et les préventions, qui trouvent un accès trop facile jusque dans les âmes les plus généreuses.

On dit que je prétends me faire décerner un pouvoir sans limites. Plût à Dieu qu'on n'eût pas accordé si légèrement ce pouvoir à ceux qui, dans les jours d'orage, se sont présentés sous le nom de sauveurs! nous n'aurions pas la douleur de gémir aujourd'hui sur les maux de la patrie.

Ce que je demande, vous le savez, c'est de travailler à la régénération du pays; c'est de donner l'essor à toutes ses aspirations légitimes; c'est, à la tête de toute la Maison de France, de présider à ses destinées, en soumettant avec confiance les actes du gouvernement au sérieux contrôle de représentants librement élus.

On dit que la monarchie traditionnelle est incompatible avec l'égalité de tous devant la loi.

Répétez bien que je n'ignore pas à ce point les leçons de l'histoire et les conditions de la vie des peuples. Comment tolérerais-je des privilèges pour d'autres, moi qui ne demande que celui de consacrer tous les instants de ma vie à la sécurité et au bonheur de la France et d'être toujours à la peine, avant d'être avec elle à l'honneur?

On dit que l'indépendance de la papauté m'est chère et que je suis résolu à lui obtenir d'efficaces garanties. On dit vrai.

La liberté de l'Église est la première condition de la paix des esprits et de l'ordre dans le monde. Protéger le Saint-Siège fut toujours l'honneur de notre patrie et la cause la plus incontestable de sa grandeur parmi les nations. Ce n'est qu'aux époques de ses plus grands malheurs que la France a abandonné ce glorieux patronage.

Croyez-le bien, je serai appelé, non seulement parce que je suis le droit, mais parce que je suis l'ordre, parce que je suis la réforme, parce que je suis le fondé de pouvoirs nécessaire pour remettre en sa place ce qui n'y est pas et gouverner avec la justice et les lois, dans le but de réparer les maux du passé et de préparer enfin un avenir.

On se dira que j'ai la vieille épée de la France dans la main, et dans la poitrine ce cœur de Roi et de père qui n'a point de parti. Je ne suis point un parti et je ne veux pas revenir pour régner par un parti. Je n'ai ni injures à venger, ni ennemi à écarter, ni fortune à refaire, sauf celle de la France, et je puis choisir partout les ouvriers qui voudront loyalement s'associer à ce grand ouvrage.

Je ne ramène que la religion, la concorde et la paix ; et je ne veux exercer de dictature que celle de la clémence, parce que dans mes mains, et dans mes mains seulement, la clémence est encore la justice.

Voilà, mon cher ami, pourquoi je ne désespère pas de mon pays, et pourquoi je ne recule pas devant l'immensité de la tâche.

La parole est à la France, et l'heure est à Dieu.

HENRI.

Le 8 juin 1871, l'Assemblée nationale votait l'abrogation des lois d'exil prononcées contre les membres de la famille de Bourbon. Les princes d'Orléans fixaient aussitôt leur résidence en France. Le comte de Chambord continuait à résider à Frohsdorf, estimant qu'il ne pouvait rentrer en France qu'en Roi. Il vint cependant au mois de juillet 1871 passer quelques jours à Chambord. Les négociations avaient repris en vue de la fusion et elles devaient être menées à bonne fin pendant ce séjour. Le visite de M. le comte de Paris était déjà annoncée. Le comte de Chambord la fit ajourner jusqu'après la publication d'un manifeste dans lequel il exposait les conditions du rétablissement de la monarchie.

Ce manifeste était ainsi conçu :

Chambord, 5 juillet 1871.

Français !

Je suis au milieu de vous.

Vous m'avez ouvert les portes de la France, et je n'ai pu me refuser le bonheur de revoir ma patrie.

Mais je ne veux pas donner, par ma présence prolongée, de nouveaux prétextes à l'agitation des esprits si troublés en ce moment.

Je quitte donc ce Chambord que vous m'avez donné et dont j'ai porté le nom avec fierté, depuis quarante ans, sur les chemins de l'exil.

En m'éloignant, je tiens à vous le dire, je ne me sépare pas de vous, la France sait que je lui appartiens.

Je ne puis oublier que le droit monarchique est le patrimoine de la nation, ni décliner les devoirs qu'il m'impose envers elle.

Ces devoirs, je les remplirai, croyez-en ma parole d'honnête homme et de Roi.

Dieu aidant, nous fonderons ensemble et quand vous le voudrez, sur les larges assises de la décentralisation administrative et des franchises locales, un gouvernement conforme aux besoins du pays.

Nous donnerons pour garanties à ces libertés publiques auxquelles tout peuple chrétien a droit, le suffrage universel honnêtement pratiqué et le contrôle des deux Chambres ; et nous reprendrons, en lui restituant son caractère véritable, le mouvement national de la fin du dernier siècle.

Une minorité révoltée contre les vœux du pays en

a fait le point de départ d'une période de démoralisation par le mensonge et de désorganisation par la violence. Ses criminels attentats ont imposé la révolution à une nation qui ne demandait que des réformes, et l'ont dès lors poussée vers l'abîme où elle eût péri sans l'héroïque effort de notre armée.

Ce sont les classes laborieuses, ces ouvriers des champs et des villes, dont le sort a fait l'objet de mes plus vives préoccupations et de mes plus chères études, qui ont le plus souffert de ce désordre social.

Mais la France, cruellement désabusée par des désastres sans exemple, comprendra qu'on ne revient pas à la vérité en changeant d'erreur ; qu'on n'échappe pas par des expédients à des nécessités éternelles.

Elle m'appellera, et je viendrai à elle tout entier avec mon dévoûment, mon principe et mon drapeau.

A l'occasion de ce drapeau, on a parlé de conditions que je ne dois pas subir.

Français!

Je suis prêt à tout pour aider mon pays à se relever de ses ruines et à reprendre son rang dans le monde ; le seul sacrifice que je ne puisse lui faire, c'est celui de mon honneur.

Je suis et je veux être de mon temps ; je rends un sincère hommage à toutes ses grandeurs, et, quelle que fût la couleur du drapeau sous lequel marchaient nos soldats, j'ai admiré leur héroïsme et rendu grâce à Dieu de tout ce que leur bravoure ajoutait au trésor des gloires de la France.

Entre vous et moi, il ne doit subsister ni malentendu ni arrière-pensée.

Non, je ne laisserai pas, parce que l'ignorance ou la crédulité auront parlé de privilèges, d'absolutisme et d'intolérance, que sais-je encore? de dîme, de droits féodaux, fantômes que la plus odieuse mauvaise foi essaie de ressusciter à vos yeux, je ne laisserai pas arracher de mes mains l'étendard d'Henri IV, de François I$^{er}$ et de Jeanne d'Arc.

C'est avec lui que s'est faite l'unité nationale ; c'est

avec lui que vos pères, conduits par les miens, ont conquis cette Alsace et cette Lorraine dont la fidélité sera a consolation de nos malheurs.

Il a vaincu la barbarie sur cette terre d'Afrique, témoin des premiers faits d'armes des princes de ma famille; c'est lui qui vaincra la barbarie nouvelle dont le monde est menacé.

Je le confierai sans crainte à la vaillance de notre armée; il n'a jamais suivi, elle le sait, que le chemin de l'honneur.

Je l'ai reçu comme un dépôt sacré du vieux roi mon aïeul, mourant en exil; il a toujours été pour moi inséparable du souvenir de la patrie absente; il a flotté sur mon berceau, je veux qu'il ombrage ma tombe.

Dans les plis glorieux de cet étendard sans tache je vous apporterai l'ordre et la liberté.

Français!

Henri V ne peut abandonner le drapeau blanc d'Henri IV.

HENRI.

La question du drapeau avait déjà fait avorter la fusion en 1857. Après la publication du manifeste de Chambord, la visite de M. le comte de Paris n'eut pas lieu.

Ce manifeste, dont on ne saurait méconnaître la loyauté, ne pouvait assurément rallier de nouveaux partisans à la monarchie légitime. Les promoteurs de la fusion en furent consternés.

La *Gazette de France* elle-même reproduisait, le 10 juillet, une note publiée simultanément dans plusieurs journaux de province et qui fut attribuée à M. A. de Cumont. Cette note était ainsi conçue:

« Les inspirations personnelles de M. le comte de Chambord lui appartiennent. De quelque manière qu'on les juge, on ne leur contestera pas un caractère de sincérité allant jusqu'au sacrifice et qui inspire le respect.

« Après comme avant ce grave document, les hommes attachés à la monarchie héréditaire et représentative, parce qu'ils y voient une garantie de salut pour le pays, resteront dévoués aux intérêts de la France et à ses libertés.

« Pleins de déférence pour ses volontés, ils ne se sépareront pas du drapeau qu'elle s'est donné, drapeau illustré par le courage de ses soldats et qui est devenu, par opposition à l'étendard sanglant de l'anarchie, le drapeau de l'ordre social. »

La *Gazette de France* accompagnait cette note des lignes suivantes :

« Il est facile de comprendre que cette note, reproduite en même temps par plusieurs journaux de province, est l'expression de la pensée du plus grand nombre de nos amis qui siègent à l'Assemblée. »

D'autre part, la presse libérale s'empara du manifeste du comte de Chambord comme d'un exemple caractéristique à l'appui du mot célèbre : « Ils n'ont rien appris, rien oublié. »

Le comte de Chambord crut devoir répliquer à ces commentaires par une nouvelle déclaration :

25 janvier 1872.

La persistance des efforts qui s'attachent à dénaturer mes paroles, mes sentiments et mes actes, m'oblige à une protestation que la loyauté commande et que l'honneur m'impose.

On s'étonne de m'avoir vu m'éloigner de Chambord, alors qu'il m'eût été si doux d'y prolonger mon séjour, et l'on attribue ma résolution à une secrète pensée d'abdication.

Je n'ai pas à justifier la voie que je me suis tracée.

Je plains ceux qui ne m'ont pas compris ; mais toutes les espérances basées sur l'oubli de mes devoirs sont vaines.

Je n'abdiquerai jamais.

Je ne laisserai pas porter atteinte, après l'avoir conservé intact pendant quarante années, au principe monarchique, patrimoine de la France, dernier espoir de sa grandeur et de ses libertés.

Le césarisme et l'anarchie nous menacent encore, parce que l'on cherche dans des questions de personnes le salut du pays, au lieu de le chercher dans les principes.

L'erreur de notre époque est de compter sur les expédients de la politique pour échapper au péril d'une crise sociale.

Et cependant la France, au lendemain de nos désastres, en affirmant dans un admirable élan sa foi monarchique, a prouvé qu'elle ne voulait pas mourir.

Je ne devais pas, dit-on, demander à nos valeureux soldats de marcher sous un nouvel étendard.

Je n'arbore pas un nouveau drapeau, je maintiens celui de la France, et j'ai la fierté de croire qu'il rendrait à nos armées leur antique prestige.

Si le drapeau blanc a éprouvé des revers, il y a des humiliations qu'il n'a pas connues.

J'ai dit que j'étais la réforme ; on a feint de comprendre que j'étais la réaction.

Je n'ai pu assister aux épreuves de l'Église sans me souvenir des traditions de ma patrie. Ce langage a soulevé les plus aveugles passions.

Par mon inébranlable fidélité à ma foi et à mon drapeau, c'est l'honneur même de la France et son glorieux passé que je défends, c'est son avenir que je prépare.

Chaque heure perdue à la recherche de combinaisons stériles profite à tous ceux qui triomphent de nos abaissements.

En dehors du principe national de l'hérédité monarchique, sans lequel je ne suis rien, avec lequel je puis tout, où seront nos alliances ? qui donnera une forte organisation à notre armée ? qui rendra à notre diplomatie son autorité, à la France son crédit et son rang ?

Qui assurera aux classes laborieuses le bienfait de la paix, à l'ouvrier la dignité de sa vie, les fruits de son travail, la sécurité de sa vieillesse ?

Je l'ai répété souvent, je suis prêt à tous les sacrifices compatibles avec l'honneur, à toutes les concessions qui ne seraient pas des actes de faiblesse.

Dieu m'en est témoin, je n'ai qu'une passion au cœur, le bonheur de la France ; je n'ai qu'une ambition, avoir ma part dans l'œuvre de reconstitution qui ne peut être l'œuvre exclusive d'un parti, mais qui réclame le loyal concours de tous les dévoûments.

Rien n'ébranlera mes résolutions, rien ne lassera ma patience, et personne, sous aucun prétexte, n'obtiendra de moi que je consente à devenir le roi légitime de la révolution.

Henri.

En 1871, le comte de Chambord s'était à diverses reprises approché de la frontière de France et chaque fois, à Genève comme à Lucerne, des députations étaient venues lui exprimer des vœux en faveur de la monarchie. Quelques jours après la publication de la déclaration, en février, il se rendait à Anvers où de nouvelles manifestations royalistes se produisaient. Une députation lilloise se rendait auprès du prince pour lui offrir un drapeau blanc.

Ces manifestations provoquèrent quelques troubles et le comte de Chambord dut abréger son séjour. Il quitta Anvers le 27 février.

Les députés monarchistes n'étaient cependant pas parvenus à se mettre d'accord pour le rétablissement de la monarchie et M. Thiers les engageait à faire un essai loyal de la république conservatrice, « le régime qui nous divise le moins ». Un certain nombre de conservateurs acceptaient cette proposition sans trop de répugnance. Mais quelques légitimistes voulurent consulter d'abord le prince, et M. de La Rochette, député de la Loire-Inférieure, fut leur interprète.

Le comte de Chambord répondit à M. de La Rochette en ces termes :

Ebenzweyer, 15 octobre 1872.

Je n'hésite pas, mon cher La Rochette, à répondre franchement aux questions que vous me posez.

La France serait sauvée, et nous la verrions sortir de ses ruines plus forte et plus grande que jamais, si l'on voulait comprendre enfin quelles sont les vraies conditions du salut.

Le pays est las des agitations. Un secret instinct lui dit que la monarchie traditionnelle lui rendrait le repos auquel il aspire ; et c'est ce que la révolution veut empêcher à tout prix. Aussi redouble-t-elle d'efforts pour le séduire et l'égarer.

Votre patriotisme s'en indigne, et vous regrettez de voir tant d'esprits généreux se rendre les complices involontaires d'erreurs qu'ils détestent et de solutions qu'ils redoutent.

Je m'en attriste comme vous ; mais, comme vous, je proteste contre l'établissement d'un état de choses destiné à prolonger la série de nos malheurs. Il est impossible de s'y méprendre. La proclamation de la République en France a toujours été et serait encore le point de départ de l'anarchie sociale, le champ ouvert à toutes les convoitises, à toutes les utopies ; et vous ne pouvez, sous aucun prétexte, vous associer à cette funeste entreprise.

On répète sans cesse, et avec raison, que nous vivons dans l'imprévu, et l'on s'ingénie à trouver chaque jour l'expédient capable d'assurer la sécurité du lendemain. Si le pays a la faiblesse de se laisser entraîner par les courants qui l'agitent, rien n'est moins inconnu que l'avenir. Nous courons à un abîme certain. En vain essaierait-on d'établir une distinction rassurante entre ce parti de la violence, qui promet la paix aux hommes en déclarant la guerre à Dieu, et ce parti, plus prudent, mieux discipliné, arrivant à ses fins par des voies détournées, mais atteignant le même but. Ils diffèrent par leur langage, mais ils poursuivent la même chimère ; ils ne recrutent pas les mêmes soldats, mais ils marchent sous le même drapeau ; ils ne peuvent nous attirer que les mêmes malheurs.

Conserver l'illusion d'une république honnête et modérée, après les sanglantes journées de juin 1848 et les actes sauvages de la seconde terreur, si meurtrières toutes deux pour notre brave armée, n'est-ce pas oublier trop vite les avertissements de la Providence et traiter les leçons de l'expérience avec trop de dédain ?

C'est au moment où la France se réveille en s'affirmant par un grand acte de foi, qu'on prétendrait lui imposer le gouvernement le plus menaçant pour ses libertés religieuses !

C'est quand la nécessité des alliances se fait si impérieusement sentir qu'on rendrait toute alliance impossible et qu'on se condamnerait soi-même à un isolement fatal !

Non, cela ne sera pas.

La République inquiète les intérêts autant que les consciences. Elle ne peut être qu'un provisoire plus ou moins prolongé. La monarchie seule peut donner la vraie liberté, et n'a pas besoin de se dire conservatrice pour rassurer les honnêtes gens.

C'est à ces derniers surtout que je voudrais rendre la conscience de leur force.

Le peuple d'autrefois avait coutume de s'écrier : Ah ! si le Roi savait ! Comme il serait juste de dire aujourd'hui : Ah ! si les hommes de bien voulaient !

Combattons sans relâche les défaillances des uns, la timide condescendance des autres. A la politique des fictions et des mensonges opposons partout et toujours notre politique à ciel ouvert.

Au fond, la France est catholique et monarchique ; c'est à nous qu'il appartient de la prémunir contre ses égarements, de lui signaler les écueils et de lui montrer le port.

J'espère n'avoir jamais failli à ce devoir sacré, et

nul n'aura le pouvoir de me faire dévier de mon chemin.

Je n'ai pas une parole à rétracter, pas un acte à regretter, car ils m'ont tous été inspirés par l'amour de ma patrie, et je revendique hautement ma part de responsabilité dans les conseils que je donne à mes amis.

Le jour du triomphe est encore un des secrets de Dieu, mais ayez confiance dans la mission de la France.

L'Europe a besoin d'elle, la Papauté a besoin d'elle, et c'est pourquoi la vieille nation chrétienne ne peut pas périr.

Comptez sur ma constante affection.

HENRI.

Parmi les députés monarchistes, ceux qu'on a appelés plus tard les « habiles » sentaient que la question du drapeau était un écueil infranchissable au rétablissement du régime monarchique et ne cessaient de faire des efforts pour faire renoncer le comte de Chambord au drapeau blanc. Ils rappelaient que la jeunesse royaliste avait combattu tout entière pour la patrie groupée autour du drapeau tricolore et que, si celui-ci avait une origine révolutionnaire, il s'était purifié aussi bien par les victoires de la France que par des souvenirs également douloureux à tous les cœurs. Quatre-vingts députés de la droite avaient rédigé une note dans ce sens et ils avaient voulu la soumettre au comte de Chambord à Anvers. Celui-ci refusa de la recevoir.

Un peu plus tard, M. Dupanloup, dans une lettre véhémente, disait au comte de Chambord :

Quand on a reçu de la Providence la mission et le devoir de sauver un peuple, et que sous nos yeux ce peuple périt, je crois, et beaucoup de vos amis croient avec moi, que dans une question de rapprochement il y a des devoirs réciproques. Car enfin cette question de rapprochement n'est pas seulement entre les princes d'Orléans et votre personne ; elle est entre la France, eux et vous. Voilà la vérité, c'est-à-dire que, dans une question de rapprochement, tous ont leur devoir et leur responsabilité.

Et certes, si jamais un pays aux abois a demandé, dans celui que la Providence lui a réservé comme sa suprême ressource, des ménagements, de la clairvoyance, tous les sacrifices possibles, c'est bien la France malade et mourante. Se tromper sur cette question si grave, se faire même par un très noble sentiment des impossibilités qui n'en seraient pas devant Dieu, serait le plus grand des malheurs.

Le comte de Chambord ne se méprenait pas sur la portée de ces paroles et il répondait de Vienne, le 8 février 1873, à M. Dupanloup :

… Je ne veux ici que vous exprimer moi-même, en quelques mots, le regret de ne pouvoir suivre les conseils que votre patriotisme vous inspire.

Vous semblez attribuer à des scrupules chimériques dont Dieu me demandera compte l'insuccès des efforts si souvent renouvelés pour amener un rapprochement entre les deux branches de ma famille. J'ai beau descendre au fond de ma conscience, je ne trouve pas un jour, pas une heure dans ma vie, où mes prétendues exigences aient apporté un obstacle sérieux à une réconciliation sincère.

Sans prévention ni rancune contre les personnes, mon devoir était de conserver dans son intégrité le principe héréditaire dont j'ai la garde ; principe en dehors duquel, je ne cesserai de le répéter, je ne suis rien et avec lequel je puis tout. C'est ce que l'on ne veut pas assez comprendre.

Il m'est permis de supposer par vos allusions, monsieur l'Évêque, qu'au premier rang des sacrifices regardés par vous comme indispensables pour correspondre aux vœux du pays, vous placez celui du drapeau.

C'est là un prétexte inventé par ceux qui, tout en reconnaissant la nécessité du retour à la monarchie traditionnelle, veulent au moins conserver le symbole de la Révolution.

Croyez-le bien, malgré ses défaillances, la France n'a point perdu le sentiment de l'honneur; elle ne comprend pas plus le chef de la Maison de Bourbon reniant l'étendard d'Alger, qu'elle n'eût compris l'évêque d'Orléans se résignant à siéger à l'Académie française en compagnie de sceptiques et d'athées.

Je n'ai pas appris avec moins de plaisir que les vrais amis du pays la présence des princes, mes cousins, à la chapelle expiatoire, le 21 janvier, car en venant prier publiquement dans ce monument consacré à la mémoire du Roi-martyr, ils ont dû subir, dans toute sa plénitude, l'influence d'un lieu si propice aux grands enseignements et aux généreuses inspirations.

Je n'ai donc ni sacrifices à faire, ni conditions à recevoir. J'attends peu de l'habileté des hommes et beaucoup de la justice de Dieu. Lorsque l'épreuve devient trop amère, un regard sur le Vatican ranime le courage et fortifie l'espérance. C'est à l'école de l'auguste captif qu'on acquiert cet esprit de fermeté, de résignation et de paix, de cette paix assurée à quiconque prend sa conscience pour guide et Pie IX pour modèle (1).

La journée du 24 mai 1873, en renversant M. Thiers et en conférant au maréchal de Mac-Mahon la présidence de la République, fortifia les espérances des monarchistes. Ils étaient désormais les maîtres incontestés du gouvernement. Une occasion plus favorable ne pouvait être sou-

---

(1) Cette lettre ne se trouve pas dans le recueil officiel de la correspondance du comte de Chambord. Nous l'empruntons, comme celle de M. Dupanloup, à l'*Histoire d'Henri V*, de M. de Saint-Albin.

haitée de rétablir la monarchie. Aussi les négociations fusionnistes reprirent avec ardeur. Elles aboutirent enfin, au mois d'août 1873, au voyage de M. le comte de Paris et de M. le prince de Joinville à Vienne.

Le 4 août, M. le prince de Joinville se rendait à Frohsdorf et remettait au comte de Chambord une note ainsi conçue :

M. le comte de Paris pense, comme M. le comte de Chambord, qu'il faut que la visite projetée ne donne lieu à aucune interprétation erronée.

Il est prêt, en abordant M. le comte de Chambord, à lui déclarer que son intention n'est pas seulement de saluer le chef de la Maison de Bourbon, mais bien de reconnaître le principe dont M. le comte de Chambord est le représentant.

Il souhaite que la France cherche son salut dans le retour à ce principe et vient auprès de M. le comte de Chambord pour lui donner l'assurance qu'il ne rencontrera aucun compétiteur parmi les membres de sa famille.

Le même jour, il était arrêté entre M. le comte de Paris et le comte Henri de Vaussay, envoyé par le comte de Chambord pour régler les conditions de l'entrevue fixée au lendemain, qu'aucune question politique ne serait abordée.

Le 5 août, M. le comte de Paris se rendait à Frohsdorf. Le comte de Chambord l'accueillit en lui tendant la main. M. le comte de Paris prononça alors les paroles suivantes :

Je viens vous rendre une visite que je souhaitais vous faire depuis longtemps. Je viens en mon nom, et au nom de tous les membres de ma famille, vous présenter nos respectueux hommages, non seulement comme au chef de notre maison, mais encore comme au seul représentant du principe monarchique en France. Je souhaite qu'un jour vienne où la nation française comprenne que son salut est dans ce principe. Si jamais elle exprime la volonté de recourir à la monarchie, nulle compétition au trône ne s'élèvera dans notre famille.

Les deux cousins s'embrassèrent et le comte de Chambord conduisit M. le comte de Paris auprès de Mme la comtesse de Chambord à laquelle il le présenta. Le lendemain, il rendait sa visite à M. le comte de Paris à Vienne. Les autres princes d'Orléans se rendirent peu après à Frohsdorf, sauf M. le duc d'Aumale qui présidait alors le conseil de guerre chargé de juger le maréchal Bazaine. Il semblait que les dernières difficultés fussent aplanies et que le rétablissement de la monarchie ne fût plus qu'une affaire de quelques formalités.

Déjà l'on faisait des préparatifs pour l'entrée du Roi dans sa bonne ville de Paris et pour le sacre. M. de Damas faisait au carrossier Binder, au nom du comte de Chambord, une commande de huit voitures de gala et il n'accordait même pas au carrossier le temps nécessaire pour construire ces voitures. On s'emparait de celles des voitures en magasin qui pouvaient le mieux convenir. On les repeignait, on les dorait, on les transformait en toute hâte (1).

(1) Six voitures seulement ont été faites. Elles sont encore remisées dans les hangars du fabricant auquel la maison du comte de Chambord paie des droits de magasinage. Lorsque le voyage du roi d'Espagne, Alphonse XII, à Paris fut décidé, en septembre 1883, M. de Damas se rendit chez Binder; il fit sortir les voitures de la remise et les fit mettre en état, se proposant de les montrer au roi d'Espagne et de le décider à les acquérir. La réception que reçut Alphonse XII lui fit abréger son séjour et il quitta Paris sans avoir vu les voitures.

L'Assemblée nationale étant à ce moment en vacances, les bureaux des groupes de droite composèrent une commission, dite *commission des neuf*, dont firent partie MM. le général Changarnier, le comte Daru, le comte d'Audiffret-Pasquier, le baron de Larcy, Calay, Baragnon, Combier, de Tarteron et Chesnelong, pour régler les conditions de la Restauration.

Les monarchistes purs soutenaient qu'il n'y avait pas de conditions à débattre à l'avance. Le Roi revenait en vertu de son principe et non par l'effet d'une convention quelconque. Une fois la royauté établie, tout, dans ce système, devait être décidé par l'accord du roi et de la nation représentée par le parlement.

Mais les membres du centre droit inclinaient à penser que mieux valait que l'accord se fît avant qu'après la restauration, afin de ne pas se trouver, le lendemain, en présence de difficultés de toute nature et peut-être même d'une nouvelle révolution. La question la plus délicate était toujours celle du drapeau. Le comte de Chambord maintenait-il ses déclarations antérieures au sujet du drapeau blanc? La fusion n'avait-elle pas modifié ses intentions sur ce point. Cette dernière hypothèse paraissait fort vraisemblable, les précédentes tentatives ayant échoué précisément sur la question du drapeau.

Des royalistes, ayant voulu connaître la pensée du comte de Chambord, reçurent en réponse la note suivante, dans les premiers jours d'octobre 1873.

M. le comte de Chambord ne demande pas que rien soit changé au drapeau avant qu'il ait pris possession du pouvoir. Il se réserve de présenter au pays, et se fait fort d'obtenir de lui, par ses représentants, à l'heure qu'il jugera convenable, une solution compatible avec son honneur et qu'il croit de nature à satisfaire l'Assemblée et la Nation.

La rédaction de cette note était assez ambiguë. Elle n'était pas moins dilatoire. Elle tranche avec les habitudes de franchise ordinaires au comte de Chambord. Les interprétations se croisèrent, les uns voyant dans la solution annoncée le maintien définitif du drapeau tricolore, les autres le rétablissement à bref délai du drapeau blanc.

Au milieu de ce conflit, la commission des neuf députa M. Chesnelong auprès du comte de Chambord. Le procès-verbal de la séance tenue par la commission le 16 octobre 1873 fait connaître le but de cette mission et ses résultats.

M. Chesnelong, de retour de Salzbourg, où il a eu l'honneur de se rendre auprès de M. le comte de Chambord et de remplir la mission que ses collègues lui avaient confiée, rend compte des trois audiences que le prince a bien voulu lui accorder.

Après avoir constaté que, selon les intentions de la commission, il était allé, non pas poser des conditions, mais indiquer respectueusement les possibilités et les nécessités de la situation, comme aussi les devoirs qui en résulteraient pour les fractions monarchiques de l'Assemblée, M. Chesnelong entre dans les détails des considérations qu'il a soumises au Prince, soit sur la question constitutionnelle, soit sur la question du drapeau ; il rend hommage aux nobles sentiments de générosité, d'honneur, de courage, de patriotisme, dont toutes les paroles du Prince ont été empreintes.

« Je n'ai jamais eu, je n'aurai jamais, lui a dit notamment le Prince, la vulgaire ambition du pouvoir pour le pouvoir lui-même ; mais je serais heureux de consacrer à la France mes forces et ma vie, comme elle a toujours eu mon âme et mon cœur. J'ai souffert loin d'elle; elle ne s'est pas bien trouvée d'être séparée de moi; nous sommes nécessaires l'un à l'autre. »

M. Chesnelong précise ensuite les points suivants comme conclusions de son entretien :

En ce qui touche la question constitutionnelle,

M. Chesnelong déclare avoir exposé l'intention de la commission de faire reposer la proposition du rétablissement de la Monarchie sur le principe de la reconnaissance du droit royal héréditaire et d'une charte qui ne serait ni imposée au Roi, ni octroyée par lui, mais qui serait délibérée de concert entre le Roi et l'Assemblée.

M. le comte de Chambord a exprimé son acquiescement à ces deux premiers points.

M. Chesnelong a fait connaître ensuite que, dans la pensée de la Commission, la proposition devrait indiquer les bases sommaires de la charte à intervenir, notamment les quatre suivantes :

L'exercice collectif du pouvoir législatif par le Roi et deux Chambres, l'attribution au Roi du pouvoir exécutif, l'inviolabilité de sa personne, et, comme conséquence de l'inviolabilité royale et de la coopération des Chambres à l'œuvre législative, la responsabilité des ministres; il a ajouté que la Commission avait été unanime pour reconnaître la nécessité de ces quatre points et de leur indication dans la déclaration du rétablissement de la Monarchie.

M. Chesnelong a fait connaître également que la proposition stipulerait le maintien des libertés civiles et religieuses, de l'égalité devant la loi, du libre accès pour tous les citoyens à tous les emplois civils et militaires, du vote annuel de l'impôt par tous les représentants de la nation, et en général des garanties qui constituent le droit public actuel des Français; expliquant bien que cette stipulation était opportune, non pas assurément à titre de défiance contre les intentions de M. le comte de Chambord, qui, dans toutes ses lettres, a déclaré que ces maximes lui étaient chères et sacrées comme à tous les Français, mais pour ôter toute base à des attaques injustes qui tendent à égarer l'esprit public.

M. le comte de Chambord n'a formulé aucune objection, ni contre ce mode de procéder, ni contre l'insertion dans la proposition de ces divers points, ni contre aucun de ces points en particulier.

En ce qui touche la question du drapeau,

M. Chesnelong déclare avoir exposé à M. le comte de Chambord, sans rien omettre des considérations qu'il portait au nom de ses collègues, les graves raisons tenant à l'état des esprits dans le pays, dans l'armée et dans l'Assemblée, qui avaient porté la Commission à s'arrêter à la formule suivante : « Le drapeau tricolore est maintenu ; il ne pourra être modifié que par l'accord du Roi et de l'Assemblée. »

M. le comte de Chambord a permis à M. Chesnelong de s'exprimer avec une respectueuse liberté et a bien voulu l'écouter avec l'attention la plus bienveillante. Il a montré le souci de préserver intactes, dans l'intérêt du pays, les deux forces qui lui semblent nécessaires pour remplir efficacement son devoir royal : l'intégrité de son principe et l'intégrité de son caractère. Il respecte d'ailleurs le sentiment de l'armée pour un drapeau teint du sang de nos soldats ; il n'a jamais été étranger aux gloires et aux douleurs de la patrie ; il n'a jamais eu l'intention d'humilier ni son pays ni le drapeau sous lequel nos soldats ont vaillamment combattu.

Ses résolutions se formulent dans les deux points suivants :

1° M. le comte de Chambord ne demande pas que rien soit changé au drapeau avant qu'il ait pris possession de son pouvoir ;

2° Il se réserve de présenter au pays et se fait fort d'obtenir de lui, par ses représentans, à l'heure qu'il jugera convenable, une solution compatible avec son honneur et qu'il croit de nature à satisfaire l'Assemblée et la Nation.

M. Chesnelong, parlant, non plus au nom de M. le comte de Chambord, mais au nom de MM. Lucien Brun, de Carayon-Latour et de Cazenove, qui se trouvaient avec lui à Salzbourg, déclare que ses honorables collègues ont accepté eux-mêmes et pour leurs amis de voter la formule : « Le drapeau tricolore est maintenu ;

il ne pourra être modifié que par l'accord du Roi et de l'Assemblée », étant entendu toutefois qu'ils auront l'entière liberté de leur vote lorsque le Roi présentera la solution qui fait l'objet de la réserve ci-dessus mentionnée.

Après avoir donné ces explications, M. Chesnelong demande qu'un procès-verbal en soit dressé pour la décharge de sa responsabilité; ce à quoi la Commission a consenti.

*Pour copie conforme,*
*Signé :* Changarnier.

Ce procès-verbal ne fut pas immédiatement publié. Mais des indiscrétions furent commises et des renseignements inexacts donnés par plusieurs journaux lesquels annoncèrent que le drapeau tricolore était définitivement maintenu.

C'est pour protester contre ces allégations que le comte de Chambord écrivit à M. Chesnelong la lettre suivante :

Salzbourg, 27 octobre 1873.

J'ai conservé, Monsieur, de votre visite à Salzbourg un si bon souvenir, j'ai conçu pour votre noble caractère une si profonde estime, que je n'hésite pas à m'adresser loyalement à vous, comme vous êtes venu vous-même loyalement vers moi.

Vous m'avez entretenu, durant de longues heures, des destinées de notre chère et bien-aimée patrie, et je sais qu'au retour, vous avez prononcé, au milieu de vos collègues, des paroles qui vous vaudront mon éternelle reconnaissance. Je vous remercie d'avoir si bien compris les angoisses de mon âme, et de n'avoir rien caché de l'inébranlable fermeté de mes résolutions.

Aussi ne me suis-je point ému quand l'opinion publique, emportée par un courant que je déplore, a prétendu que je consentais enfin à devenir le Roi légitime de la Révolution. J'avais pour garant le témoignage d'un homme de cœur, et j'étais résolu à garder le silence, tant qu'on ne me forcerait pas à faire appel à votre loyauté.

Mais puisque, malgré vos efforts, les malentendus s'accumulent, cherchant à rendre obscure ma politique à ciel ouvert, je dois toute la vérité à ce pays dont je puis être méconnu, mais qui rend hommage à ma sincérité parce qu'il sait que je ne l'ai jamais trompé et que je ne le tromperai jamais.

On me demande aujourd'hui le sacrifice de mon honneur. Que puis-je répondre, sinon que je ne rétracte rien, que je ne retranche rien de mes précédentes déclarations? Les prétentions de la veille me donnent la mesure des exigences du lendemain et je ne puis consentir à inaugurer un régime réparateur et fort par un acte de faiblesse.

Il est de mode, vous le savez, d'opposer à la fermeté d'Henri V l'habileté d'Henri IV. *La violente* amour que je porte à mes sujets, disait-il souvent, me rend tout possible et honorable.

Je prétends, sur ce point, ne lui céder en rien; mais je voudrais bien savoir quelle leçon se fût attirée l'imprudent assez osé pour lui persuader de renier l'étendard d'Arques et d'Ivry.

Vous appartenez, Monsieur, à la province qui l'a vu naître, et vous serez, comme moi, d'avis qu'il eût promptement désarmé son interlocuteur, en lui disant avec sa verve béarnaise: Mon ami, prenez mon drapeau blanc; il vous conduira toujours au chemin de l'honneur et de la victoire.

On m'accuse de ne pas tenir en assez haute estime la valeur de nos soldats et cela au moment où je n'aspire qu'à leur confier tout ce que j'ai de plus cher. On oublie donc que l'honneur est le patrimoine commun de la Maison de Bourbon et de l'armée française, et que, sur ce terrain-là, on ne peut manquer de s'entendre!

Non, je ne méconnais aucune des gloires de ma Patrie, et Dieu seul, au fond de mon exil, a vu couler mes larmes de reconnaissance, toutes les fois que, dans la bonne ou dans la mauvaise fortune, les enfants de la France se sont montrés dignes d'elle.

Mais nous avons ensemble une grande œuvre à accomplir. Je suis prêt, tout prêt, à l'entreprendre quand on le voudra, dès demain, dès ce soir, dès ce moment. C'est pourquoi je veux rester tout entier ce que je suis. Amoindri aujourd'hui, je serai impuissant demain. Il ne s'agit de rien moins que de reconstituer sur ses bases naturelles une société profondément troublée, d'assurer avec énergie le règne de la loi, de faire renaître la prospérité au dedans, de contracter au dehors des alliances durables, et surtout de ne pas craindre d'employer la force au service de l'ordre et de la justice.

On parle de conditions ; m'en a-t-il posé ce jeune Prince, dont j'ai ressenti avec tant de bonheur la loyale étreinte, et qui, n'écoutant que son patriotisme, venait spontanément à moi, m'apportant au nom de tous les siens des assurances de paix, de dévoûment et de réconciliation ?

On veut des garanties ; en a-t-on demandé à ce Bayard des temps modernes, dans cette nuit mémorable du 24 mai, où l'on imposait à sa modestie la glorieuse mission de calmer son pays par une de ces paroles d'honnête homme et de soldat qui rassurent les bons et font trembler les méchants ?

Je n'ai pas, c'est vrai, porté comme lui l'épée de la France sur vingt champs de bataille ; mais j'ai conservé intact, pendant quarante-trois ans le dépôt sacré de nos traditions et de nos libertés. J'ai donc le droit de compter sur la même confiance et je dois inspirer la même sécurité.

Ma personne n'est rien ; mon principe est tout. La France verra la fin de ses épreuves quand elle voudra le comprendre. Je suis le pilote nécessaire, le seul capable de conduire le navire au port, parce que j'ai mission et autorité pour cela.

Vous pouvez beaucoup, Monsieur, pour dissiper les malentendus et arrêter les défaillances à l'heure de la lutte. Vos consolantes paroles, en quittant Salzbourg, sont sans cesse présentes à ma pensée : la France ne peut pas périr, car le Christ aime encore ses Francs, et lorsque Dieu a résolu de sauver un peuple, il veille à ce que le sceptre de la justice ne soit remis qu'en des mains assez fermes pour le porter.

Henri.

La monarchie qu'on avait pu croire un instant rétablie était de nouveau et définitivement perdue. Le comte de Chambord, qui était venu à Versailles, s'en retournait en Autriche après le vote du 20 novembre 1873 qui prorogeait pendant sept ans les pouvoirs du maréchal de Mac-Mahon.

Fatiguée de cette lutte pour un régime qui semblait s'éloigner de lui-même chaque fois qu'elle tentait de l'approcher, renforcée en outre d'un certain nombre de républicains, l'Assemblée nationale se décida à élaborer une constitution qui reconnaissait la République comme le gouvernement régulier de la France. Pendant que l'Assemblée se livrait à cette œuvre, le comte de Chambord lança, le 2 juillet 1874, un nouveau manifeste où il disait :

Français,

Vous avez demandé le salut de notre patrie à des solutions temporaires, et vous semblez à la veille de vous jeter dans de nouveaux hasards.

Chacune des révolutions survenues depuis quatre-vingts ans a été une démonstration éclatante du tempérament monarchique du pays.

La France a besoin de la royauté. Ma naissance m'a fait votre Roi.

Je manquerais au plus sacré de mes devoirs, si, à ce moment solennel, je ne tentais un suprême effort pour renverser la barrière de préjugés qui me sépare encore de vous.

Je connais toutes les accusations portées contre ma politique, contre mon attitude, mes paroles et mes actes.

Il n'est pas jusqu'à mon silence qui ne serve de prétexte à d'incessantes récriminations. Si je l'ai gardé depuis de longs mois, c'est que je ne voulais pas rendre plus difficile la mission de l'illustre soldat dont l'épée vous protège.

Mais aujourd'hui, en présence de tant d'erreurs accumulées, de tant de mensonges répandus, de tant d'honnêtes gens trompés, le silence n'est plus permis. L'honneur m'impose une énergique protestation.

En déclarant, au mois d'octobre dernier, que j'étais prêt à renouer avec vous la chaîne de nos destinées, à relever l'édifice ébranlé de notre grandeur nationale, avec le concours de tous les dévoûments sincères, sans distinction de rang, d'origine ou de parti ;

En affirmant que je ne rétractais rien des déclarations sans cesse renouvelées, depuis trente ans, dans les documents officiels et privés qui sont dans toutes les mains,

Je comptais sur l'intelligence proverbiale de notre race et sur la clarté de notre langue.

On a feint de comprendre que je plaçais le pouvoir royal au-dessus des lois, et que je rêvais je ne sais quelles combinaisons gouvernementales basées sur l'arbitraire et l'absolu.

Non, la Monarchie chrétienne et française est dans son essence même une monarchie tempérée, qui n'a rien à emprunter à ces gouvernements d'aventure qui promettent l'âge d'or et conduisent aux abîmes.

Cette monarchie tempérée comporte l'existence de deux Chambres, dont l'une est nommée par le souverain, dans des catégories déterminées, et l'autre par la nation, selon le mode de suffrage réglé par la loi.

Où trouver ici la place de l'arbitraire ?

Le jour où vous et moi nous pourrons, face à face, traiter ensemble des intérêts de la France, vous apprendrez comment l'union du peuple et du Roi a permis à la Monarchie française de déjouer, pendant tant de siècles, les calculs de ceux qui ne luttent contre le Roi que pour dominer le peuple.

Il n'est pas vrai de dire que ma politique soit en désaccord avec les aspirations du pays. Je veux un pouvoir réparateur et fort ; la France ne le veut pas moins que moi. Son intérêt l'y porte, son instinct le réclame.

On recherche des alliances sérieuses et durables ; tout le monde comprend que la Monarchie traditionnelle peut seule nous les donner.

Je veux trouver dans les représentants de la nation des auxiliaires vigilants, pour l'examen des questions soumises à leur contrôle ; mais je ne veux pas de ces luttes stériles de parlement, d'où le souverain sort, trop souvent, impuissant et affaibli ; et si je repousse la formule d'importation étrangère, que répudient toutes nos traditions nationales, avec son roi qui règne et qui ne gouverne pas, là encore je me sens en communauté parfaite avec les désirs de l'immense majorité, qui ne comprend rien à ces fictions, qui est fatiguée de ces mensonges.

Français,

Je suis prêt aujourd'hui, comme je l'étais hier.

La Maison de France est sincèrement, loyalement réconciliée. Ralliez-vous, confiants, derrière elle.

Trêve à nos divisions, pour ne songer qu'aux maux de la patrie ! N'a-t-elle pas assez souffert ? N'est-il pas temps de lui rendre, avec sa royauté séculaire, la prospérité, la sécurité, la dignité, la grandeur, et tout ce cortège de libertés fécondes que vous n'obtiendrez jamais sans elle ?

L'œuvre est laborieuse ; mais, Dieu aidant, nous pouvons l'accomplir.

Que chacun, dans sa conscience, pèse les responsabilités du présent et songe aux sévérités de l'histoire.

HENRI.

Ce manifeste est le dernier acte politique du comte de Chambord. Quelques mois plus tard, les lois constitutionnelles étaient votées. La République, de gouvernement de fait, devenait le gouvernement de droit. Le Comte de Chambord se retira de la mêlée, convaincu du reste que cette expérience serait aussi décevante que les précédentes et qu'il faudrait bien que la France finît par s'adresser à lui comme au « pilote nécessaire ». L'entreprise du 16 mai 1877 le laissa indifférent, au moins en apparence. Entre la dissolution de la chambre et les nouvelles élections, il ne publia aucun manifeste.

# CHAPITRE XI

## DERNIÈRES ANNÉES
## DU COMTE DE CHAMBORD

Le comte de Chambord rentre dans la retraite. — Manifestations royalistes. — Lettre à M. de Foresta. — Mort du prince impérial. — Dernières lettres : à M. de Mun. — A M. de Carayon-Latour. — A M. Hamon. — A M. de Roux-Larcy. — A M. Eugène Veuillot.

Dans les dernières années, les lettres du comte de Chambord étaient devenues plus rares et surtout elles étaient pour la plupart consacrées à célébrer les mérites des serviteurs et des amis qui mouraient successivement.

Les monarchistes cependant entretenaient toujours dans le pays une agitation bruyante. Les anniversaires de naissance du prince et sa fête étaient périodiquement célébrés par des banquets où les orateurs du parti annonçaient le prochain retour du roi et où des adresses enthousiastes étaient rédigées.

Au mois de juin 1879, la Chambre des députés avait adopté la loi sur l'enseignement supérieur qui, par l'article 7, interdisait l'enseignement aux membres des congrégations non autorisées. Les royalistes saisirent avec empressement l'occasion que leur offrait la fête du comte de Chambord pour protester contre le vote de la Chambre et ne négligèrent rien pour donner de l'éclat à cette manifestation.

C'est à la suite de ces incidents que le comte de Chambord écrivait au marquis de Foresta, le 26 juillet 1879 :

Vous me connaissez trop, mon cher Foresta, pour ne pas vous rendre compte de mon émotion à la lecture de l'adresse de mes fidèles Marseillais.

Je viens de recevoir le récit de vos fêtes ; j'ai tout vu, tout examiné par moi-même ; rien ne m'a échappé, pas une ligne, pas un nom, et je ne sais quelles actions de grâces rendre à la Providence, qui a permis ce réveil des cœurs et des âmes, et suscité ces généreux élans, qui m'apportent de tous les points de la France les plus nobles protestations contre l'oppression des consciences et l'anéantissement de nos plus chères libertés.

Je n'ai qu'un regret au milieu de si grandes consolations : c'est de ne pouvoir faire parvenir, comme je le voudrais, partout et à tous, l'expression de ma reconnaissance. Mais je tiens à vous remercier tout spécialement d'un passage de votre discours qui m'a été au cœur.

Vous avez, dans une allusion pleine de franchise à notre histoire contemporaine, fait justice, comme il convient, de ce propos injurieux qui, grâce à la perfidie des uns, à la crédulité des autres, avait trop longtemps égaré l'opinion. On a répété à satiété que j'avais repoussé volontairement l'occasion merveilleuse de remonter sur le trône de mes pères.

Je me réserve de faire, quand il me plaira, la lumière totale sur les événements de 1873 ; mais, encore une fois, mon vieil ami, je vous remercie d'avoir protesté avec l'indignation que mérite un pareil soupçon.

Vous auriez pu ajouter, parce que cela est vrai, que le retour de la Monarchie traditionnelle correspondait aux aspirations du plus grand nombre ; que l'ouvrier, l'artisan, le laboureur, entrevoyaient avec raison ces paisibles jouissances de la vie laborieuse, dont, sous la paternelle autorité du chef de famille, tant de générations dans le passé avaient connu les douceurs ; qu'en un mot, le pays attendait un Roi de France, mais que les intrigues de la politique avaient résolu de lui donner un maire du palais. Si, devant l'Europe attentive, au lendemain de désastres et de revers sans nom, j'ai montré plus de souci de la dignité royale et de la grandeur de ma mission, c'est, vous le savez bien, pour rester fidèle à mon serment de n'être jamais le Roi d'une fraction ou d'un parti.

Non, je n'accepterai point la tutelle des hommes de fictions et d'utopies ; mais je ne cesserai de faire appel au concours de tous les honnêtes gens, et, comme vous l'avez admirablement dit : armé de cette force et avec la grâce de Dieu, je puis sauver la France ; je le dois et je le veux.

Comptez, mon cher Foresta, sur ma vive et constante affection.

HENRI.

En 1879, le fils de Napoléon III était tué par les sauvages de l'Afrique Australe. Le comte de Chambord crut que cet événement, en décapitant le parti bonapartiste, lui rallierait de nouveaux partisans. Il écrivait à cette occasion :

J'aime à penser (1) que le plus grand nombre des impérialistes ne verront désormais de salut pour la France que dans la Monarchie légitime. Je compte assez sur le patriotisme de ce parti, qui renferme tant

---

(1) Ce fragment de lettre, publié en fac-similé dans le *Gaulois* du 29 septembre 1879, a été reproduit dans l'*Union* du 30 septembre.

d'hommes honorables et éclairés, pour espérer qu'il en sera ainsi.

Henri.

Nous publions ici les plus importantes des lettres écrites par le comte de Chambord pendant ses dernières années. Elles n'ont pas trouvé place dans le recueil officiel de la *Correspondance* dont la dernière édition est datée de 1880.

### A M. le comte Albert de Mun

Goritz, le 15 mars 1881.

Je n'attendais pas moins de vous, mon cher de Mun. Le discours que vous venez de prononcer à Vannes est bien celui de l'homme qui, mesurant l'étendue du péril social, avait tant de fois déjà trouvé dans son patriotisme le courage de dire à la révolution ce qu'elle est, et à la contre-révolution ce qu'elle doit être. C'est avec une grande joie que je m'associe à votre nouveau triomphe, et que je vous adresse, avec mes félicitations les plus vives, mes remercîments les plus sincères.

Tout est vrai dans le tableau que vous faites de la prospérité factice de nos finances et de la situation lamentable de notre commerce, de notre industrie, de notre agriculture.

Tout est vrai dans le récit indigné de ces expulsions d'humbles et saints religieux, qu'entourait le respect de tous, et que l'on a chassés comme de vils malfaiteurs, au nom de la civilisation.

Vous n'avez pas oublié, et je vous en remercie, de saluer en passant ces hommes de désintéressement et de sacrifice, l'honneur de la magistrature, qui ont noblement refusé d'abaisser leur conscience aux caprices de l'imposture et de l'impiété triomphantes. L'estime publique leur est acquise; qu'ils comptent aussi sur ma plus vive reconnaissance.

Mais si vous avez dit vrai dans la triste énumération de nos abaissements et de nos humiliations, vous n'êtes pas moins heureux quand vous indiquez le seul remède à tant de maux. Avec la Monarchie traditionnelle, ce qui signifie la Monarchie chrétienne, vous vous faites fort de résoudre tous les problèmes contemporains, et vous avez raison.

Que l'indifférence en matière politique se scandalise de la netteté de vos affirmations, que les pusillanimes s'en effrayent, que les révoltés s'en indignent, je le comprends ; la vérité est toujours importune aux époques de trouble et de défaillance. Mais quand l'erreur, sous mille formes diverses, se produit de toutes parts et au grand jour, n'est-ce pas pour nous un devoir d'affirmer le droit, la justice, la vérité et d'opposer à l'audace du mal la probité et l'honneur ? Il s'agit de savoir si le monde doit retourner à la barbarie, et s'il ne doit pas demander compte à la révolution de ses exécrables forfaits. Il s'agit de savoir si la stabilité d'un principe, qui domine les vicissitudes humaines et qui leur survit, n'est pas supérieure à toutes les combinaisons du hasard et de l'intrigue, pour protéger la dignité des consciences ainsi que la liberté des âmes, et assurer à cet ouvrier qui vous est si cher, et auquel vous avez si généreusement consacré votre vie, la sécurité de son pain quotidien.

On ne démontrera pas mieux que vous l'avez fait ces grandes vérités ; on ne prouvera pas mieux, pour recouvrer tant de bienfaits perdus, la nécessité de rendre à la France son Dieu et son Roi.

Henri.

## A M. Joseph de Carayon-Latour

Frohsdorf, le 11 mai 1881.

Je vous remercie, mon cher Carayon, d'être intervenu avec votre franchise habituelle dans les tristes débats soulevés par des hommes de discorde, dont je ne veux même pas chercher à deviner les noms, et qui trouvent le moment propice pour jeter la division dans nos rangs.

A tant de services que vous avez déjà rendus à la

cause du droit, de la vérité et de l'honneur, vous ne pouviez en ajouter un plus grand que de faire justice, avec cette loyauté qui s'impose à tous et qui est le trait saillant de votre caractère, des nouvelles tentatives de désunion, dont la fidélité s'indigne, et que le vrai patriotisme repousse. Dans tous les temps, ces manœuvres de l'esprit de parti ont été sans dignité et sans grandeur ; à l'heure où nous sommes, vous vous croyez le droit de les qualifier plus sévèrement. Je le pense comme vous, et suis de tout cœur avec vous.

Henri.

### A M. Hamon

Frohsdorf, le 21 octobre 1881.

... En présence de l'effroyable anarchie où nous sommes tombés, vous vous êtes demandé (1) quelle pouvait être la vraie cause d'une pareille décadence, qui pouvait expliquer l'existence de tant de ruines, l'accumulation de tant de hontes, et vous avez démontré avec raison que le principe moderne de la souveraineté nationale, ce faux dogme d'origine française, était la principale, pour ne pas dire l'unique source de tout le mal.

Vous l'avez surpris en flagrant délit de révolte contre la tradition, le sens commun, la raison, l'évidence, la croyance universelle des peuples civilisés, et, par conséquent vous avez eu le droit de conclure qu'en opposition permanente avec l'ordre voulu de Dieu, la Révolution devait fatalement conduire la société aux abîmes, et que la question de relèvement et de salut réside tout entière dans le retour aux principes reconnus et proclamés nécessaires par le genre humain dans tous les temps et dans tous les lieux.

Puisse votre œuvre, si lumineuse et si impartiale, dissiper les hésitations et les doutes de quiconque tient à honneur de rester dans le droit chemin de la vérité.

(1) M. Hamon venait de publier un ouvrage intitulé *De la souveraineté nationale*.

C'est mon désir le plus cher et mon vœu le plus ardent.

Croyez, Monsieur, à mes sentiments bien sincères.

HENRI.

A propos de la discussion de la loi sur l'enseignement primaire au Sénat, le comte de Chambord faisait écrire à M. de Carayon-Latour la lettre suivante :

Goritz, 27 mars 1882.

Cher monsieur et ami,

Je viens de recevoir une mission qui me comble d'honneur et me cause une grande joie.

Vous aurez déjà compris que le Roi a daigné me charger de vous transmettre ses plus chaleureuses félicitations.

Il tenait encore à la main le journal rendant compte de votre courageuse attitude à la tribune du Sénat, et c'est avec une vive émotion qu'il me disait il n'y a qu'un moment : « Je veux que mon brave Carayon sache combien j'applaudis à sa noble protestation de Chrétien et de Français ; je m'y associe du plus profond de mon cœur et de ma foi ; je le remercie d'avoir, au nom de la conscience publique, porté aux oppresseurs un défi qui trouvera, Dieu aidant, assez d'écho dans les âmes pour déjouer les calculs criminels d'une propagande athée. »

Mettez aux paroles de Monseigneur cet accent que je ne puis rendre, mais que vous connaissez et qui n'appartient qu'à lui, et jugez si j'avais le droit d'être fier de ma mission.

Veuillez agréer la nouvelle assurance de mes sentiments les plus sympathiques et les plus dévoués.

Comte H. DE VANSSAY.

La lettre suivante, à M. E. de Roux-Larcy, se rapporte à la mort de M. le baron de Larcy, sénateur, l'un des plus anciens amis du comte de Chambord et l'un des députés *flétris* en 1844, pour la manifestation de Belgrave-Square :

Frohsdorf, le 18 novembre 1882.

Soyez bien convaincu, mon cher de Roux, de la part que nous prenons, ma femme et moi, à votre affliction, à celle de madame de la Prunarède, de son mari, de leurs enfants et de vos filles. Vous pouvez d'autant moins douter de ma douloureuse sympathie, que les circonstances me rendent plus pénible encore la perte du courageux défenseur de la Religion, du Droit, de la Tradition et de l'Honneur, ces colonnes de notre vieille constitution française, que la Révolution cherche à renverser avec un redoublement de rage impie, mais dont son impuissance à rien fonder démontre la nécessité comme l'incontestable grandeur. Larcy a été, par-dessus tout et avant tout, un homme de principes. Son premier acte dans la vie publique fut une protestation en faveur du principe de l'hérédité, dont la violation lui paraissait, avec tant de raison, devoir être le point de départ de ces bouleversements périodiques qui mènent les peuples au scepticisme et par conséquent aux abîmes. Il n'hésita pas à briser sa carrière, malgré l'avenir brillant ouvert devant lui, et fut ainsi le précurseur de ces magistrats intègres qui, cinquante ans plus tard, devaient prendre une résolution si désintéressée en face des décrets de l'iniquité, qu'on prétendait imposer à leur conscience.

Dès lors, il n'a plus qu'une devise, qui restera la règle et la passion de sa vie: « Loyauté n'a honte ». Du haut de la tribune, il la jette avec fierté à ses accusateurs, et désormais la place du loyal *flétri* sera marquée partout où il y aura à combattre pour la Vérité et le Droit. Si, au fort de la mêlée, cette nature aussi impressionnable que généreuse n'échappait pas toujours à quelques illusions sur le chemin à suivre, c'était pour revenir aussitôt avec plus d'ardeur que jamais aux affirmations d'une foi inébranlable et vaillante. Les grandes voix de l'Épiscopat, si noblement représenté à ses obsèques, ont admirablement redit ce que fut le chrétien et le royaliste, qui, bien peu de jours avant sa mort, présidant à Alais une manifestation contre la plus inique des lois, revendiquait avec chaleur les droits du père de famille sur son enfant, sans oublier de rappeler que la Monarchie chrétienne peut seule les lui rendre. Que ces témoignages de reconnaissance et de douleur soient pour vous, qui restez sur la brèche, non seulement une consolation, mais une force et un encouragement. Vous n'avez pas pu recevoir le dernier soupir de ce père si regretté, mais, sous le toit hospitalier de dignes amis, il a trouvé les secours que Dieu ne pouvait pas refuser à celui qui avait si longtemps combattu pour la Justice et soutenu la lutte jusqu'à la mort.

Comptez, mon cher Roux, sur ma constante affection.

HENRI.

Enfin, à la mort de M. Louis Veuillot, le comte de Chambord écrivit à M. Eugène Veuillot une lettre de condoléance qui est, croyons-nous, la dernière sortie de sa plume. Elle est ainsi conçue :

Goritz, 23 avril 1883.

Un chrétien comme votre frère, Monsieur, ne pouvait mourir, après une lutte d'un demi-siècle pour Dieu et pour le triomphe de son Église, sans que je prisse part à l'émotion de tous les vrais catholiques. Le marquis de Dreux-Brézé, en vous portant l'expression de ma sincère condoléance, n'a été que le fidèle interprète de mes regrets et de ma gratitude. Je dis ma gratitude, parce que du jour où cet esprit si élevé, aussi inaccessible aux calculs de l'ambition qu'aux lâchetés du respect humain, éclairé par les leçons de l'expérience et guidé par la droiture de sa raison, fut saisi de la vérité politique comme il avait été saisi de la vérité religieuse, de ce jour il a été le plus vaillant auxiliaire de la Monarchie traditionnelle, dont la nécessité n'est jamais mieux démontrée qu'à l'heure où nous sommes, à l'heure des derniers abaissements et des suprêmes humiliations. Devant les persécutions accomplies et celles qui se préparent, comme il aurait flétri les crimes sociaux qui se succèdent si rapidement dans notre France, en appelant sur elle les plus redoutables châtiments !

Après avoir tenté d'arracher au père de famille l'âme de son enfant, l'athéisme triomphant n'a-t-il pas la prétention de s'installer au chevet de l'ouvrier chrétien, sur son lit d'hôpital, pour en interdire l'accès au véritable consolateur et à l'unique ami ? Avec quelle éloquence Louis Veuillot eût dénoncé à la conscience publique la suppression des aumôniers dans les hospices, suivant de si près l'expulsion des héroïques filles de la charité.

Je ne puis oublier non plus sa chaleureuse adhésion donnée à ma parole dans toutes les circonstances où j'ai cru devoir élever la voix devant mon pays. Spécialement en 1873, alors que nous touchions au port, quand les intrigues d'une politique moins soucieuse de correspondre aux vraies aspirations de la France que d'assurer le succès de combinaisons de parti, m'obligèrent à dissiper les équivoques en brisant les liens destinés à me réduire à l'impuissance d'un souverain désarmé, nul autre ne sut pénétrer plus avant dans ma pensée, ni mieux donner à ma protestation son véritable sens.

J'étais donc bien fondé à vous parler de ma gratitude, qui s'étend, n'en doutez pas, à tous ses collaborateurs, en commençant par vous, le plus intimement associé à ses rudes combats. Puissent les témoignages de sympathie qui vous arrivent de toutes parts être une consolation pour la digne sœur qui a tenu une si grande place dans la vie de celui que vous pleurez, pour ses filles, pour le gendre dont Louis Veuillot était avec tant de raison si fier, pour ses neveux, pour tous les vôtres. Soyez mon interprète auprès d'eux tous, et comptez sur mes sentiments bien sincères.

Henri.

# CHAPITRE XII

## MORT DU COMTE DE CHAMBORD

Le « coup de fouet de Goritz ». — Premiers symptômes de maladie. — La note de l'*Union*. — M. Vulpian à Frohsdorf. — Douleur des royalistes français. — Dom Bosco à Frohsdorf. — Bruits d'empoisonnement. — M. Vulpian retourne à Frohsdorf. — Son *rapport* sur la maladie du comte de Chambord. — Les princes d'Orléans à Frohsdorf. — Mort du comte de Chambord. — Retour des princes d'Orléans à Frohsdorf. — Lettre de M. le comte de Paris aux cours européennes. — Cérémonie funèbre de Frohsdorf. — Funérailles de Goritz. — Question de préséance. — M. le comte de Paris n'assiste pas à la cérémonie. — Manifeste des royalistes en faveur de M. le comte de Paris. — Lettre de don Carlos. — Service funèbre de Saint-Germain-l'Auxerrois. — Dissolution des comités royalistes. — Circulaire de M. de Dreux-Brezé. — Disparition de journaux royalistes en province et de l'*Union* à Paris.

Le comte de Chambord avait toujours joui d'une bonne santé. Malgré son embonpoint, il se livrait presque tous les jours à l'exercice de la chasse, consacrant à l'étude et au travail les matinées et les soirées. Vers 1878 ou 1879, il avait cherché à se faire maigrir et il s'était soumis au système Benting. En peu de temps il avait perdu cinquante livres de son poids ; mais il en était résulté un affaiblissement sensible et quelques troubles dans la digestion.

Le 22 mars 1883, à Goritz, en montant en voiture, il fut pris subitement d'une vive douleur dans la jambe droite. Il poussa un cri, devint pâle et la sueur perla sur son visage. Il crut tout d'abord que « sa bonne jambe » venait de se casser. Il n'en était rien. Mais, la douleur persistant, le comte de Chambord dut garder un repos absolu pendant plusieurs semaines. C'est cette douleur qu'on a appelée le « coup de fouet de Goritz ».

La douleur finit par se calmer et le prince put marcher, bien qu'un peu difficilement. Le 20 mai, il arrivait à Frohsdorf. Le lendemain il se faisait peser. Son poids était alors de 208 livres. Il paraissait rétabli quand, vers le milieu de juin, il fut pris d'indigestions et de vomissements. L'état du prince devint rapidement alarmant et le 1er juillet, dans le numéro portant la date du 2, l'*Union* publiait cette note inattendue :

Nous apprenons à l'instant, avec une inexprimable douleur, par un télégramme officiel de Frohsdorf, que Monsieur le comte de Chambord, atteint d'une maladie aussi grave qu'imprévue, est dans un état qui inspire de sérieuses inquiétudes à ceux qui l'entourent.

Par son ordre, nous demandons à la France d'unir ses ardentes prières aux nôtres.

Que Dieu daigne conserver à la Patrie le glorieux et le bien-aimé Héritier de nos Rois !

Le 4 juillet, le comte de Chambord exprima le désir de recevoir l'Extrême-Onction. Elle lui fut administrée le 5. Le même jour il recevait la bénédiction papale par un télégramme ainsi conçu :

Le Saint-Père, profondément affecté par la triste

nouvelle de la grave maladie de Monseigneur le comte de Chambord, élève au Ciel les plus ferventes prières pour le rétablissement de sa santé, et lui accorde de tout son cœur sa Bénédiction Apostolique.

*Signé* : Archevêque de Nicée,
*Nonce apostolique.*

M. le baron de Raincourt reçut l'ordre de répondre par le télégramme suivant :

*Archevêque de Nicée, Nonce apostolique
à Vienne.*

Monsieur le Comte et Madame la Comtesse de Chambord ont été profondément émus en recevant la Bénédiction Apostolique du Saint-Père pour l'auguste malade.

Monseigneur pressa sur son cœur le télégramme qui la lui apportait, plein de foi dans les prières que le Saint-Père élève au Ciel pour sa guérison. Aujourd'hui, grâce à Dieu, légère amélioration dans l'état général.

Baron de Raincourt.

Le lendemain la comtesse de Chambord adressait au général des Franciscains à Rome cette dépêche :

Mon mari est malade. Nous vous demandons les prières de tout l'Ordre de Saint-François qui nous est si cher.

Le général ordonnait aussitôt des prières dans tous les couvents et la célébration d'un *Triduum* solennel à l'église de l'*Ara Cœli*.

Cependant, l'état du comte de Chambord s'aggravait visiblement sans que les médecins Drasch et Mayr, qui le soignaient arrivassent à préciser le diagnostic de sa maladie. Ils demandèrent qu'il leur fût adjoint un médecin français.

On songea tout d'abord à M. le professeur Potain ; mais celui-ci, ne pouvant quitter Paris, fit agréer M. Vulpian pour le remplacer. M. Vulpian arriva à Vienne le 15 juillet (1). L'examen du malade lui révéla l'existence d'un cancer à l'estomac. Après avoir prescrit une alimentation lactée et une médication énergique, M. Vulpian quitta Frohsdorf en maintenant officiellement le diagnostic de ses confrères autrichiens, lesquels avaient dit au prince qu'il était atteint d'un violent catarrhe de l'estomac, mais que la guérison était certaine. En réalité MM. Drasche et Mayr, comme M. Vulpian, jugeaient l'état du malade désespéré.

Dès que la nouvelle de la maladie du comte de Chambord fut connue en France, le parti légitimiste manifesta une profonde douleur ; des prières furent dites dans les églises ; des pèlerinages s'organisèrent à l'église du Sacré-Cœur de Montmartre, à Paris, et dans les sanctuaires renommés de province, notamment à Paray-le-Monial et à Sainte-Anne d'Auray.

Le fanatisme mystique et ultramontain se donna carrière et l'on vit se renouveler des scènes analogues à celles des convulsionnaires du cimetière des Innocents. Un moine italien quelque peu tenu en odeur de sainteté, dom Bosco, dut se rendre à Frohsdorf pour tenter un miracle. On se refusait à considérer la maladie du comte de Chambord comme naturelle ; les bruits d'empoisonnement

---

(1) M. Vulpian a publié un travail fort étendu sur *la dernière maladie du comte de Chambord* dans la *Gazette hebdomadaire de médecine et de chirurgie* du 16 septembre 1883.

avaient pris une telle consistance que l'*Union* fut obligée de les démentir le 27 juillet par la note suivante :

Nous sommes autorisés, par M. le professeur Vulpian, à déclarer que les bruits d'après lesquels la maladie de Monsieur le Comte de Chambord aurait eu pour point de départ une intoxication sont absolument dénués de fondement. Ces bruits sont, d'ailleurs, catégoriquement démentis par les symptômes et la marche de la maladie.

La maladie, en effet, suivait son cours. Le comte de Chambord, après une courte amélioration qui lui avait permis de se faire porter dans le parc du château et même d'assister à la fin du dîner le jour de la Saint-Henri, éprouva une rechute au commencement d'août. Les vomissements reprirent avec une nouvelle intensité ; la faiblesse devint telle que le malade ne pouvait plus être transporté hors du château ni même hors de sa chambre. Bientôt il lui devint impossible de se tourner dans son lit ; la perte de poids depuis le retour de Goritz s'élevait à plus de soixante livres. Le 20 août, M. le comte de Blacas mandait de nouveau M. Vulpian à Frohsdorf : il n'y arriva qu'après la mort du comte de Chambord.

M<sup>me</sup> la comtesse de Chambord s'étant opposée à l'autopsie du prince, les médecins ne purent se livrer qu'à un examen sommaire au cours de l'embaumement. Ils purent cependant constater qu'une erreur de diagnostic avait été commise car ils ne trouvèrent pas de cancer.

En résumé, dit M. Vulpian, la maladie de M. le comte de Chambord a été caractérisée : au point de vue anatomique, par des ulcérations de la membrane muqueuse de l'œsophage ; au point de vue clinique, par un ensemble qui devait inévitablement faire admettre, tout au moins comme très vraisemblable, l'existence d'un cancer de l'estomac.

Il s'agit donc là, en définitive, d'un fait extrêmement rare, et, si je ne me trompe, très intéressant.

Dès que les princes d'Orléans avaient connu la maladie du comte de Chambord, M. le comte de Paris était parti pour Frohsdorf accompagné de M. le duc de Nemours et de M. le duc d'Alençon. Dès leur arrivée à Vienne, le 4 juillet, ils envoyèrent M. le comte Bernard d'Harcourt à Frohsdorf afin de faire connaître leur présence. L'état de santé du comte de Chambord ne lui permit pas de les recevoir aussitôt.

L'entrevue ne put avoir lieu que le 7 juillet; les médecins s'y opposaient, craignant l'émotion qui pouvait en résulter; mais le comte de Chambord insista. Quand les princes entrèrent dans sa chambre, il se souleva sur son lit et embrassa le comte de Paris. Une dépêche de M. le baron de Raincourt résume ainsi cette entrevue :

Neustadt, 7 juillet, 7 h. soir.

Monseigneur comte de Paris, Monseigneur duc de Nemours, Monseigneur duc d'Alençon viennent d'être reçus par Monsieur le comte de Chambord; l'entrevue n'a pu être longue, vu l'état de fatigue de Monseigneur, mais elle a été très cordiale, et les Princes quittent Frohsdorf fort touchés de l'accueil qu'ils y ont reçu.

Les princes d'Orléans déjeunèrent au château, mais la comtesse de Chambord « accablée de fatigue et malade elle-même » ne put présider à ce déjeuner.

Les princes d'Orléans quittèrent ensuite Frohsdorf et rentrèrent en France.

Le *Français* a publié (1) un compte rendu de cette visite qui présente tous les caractères de l'exactitude. Nous le reproduisons ci-dessous :

Le 4 juillet, dès que M. le comte de Paris était arrivé à Vienne avec M. le duc de Nemours et M. le duc d'Alençon, il avait envoyé M. le comte Bernard d'Harcourt au château de Frohsdorf, on se le rappelle. M. Bernard d'Harcourt y venait prendre des nouvelles de M. le comte de Chambord, annoncer que les princes étaient à Vienne et offrir tous leurs vœux à l'auguste malade; il y venait aussi demander, avec la plus délicate discrétion, si M. le comte de Chambord voudrait bien les recevoir, le jour où son douloureux état le lui permettrait.

A leur tour, M. le marquis de Beauvoir et M. le vicomte de Bondy étaient allés, le lendemain, à Frohsdorf, sur l'ordre de M. le comte de Paris, pour s'informer de l'état de M. le comte de Chambord.

Le 6, M. le baron de Raincourt apportait à M. le comte de Paris les compliments de M. le comte de Chambord, au nom duquel il le remerciait de cette démarche, lui et les princes qui l'accompagnaient. M$^{me}$ la comtesse de Chambord leur faisait savoir par M. de Raincourt qu'elle serait heureuse de les recevoir, sans assurer toutefois qu'ils pourraient voir M. le comte de Chambord. M. de Raincourt pensait même bien interpréter le sentiment de M$^{me}$ la comtesse de Chambord en disant qu'elle jugeait nécessaire d'ajourner l'entrevue du malade et des princes.

Que cette entrevue fût immédiate, selon leur respectueux et affectueux désir, ou qu'il fallût la retarder, il n'en était pas moins certain que le devoir qui avait amené les princes à Vienne leur commandait de se rendre à Frohsdorf, surtout maintenant que M$^{me}$ la comtesse de Chambord leur annonçait qu'elle pourrait elle-même les recevoir, tout accablée de fatigue et de tristesse qu'elle était depuis quelques jours.

(1) N° du 16 juillet 1883.

Un ami, qui connaissait bien l'âme généreuse de M. le comte de Chambord, disait à l'un des princes, quelques minutes avant qu'ils prissent le chemin de Frohsdorf : « Aussitôt que Monseigneur saura que vous êtes sous son toit, il n'est pas de souffrance que sa volonté ne domine ; il vous appellera à son chevet... » Cet ami ne se trompait pas.

Dans la matinée du 7, M. le comte de Paris, M. le duc de Nemours et M. le duc d'Alençon partaient avec MM. Bernard d'Harcourt, Emmanuel Bocher, de Beauvoir et de Bondy. A la gare de Vienne, ils trouvaient le comte de Blacas, son neveu M. le duc de Blacas, M. de Charette et deux fidèles, MM. de Champeaux et du Puget. Les princes prièrent M. de Blacas et M. de Charette de monter dans leur wagon. Les voitures de M. de Chambord les attendaient à la gare de Neustadt. Elles les conduisirent au château, sous un soleil brûlant, à travers un tourbillon de poussière.

Devant la porte du château, les secrétaires de M. le comte de Chambord et toutes les personnes qui composent son entourage étaient assemblés et rendirent aux princes les honneurs traditionnels.

Dans la matinée, le docteur Mayr, de nouveau consulté, avait déclaré que M. le comte de Chambord ne pouvait pas, sans un grave danger, recevoir ses cousins. Il avait été décidé que les princes ne verraient pas le malade.

Cependant, M. le comte de Chambord, à peine averti que ses cousins étaient en route, avait manifesté l'intention de les admettre auprès de lui. En vain lui avait-on objecté l'avis si instant du docteur Mayr. « Peu importe ! Je le veux... » avait-il répondu avec un accent vibrant. Et, devant cette volonté magnanime qui ne comptait pour rien le mal, le péril, peut-être même le sacrifice de la vie, on s'était incliné. Les princes d'Orléans faisaient noblement leur devoir ; M. le comte de Chambord faisait le sien héroïquement ; le chrétien, l'homme et le prince avaient parlé l'un aussi haut que l'autre dans ce mot non moins doux qu'énergique sur ses lèvres : « Je le veux. »

Après avoir été accueillis par Mme la comtesse de Chambord, les princes, au bout de dix minutes, étaient introduits dans la chambre où M. le comte de Chambord reposait si péniblement.

La scène était certes grande. Dans cette chambre où la mort avait semblé un instant prête à frapper le chef de la Maison de France, le dernier petit-fils de Louis XIV, si loin des Tuileries, si loin de la patrie, les princes d'Orléans étaient là, en face de M. le comte de Chambord brisé de souffrance, seuls et représentant avec lui toute la famille royale des Bourbons dans un entretien qui pouvait être le dernier. Ce n'était plus la France qui réunissait M. le comte de Chambord et M. le comte de Paris, comme lors du 5 août 1873 ; c'était, après dix ans, Dieu lui-même, avec ses décrets mystérieux...

Mais cette scène, déjà si grande en elle-même, M. le comte de Chambord l'a rehaussée encore de toute la grandeur de ses sentiments.

A la vue de M. le comte de Paris, M. le comte de Chambord se soulève sur son séant; il l'appelle à lui; d'un mouvement tout paternel, il le prend dans ses bras et, en pleurant, il le tient longtemps sur sa poitrine. Puis il embrasse cordialement M. le duc de Nemours et M. le duc d'Alençon. Il saisit ensuite la main de M. le comte de Paris ; il le force à s'asseoir à son chevet en lui faisant, de toute la vigueur qui lui reste, une sorte de violence affectueuse. Il cause alors avec chacun des princes, et la conversation dure un quart d'heure. M. le comte de Chambord semble avoir oublié son mal; son cœur est plus fort que la souffrance. Il affirme même, en souriant, qu'il se sent mieux. Avec une tendresse touchante, avec une abnégation absolue de soi-même, avec une vivacité et une lucidité d'esprit extraordinaires, il les entretient de tout ce qui les intéresse personnellement : il n'y avait rien qu'il ne sût et qu'il n'eût l'aimable soin de leur remémorer ou de leur demander. Quand les princes, qui craignaient de le fatiguer en prolongeant cette visite, se sont retirés, M. le comte de Chambord a encore une fois embrassé avec effusion M. le comte de Paris, et sa main a eu de la peine à se détacher de celle qu'elle serrait.

En rentrant au salon où leurs amis les attendaient, les princes avaient tous trois des larmes dans les yeux, et c'est d'une voix altérée par l'émotion qu'ils leur racontèrent ce que nous rapportons ici.

M. le comte de Chambord avait ordonné que, pendant le déjeuner, M. le comte de Paris occupât à table sa place même, la place du roi : attention plus que courtoise qui rendait bien visible et sensible sa souveraine pensée.

Après le déjeuner et une courte promenade dans le parc, les princes présentaient à Mme la comtesse de Chambord leurs respects, leurs consolations, leurs souhaits, et reprenaient la route de Vienne.

Tel est, dans toute sa simplicité comme dans toute sa vérité, le récit qui nous a été fait de cette pathétique entrevue. Le spectacle qui a été donné là, le 7 juillet, à la France monarchique et à l'Europe elle-même, n'a pas besoin de commentateurs pour marquer tout ce qu'il a eu de beau et tout ce qu'il a de bon.

C'est l'union de la famille royale encore une fois attestée, comme en 1873, et consacrée cette fois avec une solennité suprême. Ce n'est pas seulement M. le comte de Paris saluant le droit dynastique dans la personne de M. le comte de Chambord, comme en 1873 ; c'est M. le comte de Chambord, sur le lit de douleur d'où il regarde la France et la monarchie de l'avenir, montrant à tous le droit dynastique qui se transmet et se perpétue dans la personne de M. le comte de Paris.

Quant à nous, en rappelant cette scène si digne de notre vieille histoire, nous ne venons que rendre à M. le comte de Chambord l'hommage dû à sa haute volonté, à sa courageuse sollicitude, à sa prévoyance royale et nationale ; et avec nous toute la France monarchique, nous en sommes sûr, mêlera dans cet hommage la gratitude à l'admiration.

D'autre part, M. le duc de Nemours, dans une

lettre adressée à sa fille, a retracé ainsi l'entrevue du 7 juillet :

... C'est Madame qui nous a ouvert la porte de la chambre de l'auguste malade.

Nous sommes restés seuls, — personne que nous trois. — Monseigneur, en nous voyant, s'est soulevé avec énergie. Il a étendu ses deux bras, a pris Paris par la tête, l'a embrassé avec effusion plusieurs fois; il a placé la tête de Paris sur son cœur, puis il m'a tendu la main et m'a dit : « Embrassons-nous; nous nous aimons depuis bien longtemps. » Il a embrassé le duc d'Alençon.

Il nous a fait asseoir et nous a parlé avec sa belle voix que vous connaissez. Il nous a demandé en détail des nouvelles de toute la famille : femmes, enfants, il n'a oublié personne.

Pendant qu'il causait ainsi, il prenait la main de Paris, la mienne. Il a répété plusieurs fois : « Je savais bien que vous viendriez, et j'étais sûr que votre visite me ferait du bien. Je sens que cela va mieux; car mon cœur n'est pas malade, et il vous aime tendrement. »

L'entrevue a duré dix-sept minutes.

C'est moi qui ai dit : « Nous craignons de nous faire gronder, nous nous retirons. Avec l'aide de Dieu que nous invoquons tous, avec votre énergique constitution, vous triompherez du mal. »

Alors, prenant la main de Paris, Monseigneur répliqua :

« Quand vous rentrerez en France, dites bien à tous que c'est pour ma chère France qu'il faut prier et non pour moi. Mon seul regret est de n'avoir pu la servir et mourir pour elle, comme l'a toujours désiré mon cœur. Soyez plus heureux que moi : c'est tout ce que je désire. »

Le 24 août, à sept heures vingt-sept minutes du matin, le comte de Chambord mourait. L'agonie avait commencé la veille à huit heures du soir. La comtesse de Chambord, prévenue par M. l'abbé Curé et le P. Boll, aumônier du Château, que l'instant fatal était proche, se rendit dans la chambre du comte, accompagnée de M. le duc de Parme, de M. le comte de Bardi et de don Carlos. Durant cette dernière nuit, elle ne quitta pas le chevet de son mari, serrant sa main dans les siennes et lui prodiguant des témoignages de sa tendresse auxquels, jusqu'au dernier moment, le mourant répondit par une affectueuse étreinte. Les prières des agonisants furent dites deux fois dans le courant de la nuit.

Voici le procès-verbal officiel de la mort du comte de Chambord, adressé par le comte de Blacas au marquis de Dreux-Brézé :

[Wiener-Neustadt, 24 août 1883, 3 h. 20 soir.

Hier soir, à huit heures, on vint annoncer aux princes que l'agonie était proche. Tout le monde se rendit dans la chambre à coucher de M. le comte de Chambord et dans le salon voisin. Soutenue par un courage admirable, M$^{me}$ la comtesse de Chambord passa toute la nuit près du lit de M. le comte de Chambord, serrant sa main dans les siennes, et lui prodiguant les témoignages de tendresse auxquels, jusqu'au dernier moment, il répondit par une affectueuse étreinte. Les prières des agonisants furent dites deux fois dans le courant de la nuit. Malgré la douleur de tous, il régnait un silence solennel et recueilli qui n'était interrompu que par la voix de Madame récitant des prières, ou par la voix de M. le comte de Chambord, prononçant encore quelques paroles parmi lesquelles on pouvait distinguer le nom de la France.

Toute la nuit se passa ainsi, lorsque tout à coup, à sept heures, on reconnut que la dernière heure était arrivée. M. le comte de Chambord s'éteignit sans souffrances.

Mme la comtesse de Chambord fit signe au comte de Blacas de fermer les yeux du roi (1).

Ensuite, les princes et toutes les personnes de l'entourage vinrent baiser respectueusement la main de l'illustre défunt.

*Signé* : Comte de Blacas.

Les deux premières dépêches annonçant l'événement furent adressées à M. le comte de Paris et à l'empereur François-Joseph d'Autriche. M. le marquis de Dreux-Brézé, prévenu presque aussitôt, se présenta vers midi chez M. le comte de Paris pour lui annoncer officiellement la mort au nom de Mme la comtesse de Chambord. M. le comte de Paris étant à Eu, c'est à M. Édouard Bocher que M. de Dreux-Brézé fit cette communication.

Aussitôt après sa mort, le comte de Chambord, vêtu d'un habit noir avec les insignes de l'ordre du Saint-Esprit, fut placé sur un lit drapé de noir et la foule fut admise à défiler devant lui.

Le testament ouvert par le notaire impérial ne contenait aucune disposition politique.

Au moment de la mort du comte de Chambord, les Conseils généraux étaient en session. En apprenant cet événement, les Conseils généraux de la Loire-Inférieure, de la Loire, de la Vendée et du Gers levèrent leur séance en signe de deuil sur l'initiative des membres de la majorité monarchique, accueillie avec déférence par la minorité républicaine.

A la réception de la dépêche annonçant la mort du comte de Chambord, les princes d'Orléans partirent pour Vienne où ils arrivèrent le

---

(1) C'était le père du comte de Blacas qui avait fermé les yeux de Charles X, et son frère ceux du duc d'Angoulême.

28 août au matin. Ils en repartirent dans la journée pour Neustadt où les attendaient les voitures de Frohsdorf. L'*Union* relate en ces termes leur visite aux dépouilles mortelles du comte :

Ils ont été reçus à leur entrée au château par M. le comte de Blacas, à la tête de toute la maison de Monseigneur.

Les Princes ont été introduits dans le salon des Portraits transformé en chapelle ardente, et se sont agenouillés sur des prie-Dieu disposés autour du catafalque couvert de couronnes et au-dessus duquel flottait, à côté du drapeau blanc fleurdelysé, l'étendard des volontaires de l'Ouest, tout percé par les balles allemandes.

M. le comte de Blacas et M. le marquis de Foresta se tenaient en arrière avec MM. Bocher et d'Harcourt. Le général de Charette, MM. de Cazenove de Pradines, le comte de Sainte-Suzanne veillaient debout au chevet du lit où repose le Roi, revêtu des cordons de ses ordres et tenant entre ses mains le Crucifix sur lequel ses lèvres expirantes se sont posées pour la dernière fois.

Monsieur le comte de Paris, ayant à sa droite Mgr le duc d'Orléans et à sa gauche Mgr le duc de Nemours, a prié longtemps. Il s'est ensuite levé et est allé, avec son fils, s'agenouiller sur le tapis noir au pied du lit funéraire. Il a contemplé, à travers les larmes, la figure royale sur laquelle la majesté de la mort avait effacé les traces de la souffrance.

Rien ne peut rendre l'émotion de ce moment si solennel, où le silence du deuil n'était troublé que par les sanglots.

M. le comte de Blacas offrit alors l'eau bénite à monsieur le comte de Paris et aux Princes de la Famille Royale.

Madame la comtesse de Chambord ayant fait exprimer à monsieur le comte de Paris et aux Princes son regret de ne pouvoir les recevoir, tant elle est accablée sous le poids d'une indicible douleur, les Princes ont été reçus par les Princes et Princesses, neveux et nièces de monsieur le comte de Chambord. Puis ils sont repartis pour Vienne. Ils ont pu voir, sur le trajet de Neustadt à Frohsdorf, flotter partout les drapeaux noirs, comme l'hommage rendu par tout un pays à un hôte illustre, à un bienfaiteur du peuple.

De Vienne, M. le comte de Paris écrivit officiellement aux souverains de l'Europe pour leur annoncer la mort du comte de Chambord.

Cette lettre était ainsi conçue :

Sire,

J'ai la douleur de vous faire part de la perte cruelle que la Maison de France vient d'éprouver dans la personne de son chef, Mgr Henri-Charles-Ferdinand-Marie-Dieudonné d'Artois, duc de Bordeaux, comte de Chambord, décédé à Frohsdorf, le 24 août 1883.

Je prie Votre Majesté de vouloir bien accorder, dans cette douloureuse circonstance, à la maison de France, sa haute sympathie.

*Signé :* Philippe, comte de Paris.

Aussitôt que l'empereur d'Autriche fut informé de la présence de M. le comte de Paris à Vienne, il s'empressa de lui faire visite. Cette dérogation aux usages ordinaires des cours fut très remarquée et vivement commentée.

Après l'embaumement, le corps du comte de Chambord avait été exposé, le 26 août, dans une chapelle ardente.

Le 1er septembre une cérémonie intime eut lieu à Frohsdorf.

S. M. l'empereur d'Autriche-Hongrie avait envoyé pour le représenter l'aîné de ses frères, l'archiduc Charles-Louis.

Du côté de l'Évangile étaient rangés Mgr le duc de Parme, M. le comte de Paris, S. M. le Roi de

Naples, l'Infant don Alphonse, Mgr le duc de Nemours, Mgr le prince de Joinville, Mgr le duc d'Aumale, Mgr le duc d'Alençon, Mgr le duc d'Orléans.

Du côté de l'Épître, avaient pris place LL. AA. II. et RR. l'archiduc François d'Autriche-Este, le grand-duc de Toscane, l'archiduc Charles-Salvator, les archiducs Léopold et François d'Autriche, ses fils, l'archiduc Jean de Toscane, l'archiduc Guillaume, l'archiduc Renier, le prince Ferdinand de Cobourg et don Miguel.

Derrière le catafalque était groupée la maison de Monseigneur, en tête de laquelle se trouvait M. le comte de Blacas.

A la gauche de M. le comte de Blacas se tenaient les représentants des Princes qui n'avaient pu se rendre à la cérémonie : M. le comte de Saracin, pour S. M. l'impératrice Marie-Anne; le baron de Montenach, pour le duc Philippe de Wurtemberg; M. le colonel Wolger, pour le duc et la duchesse de Cumberland et la reine Marie de Hanovre; le marquis Taccoli, pour la duchesse de Modène.

A la droite de M. le comte de Blacas étaient groupées les autorités civiles et militaires de Neustadt.

Derrière se tenaient les aides de camp des archiducs et bon nombre de Français, parmi lesquels on remarquait MM. de la Rochefoucauld, duc de Bisaccia, le duc des Cars, Joseph de la Bouillerie, le général de Charette et ses frères, le prince de Lucinge-Faucigny, le marquis de la Rochejacquelein, etc., etc.

Dans la tribune, étaient Mme la duchesse de Madrid, Mme la grande-duchesse de Toscane, Mme la grande-duchesse douairière de Toscane,

Mme la comtesse de Bardi, les archiduchesses Marie-Thérèse, Élisabeth, Marie, Rénier et leurs Dames d'honneur.

Le lundi 3 septembre, les funérailles devaient être célébrées officiellement à Goritz et on pensait que M. le comte de Paris, devenu par la mort du comte de Chambord chef de la maison de France, conduirait le deuil. Au dernier moment une note émanant de la comtesse de Chambord fut communiquée par M. de Blacas à M. Bocher. Cette note était ainsi conçue (1) :

> Connaissant les intentions de mon mari, je déclare que je veux que son enterrement soit un acte de famille et pas un acte politique, et que la place de chacun soit réglée par le degré de parenté.
>
> MARIE-THÉRÈSE,<br>comtesse de Chambord.

M. le comte de Paris fit répondre que s'il avait pu accepter de ne pas occuper la première place à la cérémonie intime de Frohsdorf, il ne pouvait paraître en public à un autre rang que celui auquel lui donnait droit sa situation de chef de la Maison de France, et que, si ce rang ne lui était pas attribué, il aurait le regret de ne pouvoir assister aux funérailles du comte de Chambord.

Les chefs du parti légitimiste, MM. Lucien Brun, de Lareinty, baron de Charette, pressaient M. le comte de Paris de venir néanmoins à Goritz, ajoutant que les royalistes français sauraient bien le placer au rang qui lui était dû. M. le comte de

---

(1) Nous empruntons le texte de cette note à l'*Univers* (11 octobre 1883). Ce journal avait précédemment publié une version un peu différente quant à la forme, mais identique pour le fond. Le *Journal du Loiret* démentit officieusement l'information de l'*Univers*. La nouvelle information de l'*Univers* n'a pas été contredite.

Paris refusa de se rendre à ces désirs et quitta l'Autriche avec les membres de sa famille.

Nous empruntons à l'*Union* du 4 septembre le compte rendu de la cérémonie de Goritz :

> Goritz, 3 septembre, 11 h. matin.
>
> Les funérailles ont été retardées de deux heures, les trains n'étant arrivés qu'à neuf heures.
>
> Le cercueil sort de la gare au milieu d'une immense affluence et du peuple profondément recueilli.
>
> Plus de six mille Français parmi lesquels des zouaves pontificaux en très grand nombre, groupés derrière le général de Charette.
>
> Tous les journaux royalistes de Paris, le bureau de l'Association de la presse monarchique et catholique des départements assistent aux obsèques.
>
> Dans les rues, toutes les maisons sont pavoisées en noir ; les réverbères allumés sont recouverts d'un crêpe.
>
> Le maire, parlant de la perte immense faite par Goritz, a invité par voie d'affiche les habitants à témoigner avec la municipalité la douleur que leur cause la perte du Prince illustre et charitable que pleure la France.
>
> Le prince de Tour et Taxis, représente Sa Majesté l'empereur d'Autriche-Hongrie.
>
> Derrière viennent S. A. R. le duc de Parme, le duc Della Grazia (1), Don Carlos, etc.
>
> Puis M. le comte de Blacas, suivi de la Maison du Roi, les zouaves pontificaux, les délégations ouvrières de Paris et des départements, la presse de Paris et celle de province par ordre alphabétique.
>
> Un char énorme, chargé de couronnes, ferme la marche.
>
> Le char mortuaire, précédé de piqueurs à cheval, est traîné par six chevaux blancs et escorté par six valets de pied, portant des lanternes.

(1) Frère utérin du comte de Chambord.

Les tentures sont parsemées de fleurs de lys. La couronne royale surmonte le tout.

Le service d'ordre est fait par les vétérans de la province, les honneurs militaires sont rendus par les régiments croates.

Le cortège arrive à la cathédrale ; le prince-archevêque Zorn officie.

Goritz, 4 septembre, 9 h. 40 matin.

Pendant toute l'après-midi d'hier, la foule est venue s'agenouiller et prier devant le cercueil de Monsieur le Comte de Chambord.

A quatre heures et demie, les Princes et les personnes qui composent la Maison de Monseigneur arrivent à la cathédrale. Après les dernières prières, le corps est replacé sur le char funèbre, traîné par six chevaux blancs. Le cortège se dirige ensuite à pied vers la chapelle des Franciscains de Castagnavizza, située sur une colline qui domine Goritz. La route est longue et la montée pénible ; la marche s'effectue entre une double haie de soldats et de vétérans.

La ville est entièrement tendue de noir ; la population autrichienne est véritablement admirable dans l'expression de sa respectueuse douleur.

Les délégations portent des bannières, les zouaves de Charette accompagnent avec l'étendard de Patay, des chars chargés de couronnes suivent le char funèbre.

L'inhumation a lieu à six heures, dans le caveau où reposent déjà le Roi Charles X, Monsieur le Comte et Madame la Comtesse de Marnes, S. A. R. Madame la Duchesse de Parme. Le canon tonne, les honneurs militaires sont rendus à l'illustre défunt. Émotion indicible, sanglots. Chacun veut emporter des fleurs des couronnes qui ont touché le royal cercueil.

De nombreuses députations royalistes avaient tenu à accompagner jusqu'à sa dernière demeure, celui que le parti légitimiste appelait le Roi. Dans le nombre, on remarquait la députation ouvrière de Paris, au sujet de laquelle le *Clairon* disait : « Ils sont trente-cinq tous vêtus de noir avec un large crêpe au chapeau et une fleur de lys à la cravate. »

Au moment des funérailles du comte de Chambord, quelques compétitions furent sur le point de s'élever au sujet de sa succession politique. Certains royalistes, qui n'avaient pas pardonné à Louis-Philippe d'avoir succédé à Charles X, semblaient vouloir reprendre les agissements commencés il y a deux ans, à l'un des banquets royalistes de Marseille, où Don Carlos ou son fils avait été proposé comme l'héritier du comte de Chambord à la couronne de France. Les royalistes français ne voulurent point s'associer à ces manœuvres et, dans une réunion tenue à Goritz, à l'hôtel des Trois-Couronnes, après les funérailles du comte de Chambord, ils furent unanimes à donner leur adhésion à la déclaration suivante :

« Les Français réunis à Goritz pour rendre un suprême et douloureux hommage au Roi affirment leur inébranlable fidélité au principe de la Monarchie héréditaire et traditionnelle et saluent dans le Comte de Paris le chef de la Maison de France.

*Signé :* « LA ROCHEFOUCAULD-BISACCIA. »

En même temps, don Carlos écrivait à son représentant en Espagne :

Mon cher Nocedal,

Nous venons de rendre les honneurs suprêmes à mon oncle bien-aimé, et la religieuse cérémonie s'achève dans la douleur et le recueillement de tous.

Je n'ai jamais senti plus vivement que dans cette cruelle journée la force des liens indissolubles qui m'attachent à ma chère Espagne. C'est à elle seule que j'appartiens, et je lui appartiendrai toujours.

Mes fidèles amis connaissent mes sentiments : je veux pourtant les leur redire aujourd'hui par toi.

Ton affectionné,
CARLOS.

Goritz, le 3 septembre 1883.

Cependant, malgré ces déclarations des royalistes français et du prétendant espagnol, une fraction du parti légitimiste a refusé de reconnaître M. le comte de Paris pour le chef de la maison royale. Malgré le traité d'Utrecht, malgré les lettres patentes de Louis XIV du 15 mars 1713, lesquelles déclarent le roi d'Espagne et ses héritiers, successeurs et descendants, exclus à perpétuité de la succession royale de France, ces légitimistes persistent à proclamer les droits de don Carlos. Ils semblent être d'accord sur ce point avec M^me la comtesse de Chambord. Le comte de Chambord ne s'est jamais expliqué officiellement sur la question du droit héréditaire. Mais la comtesse, confidente de ses pensées intimes, a moins dissimulé son opinion. L'incident des funérailles de Goritz en est une preuve. On raconte en outre qu'au moment où le cercueil du comte de Chambord quittait Frohsdorf, la comtesse fit venir ses neveux et les conjura de s'opposer à toute tentative des princes d'Orléans pour transformer les funérailles en un acte politique.

Votre pauvre oncle, aurait-elle dit, m'a répété si souvent : « Je ne veux pas que mon corps serve de pont aux Orléans. » Et s'il a vu le comte de Paris pendant sa maladie, ce n'était que parce que, comme il disait, il ne voulait pas qu'on pût croire qu'il mourait ayant de la rancune contre qui que ce soit; qu'il a fait un acte héroïque pour l'amour de Dieu, mais tout à fait en dehors de la politique. Jusqu'au dernier moment, ses idées politiques n'ont pas changé à ce sujet.

Tout récemment encore, au mois d'octobre 1883, le représentant autorisé du comte de Chambord à Toulouse, M. Joseph du Bourg, écrivait : « Ma conviction personnelle est que la succession légitime du trône de France repose sur les descendants du duc d'Anjou, » c'est-à-dire sur don Carlos. Le *Monde*, dans son numéro du 23 octobre 1883, fait de son côté allusion « au bruit qui court que les princes de Bourbon des maisons d'Espagne et de Parme préparent un manifeste où ils réclameront la qualité et les droits de chefs de la maison de France. On nous a même raconté, ajoute le *Monde*, qu'ils avaient fait sonder à ce sujet un journal important sur le concours duquel ils avaient l'espérance de pouvoir compter, mais que ce journal avait reçu très froidement cette ouverture et avait complètement réservé sa liberté d'action. »

Le jour où les funérailles du comte de Chambord étaient célébrées à Goritz, de nombreux services eurent lieu dans toute la France. A Paris, celui de Saint-Germain-l'Auxerrois, organisé par le marquis de Dreux-Brézé réunit tous les légitimistes qui n'avaient pu se rendre à Goritz.

De nombreuses adresses furent en outre signées par les légitimistes et portèrent à M$^{me}$ la comtesse de Chambord l'expression de leur douleur.

A la suite de ces événements, les présidents des comités royalistes qui avaient été organisés sur tous les points de la France, reçurent de M. le marquis de Dreux-Brézé la communication suivante :

Paris, 26 août 1883.

Monsieur,

Le malheur qui nous menaçait et qui vient de nous frapper, la mort de M. le comte de Chambord, a pour conséquence évidente et impérieuse la disparition des pouvoirs conférés par Monseigneur et la dissolution de l'organisation fondée par lui.

Je n'ai plus aucun mandat à l'égard de ceux de nos amis auprès desquels j'étais accrédité.

Les présidents des comités royalistes ont perdu tous leurs pouvoirs.

Les comités royalistes n'existent plus, ni en droit, ni en fait. Ils n'ont plus un motif de se réunir.

Les présidents, les membres des comités royalistes, n'ont plus le droit d'agir en cette qualité : toute initiative de leur part n'aura plus qu'un caractère absolument privé. Ils pourront seulement indiquer comme un souvenir à leur honneur leur titre de membre de l'ancien comité royaliste de leur département.

Au moment où vont se rompre, monsieur, ces relations qu'avaient créées entre vous et moi la confiance de M. le comte de Chambord, j'ai un dernier devoir à remplir : celui de vous remercier du concours que j'ai constamment trouvé en vous pour l'accomplissement de ma mission.

Le souvenir de ces relations ne disparaîtra chez moi qu'avec la vie.

Recevez, monsieur, l'expression de mes sentiments très distingués.

DREUX-BRÉZÉ.

En même temps plusieurs journaux royalistes disparaissaient en province, entr'autres : Le *Courrier de la Nièvre* ; L'*Union du Midi*, de Toulouse ; La *Gazette de Normandie*, de Rouen ; Le *Petit Père Bon-Sens*, de Caen ; Le *Petit Angevin*, d'Angers ; L'*Étoile* d'Angers ; L'*Union de Bretagne*, de

Rennes ; La *Gazette de Nîmes* ; L'*Impartial du Finistère* ; Le *Citoyen*, de Marseille.

Enfin l'*Union*, qui avait été l'organe officiel du comte de Chambord, annonçait elle-même, le 13 septembre, que sa mission était finie. Après avoir salué dans M. le comte de Paris le chef de la maison de France et fait « des vœux pour qu'il lui fût donné de restaurer la monarchie chrétienne et traditionnelle, à qui la France a dû pendant huit cents ans sa prospérité et sa grandeur », elle ajoutait : « L'honneur d'un dévoûment intime et personnel impose à l'*Union* des devoirs qu'elle ne saurait méconnaître ; mais, avant de terminer une existence consacrée au service des plus saintes et des plus nobles causes, elle veut offrir à ses amis, à ses lecteurs, à tous ceux qui l'ont aidée et soutenue dans sa tâche, l'expression de sa profonde et durable gratitude. »

Au moment de la mort du comte de Chambord, on a fait, entre la fin des trois branches de la dynastie qui a régné sur la France, ce curieux rapprochement :

Le comte de Chambord est mort dans l'exil. Les trois derniers rois de la branche aînée des Bourbons ont donc été : Louis XVI, Louis XVIII, Charles X ; trois frères.

Or, les trois derniers rois de la branche des Valois avaient été : François II, Charles IX, Henri III ; trois frères.

Et les trois derniers rois de la première branche, de la branche directe des capétiens furent : Louis X, Philippe V, Charles IV ; trois frères.

Voici enfin la table généalogique des deux branches de la maison de Bourbon, au point de vue de la succession politique :

| BRANCHE AÎNÉE | BRANCHE CADETTE |
|---|---|
| Louis XIV. | Philippe de France, Monsieur, frère de Louis XIV, chef des d'Orléans). |
| Le grand dauphin. | |
| Le duc de Bourgogne. | |
| Louis XV. | Le Régent. |
| Le dauphin. | Louis d'Orléans. |
| Louis XVI. | Louis-Philippe. |
| Louis XVII (fils du précédent). | Philippe-Égalité. |
| | Louis-Philippe Ier. |
| Louis XVIII (frère de Louis XVI). | Le duc d'Orléans. |
| | Le comte de Paris. |
| Charles X (second frère de Louis XVI). | |
| Le duc de Berri. | |
| Le comte de Chambord. | |

# APPENDICE

—

# BULLETINS MÉDICAUX

# BULLETINS MÉDICAUX

Nous donnons ci-après les bulletins officiels de la santé du comte de Chambord pendant sa maladie.

2 juillet, 11 h. 30.

Fin de la journée d'hier mauvaise.
Nuit et matinée plus calmes.
Pas de changement notable dans l'état général.

BARON DE RAINCOURT.

2 juillet, 7 h. soir.

Le calme signalé par le télégramme subsiste, mais les médecins sont toujours aussi inquiets.

BARON DE RAINCOURT.

Frohsdorf, 3 juillet, midi 20.

Légère amélioration depuis vingt-quatre heures.

BARON DE RAINCOURT.

Kleinvolkersdorf, 3 juillet, 8 h. 10.

L'état général s'est un peu amélioré aujourd'hui; mais des symptômes très inquiétants semblent confirmer les craintes du professeur Billroth.

*Signé* : MONTI.

Wiener-Neustadt, 4 juillet, 11 h. 16.

Nuit très agitée ; plus de calme ce matin. Du reste la maladie suit son cours.

*Signé :* R<small>AINCOURT</small>

Wiener-Neustadt, 4 juillet, 7 h. 30 soir.

Amélioration signalée hier a malheureusement fait place à grande faiblesse. Dyspepsie continue.

R<small>AINCOURT</small>.

Wiener-Neustadt, 5 juillet, 9 h. 45 matin.

Nuit relativement meilleure : souffrances moins vives. Consultation n'aura lieu que ce soir.

R<small>AINCOURT</small>.

Wiener-Neustadt, 5 juillet, 2 h 40 soir.

Depuis hier jusqu'aujourd'hui midi, l'état du malade n'a pas empiré.

R<small>AINCOURT</small>.

Neustadt, 5 juillet, 9 h. soir.

*Consultation, 5 juillet, soir.*

Nous avons trouvé l'état de Monseigneur amélioré d'une manière marquée : surtout les symptômes dyspepsiques ont diminué. Par suite, l'état général paraît plus favorable. Signé : Billroth, Drasche, Mayr.

R<small>AINCOURT</small>.

Neustadt, 6 juillet, 4 h. soir.

Symptômes dyspepsiques diminuent, mais persistent à se manifester de temps en temps. Du reste, l'état de Monseigneur n'a pas changé depuis hier.

Neustadt, 6 juillet, 7 h. 10 soir.

Aucune modification sensible depuis midi.

R<small>AINCOURT</small>.

Neustadt, 9 h. 40.

Nuit assez calme sans grandes souffrances, malade toujours faible.

RAINCOURT.

Neustadt, 8 juillet, 8 h. 10 soir.

Une diminution dans les symptômes de la dyspepsie commence à se manifester. La faiblesse générale persiste encore. Après-midi relativement satisfaisante.

BARON DE RAINCOURT.

Wiener-Neustadt, 9 juillet, 9 h. 50 matin.

Nuit agitée et encore sans sommeil. Léger mouvement de fièvre. La faiblesse est extrême.

COMTE DE BLACAS.

Wiener-Neustadt, 9 juillet, 2 h. 50.

*Consultation des docteurs Mayr et Drasche.*
Par suite d'une nuit moins bonne, les symptômes dyspepsiques ont partiellement reparu.
En conséquence, l'état général est moins favorable, et les forces ont un peu diminué depuis hier.

COMTE DE BLACAS.

Neustadt, 9 juillet, 7 h. 20 soir.

Journée tranquille sans incident nouveau.

COMTE DE BLACAS.

Neustadt, 10 juillet, 9 h. 50.

M. le comte de Chambord n'a presque pas dormi. Le plus grand mal du moment est la faiblesse.

COMTE DE BLACAS.

Wiener-Neustadt, 10 juillet, 3 h. soir.

*Bulletin médical du 10 juillet, midi.*
Quoique la dyspepsie soit en diminution successive, la faiblesse de Monseigneur reste la même.

Comte de Blacas.

Wiener-Neustadt, 10 juillet, 7 h. 20 soir.

La journée, relativement tranquille, est bonne ce soir. L'inappétence tend à disparaître.

Comte de Blacas.

Kleinvolkersdorf, 11 juillet, 11 h. 36 m.

Nuit assez peu satisfaisante par suite du manque de sommeil. Quelques vomissements comme les nuits dernières.

Comte de Blacas.

Wiener-Neustadt, 11 juillet, 2 h. soir.

*Bulletin médical du 11 juillet, midi.*
La légère amélioration constatée depuis quelques jours dans l'état de M. le comte de Chambord, n'a fait aucun progrès depuis hier.

*Signé :* Comte de Blacas.

Wiener-Neustadt, 11 juillet, 7 h. 10 soir.

Faiblesse toujours grande. Journée relativement bonne.

Comte de Blacas.

Wiener-Neustadt, 12 juillet, 9 h. 16 matin.

Nuit moins agitée que les précédentes.
Les forces n'ont pas diminué.

Comte de Blacas.

Wiener-Neustadt, 12 juillet, 7 h. 10 soir.

Pas de vomissements depuis ce matin. Monsieur le Comte de Chambord a pris quelque nourriture et s'en trouve bien.

Comte de Blacas.

Wiener-Neustadt, 13 juillet, 9 h. 30 matin.

Nuit agitée. Pas de vomissements depuis vingt-quatre heures.

Comte de Blacas.

Wiener-Neustadt, 13 juillet, 3 h. 5 soir.

*Bulletin médical du 13, midi.*

Aujourd'hui l'état des forces de Monsieur le Comte de Chambord, joint à la légère diminution des troubles dyspepsiques, donne quelque espoir qu'il éprouvera prochainement un peu de soulagement.

Comte de Blacas.

Wiener-Neustadt, 13 juillet, 7 h. 30 soir.

Journée assez bonne. La faiblesse semble un peu diminuer.

Comte de Blacas.

Wiener-Neustadt, 14 juillet, 9 h. 50 matin.

Peu de sommeil, mais nuit tranquille, malgré chaleur accablante. Pas de vomissements.

Monsieur le Comte de Chambord très reconnaissant de l'empressement qu'a mis le docteur Vulpian à accepter.

Comte de Blacas.

Wiener-Neustadt, 14 juillet, 3 h. 30 soir.

Monsieur le Comte de Chambord se trouve un peu mieux.

L'espoir exprimé hier commence donc à se réaliser.

Comte de Blacas.

Kleinvolkersdorf, 14 juillet, 6 h. 48 soir.

L'amélioration constatée par le bulletin médical de ce matin a persisté toute la journée. Monsieur le Comte de Chambord est parfaitement tranquille. Il a pu prendre un peu de bouillon, de gelée de viande et de vin.

Comte de Blacas.

Wiener-Neustadt, 15 juillet, 9 h. 30 matin.

Nuit assez bonne comme la précédente, confirmant l'amélioration que faisait prévoir le bulletin d'hier.

Comte de Blacas.

Wiener-Neustadt, 15 juillet, 1 h. 45 soir.

*Bulletin médical du 15 juillet, 11 heures.*

Depuis hier, l'espoir d'une amélioration successive dans l'état de Monsieur le Comte de Chambord n'a pas été déçu.

Les forces se sont un peu relevées.

Comte de Blacas.

Kleinvolkersdorf, 15 juillet, 6 h. 20 soir.

*Bulletin de la consultation du 15 à 5 heures du soir.*

L'état général est relativement satisfaisant. L'amélioration des phénomènes de dyspepsie n'a pas fait de nouveaux progrès essentiels.

*Signé :* D$^r$ Vulpian, D$^r$ Drasche, D$^r$ Mayr.

Comte de Blacas.

Wiener-Neustadt, 16 juillet, 9 h. 20 matin.

Nuit assez bonne, quoique sans sommeil. Le docteur Vulpian, arrivé hier, ne s'est pas encore prononcé sur la maladie.

Comte de Blacas.

Neustadt, 16 juillet, minuit 15.

*Bulletin médical du 16, 11 heures.*

Nuit tranquille. L'état général est le même qu'hier.
*Signé :* Professeur Vulpian, Docteur Mayr.

Comte de Blacas.

Wiener-Neustadt, 16 juillet, 7 h. 27. soir.

Monsieur le Comte de Chambord a dormi hier à plusieurs reprises pendant la journée. Le docteur Vulpian a donné quelques prescriptions pour nourriture plus substantielle.

Comte de Blacas.

Neustadt, 17 juillet, 9 h. 25.

La nuit s'est passée tranquillement. Les vomissements n'ont pas reparu, bien que la nourriture ait été un peu plus abondante.

Comte de Blacas.

Wiener-Neustadt, 17 juillet, 1 h. 30 soir.

*Bulletin médical du 17 juillet, midi.*

L'état d'amélioration de Monsieur le Comte de Chambord persiste.

*Signé :* Professeur Vulpian, professeur Drasche, docteur Mayr.

Comte de Blacas.

Kleinvolkersdorf, 17 juillet, 6 h. 40 soir.

L'état constaté ce matin par les docteurs Vulpian, Drasche et Mayr n'a subi aucun changement pendant la journée.

Comte de Blacas.

Neustadt, 18 juillet, 9 h. 28 matin.

Hier soir à dix heures, un vomissement ; la nuit, du reste, s'est passée tranquillement.

COMTE DE BLACAS.

Kleinvolkersdorf, 18 juillet, 1 h. 50 soir.

*Bulletin médical du 18 juillet, midi.*

Nuit assez tranquille. L'état général semble avoir de la tendance à s'améliorer.

*Signé :* Professeur VULPIAN, docteur MAYR.

COMTE DE BLACAS.

Kleinvolkersdorf, 18 juillet, 6 h. 40 soir.

Journée assez bonne. Le docteur Vulpian a laissé en partant des prescriptions de remèdes à prendre et de régime à suivre qui seront ponctuellement exécutées. Sa présence a été bien utile et précieuse. Monsieur le Comte de Chambord lui a exprimé avec effusion sa reconnaissance de ses soins et toute la confiance qu'il a su lui inspirer.

COMTE DE BLACAS.

Wiener-Neustadt, 19 juillet, 9 h. 25 matin.

Nuit satisfaisante. Pour la première fois, depuis longtemps, Monseigneur a dormi pendant plusieurs heures.

COMTE DE BLACAS.

Kleinvolkersdorf, 19 juillet, 12 h. 40 soir.

Nuit tranquille ; l'amélioration de l'état général se soutient.

COMTE DE BLACAS.

Kleinvolskerdorf, 19 juillet, 6 h. 38 soir.

Après-midi moins bonne que la matinée. Assez vives souffrances pendant quelques heures. En ce moment Monseigneur est calme et s'est endormi.

Comte de Blacas.

Wiener-Neustadt, 20 juillet. 9 h. 15 matin.

*Bulletin médical du 20 juillet, 8 h. matin.*

La nuit dernière, retour d'une légère aggravation des phénomènes dyspepsiques.
Vers le matin, amélioration.

Comte de Blacas.

Kleinvolkersdorf, 20 juillet, 7 h. 20 soir.

Les vives souffrances de la nuit dernière n'ont pas reparu. Journée assez calme.
Monseigneur a pu être porté au jardin et y est resté trois quarts d'heure.

Comte de Blacas.

Wiener-Neustadt, 21 juillet, 9 h. 30 matin.

*Bulletin médical du 20 juillet, 7 h. soir.*

L'amélioration survenue ce matin dans les phénomènes de dyspepsie se soutient.

Comte de Blacas.

Wiener-Neustadt, 21 juillet, 9 h. 30 matin.

*Bulletin médical du 21 juillet, 7 h. matin.*

Monsieur le Comte de Chambord a passé une nuit tranquille. Aucune aggravation des symptômes dyspepsiques.

Comte de Blacas.

Wiener-Neustadt, 21 juillet, 9 h. 40 soir.

*Bulletin médical du 21 juillet, 9 h. soir.*

Quoique aucune aggravation ne se soit produite dans l'état de Monsieur le Comte de Chambord, depuis hier matin la faiblesse a cependant un peu augmenté.

COMTE DE BLACAS.

Wiener-Neustadt, 22 juillet, 9 h. 10 matin.

*Bulletin médical du 22 juillet, 7 h. matin.*

Monsieur le Comte de Chambord a eu une nuit tranquille et se sent moins faible qu'hier, les symptômes dyspepsiques ayant diminué d'intensité.

COMTE DE BLACAS.

Kleinvolkersdorf, 22 juillet, 6 h. 10 soir.

*Bulletin médical du 22 juillet, 4 heures soir.*

Pendant la journée d'aujourd'hui, l'amélioration s'est soutenue. L'auguste malade reprend confiance.

*Signé* : Professeur DRASCHE,<br>Docteur MAYR.<br>COMTE DE BLACAS.

Wiener-Neustadt, 23 juillet, 9 h. 40 matin.

Monseigneur a dormi pendant plusieurs heures. Le mieux persiste.

COMTE DE BLACAS.

Wiener-Neustadt, 23 juillet, 2 h. 50.

*Bulletin médical du 23 juillet, midi.*

L'amélioration dans l'état de Monsieur le Comte de Chambord fait de visibles progrès.

*Signé* : Docteur MAYR.<br>COMTE DE BLACAS.

Wiener-Neustadt, 23 juillet, 7 h. 10 soir.

La journée a répondu aux espérances données par le bulletin médical de ce matin.

Comte de Blacas.

Wiener-Neustadt, 24 juillet, 9 h. 30 matin.

Nuit un peu plus agitée que la précédente. Du reste, pas de changement dans l'état général.

Comte de Blacas.

Wiener-Neustadt, 24 juillet, 2 h. 40 soir.

*Bulletin médical du 24 juillet, midi.*

Comme hier, l'état de Monsieur le Comte de Chambord est satisfaisant.

*Signé* : Docteur Mayr.
Comte de Blacas.

Kleinvolkersdorf, 24 juillet, 6 h. 50 soir.

La journée a été bonne. Monseigneur a passé plusieurs heures sous la tente du jardin, où son lit avait été transporté.

Comte de Blacas.

Wiener-Neustadt, 25 juillet, 9 h. 15 matin.

La nuit a été bonne. Pas de vomissements et peu de souffrances.

Wiener-Neustadt, 25 juillet, 2 h. 30 soir.

*Bulletin médical du 25 juillet, midi.*

Depuis hier, il ne s'est produit aucun changement dans l'état de Monsieur le Comte de Chambord.

*Signé* : Docteur Mayr.
Comte de Blacas.

Kleinvolkersdorf, 25 juillet, 6 h. 15 soir.

Journée assez satisfaisante. Monseigneur s'est fait transporter dans le salon et y a passé un quart d'heure.

Comte de Blacas.

Wiener-Neustadt, 26 juillet, 9 h. 30 matin.

La nuit a été bonne, sans aucune souffrance.

Comte de Blacas.

Kleinvolkersdorf, 26 juillet, 11 h. 10 matin.

*Bulletin médical du 26 juillet, 10 h. matin.*

Progrès lents et réguliers dans l'amélioration de l'état de Monsieur le Comte de Chambord.

*Signé* : Docteur Mayr.
Comte de Blacas.

Kleinvolkersdorf, 26 juillet, 6 h. 40 soir.

Rien à ajouter au bulletin médical de ce matin.

Comte de Blacas.

Kleinvolkersdorf, 27 juillet, 10 h. 25 matin.

*Bulletin médical du 27 juillet, 9 h. matin.*

L'amélioration suit son cours.

*Signé* : Docteur Mayr.
Comte de Blacas.

Kleinvolkersdorf, 27 juillet, 6 h. 50 soir.

Monseigneur s'est fait transporter au salon, où il est resté un moment, et de là au jardin. Journée assez bonne ; mais à quatre heures, quelques douleurs, dues sans doute à la fatigue.

Comte de Blacas.

Kleinvolkersdorf, 28 juillet, 10 h 50 matin.

*Bulletin médical du 28 juillet, 10 h. matin.*

Les symptômes dyspepsiques qui avaient reparu hier soir ont à peu près disparu ce matin. L'état général n'en a pas été gravement affecté.

*Signé* : Docteur Mayr.
Comte de Blacas.

Kleinvolkersdorf, 29 juillet, 10 h. 35 matin.

*Bulletin médical du 29 juillet, 10 h. matin.*

L'état de Monsieur le Comte de Chambord est à peu près revenu au degré d'amélioration constaté il y a deux jours.

*Signé* : Docteur Mayr.
Comte de Blacas.

Wiener-Neustadt, 30 juillet, 7 h. 45 soir.

Rien n'est venu dans la journée troubler l'état satisfaisant constaté ce matin par médecins. Monseigneur, porté au jardin, y a passé trois heures.

Comte de Blacas.

Kleinvolkersdorf, 31 juillet, 10 h. 25 matin.

*Bulletin médical du 31 juillet, 10 h. matin.*

L'amélioration suit son cours et progrès en dépit de quelques légers incidents.

Comte de Blacas.

Kleinvolkersdorf, 31 juillet, 6 h. 20 soir.

La faiblesse est toujours assez grande. Néanmoins, Monseigneur a été porté au parc, où il est resté trois heures. Du reste, aucun incident à signaler.

Comte de Blacas.

Kleinvolkersdorf, 1er août, 10 h. 30 matin.

*Bulletin médical du 1er août, 10 h. matin.*

Les forces de Monsieur le Comte de Chambord se relèvent, mais extrêmement lentement. Au reste, aucun changement.

*Signé* : Docteur MAYR.
COMTE DE BLACAS.

Neustadt, 1er août, 7 h. 30 soir.

Le médecin, pensant que le grand air ne pouvait être que favorable au progrès des forces et au retour de l'appétit, a permis à Monseigneur de se faire porter au jardin deux fois dans la journée d'aujourd'hui.

COMTE DE BLACAS.

Kleinvolkersdorf, 2 août, 10 h. 45 matin.

*Bulletin médical du 2 août, 10 h. matin.*

Si aucun incident ne vient troubler les progrès de l'amélioration successive que je constate encore aujourd'hui, il n'y aura pas demain de bulletin médical.

*Signé* : Docteur MAYR.
COMTE DE BLACAS.

Kleinvolkersdorf, 3 août, 6 h. 28 soir.

Monseigneur était assez bien ce matin pour que le médecin ait cru pouvoir se dispenser de rédiger un bulletin. La journée qui vient de s'écouler a été assez satisfaisante, sauf la grande faiblesse.

COMTE DE BLACAS.

Kleinvolkersdorf, 4 août, 10 h. 44 matin.

*Bulletin médical du 4 août, 10 heures.*

L'état satisfaisant signalé le 2 août n'a pas subi de changement.

*Signé* : Docteur MAYR.
COMTE DE BLACAS.

Kleinvolkersdorf, 5 août, 10 h. 10 matin.

L'après-midi d'hier et la nuit ont été bonnes.
L'état serait satisfaisant, n'était telle faiblesse persistante.

Comte de Blacas.

Kleinvolkersdorf, 6 août, 9 h. 45 matin.

*Bulletin médical du 6, 9 h. matin.*

Je constate aujourd'hui que les symptômes dyspepsiques sont rares et que l'état des forces s'est un peu amélioré.

*Signé* : Docteur Mayr.
Comte de Blacas.

Kleinvolkersdorf, 7 août, 10 h. 30 matin.

Pas de bulletin médical aujourd'hui. La nuit a été bonne. Monseigneur se sent un peu moins faible.

Comte de Blacas.

Kleinvolkersdorf, 8 août, 10 h. matin.

Monseigneur paraît un peu fatigué ce matin. Le médecin n'attache pas d'importance à cette lassitude qu'il attribue au temps orageux de la nuit.

Baron de Raincourt.

Wiener-Neustadt, 9 août, 9 h. 15 matin.

*Bulletin médical du 9, 8 h. matin.*

Pendant cette nuit, réapparition de quelques symptômes dyspepsiques. Les forces ont comparativement diminué.

*Signé* : Docteur Mayr.
Baron de Raincourt.

Kleinvolkersdorf, 9 août, 9 h. 5 soir.

*Bulletin médical du 9 août, 9 h. soir.*

L'état de Monseigneur s'est visiblement amélioré dans le cours de la journée.

*Signé :* Docteur Mayr.
Baron de Raincourt.

Wiener-Neustadt, 10 août, 9 h. 45 matin.

*Bulletin médical du 10 août, 8 h. soir.*

Aujourd'hui l'état de Monseigneur est redevenu satisfaisant.

*Signé :* Docteur Mayr.
Baron de Raincourt.

Kleinvolkersdorf, 11 août, 11 h. 40 matin.

*Bulletin médical du 11 août, 10 h. matin.*

Malgré l'amélioration constatée hier, nuit agitée et grande faiblesse.

*Signe :* Docteur Mayr.
Baron de Raincourt.

Kleinvolkersdorf, 12 août, 11 h. matin.

*Bulletin médical du 12 août, 10 h. matin.*

Les symptômes dyspepsiques se sont aggravés depuis hier ; nuit agitée, grande faiblesse.

*Signé :* Docteur Mayr.
Baron de Raincourt.

Wiener-Neustadt, 12 août, 5 h. 50 soir.

*Consultation du 12 août, 4 h. soir.*

Dans le courant de la journée, la faiblesse a augmenté d'une manière inquiétante.

*Signé :* Professeur Drasche.
Docteur Mayr.
Baron de Raincourt.

## BULLETINS MÉDICAUX

Kleinvolkersdorf, 13 août, 7 h. 40 matin.

Nuit meilleure ; six heures de sommeil ; même faiblesse ; alimentation forcément insuffisante.

Baron de Raincourt.

Kleinvolkersdorf, 13 août, 10 h. 20 matin.

*Bulletin médical du 13 août, 10 h. matin.*

L'état inquiétant de Monsieur le Comte de Chambord signalé hier continue aujourd'hui.

*Signé* : Docteur Mayr.<br>Baron de Raincourt.

Wiener-Neustadt, 13 août, 7 h. 30 soir.

Deux vomissements dans la journée ; du reste l'état est toujours à peu près le même.

Baron de Raincourt.

Kleinvolkersdorf, 14 août, 11 h. matin.

*Bulletin médical du 14 août, 10 h. matin.*

Ce matin l'état de Monseigneur n'est pas moins inquiétant qu'hier.

*Signé* : Docteur Mayr.<br>Baron de Raincourt.

Wiener-Neustadt, 14 août, 2 h. 5 soir.

État de Monsieur le Comte de Chambord toujours le même. Cependant, Monseigneur, qui a été porté au jardin, éprouve un peu de mieux.

Baron de Raincourt.

Wiener-Neustadt, 14 août, 5 h. 45 soir.

Monsieur le Comte de Chambord a passé deux heures dehors sans en paraître fatigué. Pas de vomissements, mais état toujours aussi grave.

Baron de Raincourt.

Kleinvolkersdorf, 15 août, 10 h. 35 matin.

*Bulletin médical du 15 août, 10 h. matin.*

Malgré quelques indices d'amélioration, l'état est aussi inquiétant aujourd'hui qu'hier.

*Signé :* Docteur Mayr.
Baron de Raincourt.

Wiener-Neustadt, 15 août, 2 h. 30 soir.

Six heures de sommeil ; le reste de la nuit un peu moins agité que les précédentes. Alimentation un peu moins difficile qu'il y a deux jours, mais toujours même faiblesse et mêmes inquiétudes.

Baron de Raincourt.

Wiener-Neustadt, 15 août, 6 h. 45 soir.

Pas de modification sensible cette après-midi dans l'état de Monsieur le Comte de Chambord.

Baron de Raincourt.

Kleinvolkersdorf, 16 août, 8 h. 15 matin.

Nuit relativement bonne ; sommeil prolongé et calme. Ce matin peu de souffrances, mais toujours grand abattement.

Baron de Raincourt.

Kleinvolkersdorf, 16 août, 10 h. 50 matin.

*Bulletin médical du 16 août, 10 h. matin.*

Aujourd'hui il n'y a pas de changement essentiel dans l'état de Monsieur le Comte de Chambord.

*Signé :* Docteur Mayr.
Baron de Raincourt.

Wiener-Neustadt, 16 août, 7 h. soir.

Journée calme. Pas de vomissement. Monseigneur n'a pu être transporté dehors à cause du temps.

Baron de Raincourt.

Kleinvolkersdorf, 17 août, 8 h. 08 matin.

Monseigneur a peu dormi et beaucoup souffert. Grande agitation cette nuit et ce matin.

Baron de Raincourt.

Kleinvolkersdorf, 17 août, 10 h. 20 matin.

*Bulletin médical du 17 août, 10 h. matin.*

Quoique Monsieur le Comte de Chambord se sente mieux, son état ne s'est nullement amélioré.

*Signé :* Docteur Mayr.
Baron de Raincourt.

Wiener-Neustadt, 17 août, 8 h. 10 soir.

Monsieur le Comte de Chambord a eu, cette après-midi, une défaillance légère et de courte durée.
Depuis, son état est le même que dans la matinée.

Baron de Raincourt.

Wiener-Neustadt, 18 août, 11 h. 20 matin.

*Bulletin médical du 18 août, 9 h. matin.*

Pas plus qu'hier, il n'y a aujourd'hui une amélioration à signaler dans l'état de Monsieur le Comte de Chambord. Dyspepsie, faiblesse relativement grande produisant de légers troubles dans le cerveau.

*Signé :* Docteur Mayr.
Baron de Raincourt.

Kleinvolkersdorf, 18 août, 2 h. soir.

Vives souffrances par moments. Alimentation toujours difficile. Pas de vomissement depuis ce matin.

Baron de Raincourt.

Wiener-Neustadt, 18 août, 7 h. 15 soir.

Après-midi assez calme. Monsieur le Comte de Chambord a pu prendre un peu plus de nourriture qu'hier. Mais toujours même souffrance et même faiblesse.

Baron de Raincourt.

Wiener-Neustadt, 19 août, 9 h. 45 matin.

*Bulletin médical du 19 août, 7 h. 30 matin.*

Dyspepsie, douleurs dans la région de l'estomac; légers troubles dans le cerveau. Grande faiblesse.

Ainsi aucune amélioration dans l'état de la maladie de Monsieur le Comte de Chambord.

*Signé :* Docteur Mayr.<br>Baron de Raincourt.

Wiener-Neustadt, 19 août, 3 h. soir.

Douleurs ont continué et amené vomissements. Depuis lors, Monsieur le Comte de Chambord repose.

Comte de Blacas.

Kleinvolkersdorf, 19 août, 9 h. 30 soir.

*Bulletin médical du 19 août, 8 h. 30 soir.*

Par suite du trouble profond des fonctions digestives et du défaut de nutrition qui en est la conséquence, la diminution graduelle des forces occasionne chez Monsieur le Comte de Chambord quelques défaillances. État général très inquiétant.

*Signé :* Professeur Drasche.<br>Docteur Mayr.<br>Comte de Blacas.

Wiener-Neustadt, 20 août, 10 h. 50 matin.

*Bulletin médical du 20 août, 9 h. matin.*

Eu égard à l'aggravation subite qui s'est produite hier dans l'après-midi, la nuit a été tranquille.

Ce matin, retour des douleurs dans la région épigastrique. Comme hier soir, extrême faiblesse.

*Signé :* Docteur Mayr.

Comte de Blacas.

Kleinvolkersdorf, 20 août, 5 h. soir

Malgré un peu de détente, l'état, au dire des médecins, reste extrêmement grave.

Comte de Blacas.

Kleinvolkersdorf, 20 août, 9 h. 40 soir

*Bulletin médical du 20 août, 8 h. 30 soir.*

Les souffrances dans la région épigastrique un peu moindres que pendant la journée. Du reste, l'état de Monsieur le Comte de Chambord est toujours aussi inquiétant qu'hier soir.

*Signé :* Docteur Mayr.

Comte de Blacas.

Wiener-Neustadt, 21 août, 9 h. 20 matin.

Après minuit, agitations. Dès les premières heures du jour, Monsieur le Comte de Chambord a éprouvé de vives douleurs dans la région épigastrique. Le dégoût pour la nourriture est insurmontable. Les forces diminuent rapidement.

L'intelligence de l'auguste malade ne se ressent pas encore de cette faiblesse.

*Signé :* Docteur Mayr.

Comte de Blacas.

*Kleinvolkersdorf, 21 août, 2 h. 30 soir.*

Journée calme due, malheureusement, à une prostration de forces complète.

Monsieur le Comte de Chambord a toute sa connaissance. Il a demandé et reçu les Sacrements.

Comte de Blacas.

*Kleinvolkersdorf, 21 août, 11 h. 45 soir.*

Le calme dont M. le Comte de Chambord a joui pendant ces dernières heures permet d'espérer que les inquiétudes conçues pour cette nuit ne se réaliseront pas.

Comte de Blacas.

*Wiener-Neustadt, 22 août, 9 h. 40 matin.*

*Bulletin médical du 22 août, 8 h. matin.*

Grâce à la diminution notable des douleurs dans la région épigastrique, la nuit a été calme. L'auguste malade a dormi pendant plusieurs heures. La faiblesse est toujours très grande, et l'état reste aussi sérieusement inquiétant qu'hier.

*Signé :* Docteur Mayr.

Comte de Blacas.

*Wiener-Neustadt, 22 août, 1 h. 10 soir.*

Le calme de la nuit dernière s'était prolongé pendant toute la matinée ; mais Monsieur le Comte de Chambord vient d'avoir une crise qu'on a cru être la dernière. Monseigneur est plus tranquille et le danger semble écarté pour le moment.

Comte de Blacas.

*Kleinvolkersdorf, 22 août, 4 h. 33 soir.*

*Bulletin médical du 22 août, 4 h. soir.*

. Une faiblesse musculaire momentanée, ayant les caractères de la paralysie, mais pendant laquelle l'auguste malade avait sa pleine connaissance, s'est produite subitement aujourd'hui, à midi. Elle a été promptement suivie du retour à l'état de faiblesse ; de légères douleurs ont troublé le repos de l'après-midi. La nutrition reste toujours impossible.

*Signé* : Docteur Mayr.

Comte de Blacas.

Kleinvolkersdorf, 22 août, 10 h. 15 soir.

*Bulletin médical du 22 août, 10 h. soir.*

Vers le soir, et jusqu'à l'heure actuelle, Monsieur le Comte de Chambord a dormi profondément. A diverses reprises, Monseigneur a pu prendre quelque peu de nourriture.

Du reste, l'état est le même que pendant la journée.

*Signé :* Docteur Mayr

Comte de Blacas.

Wiener-Neustadt, 23 août, 9 h. 35 matin.

*Bulletin médical du 23 août, 8 h. matin.*

Pendant la nuit, très grande faiblesse. Légères douleurs dans la région abdominale. Monsieur le Comte de Chambord a pris de nouveau une petite quantité de nourriture liquide concentrée. Ce matin, l'auguste malade a le sentiment d'une complète prostration.

*Signé :* Docteur Mayr.

Comte de Blacas.

Wiener-Neustadt, 23 août, 2 h. 20 soir.

Monsieur le Comte de Chambord est tranquille, mais la faiblesse s'accentue de plus en plus et semble arrivée au dernier degré.

Comte de Blacas.

Kleinvolkersdorf, 23 août, 4 h. 20 soir.

*Bulletin médical du 23 août, 4 h. soir.*

Tout annonce une agonie prochaine.

*Signé* : Docteur Mayr.
Comte de Blacas.

Kleinvolkersdorf, 23 août, 10 h. 45 soir.

L'agonie a commencé. Elle est douce et calme.

*Signé :* Comte de Blacas.

Wiener-Neustadt, 24 août, 10 h. 10 matin.

Monsieur le Comte de Chambord vient d'expirer à sept heures vingt-sept minutes.

# REVUE DE LA PRESSE

# REVUE DE LA PRESSE

La mort du comte de Chambord a été appréciée par la presse parisienne dans les articles que nous reproduisons.

La presse de province a tenu, suivant les diverses opinions, un langage analogue à celui de la presse parisienne.

Quant à la presse étrangère, ses appréciations ont été généralement courtes et ne présentent pas un intérêt particulier.

Plusieurs journaux de Paris ont pris le deuil. Ce sont les suivants : *L'Union*, le *Monde*, l'*Univers*, le *Clairon*, le *Gaulois*, le *Figaro*, le *Moniteur universel*, le *Français*, la *Défense*, le *Soleil*, l'*Action*, le *Journal de Paris*, la *France chrétienne*, la *Revue économique et financière*, le *Journal des Villes et Campagnes*.

Il en a été de même pour la presse monarchique de province.

*L'Action* (25 août) :

L'illustre chef de la maison de France est mort.

Le petit-fils de saint Louis et de Henri IV vient de succomber sur la terre étrangère.

Il est mort, mort sans avoir revu cette France qu'il aimait tant, cette France à laquelle ont appartenu, comme les préoccupations de toute sa vie, les dernières pensées de sa lente agonie.

Il est mort, sans avoir pu réaliser pour cette France que ses ancêtres ont créée, à laquelle ils avaient donné une situation incomparable dans le monde, les grands desseins de relèvement que rêvait son âme patriotique.

Il est mort sans avoir pu arracher notre terre de France au gouvernement des misérables qui l'exploitent, la ruinent et la déshonorent.

Il est mort sans avoir pu rendre à la patrie française — et ce fut certes la plus poignante douleur de l'instant où il sentit la vie lui échapper — sans avoir pu rendre à la France ces deux chères et vaillantes provinces que lui avaient données ses ancêtres, notre Alsace et notre Lorraine.

Il est mort, celui que, malgré tout, l'histoire appellera Henri V, mort sur la terre de l'exil, mort loin de la patrie, mais en pensant à elle jusqu'à l'instant suprême et en gardant pour elle, pour son avenir, pour sa grandeur, d'invincibles et d'immortelles espérances.

*La Bataille* (26 août) :

## RENDEZ CHAMBORD

Le comte de Chambord vient de mourir pour de bon ; il était temps. Sa fausse sortie d'il y a deux mois le rendait ridicule. Il faut savoir mourir quand on joue aux premiers rôles et, dans ce cas, mourir bien, c'est mourir vite.

L'hésitation se comprend un peu. Aller se faire blaguer là-haut après avoir été sa vie durant blagué par tous les Français et même par les décavés de royaumes ; Isabelle, François II, duc d'Aoste, roi de Hanovre, Othon, Ismaïl-Pacha, rajahs et sous-rajahs, qui eux, au moins, ont tâté du pouvoir, ce n'est pas une perspective de gaieté folle. Saint Louis, à la rigueur, pouvait tendre les bras à Louis XVI, mais par qui Chambord peut-il être attendu, si ce n'est par Jocrisse?

Enfin, bien ou mal fait, le saut est fait, et c'est l'important pour les gens de Chantilly. Maintenant, au comte de Paris, le nouveau roi légitime, de nous seriner la fameuse phrase : « Je suis prêt à sauver la France » ; la musique comme les paroles se trouveront dans le testament de Frohsdorf.

Ce morceau nous intéresse peu pour le moment ; on verra plus tard si la succession politique d'Henri V est plus facile à recueillir que celle d'Orélie-Antoine Ier, roi d'Araucanie et de Patagonie ; mais nous aimerions à savoir si, au moment de franchir le passage délicat, le comte de Chambord a montré envers la France quelque délicatesse.

Personne n'ignore que le miraculeux enfant de la duchesse de Berri fut doté à sa naissance du domaine de Chambord, orné d'un château, le plus pur chef-d'œuvre de la Renaissance, et composé de forêts, de prairies, de champs d'une valeur énorme. Personne encore n'ignore que cette dotation fut acquise par une souscription dite nationale, mais qui fut en réalité imposée à la nation. Paul-Louis Courier, dans un pamphlet récemment publié par la *Bataille*, a raconté comment toutes les forces administratives furent mises en jeu pour extorquer aux villes, aux conseils généraux, aux communes les fonds nécessaires à ce don « spontané ». Il en cuit au pamphlétaire qui fut, pour son audace, condamné à beaucoup de mois de prison ; mais toute la nation lui fut reconnaissante, et la génération actuelle ne lui doit pas moins pour avoir dressé ce bel acte de propriété.

Pendant soixante-deux années, l'enfant de la Restauration a profité de ce domaine seigneurial. Pendant soixante-deux ans, il en a joui, sans y avoir travaillé, sans y avoir même résidé une semaine ; pendant cinquante-trois ans, il en a dépensé les revenus à l'étranger ou à conspirer une restauration. C'est déjà suffisamment anormal, mais nous pouvons être appelé à voir encore mieux.

L'héritier naturel du petit-fils de Charles X est, paraît-il, le comte de Bardi ; Bardi d'où, Bardi de quoi ? Personne ne pourrait le dire, sinon que cet individu est un étranger, un Italien rallié à toutes les réactions. Voilà, de par la loi, le futur propriétaire du domaine de Chambord, le futur bénéficiaire de la prétendue souscription nationale de 1821. En vertu de son droit d'héritier, il serait donc loisible à ce signor de trafiquer des revenus de cette terre royale et, au besoin, de la léguer à son cuisinier.

Telle est la situation légale ; nous désirerions savoir si le comte de Chambord s'en est autorisé dans son testament.

Nous savons trop bien ce que les Bourbons ont coûté à la France pour avoir jamais cru à la générosité du miraculeux. A supposer la donation de Chambord de bonne volonté et sincère, le fait de garder les cadeaux de gens qui vous mettent à la porte, donnerait une idée médiocre de la délicatesse du rejeton à Saint-Louis ; mais nous voulons croire qu'au dernier moment un rayon de probité lui aura fait léguer le domaine de Chambord à son véritable propriétaire : la France.

S'il en était autrement, il faudrait ranger la conscience boîteuse de ce sire de Frohsdorf à côté de celle du don Carlos, et agir en conséquence.

C'est-à-dire reprendre Chambord par décret national, malgré testament et héritiers.

La République actuelle est le seul gouvernement qui alimente les dynasties hostiles. Alors que l'Angleterre, l'Allemagne, l'Italie, l'Espagne n'ont jamais hésité à confisquer les domaines des souverains déchus, la République les restitue ou les respecte. C'est trop de Chantilly ; va-t-on recommencer avec Chambord ?

Il ne s'agit pas ici de confiscation ; il s'agit de restitution, de rendre à la France le domaine qui lui fut extorqué sou à sou par les gens de la Terreur blanche.

LISSAGARAY.

*Le Clairon* (25 août) :

## LE ROI EST MORT

Une seconde édition du *Clairon* a paru dans la matinée d'hier.

Vingt mille numéros ont été absorbés en quelques heures, et nous avons dû continuer le tirage toute la journée pour envoyer un service supplémentaire à nos abonnés de Paris et de la province.

Néanmoins, comme nos lecteurs au numéro des départements, et quelques-uns de nos lecteurs de Paris, n'ont pu se procurer cette seconde édition, nous reproduisons, pour faire droit à de nombreuses demandes, l'article de notre rédacteur en chef, et la biographie d'Henri V, de M. Simon Boubée :

C'en est fait.
Le roi de France est mort.

Henri V est allé rejoindre, aux pieds de l'Éternel, les rois ses ancêtres, après être resté sur la terre soixante-trois ans, dix mois et vingt-trois jours.

Nous aurions dû être préparés à la catastrophe qui frappe le parti royaliste et la patrie, car depuis plus de deux mois Dieu l'avait couché sur un lit d'agonie et de tortures, et, pourtant, elle nous surprend, nous abat et nous déconcerte.

C'est que nous ne pouvions nous faire à l'idée de cette mort loin de la France. C'est qu'il nous semblait impossible que l'Enfant du Miracle disparût du milieu des hommes sans avoir accompli la grande tâche de salut et de régénération à laquelle le destinait sa naissance, son caractère et ses qualités vraiment royales. C'est que, convaincus que Dieu a donné un rôle à chacun de nous ici-bas, nous attendions, anxieux et confiants jusqu'au bout, que le Maître des Rois et des hommes terminât l'œuvre de miséricorde qu'il avait commencée, en faisant fleurir jadis, en quelque 'sorte miraculeusement, la branche aînée de la dynastie nationale.

Et cet espoir infatigable des fidèles de la Monarchie traditionnelle, on peut dire qu'il sommeillait, en quelque sorte, dans l'âme de la nation.

Oui, au fond de tous les cœurs français, il y avait cette conviction, inconsciente ou non, que l'honnête homme, que le grand Prince, que l'enfant de la France, en exil était une sorte de réserve providentielle où la Patrie pourrait trouver en un jour de désespoir, avec son salut, le réveil de son génie national.

On l'a bien vu au frémissement qui a traversé ce pays, lorsqu'il y a deux mois, un bulletin déjà désespéré nous parvint de Frohsdorf.

Ce jour-là, la France tressaillit, touchée dans sa fibre intime. Amis, indifférents, adversaires, tous s'unirent et se confondirent dans une anxiété commune.

C'est qu'Henri de France n'inspirait pas seulement un dévoûment en quelque sorte fanatique à tous ceux qui eurent l'honneur et le bonheur de l'approcher : il commandait encore le respect, et forçait l'estime de ceux-là même qui le combattaient.

Ce n'était pas seulement le plus séduisant et le meilleur des hommes : c'était le plus irréprochable et le plus honnête des princes.

Ce n'était pas seulement une incarnation de la bonté, de la grâce humaines : c'était une statue vivante de l'honneur français et de l'honnêteté royale.

Et s'il fallait chercher dans la longue liste de ses illustres ancêtres un modèle et un exemple, pour cette carrière commencée aux côtés du premier des trônes, poursuivie et terminée, hélas! dans l'exil, c'est au grand saint Louis, patron de la France, dont l'Église célèbre demain la fête, que nous le comparerions.

Comme lui, il a vécu en chevalier et en chrétien : comme lui, il est mort en saint.

Songez-vous à ces deux mois de souffrances inouïes, à cette lutte du plus vigoureux des hommes contre le mal inexorable, à cette chose épouvantable : la mort par la faim?

Et au milieu de ces atroces angoisses, il a conservé jusqu'au bout non seulement la plénitude de sa vive intelligence, mais encore ce sourire, reflet divin de son angélique bonté, que la mort a en quelque sorte immobilisé sur ses traits.

En face de ce lit funèbre où dort son Roi, la France doit se frapper la poitrine, et s'abîmer dans les remords d'avoir laissé mourir loin d'elle Celui dont le cœur de père n'a jamais battu que pour elle; celui dont les dernières pensées ont été pour elle. Car c'est un crime irréparable qu'elle a commis, cette malheureuse nation égarée que d'avoir transformé en un martyr de l'exil, l'héritier de ses Rois et le plus grand de ses enfants.

C'est un crime dont Dieu, qui la punit par cette mort, lui demandera compte et la châtiera, à moins que le martyr lui-même n'intercède auprès de la miséricorde divine en faveur du pays ingrat qu'il a tant aimé.

Et nous qui avions rêvé pour lui, au jour où Dieu aurait eu pitié de nous, l'entrée triomphale dans Paris, et l'apothéose de Reims, nous qui avions placé en lui nos plus chères espérances, et incarné en sa personne notre patriotisme et notre amour de la France; nous que cette mort frappe au plus profond de notre être, nous avons cette conviction intime qu'entré dans l'éternité, il fera en quelque sorte violence à Dieu et lui arrachera un pardon pour la patrie!

C'est que les larmes qui emplissent nos yeux ne sauraient obscurcir pour nous l'image de la patrie.

C'est que, de même que les rigueurs de Dieu ne sauraient altérer notre foi catholique, le coup qui nous ravit le Roi ne saurait altérer notre foi monarchique deux fois inséparables et confondues dans ce vieux cri français: Dieu et le Roi!

Demain, les hommes qui tyrannisent la France, l'affaiblissent, la déshonorent, en font la risée de l'Europe, ne vont pas manquer de vouloir jeter sur la Monarchie le linceul de notre roi bien-aimé.

Ils diront: la Monarchie est morte. Ils mentiront, la Monarchie ne meurt pas. Les rois disparaissent, le principe monarchique est immortel. Il est ancré, il est chevillé, ce principe, dans la constitution intime du pays, et pour le faire disparaître, il faudrait arracher de la surface de l'Europe et disperser aux quatre vents du monde la terre même de la France qui l'a produit.

Non, la Monarchie n'est point morte.

Nos vieilles coutumes veulent qu'au moment même où l'âme d'un roi s'envole, un héraut d'armes apparaisse devant le peuple et lui crie : Le Roi est mort, vive le Roi !

Nos vieilles coutumes subsistent toujours dans les âmes vraiment françaises, et, dans l'exil comme dans les palais de France, les fidèles amis réunis autour du cercueil du Roi, pousseront la clameur traditionnelle : le Roi est mort, vive le Roi !

Non, certes, le parti royaliste n'est point mort. Il a un principe qui reste intact. Il a un chef qui s'appelle aujourd'hui Monsieur le comte de Paris, et qui est l'héritier légitime de la Monarchie traditionnelle et nationale.

Tous, sans hésitation, sans défaillance, nous nous grouperons autour de lui ; et du fond de sa tombe, ou plutôt du fond de son éternité bienheureuse, le roi que nous pleurons applaudira à notre fidélité envers le roi de sa race qui lui succède.

Le parti royaliste est debout. Son programme reste le même. Comme par le passé, il continuera à défendre les traditions de la légitimité, les traditions d'une royauté populaire, ouverte à tous; respectueuse de tous les droits, de tous les intérêts, mais intraitable sur les questions de principe et d'autorité.

Et maintenant, Monseigneur le Roi, qui dormez si loin de vos fidèles, agréez leurs derniers adieux.

Ils vous ont bien aimé ! Certes, si les vies humaines pouvaient s'échanger, j'en connais plus d'un qui vous eussent donné les années qui leur restent à vivre. Vous avez été entouré, de votre berceau à votre cercueil, des dévoûments les plus complets, les plus absolus. Vous avez excité les enthousiasmes les plus ardents. Vos aïeux ont été plus puissants que vous au point de vue humain. Aucun n'a été plus chéri, plus vénéré, plus respecté.

Dans les châteaux, dans les chaumières, dans les hôtels somptueux et dans les mansardes des pauvres gens, il y aura bien des larmes à la nouvelle de votre départ.

Il est impossible, Monseigneur, que vous n'emportiez pas avec vous le souvenir de toutes ces affections et de tous ces dévoûments.

Que ce souvenir vous accompagne auprès de Dieu. Priez en faveur de tous ces cœurs purs et fidèles, ce Dieu qui ne demandait que dix justes pour sauver les villes maudites.

Dites-lui qu'il y a encore bien des justes en France et que ce pays mérite encore l'infinie mansuétude.

Monseigneur, priez pour la France.

J. CORNÉLY

*Le Constitutionnel* (25 août) :

M. le comte de Chambord a succombé à la cruelle affection dont il souffrait depuis plusieurs mois...

... On lui doit au moins ce témoignage qu'il n'a jamais déchaîné sur sa patrie les maux de la guerre civile, et qu'il n'a pas eu à se reprocher d'avoir fait répandre sur les champs de bataille et sur les échafauds le sang de ses plus fidèles serviteurs. Il aurait obtenu de tels sacrifices s'il les avait demandés ; mais il a cru le droit plus puissant que la force : erreur généreuse qui honore son cœur, mais qui a fait de son existence une longue déception.

Il n'a pas cru, comme Charles-Édouard et comme d'autres descendants de race royale, que le titre de prince l'affranchît des lois de la morale et des règles de la bienséance. Il a mené, sous l'œil de tous, une existence irréprochable : il a été un modèle de toutes les vertus privées. Parmi ceux qui attendaient de lui le salut de la France, plus d'un s'est laissé aller à penser que, pour un prince, pour l'héritier dépossédé du plus beau des royaumes, il ne s'inspirait pas assez des brillantes qualités et des exemples de son illustre aïeul Henri IV, qui n'eût point reconquis son trône s'il n'avait visé qu'à la perfection chrétienne. Ceux-là ont reproché à M. le comte de Chambord de se contenter trop aisément des honneurs qui lui étaient rendus à l'étranger et des douceurs d'une existence quasi-royale, et d'avoir éprouvé moins de désir que d'appréhensions pour une couronne qui devait être accompagnée de graves responsabilités et peut-être de dangers. Laissons au temps le soin de lever les voiles qui nous cachent les motifs déterminants de la conduite du prince.

M. le comte de Chambord avait puisé dans les leçons de Mgr Tharin, son premier précepteur, des convictions religieuses très sincères et très vives qu'il a gardées jusqu'à son dernier jour. Il ne s'est jamais démenti sur ce point : en politique, ses idées ont varié et se sont ressenties des influences qui s'exerçaient autour de lui, bien qu'il mît une obstination extrême à défendre les opinions qu'il avait adoptées. Les conseils de M. de Barande, du marquis de Pastoret et de Berryer l'avait d'abord fait incliner vers une royauté constitutionnelle reposant sur un contrat débattu. C'est de cette période que datent presque uniquement les déclarations libérales que les journaux légitimistes ont souvent opposées à ceux qui les accusaient de vouloir rétablir un gouvernement absolu.

Après 1848, une modification profonde s'opéra dans les idées de M. le comte de Chambord. Fut-elle uniquement le résultat d'influences de famille ? Faut-il l'attribuer à la déception de voir la France renverser successivement la monarchie de juillet et la république sans se retourner vers la légitimité ? Faut-il faire une part au spectacle de la facilité avec laquelle un régime autoritaire s'établissait sur les ruines de la république ? Toutes ces explications peuvent être contestées, mais le fait est indéniable. Qui n'a souvenir de la disgrâce de M. Pastoret ? Faut-il rappeler que, pour annuler l'autorité de Berryer, qui était l'honneur et la force du parti légitimiste, on imagina de confier la direction du parti à un comité dans lequel l'illustre orateur n'avait qu'une voix sur cinq? La même défaveur n'a-t-elle pas atteint un autre grand et utile serviteur de la légitimité, M. de Falloux, et tous ceux qui ont essayé de faire connaître, à Frohsdorf, le véritable état des esprits en France, et le compte qu'il fallait tenir des nécessités du temps ?

M. le comte de Chambord s'était formé de la royauté une sorte de conception mystique : il avait sur l'autorité de toute personne royale, sur les droits imprescriptibles et en même temps sur les devoirs de tout souverain des idées qui paraissaient malaisément admissibles à beaucoup de légitimistes, et qu'il eût été impossible de faire accepter par le gros de la nation, même en supposant un mouvement très prononcé de retour vers la monarchie. Le désaccord se manifesta presque immédiatement en 1873, et il n'y a pas lieu de regretter l'insuccès de la tentative de restauration qui fut ébauchée alors. La royauté, à peine établie, eût été renversée en quelques jours par la coalition des impérialistes, encore nombreux et puissants, avec les républicains ; et la monarchie aurait semblé définitivement et irréparablement répudiée par le pays.

Bien que prévue depuis quelque temps déjà, la mort de M. le comte de Chambord n'en produira pas moins une impression profonde dans toute la France, et elle demeure un événement important. Le petit-fils de Charles X emporte dans la tombe une doctrine, le droit divin, et un système de gouvernement, la royauté paternelle, cherchant le bien de ses sujets, mais prenant, avant tout, conseil de sa propre sagesse, et ne demandant au pays que la ratification des actes dont elle se réserve l'initiative. Même avec la mauvaise foi la plus insigne, même avec le parti pris le plus obstiné, il ne sera plus possible de faire appel, contre la monarchie, aux vieux préjugés et aux calomnies du passé ; il ne sera plus possible de donner pour cortège à la royauté le rétablissement de la dîme, la restauration des privilèges seigneuriaux, la destruction de l'égalité. Il ne peut plus être question en France d'une autre royauté que de la royauté contractuelle, puisant ses droits et sa force dans le libre consentement de la nation, et d'une autre monarchie que de la monarchie représentative et constitutionnelle.

A ce premier résultat dont l'importance n'échappera à aucun de ceux qui ont observé les faits et qui ont pu constater quelle action les calomnies les plus niaises et les accusations les plus absurdes ont exercée sur les classes peu éclairées de la population, il faut en joindre un autre nom moins considérable : la disparition forcée du parti légitimiste.

A raison de ses convictions religieuses et des principes qu'il professe en matière de gouvernement, il semblait que le parti légitimiste dût être le point d'appui le plus solide des opinions conservatrices. Au contraire, il a toujours été pour celles-ci un élément de faiblesse et un dissolvant. Il lui était interdit de jamais confondre son action avec celle d'aucune nuance conservatrice ; il pouvait accepter un concours, il ne devait jamais donner le sien ; il devait, par l'abstention ou même par des votes hostiles, empêcher tout autre parti conservateur de conquérir le moindre avantage. Ce mot d'ordre rigoureux, rappelé à chaque élection, ne souffrait aucune exception, même lorsque les intérêts les plus graves et les plus sacrés étaient en péril.

Beaucoup de légitimistes ne se conformaient à cette ligne de conduite qu'à regret et par un sentiment de respect et de déférence pour l'autorité du prince qu'ils considéraient comme leur roi. Leur liberté d'action leur est rendue : quel usage en feront-ils ? Les lois sur l'enseignement, la persécution religieuse, les atteintes au Concordat, la proscription de la magistrature, tout a creusé un abîme infranchissable entre eux et le gouvernement républicain. Iront-ils à l'impérialisme, aujourd'hui décapité et incertain de sa voie ? Ce serait se montrer inconséquents avec leur passé ; ce serait renier les doctrines libérales avec lesquelles vingt années d'opposition les ont familiarisés. La volonté clairement manifestée du comte de Chambord, le respect de leurs traditions, leurs principes politiques, tout leur commande de se rattacher à la royauté constitutionnelle, dont ils doubleront les forces et les chances de succès.

Est-ce la seule accession qu'une monarchie libérale puisse espérer dans les temps troublés où nous vivons? Beaucoup de républicains, surtout parmi les plus honnêtes et les plus éclairés, se sont déjà détachés d'un gouvernement qui foule aux pieds les doctrines et les principes qu'ils ont défendus pendant toute leur carrière; quelques-uns sont déjà entrés ouvertement dans l'opposition. Il faudra, tôt ou tard, qu'ils prennent un parti, qu'ils optent entre leurs convictions et la République. Ils ne peuvent aller à l'Empire, et accepter un gouvernement autoritaire, après l'avoir combattu pendant vingt ans. Ils ne seraient pas allés davantage à la Monarchie absolue ; mais il n'existe point d'antagonisme inconciliable entre leurs principes et une Monarchie libérale. Ne comptent-ils pas encore parmi leurs chefs, parmi les vétérans les plus respectés de leur cause, l'écrivain qui publiait, en janvier 1848, *la Monarchie selon la Charte*, M. Carnot, qui, ne prévoyant pas le coup de foudre du 24 février et l'avènement de la République, démontrait dans ce livre que le devoir des républicains n'était ni de conspirer ni de provoquer une révolution, et qu'à l'imitation des républicains de Belgique, ils pouvaient, sans trahir leurs principes, attendre du temps et des progrès pacifiques de l'opinion le triomphe de leur idéal de gouvernement.

Le spectacle auquel nous assistons a dû ramener bien des républicains à l'opinion que M. Carnot professait en 1848. Il y a des analogies plus grandes et des différences moins profondes entre une monarchie libérale comme celle de l'Angleterre, comme celle de la France après 1830 ou comme la monarchie italienne, et une république sage, régulière et bien ordonnée, comme celle des États-Unis, qu'entre la république américaine et le régime violent, tyrannique et contempteur de tout droit que les jacobins nous imposent depuis cinq ans.

Ce simple exposé des changements que la mort de M. le comte de Chambord va amener dans les forces et la situation respective des partis en France suffit à montrer toute l'importance de ce grave événement.

*Le Correspondant* (10 septembre) :

## CHRONIQUE POLITIQUE

M. le comte de Chambord n'est plus. Dans la soirée du 23 août, vers dix heures, M. le comte de Blacas annonçait à M. le marquis de Dreux-Brézé, par ce télégramme douloureux, la fin prochaine de M. le comte de Chambord : « L'agonie a commencé, elle est douce et calme. » Le 24, M. de Dreux-Brézé recevait la dépêche suprême : « M. le comte de Chambord, lui disait cette dépêche, vient d'expirer à sept heures vingt-cinq minutes du matin. » M. le comte de Chambord avait donc succombé à cette souffrance atroce qu'il supportait, depuis deux mois, avec une si grande fermeté d'âme ; et, bien que tout espoir de le sauver fût perdu depuis plusieurs semaines et que la nouvelle de son trépas ne surprît plus personne, Paris s'est profondément ému et la France, stupéfaite autant qu'attristée, a eu comme un tressaillement. Tant le sort de ce petit-fils de Louis XIV, deux fois enseveli par la fortune et par la mort dans la terre d'exil, avait pour les indifférents eux-mêmes, quelque chose de pathétique ! Tant il y avait, d'autre part, des cœurs dévoués et fidèles pour pleurer M. le comte de Chambord ! Et tant aussi ce coup frappé par Dieu retentissait dans toute notre histoire, dans celle de demain comme dans celle d'hier !...

M. le comte de Chambord n'avait que soixante-trois ans. Quelle destinée ! Il y avait cinquante-trois années qu'il avait quitté la France, et, durant ce long espace de temps, il ne l'avait revue que deux fois. En 1871, il était venu visiter, à Paris, les ruines presque encore fumantes de ce palais des Tuileries où il était né ; puis, il était allé visiter le désert château de Chambord. En 1873, il avait séjourné ou plutôt il était passé, inconnu, ignoré, devant ce château de Versailles où son aïeul Louis XIV avait dicté ses lois à l'Europe, où le roi de Prusse avait été proclamé empereur d'Allemagne et où l'Assemblée nationale délibérait maintenant, sous la garde du maréchal de Mac-Mahon. M. le comte de Chambord n'a pas eu, hélas! la consolation de mourir dans la patrie; il repose sur cette même terre étrangère qui avait donné au roi de Rome et au roi Charles X sa funèbre hospitalité. Sa vie, commencée si tragiquement, s'est achevée dans la paix mélancolique d'un petit village d'Autriche, dans ce cercle bleu de montagnes et de forêts qui semblait vouloir lui cacher à l'horizon la vue lointaine de la France. Il y vivait entouré de souvenirs, tantôt contemplant ces grandes images d'Henri IV et de Louis XIV radieuses dans leur immortalité, tantôt ces autres images de Louis XVI et de Charles X à demi voilées par les ombres de leurs malheurs, la mort sur l'échafaud et la mort dans l'exil. Mais, cette modeste retraite de Frohsdorf, qui n'avait rien ou presque rien d'une demeure royale, quelle place elle tenait dans le monde, aux yeux de la France! Que de Français y étaient venus parler des maux de leur pays à M. le comte de Chambord! Combien de fois, cherchant la solution de ses problèmes terribles, la France avait fixé là son regard! Que d'espérances s'étaient envolées d'ici vers Frohsdorf! Que de regrets et d'hommages s'y sont pressés, avant et après le 24 août!

M. le comte de Chambord est mort là, non pas à l'écart et obscurément, parmi le silence et l'oubli, comme s'éteignit le dernier Stuart; il est mort plein de majesté, dans toute la lumière du droit qui était son honneur et sa force; il est mort, après avoir serré dans ses bras le prince qui représentera désormais devant les royalistes la famille d'Henri IV et la monarchie; il est mort, les yeux de la France et de l'Europe tournés vers lui. Un grand nom s'est ainsi effacé sous la main de Dieu, à Frohsdorf; une personnalité haute et sereine, qui incarnait en soi un passé de quatorze siècles, en a disparu. Mais la mémoire de l'homme autant que celle du prince, est assurée d'un culte; car M. le comte de Chambord avait plus qu'un parti fidèle, il avait des amis dont la tendresse respectueuse et docile ressemblait à une religion : religion d'autant plus pieuse et impérieuse pour beaucoup qu'il leur paraissait identifier la royauté elle-même avec une sorte de magistrature religieuse. La France n'a pas, comme eux, connu le prince; elle l'apercevait à travers un nuage de préjugés et de préventions. Mais, comme eux, elle eût aimé l'homme. De près, l'homme aurait séduit ce même peuple qui, de loin, se laissait épouvanter du prince. Personne n'avait l'esprit plus français, plus de vivacité avec plus de charme; plus de bonté généreuse avec plus de malicieuse bonhomie; plus de familiarité cordiale, plus de gaieté franche, avec un art plus parfait de rester vraiment ce que sa naissance et son devoir voulaient qu'il fût. De tous ceux qui l'avaient approché, il avait gagné le cœur et cet amour n'avait pas peu contribué à maintenir sa cause parmi tant d'illusions dont le temps semblait se jouer et parmi tant de vœux trahis tour à tour par la réalité. La mort de M. le comte de Chambord n'est donc pas seulement un événement historique qui, en émouvant la France, la force à ramener sur elle-même, sur la monarchie, sur l'illustre famille de ses princes, sa trop oublieuse et trop ingrate pensée. On peut dire que, pour bien des milliers de royalistes, c'est ue malheur senti individuellement aussi bien que publiquement, c'est un deuil particulier.

Prince seulement, prince sans trône et sans royaume, M. le comte de Chambord avait la dignité d'un roi. La couronne dont la fortune n'avait pas ceint son front, l'histoire la lui donnait. S'il ne la portait pas, cette couronne, la plus vieille du monde, la plus brillante de l'Europe, il en avait comme l'auréole, et tous les princes de l'Europe le reconnaissaient pour leur aîné : les plus puissants n'avaient pas dans le sceptre qu'ils tenaient un plus superbe faisceau de souvenirs glorieux et de majesté royale que M. le comte de Chambord dans ce sceptre qui n'était plus à Frohsdorf qu'une relique, sauvée avec plusieurs autres parmi les débris de plu-

sieurs révolutions. Il n'a pas régné, mais il a vécu
royalement, regardant la France et priant Dieu. Pas
une plainte amère contre sa patrie, pas un cri d'impatience irritée ; une sérénité qui était dans l'âme comme
dans l'esprit. Ennemi des aventures et de la guerre
civile, il n'attendait rien que de l'accord de la France avec
son principe, avec ses doctrines. Il parlait clairement à
la France. Elle se trompait sur lui ; il ne voulait pas,
lui, la tromper. Son seul orgueil, c'était d'être l'héritier
de ces rois qui avaient fait la France ; sa seule force,
c'était le droit dynastique qu'ils lui avaient légué ; son
seul appui, c'était l'attachement des amis qu'il avait gardés dans le malheur ; sa seule inspiration, c'était son
amour de la France. Dans sa retraite il considérait de
haut nos agitations perpétuelles. Il entendait de là-bas le
bruit de nos émeutes. Il voyait le pavé de Paris cinq fois
noyé de sang ; puis, la flamme et la fumée de la Commune s'élevant par-dessus le Louvre et l'Hôtel de Ville.
Il écoutait les fanfares victorieuses de l'Isly, de l'Alma,
de Solférino, et, plus tard, le fracas de nos revers,
l'écroulement de nos boulevards d'Alsace et de Lorraine ; il trouvait les balles des Prussiens marquées
jusque sur les murs de Chambord. Derrière lui, étaient
tombés une monarchie, une république, un empire, et
même une portion de notre nationalité. Il était comme
un témoin calme et altier de nos gouvernements sans
cesse renouvelés, de nos constitutions sans cesse rema-
niées, de nos lois sans cesse modifiées. Tout changeait
devant lui. Et, parmi tous ces bouleversements, seul il
restait là-bas debout dans sa grandeur, inébranlable
dans sa foi et présentant à la France le modèle d'une
monarchie quatorze fois séculaire, qui pourrait joindre
aux réformes du présent les garanties de l'avenir. Ce
spectacle était imposant, et les mœurs ou les goûts de
la France avaient beau varier avec ses destinées, elle
respectait ce prince qui avait un tel respect de lui-
même, de son droit et de sa mission. Elle ne savait pas
ou ne voulait pas comprendre le langage de M. le
comte de Chambord ; l'accent de sa voix lui paraissait
du moins bien royal ; et elle ne pouvait s'empêcher,

l'inconstante nation, d'admirer, dans l'isolement où il restait, cet honnête fils de roi, si noble parmi tant de disgrâces et si ferme parmi tant de faiblesses.

Pourquoi M. le comte de Chambord n'a-t-il pas régné ? Pourquoi a-t-il paru manquer d'ambition, par crainte de se manquer à soi-même ? Avec des sentiments divers, nos contemporains se sont fait souvent cette question, depuis dix ans ; voici que la mort la rend inutile en rendant vaines aussi tant de récriminations et de querelles. Dieu nous garde de prétendre savoir ce que, roi, il aurait été ! Nous savons seulement qu'il avait toutes les qualités personnelles dont un prince a besoin chez nous pour être populaire et nous pensons que, souverain, il eût vite triomphé, dans Paris même, de plus d'une prévention. Il aurait certes subi, en France et sur le trône, quelques-uns de ces changements que la fortune opère toujours chez ceux qu'elle élève, surtout chez ceux qu'elle érige en rois ; il en aurait subi plus d'un dont lui-même se fût peut-être étonné d'avance. Le pouvoir a une vertu propre qui aurait agi sur lui et il aurait eu les vertus du pouvoir. Politiquement, M. le comte de Chambord a été calomnié. On ne prétendait voir et on s'efforçait de ne montrer en lui qu'un roi qu'il ne voulait pas plus être qu'il n'aurait pu le devenir, un roi « d'ancien régime » ; et, malheureusement, en gardant ce qui en semblait le signe, il a laissé croire à la foule et laissé dire aux dupeurs de la foule qu'il voulait la chose. Méconnu de la France ou plutôt inconnu d'un peuple qui ne le connaissait qu'à travers une mensongère légende, M. le comte de Chambord a ainsi éprouvé, fièrement et tristement, ce que valent dans l'imagination de la France les emblèmes, les simulacres, les mots..... Ah ! si M. le comte de Chambord avait, en 1873, pris la couronne, même telle qu'il la put prendre ! Quel bien la France ne lui aurait pas dû pendant ces dix ans ! quel mal il aurait pu prévenir ! quel mal il eût épargné à la France ! quelle situation différente notre pauvre patrie aurait aujourd'hui en Europe et dans le monde ! Et comme ce peuple abusé, auquel on apprenait à tant craindre et à tant haïr d'avance le règne d'un Henri V, confesserait maintenant qu'il en avait eu une fausse terreur !

Le cercueil de M. le comte de Chambord s'en est allé, de Frohsdorf à Goritz, retrouver celui du roi Charles X dans son caveau. Ce n'est pas Saint-Denis, avec la longue suite de ses tombes voilées. Et le deuil, qui l'accompagnait à ce caveau si lointain de la France, ce n'était pas le deuil royal avec toutes les pompes de la monarchie. Les hérauts et les officiers du roi ne sont pas venus sur son cercueil déposer les insignes de leurs dignités. Le grand maître n'est pas venu y rompre son bâton de commandement. Le roi d'armes n'est pas venu y crier par trois fois : « Le roi est mort ! » puis, relevant la bannière de France, pousser le cri de : « Vive le roi ! » Mais, quelle qu'ait été la simplicité des cérémonies de Frohsdorf et de Goritz, elles avaient la grandeur de tant de souvenirs ! Quand, à ses funérailles, on a, aux yeux de l'histoire, le cortège de toutes les vieilles gloires de la France ; quand, autour de son cercueil, on a, planant et sonnant à travers les airs, tout le chœur étincelant des victoires qui, de Tolbiac, de Bouvines, de Fontaine-Française, de Rocroy, de Nordlingen, de Fleurus, de Fontenoy et de Lawfeld, avaient mené la France à tant de conquêtes ; quand on est le petit-fils de Louis XIV et qu'on a derrière soi les ombres de quatre-vingt-deux rois, on peut se consoler de n'avoir pas eu tout l'appareil des honneurs funèbres rendus à ses ancêtres. La France n'en a pas moins été attentive, cette France dont la destinée s'était tant de fois confondue avec la vie de ses souverains. Même républicaine, son patriotisme n'a pu la laisser indifférente à cette mort et à ses funérailles. Elle ne pouvait oublier que, devant l'Europe, M. le comte de Chambord était celui de ses enfants dont la famille était la plus française par l'antiquité de son origine et par l'éclat de ses services. Elle ne pouvait pas, non plus, ne pas se rappeler qu'il avait, jusqu'à son dernier soupir, prononcé son nom avec un profond amour. Elle était libre de dire de lui : « Je n'ai pas voulu qu'il fût mon roi ; il m'a plu de ne pas entendre ses conseils, ses avertissements, ses appels. » Mais, dans la conscience de sa nationalité, elle ne pouvait pas dire : « Je ne saluerai pas respectueusement son cercueil qui passe là-bas sur la terre étrangère. Je ne m'inclinerai pas devant le catafalque de ce prince français, de ce prince dont les aïeux ont porté mon nom jusqu'au ciel, promené mon étendard à travers le monde, créé la patrie qu'on m'a déchirée et, patiemment, vaillamment, étendu des murs de Paris et d'Orléans à la Meuse, au Rhin, au Jura, aux Alpes, aux Pyrénées, à l'Océan, les frontières de ma puissance... »

Il y a deux mois, M. le comte de Chambord se plaignait noblement « de n'avoir pu servir la France et mourir pour elle », comme il l'aurait voulu, comme il l'avait toujours désiré. Quel aura été le pourquoi ou le comment de cette fatalité ? Il n'importe déjà plus de se le demander, ou plutôt il n'importe plus qu'au seul historien de le savoir, tant est grande la puissance rapide avec laquelle la mort modifie tous les intérêts de la curiosité humaine. Ce qui n'est pas obscur, c'est, certes, le droit dynastique que M. le comte de Chambord personnifiait devant la France. Ce qui n'est pas mystérieux, c'est le sentiment royal avec lequel, en face de la mort, il a marqué la transmission de ce droit, sa perpétuité. Si l'honneur d'être roi a manqué à M. le comte de Chambord, s'il n'a pas pu accomplir tout ce qu'il méditait et rêvait pour sa patrie, le chef de la maison de France a eu du moins le bonheur de ne finir sa vie qu'après deux actes suprêmes de paix et de consolation, ceux des journées du 5 août 1873 et du 7 juillet 1883. A l'heure où les dernières pensées de ce monde passaient dans son esprit, ce souvenir a dû lui être doux. Dieu n'a pas voulu qu'il recommençât lui-même dans l'ordre successif le règne de la monarchie, qu'il vînt rétablir lui-même sur le trône ce principe de l'hérédité dont il était passagèrement le possesseur et le gardien ; et ce sera toujours un regret pour beaucoup de Français. M. le comte de Chambord aura toutefois pu remercier Dieu d'avoir vu, aux lieux mêmes où il a passé sa vie d'exil et où il est mort, se reconstituer l'union dans la maison de France et s'y renouer les liens dynastiques qui s'étaient rompus. Oui, en mourant, M. le comte de Chambord a emporté cette joie, avec la pure satisfaction d'avoir maintenu bien haut la cause de l'idée monarchique. Il est mort confiant dans le triomphe de cette idée et il laisse cette foi au parti royaliste en même temps qu'il lui laisse, comme conseil et comme devise, ce mot viril qu'il adressait à ses amis en les priant de ne pas pleurer, et qui résume si bien la politique traditionnelle de ses pères : « Pensez à la France ! »

Les démolisseurs abattaient, à Paris, le dernier pan des Tuileries, pendant qu'à Frohsdorf on enfermait dans son cercueil M. le comte de Chambord. Est-ce donc que Dieu, ce maître des événements qui se plaît souvent à y mettre l'apparente coïncidence des hasards, aurait choisi ce temps même pour une destruction complète de tout ce qui, parmi les choses et parmi les hommes, château royal, héritier des rois, représentait encore la majesté de la vieille monarchie ? Et devrons-nous, devant ce principe qui disparaît du monde, devant ce palais tombé dans la poussière, nous dire de la monarchie l'*etiam periere ruinæ?* Non, certes, et ne permettons pas que la république se félicite de ce coup de la mort comme des coups dont elle a frappé les pierres et renversé les murs des Tuileries. C'est une transformation qui se prépare, c'est un renouvellement qui s'opère : il faut le croire, l'espérer, l'attendre, il faudra le vouloir aussi. La monarchie traditionnelle subsiste dans nos cœurs ; elle se rétablira sous les plis du drapeau tricolore ; elle gardera l'antiquité puissante et glorieuse de son principe ; elle prendra dans les institutions modernes tout ce qui fait la vie, en faisant la liberté sans défaire l'ordre. La France aura enseveli dans le cercueil de M. le comte de Chambord un grand souvenir. Peut-être aura-t-elle laissé expirer là quelques-unes de ses haines ingrates ; peut-être aura-t-elle désarmé là tel ou tel des irritables préjugés qu'elle avait encore contre la monarchie. Quelques années de plus, et il y aura un siècle que la France s'agite de révolution en révolution. Dieu veuille qu'instruite par tant de leçons et de regrets, elle finisse d'expier tant d'erreurs, tant de fautes, tant de crimes mêmes ! Dieu veuille, dans les desseins profonds et par une de ces faveurs sublimes de sa Providence, Dieu veuille clore, devant le cercueil de M. le comte de Chambord, l'ère de nos révolutions! Le principe que M. le comte de Chambord a si énergiquement défendu cinquante-trois ans et auquel il a eu l'honneur de restituer toute sa force, le principe de l'hérédité assure à la monarchie, à la France, un premier bien : la France n'aura pas à chercher arbitrairement, aventureusement, le prince avec lequel recommencera le règne de la monarchie; elle le voit, elle le connaît, le principe de l'hérédité le lui désigne; M. le comte de Chambord le lui a solennellement montré, dans cette journée du 7 juillet où il l'a embrassé sur son lit de douleur : c'est M. le comte de Paris, devenu, le 22 août, le chef de la Maison de France. Le petit-fils de Louis XIV n'est plus ; mais un petit-fils de Henri IV reste à la France, entouré de princes éminents et salué, de Frohsdorf et de Goritz jusqu'aux extrémités de la Bretagne et de la Provence, par tous les royalistes. En lui est le droit; en lui est l'avenir ; et il est digne de la confiance de tous comme de la fidélité de chacun. C'est un prince résolu autant que sage et sagace, studieux de ses devoirs, ferme et honnête non moins qu'intelligent de son siècle et de son pays ; il a par surcroît ces mérites personnels, ces vertus privées, par lesquels l'homme augmente l'autorité du prince. Dès ce moment, toutes les espérances de la France se tournent vers lui; il ne les trompera point.

M. le comte de Paris s'est hâté de venir à Frohsdorf, le 28 août, rendre à la dépouille mortelle de M. le comte de Chambord l'hommage de sa respectueuse piété. Il s'est agenouillé avec son fils, avec M. le duc de Nemours, M. le prince de Joinville et M. le duc d'Alençon, auprès de ce cadavre qui leur représentait toute leur race, celle des Bourbons de France, et qui leur

rappelait une histoire si glorieuse et si dramatique. En
se relevant, M. le comte de Paris avait le visage baigné
de larmes : nobles larmes, nobles comme celles que
versait naguère M. le comte de Chambord, en le serrant dans ses bras. Le 1er septembre, M. le comte de
Paris revenait, accompagné non seulement de son fils,
de M. le duc de Nemours, de M. le prince de Joinville,
de M. le duc d'Alençon, mais de M. le duc d'Aumale et
de M. le duc de Chartres, et tous ensemble, avec les
autres princes, parents de M. le comte de Chambord,
ils priaient pour le repos de son âme. Pourquoi faut-il
que, cet hommage, une contestation injustifiable ait
empêché M. le comte de Paris de le rendre aux restes
de M. le comte de Chambord, dans la cérémonie de
Goritz comme dans celle de Frohsdorf ? Lui non plus,
il ne songeait point à provoquer derrière le cercueil de
M. le comte de Chambord une démonstration politique ;
encore moins eût-il voulu par une démonstration politique abuser de l'hospitalité de l'empereur d'Autriche
qui, le 31 août, lui faisait le premier, avec une courtoisie
exceptionnelle, la même visite qu'à un souverain. Mais
la cérémonie de Goritz ne pouvait être une cérémonie
privée, quoi qu'on voulût dire : elle était bien publique,
elle était bien nationale, elle était toute française, cette
cérémonie où des milliers de royalistes, la plupart
délégués par des milliers d'autres, accouraient pour
honorer une dernière fois dans M. le comte de Chambord le chef de la maison de France, la personnification
suprême de la monarchie française, la royauté même.
Eh bien! dans une telle cérémonie, le premier rang
n'appartenait derrière le cercueil de M. le comte de
Chambord qu'à l'héritier de son titre dynastique, au
nouveau chef de la maison de France; vivant, M. le
comte de Chambord n'eût point souffert qu'un autre
que le chef de la maison de France osât l'occuper. M. le
comte de Paris a eu raison de croire qu'en cette qualité, il ne devait prendre aucune autre place que la
première : il ne le pouvait sans diminuer son droit,
sans négliger son devoir, ni sans abaisser sa dignité; il
ne le pouvait pas davantage sans blesser l'honneur

français ; car, qu'un prince français, qui peut demain être le roi de France, passât humblement après des princes étrangers, les uns italiens, les autres espagnols, derrière le cercueil du petit-fils de Louis XIV, non, l'honneur de la France ne le permettait pas plus que l'honneur des royalistes rassemblés à Goritz. Assurément, M. le comte de Paris ne pouvait pas davantage risquer de troubler la solennité du deuil, en violant ou en laissant violer par des royalistes aussi irrités qu'attristés les dispositions de M$^{me}$ la comtesse de Chambord, qui avait décidé, par une inspiration malheureusement opiniâtre, que la cérémonie de Goritz serait uniquement « un acte de famille ». Il s'est donc abstenu, simplement, fermement, fièrement, et les royalistes l'en ont tous approuvé. Ils ont eu la douleur de ne voir le cercueil de M. le comte de Chambord suivi, au premier rang, que par des princes étrangers que lui-même n'avait voulu admettre à son lit d'agonisant qu'après M. le comte de Paris et les princes qui l'accompagnaient !

Sur le seuil de Frohsdorf même, à Goritz, en France, partout, les royalistes ont salué unanimement dans M. le comte de Paris le chef de la maison de France. Les souverains à qui, le 28 août, il avait notifié la mort de M. le comte de Chambord, ont également reconnu son nouveau titre. Il a changé les armes de sa famille contre celles de la maison de France ; il a quitté son nom de Louis-Philippe d'Orléans, pour signer du nom de Philippe, comte de Paris. Ne régnant pas, il ne s'appelle pas encore le roi ; mais il l'est par la force du droit monarchique qu'il personnifie à son tour, il peut le devenir en fait et nous avons foi qu'il le sera, avec l'aide de tous les royalistes, de tous les conservateurs, quand la France, lassée, dégoûtée, effrayée de cette république dont le troisième essai aura été définitif et complet, voudra reconstituer son honneur et sa puissance, sa paix et sa prospérité, sur le fondement de la stabilité monarchique. Autour de lui, l'union des royalistes est étroite ; ils s'y serreront de plus en plus avec une discipline qui ne pourra que fortifier tous leurs moyens d'action. Quant à la France, elle sait dorénavant que la monarchie est possible et faisable ; la république, en continuant et en redoublant même ses excès, la rendra nécessaire ; et rien n'intimidera ni ne retardera la volonté de la France, dès qu'elle sentira cette nécessité. En face de la république, la monarchie se dresse, appuyée d'avance sur tout ce qu'il y a d'honnête, de raisonnable, de modéré. Elle se présente au patriotisme de la France avec tout le concours des amitiés précieuses qu'elle possède en Europe. Elle offre à l'ordre une garantie supérieure, celle de la perpétuité du pouvoir souverain ; elle offre à la liberté, comme centre de ses mouvements, non pas un point instable, mais un point fixe : c'est la liberté se mouvant dans la sphère de l'ordre. Enfin la monarchie appelle tout le monde à elle, prête à s'associer tous les partis jaloux de rendre à la France sa sécurité sociale et nationale... Et maintenant, sûrs des biens que la monarchie apporte à la France et sûrs du lendemain pour l'une comme pour l'autre, reprenons courageusement notre œuvre, en pratiquant tous les devoirs de concorde et de docilité, de patience et d'abnégation que la difficulté nous impose, travaillons à sauver la France que cette république ruine de jour en jour. Le salut sera d'autant plus prompt qu'elle sera mieux convaincue qu'avec M. le comte de Paris, nous ne la laisserons pas périr dans l'anarchie, ni dans la démagogie républicaine, ni dans la démagogie césarienne.

Auguste Boucher.

*La Défense* (25 août) :

Nos adversaires comprendront la profondeur du respect, l'intensité de l'affection, l'acuité des douleurs qui ont accompagné les derniers moments d'un prince si digne d'être salué, dans sa tombe trop tôt ouverte, du titre, qu'il eût mérité, de Roi Très Chrétien, c'est-à-dire de roi très juste, très bon, très loyal, très français.

*Le XIX⁰ Siècle* (26 août) :

Le 24 août, au matin, M. le comte de Chambord est mort à Frohsdorf.

Tout a été dit sur sa vie, tout a même été dit sur sa mort, depuis six semaines que le dénouement de sa maladie était attendu presque chaque matin. Qu'ajouterions-nous? si ce n'est, pour un petit nombre de fidèles dont la foi croyait pouvoir transporter un jour des montagnes, que cette mort n'est point un événement politique ; elle n'entraîne que des deuils de famille ou d'amitié, où le public français ne peut prendre aucun intérêt direct. Nous saluons, comme on salue dans la rue l'enterrement qui passe, et puis nous retournons à nos préoccupations et à nos affaires. Nous n'éprouvions nul sentiment d'inimitié, bien loin de là, contre le Bourbon qui vient de mourir. Nous l'estimions pour sa loyauté comme homme privé; comme prétendant, nous ne le craignions point.

Quant aux conséquences politiques de la nouvelle qu'a transmise hier à M. de Dreux-Brézé M. de Blacas, on dira peut-être que nos yeux sont mauvais et notre vue courte ; il n'en est pas moins vrai que nous renonçons à les apercevoir. On nous montre les princes d'Orléans qui attendaient dans l'ombre ; mais les princes d'Orléans sont aujourd'hui ce qu'ils étaient hier, sauf certains embarras personnels que la mort du dernier représentant de la monarchie légitime ne manquera point de leur créer. C'est, d'ailleurs, affaire qui les concerne, et non pas nous, Français. Ce qu'ils feront, nous l'enregistrerons avec plus ou moins de curiosité, pour servir plus tard de matière aux recueils d'anas historiques ; mais quelle influence les faits et gestes des princes d'Orléans pourraient-ils exercer sur l'avenir de la nation?

La nation ne prend pas plus de souci des princes d'Orléans qu'elle n'en prenait de M. le comte de Chambord lui-même. Elle ne veut point de royauté, traditionnelle ou non ; et ce sentiment ne fera que se déve-

lopper et s'affermir chez elle au fur et à mesure de
l'accession des générations nouvelles à la vie publique.
Dans l'histoire de France, désormais, il n'y a plus de
place pour un autre règne que pour celui de la démocratie française. Au point de vue politique, il n'y a
donc rien qui nous touche dans les prochaines funérailles de Goritz.

Eug. Liébert.

*L'Électeur* (26 août) (1) :

## LA MORT DU COMTE DE CHAMBORD

M. le comte de Chambord est mort officiellement
hier matin.

Une première fois, les journaux l'avaient tué, et, dans
l'intervalle des deux crises dont la seconde devait
l'emporter, il avait pu lire son oraison funèbre.

M. le comte de Chambord a cruellement souffert. Il
aimait la vie, et il s'est vu mourir. Ce Bourbon, gros
mangeur et grand chasseur, est mort de faim, après
un repos forcé de plusieurs mois.

Il sera plaint de tout le monde, car il est peut-être
le seul roi qui n'ait pas fait de mal, n'ayant jamais
régné.

S'il eût eu le caractère d'Henri IV, il aurait tenté, en
1873, les chances d'une restauration. Mais il était de
complexion plus bourgeoise et plus paisible. Lorsque
le trône lui fut offert, il vit d'un côté les républicains
et la guerre civile, de l'autre les de Broglie, les De-
cazes, les d'Audiffret, les Chesnelong, tous ces intrigants
de la monarchie parlementaire, qui se préparaient à le
chambrer et à le séparer de ses amis. Il n'était même
pas sûr de Mac-Mahon, qui parlait de drapeau tricolore au nom de l'armée. « Je vais, se dit-il, avoir une
existence de diable dans un bénitier ! » Le Roi drapa

---

(1) Le même article a été publié en même temps dans *Le
Citoyen*.

son refus dans le drapeau blanc héréditaire, et le gentilhomme retourna à ses lapins.

Paix soit à sa mémoire. Il valait mieux, en somme, avec son bon sens, sa gaieté, ses grandes visées royales et sa petite portée intellectuelle, que ces quêteurs de millions, les d'Orléans, ou que ces aventuriers, les Bonaparte.

Personne ne lui succédera, ou du moins personne n'osera se proclamer son successeur. Au bout de la proclamation, il y a l'exil. Les d'Orléans le savent et ils se le tiendront pour dit. Vienne un jour d'embarras, de crise financière ou extérieure, un député du centre gauche montera peut-être à la tribune pour les compromettre en prononçant leur nom. Ce jour-là, l'union de tous les républicains se fera comme par enchantement, dans la haine de la royauté et l'amour de la République.

Donc, rien à craindre. La mort de M. le comte de Chambord attristera quelques vieux légitimistes ; elle embarrassera les princes d'Orléans : elle n'exercera aucune action sur les destinées de la France.

Ces destinées, citoyens, nous appartiennent ; elles seront ce que nous les ferons.

Hier, à la Bourse, on s'occupait bien moins de la mort du Roi que des journaux allemands et du Tonkin.

A nous de tenir compte de cet avertissement. Il est grand temps que le gouvernement de la République française s'explique franchement avec le pays et lui dise avec netteté ce qu'il fait et ce qu'il veut faire.

Tony Révillon.

*L'Événement* (26 août) :

La mort de M. le comte de Chambord, prévue depuis quelques jours, causera parmi les rares monarchistes restés fidèles à une cause perdue un véritable désarroi. Elle aura surtout pour effet d'embarrasser le comte de Paris, que des amis zélés se sont empressés de sacrer prétendant, sans le consulter. Or, on n'ignore pas que le métier de prétendant peut bien avoir quelques inconvénients, même sous un gouvernement républicain, tolérant et libéral.

Jules Delval.

*Le Figaro* (25 août) :

## HENRI V

Celui qui portera dans l'avenir le nom d'Henri V vient de descendre dans la tombe sans avoir régné ; il appartient désormais à l'histoire, et si les prédicateurs de Louis XIV, en face même du grand roi, osaient lui faire entendre la vérité sur les désordres de sa vie, il ne saurait être interdit par le respect dû à la mort de juger impartialement l'existense qui vient de s'éteindre.

M. le comte de Chambord avait de nobles qualités, de hautes vertus, et surtout le sentiment le plus élevé de la dignité royale, dont il gardait le dépôt avec un soin jaloux. Mais il est permis aujourd'hui de se demander si les cinquante-trois années qu'il a passées en exil lui avaient suffisamment laissé connaître et pénétrer les transformations de l'esprit public dans son pays et les vraies tendances des générations nouvelles.

Pendant sa jeunesse, il avait accepté volontiers les conseils des hommes éminents de son parti, et notamment ceux de l'illustre Berryer. Mais, à dater du coup d'État, il prit lui-même la direction de sa politique et l'exerça jusqu'à son dernier soupir avec une autorité qui ne souffrait jamais de partage.

L'heure n'est pas venue de retracer l'ensemble de cette politique qui, à côté de ses erreurs, eut sa fierté et sa grandeur. Nous n'en voulons retenir et apprécier en ce moment que la partie pour ainsi dire contemporaine, et les manifestations dernières d'où pouvaient dépendre nos destinées.

M. le comte de Chambord voulait sincèrement la liberté; il n'avait pas en lui le caractère d'un despote, et, comme il l'a plusieurs fois écrit, il respectait son pays autant qu'il l'aimait. Mais, à la distance où il était de la France, il a pu se tromper sur les conditions possibles de la monarchie dans le temps actuel, et ne pas accorder assez d'attention à des préférences et à des habitudes qui avaient pris chez nous la force d'un sentiment national.

Il avait la bonté, la gaieté, l'intelligence, l'esprit, une dignité et une aménité sans rivales, une droiture supérieure et chevaleresque, les dons les plus brillants et les plus français; il ne lui avait manqué qu'une chose : d'être élevé parmi nous, d'avoir senti davantage et de plus près le cœur même de la nation sur laquelle sa naissance l'appelait à régner.

M. Renan, dans une étude un peu ancienne déjà sur la Révolution de 1830, déplore avec une haute raison qu'on ait alors rompu la tradition monarchique pour essayer d'une royauté nouvelle, au lieu de garder soigneusement et de pétrir pour les générations futures le jeune prince que la Providence offrait comme un gage de conciliation entre le passé et l'avenir. C'était un enfant, dit très bien le philosophe; il n'avait pas vu l'ancienne monarchie, comme Charles X; il n'avait pas connu les révolutions et l'exil, comme la fille de Louis XVI et le duc d'Angoulême; il ne savait rien de nos vieilles discordes; il était sans idée préconçue comme sans rancune, et, isolé de toute influence d'ancien régime, il eût été, entre les mains des hommes nouveaux, comme une cire molle qu'ils auraient pu façonner à toutes les nécessités des institutions modernes.

On ne le comprit pas assez, et l'enfant partit avec son aïeul pour le long exil où il devait mourir. Qui sait ce qu'eût été son règne si les vainqueurs de 1830 avaient fait de l'orphelin royal la personnification couronnée de leur pouvoir? Ce règne de cinquante-trois ans eût été l'un des plus longs, peut-être un des plus heureux de notre histoire, et nous eût, dans tous les cas, épargné la République de 1848 et le second Empire, avec les désastres et les hontes dont nous portons le deuil!

Mais on ne refait pas l'histoire à son gré, et force est de subir les réalités qu'on a laissé naître.

Pour notre part, nous avons toujours soutenu la Monarchie, comme la meilleure garantie des destinées de la France, mais non la politique personnelle de M. le comte de Chambord, qu'à notre grand regret nous avons souvent déplorée et quelquefois même combattue.

Il nous semblait, comme à beaucoup d'esprits éclairés et sincères, que certaines concessions étaient indispensables pour amener le rapprochement nécessaire entre le roi et la nation. Après toutes les épreuves que nous avons traversées, le problème était de royaliser la nation et de nationaliser la royauté. Pour le résoudre, il fallait une transaction loyale, inspirant également confiance aux deux parties. Mais M. le comte de Chambord, par un sentiment particulier et très scrupuleux de sa mission royale, s'est toujours refusé aux transactions, qui lui paraissaient des concessions à l'esprit révolutionnaire ; et il a toujours dit qu'il ne voulait pas être « le roi de la Révolution. »

L'Église cependant a bien fait un Concordat, dans un domaine autrement grave que celui de la politique, et en acceptant, pour assurer la paix aux âmes, bien d'autres sacrifices que ceux dont il pouvait s'agir pour assurer l'accord facile de la Nation et du Roi. Pourquoi ce Concordat politique, dont les effets n'eussent pas été moins féconds que ceux du Concordat religieux, n'a-t-il pas été accompli ?

Nous le répétons, c'est qu'il a paru au Roi qu'en sacrifiant quelque chose de ses idées, il eût affaibli d'autant son principe et se fût mis dans l'impuissance de réaliser tout le bien espéré du rétablissement de la Monarchie.

C'est pour ce motif, en particulier, qu'il n'a jamais voulu adopter le drapeau tricolore, dans lequel il ne pouvait s'empêcher de voir, malgré ses titres de gloire et de conservation sociale, malgré la protection dont il avait couvert vingt ans le trône pontifical après l'avoir relevé, le drapeau même et pour ainsi dire le symbole de la Révolution.

Certes, le drapeau blanc, qui n'est l'emblème d'aucune tyrannie, a conquis des titres impérissables et des champs d'Ivry aux plages d'Alger, il a flotté sur nos armées avec honneur. Mais, depuis près d'un siècle, le soldat ne le connaît plus, tandis que le drapeau tricolore, après avoir mené nos légions aux plus grandes victoires qui aient ébloui le monde, est devenu, des champs de l'Alsace aux rives de la Loire, l'image même de nos malheurs et l'emblème sacré du patriotisme.

C'est ce malentendu qui fit principalement échouer la restauration monarchique au mois d'octobre 1873, deux mois après la noble démarche que M. le comte de Paris avait si patriotiquement accomplie à Frohsdorf.

Le parti conservateur ne pouvait rien sans le Roi, et dans la ferme résolution où tous étaient, à l'exemple des princes, de ne porter aucune atteinte au principe tutélaire de l'hérédité monarchique, si heureusement rétabli, force était aux plus impatients, comme aux moins disciplinés eux-mêmes, de rester derrière le Roi et d'y attendre les décisions de la Providence.

L'histoire rapporte qu'Henri III mourant au camp de Saint-Cloud, fit appeler autour de son lit les principaux chefs catholiques et huguenots de son armée et leur dit : « Je vous demande comme votre ami, et je vous ordonne comme votre roi, de reconnaître pour votre souverain mon cousin Henri de Béarn ! »

On peut dire qu'une scène analogue s'est passée au château de Frohsdorf, dans la matinée du 7 juillet, quand le Roi mourant, se soulevant sur sa couche, a donné l'accolade à son héritier, et l'a ainsi désigné lui-même à l'obéissance et au respect de tous les royalistes.

La scène restera mémorable, et bien que les droits de M. le comte de Paris n'eussent pas besoin de cette consécration suprême, l'espèce d'investiture donnée dans une circonstance aussi solennelle par M. le comte de Chambord lui-même à son héritier, achève d'assurer l'unité complète et sincère du grand parti monarchique.

C'est dans ces occasions décisives qu'éclate la supériorité du principe que nous défendons au point de vue de la stabilité des choses et de la transmission paisible du pouvoir. On connaît cette parole d'un diplomate illustre : « Les Bourbons sont plus qu'une famille, ils sont une institution. » Ce qui s'accomplit sous nos yeux en est une preuve nouvelle, et la France sait désormais quel abri sûr et glorieux lui est réservé le jour où elle sera fatiguée des humiliations et des aventures.

Quant au prince, héritier de soixante rois, en qui la France eût été si heureuse de saluer un nouvel Henri IV, il emportera dans la tombe et il aura dans l'histoire le sincère hommage de tous ceux qui honorent la noblesse du caractère et cette loyauté supérieure dont un de ses ancêtres disait que, si elle était bannie du reste de la terre, on devrait la retrouver dans la bouche des rois. Peut-être avec sa hauteur morale et ses idées tout d'une pièce, qui lui donnaient assez la physionomie d'un paladin d'un autre âge, peut-être eût-il été mieux fait pour des temps meilleurs que le nôtre. Mais, couché sur son tombeau comme un chevalier dans son armure, et enveloppé du vieux drapeau dont il a voulu que les plis lui servissent de linceul, il fera encore une figure assez fière aux yeux de la postérité, qui verra en lui le dernier représentant de huit siècles de notre histoire.

Le Figaro.

*Le Français* (25 août) :

La France monarchique est en deuil. Le comte de Chambord a succombé ce matin. La mort a mis un terme à cette longue maladie, à cette agonie dont le monde entier suit, depuis deux mois, avec une attention chaque jour plus émue, les douloureuses péripéties. L'âme du chrétien est devant ce Dieu auquel il a toujours cru fidèlement et qu'il a prié pendant les angoisses du dernier passage. Le corps du prince va reposer, hélas! dans cette terre étrangère où sa vie entière s'est écoulée, attendant l'heure, prochaine, nous l'espérons, où ses héritiers, plus heureux, rouvriront les caveaux de Saint-Denis à la dépouille de celui qui, vivant, n'avait pu rentrer aux Tuileries.

Quelle destinée! Être le représentant de la maison la plus ancienne et la plus illustre de la chrétienté ; le chef d'une famille qui, rayonnant hors de France, avait pour ainsi dire essaimé tant de dynasties en Europe; le fils d'un saint Louis, d'un Henri IV et d'un Louis XIV ; l'héritier direct de cette longue lignée de rois qui ont fait la France et ont été, pendant plusieurs siècles, comme le centre de l'histoire du monde ; — et n'avoir connu toute sa vie que le malheur, les déboires et les revers; après être né au milieu du deuil de son père odieusement assassiné, avoir vu, tout enfant, la révolution briser le trône qu'il devait occuper et auquel, dans cet effondrement même, il se trouvait vainement appelé par l'abdication de son grand-père et la renonciation de son oncle ; avoir pris, à neuf ans, le chemin de cet exil qui devait se prolonger pendant plus d'un demi-siècle ; avoir passé sa jeunesse auprès de vieillards accablés par le malheur, à Holyrood ou au Hradschin, dans ces sombres châteaux encore attristés par l'ombre des malheurs auxquels ils servaient de refuge; devenu homme, avoir subi ce supplice singulier d'être convaincu que lui seul possédait ce qui devait sauver la France et de n'avoir jamais rien pu faire pour elle; enfin mourir dans un obscur village d'Autriche, murmurant dans son délire le nom de cette France aimée ; — ne faudrait-il pas un Bossuet pour parler dignement d'une telle grandeur et d'une telle misère, pour marquer le tragique contraste d'un passé si plein de gloire et d'un présent si malheureux, d'une si illustre naissance et d'une fortune si contraire ; pour y montrer surtout la main de « Celui de qui relèvent tous les empires », et qui « élève ou abaisse les trônes »; pour y démêler enfin quelqu'une de « ces grandes et terribles leçons » que ce maître des rois et des peuples leur donne « quand il lui plaît » ?

Qui pourra dire ce qu'ont été les déboires et les amertumes de ce long exil? Ce prince dont le nom était

France, dont les ancêtres nous avaient commandés dans tant de guerres, que devait-il éprouver quand il assistait, de l'étranger, aux victoires de l'armée française sur les champs de bataille de l'Algérie, de Crimée ou de l'Italie, sans pouvoir prendre sa part de ses gloires ? Qu'a-t-il dû éprouver surtout, à l'heure des grandes défaites, quand, de l'étranger encore, il a vu son pays vaincu, démembré, écrasé, sans pouvoir combattre et mourir avec ses défenseurs, ni faire autre chose que jeter à l'Europe et pousser au ciel un cri de protestation et de douleur ? Quelle épreuve aussi quand, à plusieurs reprises, la Révolution fit le vide dans le royaume de ses pères, comme pour le livrer à qui serait en état de le prendre, et quand, chaque fois, ce pays passa à des mains qui n'étaient pas les siennes ! Faut-il parler du jour où, en 1873, la restauration semblait presque faite, et où, par des scrupules de conscience et d'honneur, scrupules que nous persistons à trouver regrettables, le comte de Chambord s'est cru obligé de tout rompre, d'écarter de son front la couronne qu'on lui offrait, et, ce qui devait coûter plus encore à son patriotisme, d'éloigner de son pays le salut que celui-ci avait un moment cru tenir ? Dans ces dernières années, quand la France fut définitivement livrée à la République radicale par l'avortement de la restauration monarchique, quels ne durent pas être ses sentiments au spectacle de cette ruine intérieure et extérieure si prompte ; quelle désespérance de ne pouvoir y opposer que le remède, hélas ! bien impuissant, de ses manifestes et de ses protestations ? Et ce patriotique tourment devait durer jusqu'à la dernière minute ; n'a-t-il pas été l'obsession et l'angoisse de son agonie ?

On a raconté que, dans l'une des deux seules circonstances où le Comte de Chambord a mis le pied en France, dans ce voyage mystérieux et jusqu'ici inexpliqué qu'il fit à Paris et à Versailles, en novembre 1873, au lendemain de l'échec de la tentative de restauration, le prince se fit d'abord conduire en voiture devant les ruines des Tuileries et qu'il s'arrêta quelque temps à les considérer en pleurant ; puis qu'il se dirigea vers l'esplanade des Invalides, où nous ne savons quel enterrement militaire avait amené un développement considérable de troupes ; derrière la vitre levée de sa voiture, il avait longtemps regardé les régiments défiler les uns après les autres : les personnes qui l'accompagnaient se taisant et respectant l'émotion poignante qui se trahissait sur son visage. Nous ignorons si ce récit est exact; en tout cas, il résume avec vérité la longue souffrance qui a été toute la vie de l'illustre exilé.

Cette grande douleur eut du moins une consolation. Du premier jour au dernier, le comte de Chambord fut entouré d'affections fidèles, dévouées, ardentes. Il fut plus aimé que bien des souverains sur le trône. L'histoire a noté l'explosion de joie émue qui salua, en 1820, la naissance de « l'enfant du miracle ». Plus tard, les charmes personnels du prince, sa bonté, ses vertus, lui attachèrent plus encore les cœurs. Ses malheurs mêmes contribuèrent à rendre cette affection particulièrement tendre et soumise : par crainte de contrister un prince exilé, ses fidèles exécutaient presque aveuglément des ordres que leur raison eût parfois discutés s'ils avaient émané d'un roi sur le trône. Dans combien de châteaux, de presbytères ou même de chaumières, le nom seul du comte de Chambord éveillait des sentiments dont les autres partis ne pouvaient avoir l'idée ! C'était presque une sorte de dévotion religieuse. Nous n'avons pas toujours été d'accord avec ces royalistes ; nous leur eussions souhaité parfois plus de clairvoyance politique et une sorte d'indépendance qui eût peut-être mieux servi les intérêts de la cause royale. Mais nous avons toujours rendu hommage à la sincérité et à la noblesse de leur attachement, et aujourd'hui, dans notre deuil commun, nous éprouvons pour ce que leur douleur a de particulièrement intime et profond une respectueuse compassion. En cette époque desséchée, désabusée, où la politique tend de plus en plus à devenir une affaire d'intérêt, n'était-il pas bon qu'il y eût encore un coin où le cœur était en jeu? N'est-ce pas d'ailleurs un élément indispensable du vrai sentiment royaliste. Dans les pays monarchiques, l'amour du prince n'est-il pas la forme la plus vivante du patriotisme, sa meilleure sauvegarde dans les jours malheureux? Aussi serait-ce, à nos yeux, un grand malheur, si la mort du comte de Chambord faisait disparaître de la vie publique cette petite part de sentiment qui y subsistait encore. La politique n'en deviendrait ni plus belle, ni plus sûre.

Nous ne prétendons pas juger ici toute la conduite de Monsieur le comte de Chambord. Nous avons, à d'autres époques, marqué respectueusement les points où nous avons pu différer d'avis avec lui, moins encore sur le but à atteindre que sur les moyens d'y parvenir. Nous désirions trop ardemment sa restauration pour prendre facilement notre parti des faits qui, à nos yeux, pouvaient l'empêcher. Mais l'émotion de cette mort ne nous laisse ni la liberté ni le goût des critiques rétrospectives. Nous aimons mieux nous attacher, dans la vie qui vient de s'éteindre, aux traits que tous les monarchistes, que tous les conservateurs doivent s'accorder à louer. Le comte de Chambord a porté et maintenu très haut la dignité de la royauté. Entre ses mains, personne n'a eu la tentation de la mépriser, de l'outrager ou d'en rire. Sans avoir jamais régné, il a été très roi. Vertu de race, d'ailleurs. Son grand-père, Charles X, s'était-il jamais montré plus roi que le jour où, dépouillé de sa couronne, il s'acheminait lentement vers l'exil ? Le comte de Chambord a ainsi rendu un grand service à la monarchie, en ce temps où tout s'abaisse si vite, où la critique frivole ou méchante détruit si facilement tous les prestiges, éteint si rapidement tous les respects.

C'est que l'héritier de tant de rois avait au plus haut degré la foi en son droit, le souci du principe dont il était le représentant. Il a pu se tromper parfois dans les applications, mais il a toujours agi sous l'empire de cette foi. C'est elle qui a dicté le dernier et non le moindre acte politique de sa vie, nous voulons parler de l'accueil fait, en la personne du comte de Paris, au prince sur la tête duquel allait passer le droit monarchique. Il respectait ce droit après lui, comme il l'avait respecté avant lui et en lui-même. Eh bien! dans ce temps et ce pays de scepticisme révolutionnaire, il n'a pu être indifférent qu'une protestation aussi persistante, aussi inflexible, ait été faite au nom de l'hérédité royale. Cette sorte d'obstination n'a-t-elle pas forcé le pays à réfléchir, ne l'a-t-elle pas aidé à se dégager des sophismes qui avaient, depuis le commencement du siècle, faussé son esprit? N'a-t-elle pas contribué ainsi à ce retour vers les vraies idées et les vrais principes monarchiques, retour qui est évidemment l'un des signes de ce temps, et qui sera peut-être le fruit heureux et la réparation de nos malheurs?

C'est, en tout cas, la leçon qui se dégage pour nous des tristesses de cette mort. Devant cette destinée si malheureuse, à la vue de cet héritier de tant de grands souvenirs, de tant de droits séculaires, de principes si hauts et si féconds, qui a vécu et est mort sans avoir pu faire servir à son pays la force dont il avait le dépôt; à la vue aussi de ce que la France est devenue pendant ce temps, des ruines qui s'y sont successivement accumulées, des désastres intérieurs et extérieurs qui s'y sont accomplis et qui nous menacent encore, — comment ne pas proclamer le malheur, confesser la faute de la rupture avec le vieux droit monarchique? Comment, sans rien répudier de ce qu'il a pu y avoir de pur, de juste, de généreux, d'utile, dans les idées modernes, ne pas se sentir plus impatient que jamais de renouer les traditions brisées par les révolutions? Ainsi seulement la France pourra se refaire au dedans et au dehors. Or il est temps, grandement temps.

Paul Thureau-Dangin.

*La France* (25 août) :

## LA MORT DU COMTE DE CHAMBORD

Les espérances que l'incertitude des médecins entretenait parmi les fidèles de la monarchie légitimiste n'ont pas été justifiées. Après une longue et douloureuse agonie, le comte de Chambord vient de succomber au mal dont sa robuste constitution n'avait pu que retarder l'inévitable dénouement.

Les maîtres de la science ont fini par se mettre d'accord sur les causes et la nature de l'affection mortelle qui frappe la maison de Bourbon ; les docteurs de la politique, moins unis, continuent à disserter sur les conséquences prochaines et lointaines de ce deuil royal. Il entre beaucoup d'illusions et de chimères dans la gravité avec laquelle beaucoup de prophètes affectent de découvrir de mystérieuses perspectives. Pour nous, l'incident est ordinaire et nos conclusions sont simples : le comte de Chambord emporte dans la tombe l'avenir de son parti décapité : le drapeau blanc n'est plus qu'un linceul.

Les alternatives contradictoires de la cruelle maladie d'Henri V ont déjà permis d'épuiser la série des considérations et des hypothèses. Tout a été dit sur un événement prévu, que les nouvellistes impatients escomptent depuis deux mois.

Personne ne peut empêcher les amis et les courtisans du souverain sans couronne de croire que le monde est bouleversé, les intrigants de grossir la portée du trépas dont ils comptent tirer bénéfice, et l'imagination des badauds de se repaître d'invraisemblables fantasmagories.

En réalité, rien n'est changé en France par les arrangements de famille des candidats au trône.

Il est donc oiseux de chercher dans quelle mesure le péril d'une restauration s'est accru par la disparition du chef intraitable de la maison de Bourbon.

Elle aurait été accueillie par les meneurs orléanistes comme une délivrance, à l'époque troublée des grandes intrigues du centre droit, lorsque la fusion paraissait une solution définitive à la majorité de l'Assemblée nationale.

Maintenant, l'occasion une fois perdue n'est plus à retrouver ; les légitimistes purs ne sont pas des hommes assez souples pour chercher une consolation en conspirant pour les fils de Louis-Philippe, et ceux-ci se sont trompés en cherchant l'absolution de l'héritier de Charles X.

Nous allons assister à l'émiettement d'un groupe dont le règne n'est plus de ce monde, qui pratiquait déjà par goût, comme par tempérament, l'abstention systématique et en fera désormais son programme définitif.

Nous ne savons pas encore à quel héritier officiel le dernier représentant du drapeau blanc léguera ses droits *in partibus* et confiera le soin de faire revivre une légende démodée. Quel que soit le nom du privilégié, nous n'avons pas à nous en préoccuper : le mandat qu'il recueillera n'ajoute rien à son prestige, et la force ne se puise plus dans les traditions surannées.

Les destinées du pays ne dépendent point d'un prétendant, même armé d'un testament authentique ; c'est pourquoi la fin des souffrances du comte de Chambord peut provoquer des sympathies humaines ; elle est impuissante à créer une émotion politique.

L'indifférence profonde des masses accuse le caractère chimérique de tous les plans qui reposent sur l'ignorance des besoins démocratiques et du mouvement de la société moderne.

Ernest Judet.

*Le Gaulois* (25 août) :

## HENRI V — PHILIPPE VII

Le comte de Chambord est mort.
Le comte de Paris lui succède.
Henri V n'a pas régné. Mais, par la grandeur incomparable de son âme, par la noblesse de son attitude qui force tous les partis au respect, il a préparé l'avènement de Philippe VII.

Philippe VII, roi de France, renoue la chaîne des temps.

Philippe d'Orléans, comte de Paris, en devenant

Philippe VII, fait refleurir en sa personne le dogme de l'hérédité qui a fait la grandeur de l'ancienne France et qui sera encore, s'il plait à Dieu, le salut de la France ressuscitée.

C'est la monarchie nationale, ouverte à tous, qui a ses racines dans le passé, qui ne répudie aucune des aspirations légitimes de l'esprit moderne, et qui doit représenter la fusion des idées, comme elle représente déjà la réconciliation des deux branches de la maison de Bourbon.

Mais l'heure n'est pas encore à la politique.

L'heure est à l'émotion, au deuil, à la prière.

Hier matin, sous le coup de la dépêche suprême qui est venue briser tant de cœurs, le *Gaulois* a publié une seconde édition, que toute la journée on s'est arrachée dans ce Paris que l'on prétend devenu indifférent aux infortunes royales. En tête de cette édition figuraient les lignes suivantes, improvisées sous le coup d'une émotion profonde. Nous croyons devoir les reproduire ici :

### LE ROI EST MORT! VIVE LE ROI!

Henri de France a rendu le dernier soupir.

Le miracle qu'un moment il fut permis d'espérer ne s'est pas accompli.

Tant de prières ferventes dirigées vers le Ciel n'ont pu obtenir que quelques semaines de sursis.

La Providence n'a pas voulu retirer son décret.

Le Roi est mort...

Le Roi est mort! Vive le Roi!

Vive le Roi! fut le cri du *Gaulois*, lorsqu'il apprit le grand malheur qui menaçait la France.

Vive le Roi! sera notre cri à présent que le malheur est un fait accompli.

Ce n'est plus le même Roi, c'est le même sentiment qui remplit les cœurs royalistes et qui s'en échappe sous la forme du même cri : « Vive le Roi! »

Les hommes passent, la patrie dure. Chaque fois que la patrie française s'est séparée de la monarchie, ç'a été fait de la paix, de la grandeur, de la prospérité de la France. Notre pays est peut-être de toutes les nations du monde celui qui a le plus besoin de s'incarner dans un homme. Par deux fois, l'Empire lui a donné de grands jours. Mais c'est la vieille Maison de France qui demeure le plus puissant symbole de l'hérédité monarchique.

Vive le Roi !

Celui qui vient de mourir fut un Roi : cinquante années d'exil n'ébranlèrent pas le sceptre idéal qu'il tenait dans sa main, ni le caractère français si profondément gravé dans son cœur. Il laisse à Monseigneur le comte de Paris, à défaut d'un royaume florissant, la mémoire d'une vie que rien ne put faire dévier.

A un petit-fils de Henri IV succède un autre petit-fils de Henri IV.

Après Henri V, Philippe VII.

Vive le roi Philippe VII !

Quand la République aura fini son sabbat, quand chaque homme et chaque chose seront remis à leur place, quand la France sera replacée dans sa voie, quand la Providence aura jugé nos fautes suffisamment expiées, nous ramènerons le successeur d'Henri V, entouré de cette ceinture de princes qui sera la parure et l'armure du pays, et nous fêterons — en appelant à cette fête les bonapartistes et les républicains convaincus ou résignés — la présence du comte de Paris et la mémoire du comte de Chambord dans un même cri :

Vive le Roi !

Le Gaulois.

L'heure est au deuil et à la prière, disions-nous plus haut, et non pas à la politique.

Mais c'est toujours l'heure du patriotisme.

Au moment où la France républicaine, isolée, humiliée, menacée de toutes parts, gaspille ses forces dans des aventures lointaines, comment tous les esprits sensés ne se diraient-ils pas, en voyant le prince qui vient de mourir, et qui a manqué à la France, et le jeune Prince plein de vie qu'il sacrait naguère à Frohsdorf dans un embrassement : là est le port après tant d'orages !

Nous sommes royalistes parce que le chemin de la monarchie est le seul qui puisse conduire au relèvement de la patrie.

Toute l'histoire de notre pays le démontre. L'expérience de chaque jour ne le confirme, hélas! que trop.

Nous mettons, nous, la France au-dessus de tout. Si la République s'était montrée compatible avec la grandeur de la France, nous n'aurions pas fait d'opposition à la République. Nous ne sommes ses ennemis irréconciliables que parce qu'elle perd la France.

La République a fait ses preuves. C'est le règne d'un parti d'incapables.

Au rebours, Monsieur le comte de Chambord ne voulait pas être, et il l'a dit hautement, le Roi d'un parti, mais le Roi et le serviteur de la France tout entière.

Ce sera aussi le programme et la devise de son héritier.

Tous ceux qui sont las de voir la France travaillée au dedans par les passions les plus perverses, et abaissée au dehors, doivent venir à la monarchie, qui leur tend les bras, sans leur demander d'où ils viennent.

Le mot d'ordre est : France!

H. DE PÈNE.

*La Gazette de France* ( 25 août ) :

Dieu a rappelé à lui ce fils de saint Louis.

Dieu n'a pas exaucé les prières qui s'élevaient, ardentes cependant de toutes les églises où se réunissaient des chrétiens qui voyaient, dans la guérison du Prince, un gage de salut pour la France.

Nous ne pouvons tous, que nous incliner devant ce décret terrible, en nous demandant si nous n'avons pas été repoussés dans nos prières parce que nous n'étions pas dignes d'être entendus, parce que nous n'étions pas dignes d'obtenir le miracle que nous implorions.

Cette rigueur est pour nous un enseignement.

Rien ne montrait mieux la place considérable que

tenait M. le comte de Chambord dans notre société politique, et le respect qu'il avait su inspirer, que l'émotion causée par la douloureuse nouvelle qui s'est répandue ce matin dans Paris.

Il est certain que par la mort du Roi, à laquelle on ne voulait pas croire en dépit d'un mal impitoyable, la situation politique se trouve absolument modifiée, brusquement changée.

Mêlé intimement à toute notre histoire depuis cinquante ans, cet Exilé a exercé sur tous les événements graves qui se sont déroulés une influence morale et politique effective : on peut le dire, absolument déterminante.

A ce point qu'il serait impossible de retracer sa vie et de rappeler ses actes sans écrire toute l'histoire contemporaine, l'histoire d'un demi-siècle.

C'est quand, la première émotion atténuée, chacun voudra se rendre compte de la véritable étendue de notre perte, que l'on sentira la place considérable, nous n'hésitons pas à dire prépondérante, que ce fils d'Henri IV tenait dans les destinées de cette France qu'il a aimée de l'amour le plus profond, le plus désintéressé, de cet amour sans bornes qui a rempli le cœur de nos plus grands Rois.

Le moment d'aborder cette grande étude n'est pas venu et pourtant il faut, dès aujourd'hui, lui marquer sa place puisque c'est un hommage légitime à Celui qui n'est plus, que de dire quelle fut la part de son règne d'exil.

Un autre règne commence : Celui qui est allé à Frohsdorf saluer le principe monarchique dans la personne auguste qui l'incarnait si puissamment, a été pour ainsi dire sacré, du sacre de l'exil, par M. le comte de Chambord et c'est, appuyé sur ce cœur qui n'a battu que pour la France, qu'il a reçu la mission de faire triompher nos traditions nationales.

Le Roi est mort, vive le Roi !

La France, dans son deuil peut donc espérer encore.

C'est le Roi dont la vie se résume dans la conservation de la notion pure et énergique du principe monarchique, qui semble avoir voulu donner, avant de monter au ciel, cette espérance à notre infortuné pays.

*Gil Blas* ( 25 août ) :

M. le comte de Chambord meurt en martyr après avoir vécu en saint. Il n'est personne qui ne se sente le cœur saisi d'émotion devant l'effroyable agonie où se débat le dernier des fils de France, — les autres ne sont que les fils de l'émeute. Les dissensions de parti, les déceptions politiques, l'amertume des rêves irréalisés, disparaissent en présence de ce lit de mort devenu un lit de torture. On n'a plus qu'un seul sentiment, celui de la pitié, et on suit haletant les phases de cette fin terrible, en songeant plus que jamais à la vérité du cri de Bossuet : Dieu seul est grand !...

Dans la tombe que la mort est en train de creuser d'une main si impitoyable, le drapeau blanc, le drapeau fleurdelysé de la vieille France, servira de linceul à l'auguste dépouille, et jamais plus il ne faut s'attendre à le voir flotter sur notre pays. Le petit-fils de Charles X reste ainsi fidèle à la promesse faite par son grand-père au marquis de Bouillé. C'était le 15 août 1830. M. de Bouillé, arrivant de Paris à Valognes, détermina Charles X à recevoir de chacune des compagnies qui l'avaient escorté son étendard respectif. Il était onze heures du matin ; chaque compagnie fut introduite à son rang d'ancienneté dans le salon où se trouvaient Charles X, le duc et la duchesse d'Angoulême, la duchesse de Berri et ses enfants.

Six gardes, les plus anciens de la compagnie, servaient d'escorte à l'étendard. Le roi, la voix étouffée par l'émotion, remercia tour à tour ses serviteurs de la fidélité qu'ils lui avaient gardée et dit entre autres choses :

— « Je reçois vos étendards sans tache, et j'espère que mon petit-fils vous les rendra de même un jour. »

Étonnez-vous après cela de l'obstination du comte de Chambord à maintenir intact son drapeau envers et contre tous? Ne pouvant le donner à l'armée tel qu'il lui avait été transmis de sa part — quitte à elle, et à elle seule de décider ensuite de sa destinée, — il le rend à la Mort, et ainsi la parole de son aïeul reste sauve. Tout cela est très beau, très noble, très digne et ce journal ne serait pas vraiment républicain, c'est-à-dire vraiment indépendant, s'il ne s'inclinait pas comme il convient devant ces grands souvenirs.

La dignité, voilà d'ailleurs la note caractéristique de la haute personnalité si douloureusement à la veille de disparaître. L'héritier du trône de Charles X a pu manquer d'énergie, d'esprit de suite, d'entente des hommes et des choses de son temps, d'abnégation envers les obligations de son état, jamais il n'a manqué de dignité. A Salzbourg même, le Quiberon politique de sa vie, sa dignité est demeurée intacte, et c'est là ce qui le distingue des autres princes de sa race en général, et des héritiers qu'il a daigné se reconnaître en France en particulier. Tandis que ceux-ci ont accepté toutes les compromissions, sacrifié leur popularité à un plat de lentilles — un plat de lentilles de trente millions, il est vrai, — voté la république à Versailles et embrassé la royauté à Frohsdorf, lui a su garder sa vie publique comme sa vie privée empreinte d'une dignité invincible qui lui vaut aujourd'hui le concours de respects auquel nous participons. Aussi, n'est-ce pas seulement le représentant d'un grand principe qui s'éteint à Frohsdorf, c'est encore avec lui une figure suprême de gentilhomme qui disparaît.

... D'après les lettres qui viennent de Frohsdorf, on ne sait quel est le plus misérable des deux êtres du couple royal qui respirent dans le salon gris du château, de celui qui agonise sur son lit ou de l'autre qui veille à son chevet.

... Est-ce à dire pour cela que dans ce pays où tout arrive, jamais, à l'instar des Anglais, les d'Orléans ne règneront? Ce serait là trop compter sans la versatilité d'un peuple qui passe son temps à réadorer les dieux qu'il avait brûlés, et à brûler ceux qu'il adorait; mais si l'éventualité se produisait, — éventualité dont, j'espère, la République saura se défendre, — ce ne serait pas comme princes de Bourbon et continuateurs de Charles X que les descendants de Louis-Philippe monteraient sur le trône, mais à leur titre personnel. Jamais la vraie France légitimiste n'admettra l'alliage de la couronne de Reims avec celle des glorieuses. Voilà pourquoi la catastrophe qui menace Frohsdorf n'a pas la grosse importance pour la maison d'Orléans que voudraient lui attribuer certains esprits trop enclins à prendre l'ombre pour la proie, et la raison du peu d'alarme qu'elle sème dans le pays.

Pour l'émotion, c'est autre chose : une nation ne serait plus digne de ce nom si elle assistait, les yeux secs et le cœur léger, à la fin si douloureuse du dernier des princes dont l'histoire a été la sienne durant tant de siècles. C'est l'incarnation de tout un passé dont on ne saurait méconnaître les heures de grandeur et de gloire qui s'éteint en la personne du petit-fils de Charles X, c'est le drapeau de Rocroy, de Fontenoy, d'Alger, qui va devenir à jamais un linceul, et, bien qu'il nous reste celui de Jemmapes, d'Austerlitz et de Solférino, il est bien permis de s'incliner encore une fois devant lui. Pour être la France du présent, il ne faut pas oublier la France des aïeux, et quand cette France-là disparaît avec des hommes d'une dignité d'existence et de caractère semblable à celle montrée par le comte de Chambord, tous les partis ont le devoir de se découvrir et de saluer très bas.

Santillane.

*L'Intransigeant* (26 août) :

## DIEUDONNÉ

Les légitimistes qui sont obligés de croire à un Dieu, puisque leur roi est censé le représenter sur la terre, doivent commencer à craindre que la Providence ne soit devenue républicaine. Quel exemple plus frappant, en effet, de l'égalité des hommes devant la vie et devant la mort, que le spectacle de ce pseudo-souverain, expirant littéralement de faim au milieu de ses millions et dans les tentures fleurdelysées de son château !

On disait dans toutes les églises un peu distinguées des messes en son honneur. Ses visiteurs l'appelaient : Sire ! et lui prédisaient qu'il serait bientôt sur pied, en attendant qu'il montât à cheval pour reconquérir son trône, dont il était injustement privé depuis cinquante-cinq ans. Mais, par une suprême ironie de ce prétendu Dieu qu'on invoquait pour lui, cet homme, à qui la France appartenait, ne pouvait même pas garder une cuillerée de bouillon. Comme, dans ses derniers jours, il a dû se répéter dans le silence de l'oreiller :

« Quelle blague que ce cérémonial dont j'ai été entouré toute ma vie, et avec quelle joie je donnerais tous mes droits à la couronne de Louis XIV pour avoir seulement la possibilité d'avaler une noix de côtelette ! »

Si les millions de pauvres qui se demandent tous les matins comment ils dîneront le soir avaient pu assister à cette agonie de deux mois, ils auraient été pour jamais guéris de l'amour de ces fumisteries qu'on appelle les grandeurs ; et le mourant lui-même, en contemplant tant d'affamés qui luttent pour la vie, n'aurait pu s'empêcher de s'écrier :

« Ils ont faim : sont-ils heureux ! »

Il a été duc de Bordeaux, et il y a peu de temps encore, il n'aurait pu mettre les pieds à Bordeaux sans y être immédiatement appréhendé au corps. Il a été comte de Chambord, et c'est seulement la République qui l'a autorisé à traverser son comté. Enfin, il s'est laissé qualifier de roi de France, et le jour où il aurait pris au sérieux sa royauté, il n'aurait trouvé, pour le loger, qu'un palais en démolition dont les plâtras sont donnés en prime à ses lecteurs par un journal du matin !

Le côté le plus curieux des histoires de ce genre, c'est que les catholiques, qui ne se font aucun scrupule de dérouler ce panorama menteur sous les yeux des monarques en disponibilité, sont les premiers à consoler le peuple de ses misères, en opposant à son inanition le « néant des choses humaines ». En revanche, dans ce néant-là, ils se gardent bien de compter celui des titres et des formules d'étiquette dont ils enguirlandent un pauvre diable destiné à s'éteindre dans un dernier vomissement, non plus que le néant des armoiries dont il a orné ses voitures, et des panaches dont ils surmonteront son corbillard.

Les fées plus ou moins Carabosses qui tournaient autour de son berceau, en le proclamant l'Enfant du Miracle, en ont été pour leurs frais de prédictions. Ce Dieudonné, qui devait restaurer la religion, la morale et beaucoup d'autres choses, n'est pas seulement parvenu à se restaurer lui-même. A dix ans, on le flanquait dans un fiacre; à vingt ans, il se cassait la jambe, qu'il a traînée, le reste de sa vie, de Venise à Goritz et de Goritz à Frohsdorf. Il faut avouer que si le Dieu qui nous l'a donné avait des vues sur ce Bourbon-là, il lui a manifesté sa protection de la façon la plus étrange.

Et, pour comble de mauvais sort, ce claudicant, qui n'a pu réussir à se faire une lignée, est obligé de laisser non seulement ses droits, ce qui constituerait un mince héritage, mais sa fortune aux descendants de ceux qui ont voté la mort de son grand-oncle, usurpé le trône de son grand-père et peut-être trempé dans l'assassinat de son père.

En voyant comment le Très-Haut traite ses élus, on se félicite malgré soi d'avoir passé du côté de ses adversaires.

Henri Rochefort.

*Le Journal des Débats* (25 août):

M. le comte de Chambord est mort ce matin à Frohsdorf, à sept heures et demie. Bien que, depuis assez longtemps, la cruelle maladie dont il était atteint ne laissât plus d'espérance, cette nouvelle n'en produira pas moins dans notre pays une émotion profonde, et il n'y aura qu'une voix pour rendre hommage à la mémoire du prince qui, par ses vertus personnelles, la droiture de son caractère et l'irréprochable dignité de toute sa vie, a fait honneur aux souvenirs historiques dont il était le représentant.

. . . . . . . . . . . . . . . . . . . . . . . .

C'est avec une immense pitié que la France a assisté pendant deux mois à la lutte de M. le comte de Chambord contre la mort. Le petit-fils de Charles X, que sa destinée a condamné à vivre et à mourir loin de sa patrie, aimait passionnément la France, et ses dernières paroles, comme sa dernière pensée, ont été pour elle Il l'aimait comme il pouvait l'aimer, mais c'était assurément de toute son âme et de tout son cœur ; et, dans ce temps d'épreuves, il doit nous suffire qu'on ait aimé la France pour avoir droit à toute notre respectueuse gratitude.

M. le comte de Chambord était la continuation idéale de la monarchie à laquelle la France a dû la constitution de son territoire et de son unité. Lui mort, la tradition se trouve rompue, sans qu'il soit au pouvoir de qui que ce soit d'en renouer la chaîne. Il n'était pas le chef d'un parti ; il était la monarchie elle-même, et c'est le deuil de cette monarchie qu'on va mener à Goritz.

Quelle sera demain la situation des légitimistes ? Ils tenaient à M. le comte de Chambord par tous les liens que crée une conviction, on pourrait dire une foi ardente, et que le malheur et l'exil n'avaient fait que consolider. Il était, pour eux, le Roi depuis l'abdication de Charles X et du duc d'Angoulême, et, au travers des changements incessants du pouvoir et des révolutions, leur fidélité n'avait pas eu un seul moment de défaillance. La monarchie constitutionnelle, la république, l'empire avaient passé, et eux, toujours inébranlables dans leur dévoûment, attendaient toujours le retour du roi. Un jour, ils avaient vu leurs illusions sur le point de prendre une forme réelle ; mais, presque aussitôt, un souffle avait passé sur le pays et les avait emportées.

Ils continuaient cependant à attendre le miracle qui devait rendre la couronne au roi légitime. Le roi mort, vaut-il pour eux la peine de combattre encore? Puis, le plus grand nombre de leurs soldats ne vont-ils pas leur faire défaut?

Ce qui a donné, en effet, pendant ces dernières années, une apparence de force au parti légitimiste, ç'a été son alliance intime avec l'Église. Il y avait bien eu sous l'empire une tentative faite pour démontrer que l'Église pouvait s'accommoder de tous les gouvernements; mais aussitôt l'empire disparu, le clergé presque tout entier était revenu à cette doctrine que les intérêts de l'Église ne sauraient être véritablement sauvegardés que par le rétablissement de la monarchie légitime. Ce fait eut pour conséquence immédiate de donner une armée aux chefs du parti légitimiste. L'influence du clergé était restée grande dans plusieurs départements de l'Ouest, et elle montra sa puissance dans les scrutins qui depuis 1871 ont constitué nos Assemblées. On a pu depuis lors constater que cette influence allait décroissant ; il est certain pourtant qu'elle ne disparaîtra pas de longtemps. Comment sera-t-elle désormais employée ? Au profit de qui ceux qui en disposent la tourneront-ils ? La disparition soudaine du but qu'ils poursuivaient va certainement jeter dans leur esprit une grande perplexité. Les habiles qui recherchent un résultat exclusivement politique n'hésiteront probablement pas ; mais il faut considérer qu'ils sont l'infime minorité et que les masses profondes du parti légitimiste ont avant tout un sérieux attachement à leur foi, comme au seul bien qu'il importe de conserver à tout prix.

Et c'est précisément ce qui doit faire amèrement regretter les mesures hostiles qui ont été déjà prises contre l'Église, et celles plus violentes encore que ne cessent de réclamer quelques sectaires pour lesquels la haine de l'esprit religieux est non seulement le commencement de la sagesse, mais le principe même de tout gouvernement républicain. Si l'on ne s'était pas imprudemment engagé dans cette voie, si l'on avait eu, sinon le respect des croyances, du moins la tolérance, la république aurait certainement vu venir à elle la plus grande partie des fidèles de la légitimité. Les paysans vendéens et bretons ne demandent, en effet, qu'à avoir confiance dans les gouvernements établis, et il suffit pour cela qu'ils ne se sentent menacés ni dans leur foi ni dans leurs intérêts. La république a suffisamment montré qu'elle savait protéger les intérêts ; que ne complète-t-elle la démonstration en laissant la plus grande liberté à toutes les opinions et à toutes les croyances!

Quoi qu'il en soit, d'ailleurs, dès maintenant on peut considérer comme accomplie la dispersion du parti légitimiste. La république sera-t-elle appelée à en recueillir les débris? Pour notre part, nous estimons que rien n'est plus désirable, car rien ne serait plus propre à donner au gouvernement républicain une incomparable solidité. Nous ne voyons pas seulement dans cette action une augmentation du nombre des partisans de la république et un pas de plus vers l'adhésion unanime du pays à la forme républicaine, nous pensons qu'on pourrait y trouver un élément précieux et même nécessaire pour l'équilibre des forces gouvernementales. Par suite de la constitution actuelle du parti républicain, le gouvernement est fatalement entraîné à pencher de plus en plus à gauche. Il lui manque, pour établir cet équilibre, une aile droite assez forte pour qu'on soit obligé de compter avec elle, et l'opposition anticonstitutionnelle ne rend à aucun degré ce service. C'est cette aile droite que pourrait fournir le gros des forces du parti légitimiste, et, si la république perdait cette chance unique par la faute de ceux qui l'ont gouvernée depuis quelques années, il serait juste de dire qu'ils l'ont plus desservie que tous ses adversaires réunis.

En aucun cas cependant la situation du régime républicain ne saurait être ébranlée par la mort du comte de Chambord. L'opinion de l'immense majorité du pays, que les récentes élections viennent encore de mettre en plein relief, donne à la république une telle force qu'il lui est facile de se montrer tolérante et généreuse pour ceux mêmes qui se refusent à l'accepter. Les suffrages populaires l'ont, en droit et en fait, déclarée héritière de la monarchie. Dans cet héritage, elle a trouvé les traditions qui ont fait la France grande et respectée, et elle doit tenir à honneur de les conserver et de les continuer. Aussi ne saurait-on s'étonner qu'elle salue avec un profond respect le cercueil du prince qui va reposer à Goritz, auprès de son aïeul, emportant dans sa tombe la monarchie de droit divin, à jamais morte avec lui.

F. Joussemet.

Le *Journal de Paris* (26 août) :

Dieu n'a pas exaucé nos vœux; son cœur est resté fermé à nos prières; nos larmes n'ont pas désarmé sa justice : le Roi est mort!

Et voilà que, depuis des heures, tout Paris entend retentir ce cri lugubre : le Roi est mort!

Les télégrammes officiels venus de Frohsdorf, le représentant, à Paris, du grand prince que le trépas nous ravit, nos dépêches privées, la douleur qui se manifeste partout, l'envahissement des églises par les pieux fidèles, tout nous confirme l'affreuse nouvelle : le Roi est mort!

O ciel! quels crimes, quels attentats nous avons commis, quel terrible compte demande de nous votre colère, ô mon Dieu! pour que nous en soyons réduits à dire : le Roi est mort!

L'héritier de dix siècles de gloire et de grandeur, le fils des lis, le descendant des héros et des martyrs, le Roi est mort!

Mon Dieu! mon Dieu! pourquoi nous l'avoir ravi quand tout se préparait pour acclamer son retour sur le trône de saint Louis, d'Henri IV et de Louis XIV?

*La Justice* (26 août) :

## LA MORT D'UN PRINCIPE

En vain on essaye de réveiller le vieux cri monarchique : « Le Roi est mort; vive le Roi ! » Ce n'est pas seulement le comte de Chambord qui vient de mourir : c'est une idée. La royauté avait péri depuis longtemps ; et, de telle sorte, qu'inutilement les catastrophes les plus extraordinaires sont venues ouvrir son tombeau : ce cadavre ne pouvait plus se lever de terre. Oui, la royauté avait péri ; mais son principe survivait dans la piété d'une poignée de fidèles. Il a succombé à son tour. Rien ne reste plus aujourd'hui de l'antique monarchie française.

Le comte de Chambord, en effet, était le dernier représentant de la vieille idée monarchiste. Tel fut le rôle qu'il joua, dans sa villégiature d'exil, avec une rare correction, avec une incontestable dignité. Il incarnait un principe suranné, mais glorieux, absolument inapplicable au temps présent, mais resté l'objet d'un véritable culte dans une portion restreinte de la population. Il a rempli pendant de longues années ce rôle en toute conscience, avec une réelle noblesse d'attitude. Une telle existence, pour avoir été surtout décorative, ne manque pas de grandeur. La conviction profonde, la fidélité soutenue à une idée, sont toujours estimables ; et quand ces qualités se rencontrent chez le représentant d'un principe qui a rempli notre histoire, il n'est que juste de les saluer au passage.

Nous éprouvons, nous autres républicains, d'autant moins de peine à le faire que le comte de Chambord a été plus inoffensif. Une étrange ironie lui avait donné le même nom qu'à son ancêtre Henri IV. L'histoire a de ces contrastes. Quelle antithèse entre le roi de Frohsdorf et le Béarnais, si gaillard, tout pétillant d'esprit, et qui se débrouilla si bien ! Le comte de Chambord était né pour son rôle d'idole adorée de loin ; ce rôle plaisait à ses convictions, suffisait à ses goûts. Il semble qu'au grand regret de ses partisans, il n'en voulut jamais d'autre.

Il fallait un tel homme pour représenter ce vieux principe monarchique, qui ne correspond plus à rien dans la France moderne. Depuis la révolution de 1830 la monarchie a pu être un expédient : elle n'a plus été un principe. La royauté bâtarde de Louis-Philippe, avec son légendaire parapluie, s'intitulait « la meilleure des Républiques. » L'Empire se travestissait dans le mensonge de la souveraineté nationale. Il n'y eut plus, depuis la chute de Charles X, que des princes d'aventure. Chacun d'eux reniait l'idée fondamentale sur laquelle repose le pouvoir d'un seul. Dans ces gouvernements d'équivoque, deux souverains, le monarque, le peuple, se tiraillaient le pouvoir; le peuple devait avoir le dernier mot.

Le principe monarchique était en exil depuis 1830, d'abord avec Charles X, ensuite avec Henri V, tandis qu'une contrefaçon de trône était dressée aux Tuileries. C'est ce principe, je le répète, qui vient de disparaître. On a pu arranger des réconciliations intéressées : on n'a pas supprimé l'histoire. Le comte de Paris reste, au point de vue de la légitimité, le petits-fils et l'héritier d'un usurpateur. Un rapprochement fondé sur une équivoque, et dans lequel les deux partis laissent quelque chose de leur dignité, n'y peut rien changer. La vieille orthodoxie royaliste, sentant sa faiblesse, peut capituler devant une hérésie : cela ne modifie pas le caractère de cette hérésie. Imaginez que le catholicisme, aux trois quarts détruit, en soit un jour obligé à se fondre dans le protestantisme et que celui-ci, par intérêt, consente, pour rendre la fusion possible, à une comédie assez obscure pour ménager les apparences de part et d'autre. Le vieux catholicisme n'en serait pas moins mort pour avoir, de son mieux, sauvé les dehors. C'est ce qui se passe pour la royauté.

Ajoutons que cela a surtout pour nous un intérêt de curiosité. Il n'y a plus de monarchistes d'aucune sorte, en ce sens qu'à part de rares exceptions, il n'y a plus d'hommes en qui la foi en une dynastie soit entière. Il y a des réactionnaires, conduits par l'Église, et qui voient la République avec méfiance parce qu'ils savent que le progrès est sa première loi. Ceux-là seraient au premier faiseur de coups d'État, si les coups d'État étaient possibles. Mais chaque jour rend plus irrémédiable l'impuissance de ces hommes du passé.

Nous assisterons donc avec une sereine impartialité au spectacle que vont nous donner les partis monarchistes.

Camille Pelletan.

*La Lanterne* (26 août):

## LE MEILLEUR DES ROIS

Nous avons l'honneur de faire part à nos lecteurs du décès définitif de Henri-Charles-Ferdinand-Marie-Dieudonné de Bourbon d'Artois, duc de Bordeaux, comte de Chambord, à l'age de 62 ans. *De profundis* pour lui et la monarchie.

... Des gens vous demandent : — Qu'est-ce que sa mort changera ? — Rien du tout. Une ombre qui disparaît ne peut avoir d'influence sur la vie d'un peuple.

Ses partisans et ses amis ne pouvant inscrire sur sa tombe les mots de « bon père », puisque ce puissant roi n'a pas eu la puissance d'avoir des enfants, pourront y substituer cette épitaphe :

« Le meilleur des rois : il n'a jamais régné. »

*La Liberté* (25 août) :

## LE COMTE DE CHAMBORD

Le chef de la maison de Bourbon, que l'agonie torturait depuis de longues semaines avec une impitoyable cruauté, a vu, ce matin, le terme de ses souffrances et de son exil. La mort n'est-elle pas une délivrance pour l'homme que la douleur étreint, et, pour un croyant comme le prince qui vient d'expirer, qu'est-ce que la vie céleste, sinon la patrie éternelle ?

Depuis 1843, date d'une proclamation politique et d'une affirmation de principes demeurées célèbres, le petit-fils de Charles X n'avait cessé de revendiquer ses droits au trône de France avec une opiniâtreté infatigable qui révélait l'énergie de son tempérament et une rectitude de conduite qui honorait la loyauté de son caractère.

Partout où le conduisaient les vicissitudes de la proscription, à laquelle il avait été condamné après un simulacre de couronnement à Rambouillet, celui que ses partisans, mieux encore, ses fidèles appelaient du nom d'Henri V, vivait les yeux constamment fixés sur la France, l'âme confiante dans une cause qu'il croyait divine, et, par cela même prédestinée au triomphe final ; mais à aucune époque et dans aucune circonstance, il ne s'est abaissé à faire appel aux passions et aux violences des partis. Si naguère encore un Bourbon d'Espagne donnait au monde le spectacle d'un prétendant déchaînant la guerre civile, jamais le comte de Chambord, dans ses actes ou ses écrits, n'a décelé une pensée, formé un vœu ou un projet attestant la moindre pente à demander aux agitations ou à l'intrigue le succès de ses espérances.

Pas plus sous la monarchie de Juillet qu'après la révolution de Février, pas plus sous l'Empire que sous la troisième République, il n'a essayé de troubler les esprits et la tranquillité en France. Peut-être nous répondra-t-on que la France n'est pas l'Espagne. Sans doute, mais cela n'empêche pas que le comte de Chambord n'ait, par cette attitude, forcé l'estime de ses propres adversaires, et nous tenons à éclairer ce trait saillant de sa physionomie politique, parce que c'est celui qui frappera le plus l'histoire.

Le comte de Chambord offrait, en effet, ce contraste bizarre d'un prince à la fois ennemi juré et observateur scrupuleux de la souveraineté nationale. Il voulait devoir sa couronne au droit divin, héritage de ses pères, mais il n'entendait la ceindre que du consentement unanime de la France. Il se proposait de restaurer, en dépit des conquêtes modernes, les doctrines de l'ancienne monarchie auxquelles il était inébranlablement attaché ; mais ces doctrines, il se défendait de les imposer ; il attendait, dans un mysticisme qu'on respectera sans le partager, que la France, illuminée par un éclair d'en haut, vînt à lui comme à un sauveur !

Ce mépris de l'intrigue, cette horreur de l'agitation qui, pour un prétendant, est la manifestation la plus élevée du patriotisme, ce respect invincible du libre arbitre national, et aussi cet attachement quasi-superstitieux à des principes surannés, cette croyance intime en une mission divine, tout cela assignait au châtelain de Frohsdorf le rôle d'un prince condamné à une perpétuelle et décevante expectative. Lorsqu'en 1873 il sembla que le petit-fils de Charles X allait monter sur le trône de ses pères, les hommes et les journaux clairvoyants — la *Liberté* fut de ce nombre — loin de se tromper sur l'issue des tentatives de restauration, en pressentirent l'insuccès avec une sagacité que l'événement ne devait pas démentir. C'est qu'il y avait, entre la France moderne et les doctrines dont le comte de Chambord était l'incarnation, une divergence que le temps, l'exil et les événements n'avaient fait qu'accuser au point de la rendre absolument irrémédiable. Depuis cette époque, le comte de Chambord, qu'on se l'avouât ou non, était regardé au sein de la grande masse du parti royaliste comme un obstacle au retour de la monarchie.

Sa mort aplanit-elle cet obstacle ?

On comprendra que nous nous abstenions d'envisager aujourd'hui ce côté de la question. Nous n'avons voulu, en cette rapide improvisation, que saluer la mémoire d'un prince dont nous avons combattu les idées et les doctrines, mais dont la personne, abstraction faite du principe qu'elle représentait, nous a toujours inspiré l'estime et parfois même l'admiration. L'histoire dira du comte de Chambord ce qu'elle ne dit pas toujours des monarques : Il a partout commandé le respect et nulle part il n'a suscité la haine.

*Le Monde* (26 août) :

La mort de M. le comte de Chambord n'est pas seulement un deuil profond et cruel pour tous ses vieux et fidèles serviteurs et pour toutes les âmes qui, sans l'avoir connu ni approché, avaient voué à sa personne plus qu'à son principe peut-être, une affection tendre, exaltée, et comme une espèce de culte ; non, cette mort est encore pour tout cœur vraiment français un deuil national, car M. le comte de Chambord, en même temps qu'il était le dépositaire et le gardien du principe essentiel de la tradition politique de la France, le représentant incontesté et incontestable de la monarchie héréditaire et légitime, était aussi, par ses admirables qualités personnelles, par les vertus généreuses de son esprit, par la noblesse des sentiments de son cœur, enfin par l'ensemble des idées qu'il a exprimées durant quarante années, le héros d'une grande espérance.

On voyait en lui le réformateur tout-puissant des erreurs de la Révolution et le médecin miséricordieux qui devait panser et guérir les maux de la patrie.

Il est certain, en effet, que, pour cette grande tâche du relèvement national, M. le comte de Chambord eut un prestige incomparable et une autorité supérieure, et que, l'entreprenant sans précipitation ni violence et en faisant appel au concours de toutes les âmes honnêtes, sans acception d'origine ou d'opinion, ainsi qu'il l'a maintes fois proclamé, le succès semblait promis à son royal patriotisme. Victime innocente de nos révolutions, mûri par l'exil, éclairé par le spectacle de la longue suite de nos désastres, on se plaisait à croire que Dieu lui avait réservé l'honneur de dire au flot révolutionnaire : Tu n'iras pas plus loin !

La mort vient de tromper et de confondre les prévisions et l'ardente espérance dont M. le comte de Chambord était l'objet.

Mais devons-nous, à cause de cette mort, désespérer? Nous faut-il, à l'exemple de quelques âmes, proclamer la défaite irrémédiable de la cause conservatrice parce qu'un prince accompli vient de lui être enlevé ?

Il est évident qu'au point de vue politique le principe national de l'hérédité monarchique n'est pas en péril, et, comme nous l'avons dit hier, qu'il n'y a qu'à répéter le vieux cri de la France : Le roi est mort ! vive le roi !

Mais il s'agit de la cause religieuse, de la cause catholique ; à plus forte raison devons-nous écarter ces pensées lugubres et combattre un découragement très peu chrétien et très peu français !

L'église catholique est supérieure aux accidents éphémères de la fortune des partis.

Sans doute l'Église a le droit d'invoquer l'appui des forces politiques, parce que celles-ci ont le devoir, aussi bien que toutes les autres forces sociales, de la défendre et de la protéger. Mais elle sait aussi par une longue et vieille expérience combien sont vacillantes les volontés des princes !

Par conséquent, les catholiques, en tant que citoyens, peuvent et doivent avoir une opinion politique, attendu que le scepticisme politique ne saurait guère être qu'une infirmité ou un calcul ; mais quand ils ont satisfait à ce devoir, un devoir plus haut encore leur prescrit de ne jamais subordonner aux intérêts d'un parti la libre défense et le service de l'Eglise, dont la direction ne relève que du Pape et des évêques.

Dans le deuil qui désole nos cœurs et trompe nos espérances, n'oublions pas que la France chrétienne reste et qu'il peut dépendre d'elle, en somme, que la conduite de nos gouvernements, quels qu'ils soient, donne satisfaction au zèle et à la foi des catholiques.

*Le Moniteur universel* (25 août) :

## M. LE COMTE DE CHAMBORD

La mort vient de mettre fin au drame si poignant, si

douloureux dont le château de Frohsdorf était le théâtre depuis sept semaines. Monsieur le comte de Chambord s'est éteint, hier dans la matinée, à la suite des souffrances les plus cruelles, avec la résignation d'un saint, avec la dignité d'un Roi.

L'homme, sa vie, son caractère, ses actes, tout est grand, tout est élevé, tout est profondément français dans M. le comte de Chambord. Il n'y a pas de figure plus noble dans l'histoire de ce pays; il n'y en a pas qui commande au même degré la sympathie, le respect l'admiration. Son existence est remplie par la foi à un principe, et quel principe! Au milieu de la faiblesse, de la désorganisation, de l'impuissance dont nous sommes témoins, comment ne pas se souvenir avec reconnaissance de la monarchie qui avait fait la France si glorieuse ? Comment oublier par qui la patrie a été démembrée ? par qui, mutilée il y a dix ans, elle est exploitée aujourd'hui ?

M. le comte de Chambord aura eu cette fortune singulière et peu enviable à coup sûr d'avoir ressenti toutes les joies, toutes les douleurs de la France, sans avoir jamais vécu, excepté pendant les dix premières années de sa vie, sur le sol français, sans avoir respiré, autrement que par accident et durant les trop rares accalmies de la passion politique, l'air du pays natal. Et cependant quel Français aimait la France d'un amour plus ardent, et aurait fait plus de sacrifices que lui pour la défendre et la relever? Mais toujours des accidents, des malentendus plus forts que la bonne volonté de tous, ont déjoué, au détriment de la royauté légitime, les entreprises et les efforts du parti monarchique et M. le comte de Chambord disparaît de la scène sans avoir pu donner la mesure efficace de son intelligence, de son cœur et de son patriotisme.

Grâce à Dieu la date funèbre du 24 août n'a pas surpris M. le comte de Chambord au milieu des divisions qui ont affligé si longtemps les partisans de la royauté. L'union est rétablie parmi eux définitivement depuis dix ans; elle a été encore consacrée, affermie, scellée récemment, au cours de la maladie qui, avant d'emporter

M. le comte de Chambord, avait attiré à son chevet le Prince appelé à recueillir sa succession politique. Aussi croyons-nous traduire avec fidélité la pensée de l'illustre défunt lui-même en disant que sa mort ne marque ni la fin de la grande famille dont il était le chef, ni celle de la monarchie dont il était le représentant.

L'heure n'est pas venue de supputer les conséquences politiques de la mort de M. le comte de Chambord. Il nous sera permis cependant d'exprimer l'avis que, si le rétablissement de la monarchie apparaissait jusqu'à présent, aux yeux de la masse du public, comme une entreprise pleine de hasards et de périls, bien des préjugés qui s'attaquaient à elle avec autant d'injustice que de tenacité dans la personne de M. le comte de Chambord ont chance désormais de s'effacer et de disparaître. Pour tout dire, la monarchie, réputée impossible hier pour beaucoup de Français indifférents, aveugles ou hostiles, redevient possible et pratique, aujourd'hui, au milieu de la mobilité des courants populaires, surtout si la République continue à mettre en péril les intérêts essentiels de la nation.

On tomberait, par contre, dans une grave méprise, si l'on s'imaginait quelque part qu'après la mort de M. le comte de Chambord tous les obstacles qui s'opposaient à la restauration de la monarchie vont s'abaisser comme par enchantement. C'était une opinion reçue il y a dix ans; à l'heure actuelle, il faut la combattre sans ménagements. La république a jeté des racines profondes dans notre sol, et jusque dans ses fautes, dans ses écarts, dans les passions sans nombre qu'elle déchaîne depuis trop longtemps sur notre pays, elle conserve la force d'un gouvernement qui a les prédilections du suffrage universel.

Comment le parti monarchiste entrera-t-il en campagne pour démolir la citadelle républicaine? On parlera de coups d'État, de guerre civile; nos adversaires nous dénonceront bientôt peut-être comme des perturbateurs de la paix publique. Le parti monarchique sera unanime à repousser ces odieuses calomnies. L'histoire

impartiale enseigne que cette procédure n'est pas à
l'usage de notre parti; elle appartient en propre aux
républicains, et si des gouvernements se sont établis sur
le sol mouvant de la France, par la violation de la légalité constitutionnelle, on n'y a jamais saisi la main d'un
libéral, d'un partisan de la royauté, réglée par une
charte ou une constitution.

Les lois constitutionnelles, voilà le terrain sur lequel
nous nous plaçons résolument. Elles permettent la revision en tout ou en partie de l'œuvre de 1875 ; nous n'irons
chercher ni ailleurs, ni plus loin, des armes pour nous
défendre. Quand, M. Barodet à leur tête, des fractions
importantes du Parlement peuvent parcourir les villes
et les campagnes, organiser librement une agitation
intense en faveur de la suppression du Sénat ou de la
présidence de la République, quelle loi écrite nous
empêcherait, nous autres, de répéter en toute circonstance aux électeurs: « Vous avez voulu la République;
eh bien! jugez-la à ses fruits! L'expédition du Tonkin
vous comble-t-elle de joie? Trouvez-vous que la France
ait beaucoup d'alliés et d'amis en Europe? Nos
finances sont elles bien gérées? Aimez vous la réduction du 5 0/0 en 4 1/2 ? »

La République peut répondre pendant quelque temps
que tous les mécomptes articulés par nous à son passif
sont le résultat d'accidents et que l'avenir vaudra mieux
que le présent. Mais l'argument aura une fin, et tôt ou
tard on verra bien que la république, avec les hommes
qui la mènent, est le plus grossier des mensonges qui
aient jamais dupé le suffrage universel.

*Le Mot d'ordre* (26 août):

## PHILIPPE VII

En annonçant hier à ses lecteurs la mort du comte de
Chambord, le *Gaulois* terminait par ces mots, imprimés en caractère d'affiche : *Henri V est mort, vive
Philippe VII.*

Nous avouons humblement avoir eu un instant d'hésitation à reconnaître sous ce titre nouveau le blondasse fils de la princesse Hélène de Mecklembourg-Schwerin, le long et fade principicule que ses courtisans saluent du nom de comte de Paris et dont toute la personne transpire un si fort parfum allemand. Mais nous nous sommes rappelé à temps certaine note publiée il y a un mois dans les journaux royalistes, en suite de la visite à son cousin agonisant de l'héritier présomptif. C'est dans un conseil intime où siégeaient les personnages les plus importants du parti, qu'il a été décidé qu'afin de laisser intacte la tradition, le petit-fils du roi des Barricades devait prendre, non le nom de Louis-Philippe II, qui serait une implicite reconnaissance de l'usurpation dont s'est rendu coupable son grand-père, mais bien celui de Philippe VII.

Cette chinoiserie, dont le public aura grand'peine à s'expliquer la nécessité, n'est, en somme, que la conséquence de l'amende honorable faite en 1873 aux pieds du fils de Madame de Berri par les enfants et les petits-enfants de Louis-Philippe. Après avoir renié le chef de sa famille en petit comité, Monsieur de Paris reconnaît aujourd'hui publiquement son indignité, en prenant le titre de Philippe VII, absolument comme ces fils d'assassins ou de voleurs qui réclament de la chancellerie l'autorisation de changer de nom.

Cet acte de piété filiale donne la mesure exacte de la dignité de caractère et de l'élévation des sentiments de celui qu'une partie des royalistes va reconnaître pour son souverain. Ce n'est pas sans raison que nous employons cette forme : une partie des royalistes, car il n'est pas douteux que cette honteuse palinodie ne suffira pas à rallier à la fortune du Mecklembourgeois les légitimistes qui ont gardé intacte leur foi et n'ont jamais consenti à transiger avec cette branche cadette, dont l'histoire n'est qu'une longue suite de trahisons.

C'est en même temps la fin de cette forme bâtarde de monarchie qui a conservé encore quelques fidèles parmi les membres de la bourgeoisie bureaucrate ou propriétaire : la monarchie constitutionnelle. Louis-

Philippe II aurait pu accepter une constitution faite par les mandataires plus ou moins autorisés de la nation. Philippe VII nous ramènerait fatalement au régime du bon plaisir et de la Charte octroyée.

Cela n'est point fait pour nous affliger de voir d'un seul coup mourir la monarchie de droit divin, avec le dernier Bourbon français, et se suicider la royauté constitutionnelle. Non que nous ayons jamais éprouvé de crainte sur les chances d'une restauration. Les princes d'Orléans se sont donné le coup de grâce en 1871, en venant, en même temps que l'Allemagne, arracher à la France pantelante ce qui lui restait d'or. Le jour où une Assemblée, pourtant en majorité monarchiste, n'a pu réprimer le sentiment de dégoût que lui causait cet acte de mendicité, la conscience publique a prononcé pour toujours leur déchéance.

Le nom choisi par les grands hommes d'État de la droite pour leur souverain *in partibus* n'est guère plus heureux historiquement que politiquement. Philippe VII rappelle immédiatement le souvenir de ses prédécesseurs immédiats : Philippe IV le Bel, ce tigre couronné qui livrait aux flammes les Templiers pour s'approprier leurs immenses biens, le criminel qui, quatre fois successivement altérait à son profit les monnaies, et l'autre Philippe, Philippe VI, non moins âpre à la curée, non moins expert dans le bel art du faux-monnayage, sous le règne duquel, après la désastreuse bataille de Crécy, la moitié de la France tombait aux mains des Anglais. Tous ces Philippes ont été également funestes et atroces ; c'est leur tradition que s'engage à reprendre et à continuer l'Allemand que, malgré ses répugnances et par raison d'État, le pauvre vieillard mort de faim dans son château de Frohsdorf, hier 24 août, jour anniversaire du massacre de la Saint-Barthélemy, a désigné pour lui succéder.

Émile Richard.

*Le National* (25 août) :

## MORT DU COMTE DE CHAMBORD

C'en est fait. La longue agonie du dernier représentant de la monarchie traditionnelle est terminée. Une dépêche de Wiener-Neustadt nous apprend que M. le comte de Chambord est mort ce matin à sept heures un quart. Dans un article paru le 17 de ce mois, nous avons apprécié le rôle politique de l'héritier des traditions de la vieille France. Nous avons rendu justice à la droiture de sa conduite et à la dignité de son attitude. Le fils du duc de Berri a clos fièrement un cycle historique dont la lente évolution, continuée à travers les siècles, eut sa noblesse et sa grandeur.

La France, qui a fait la Révolution et qui, sortie des fièvres et des luttes, se repose aujourd'hui dans la paix du travail, saura se montrer équitable pour l'homme d'honneur qui s'est enveloppé dans les plis de son drapeau blanc pour y dormir son dernier sommeil. Notre généreux pays n'a jamais refusé ses hommages aux consciences sincères. Le comte de Chambord estimait qu'en renonçant à ses principes, en se laissant prendre l'honneur, il n'eût pas été moins décapité que son aïeul Louis XVI. Il reste grand sur son lit de mort.

Avec lui s'en vont les fantômes du passé. Sa vie a prouvé l'impuissance de ses idées politiques. Sa mort prouve l'impuissance de ses idées religieuses. Depuis plus d'un mois, les catholiques français fatiguent le ciel de leurs supplications. Ils donnent des offrandes aux églises, ils organisent des pèlerinages, ils disent des milliers de messes afin que leur Roi leur soit conservé. La Providence est restée sourde et le Roi n'est plus. Par contre, la nation souveraine affirme chaque jour ses droits d'une façon plus éclatante. La vieille France a perdu ses rois et ses Dieux. La France nouvelle prospérera dans le travail, dans la justice et dans la liberté.

Paul Foucher.

*La Nouvelle Revue* (1ᵉʳ septembre 1883) :

Ressaisi par la maladie qui avait un moment semblé vaincue, M. le comte de Chambord a succombé après une lente et cruelle agonie. Sa mort n'est point un événement politique au sens ordinaire du mot. Le prince qui, depuis cinquante-trois ans, n'avait pas cessé d'être pour ses fidèles le roi Henri V, ne tenait qu'une place et un rôle honorifiques. C'est à peine si le titre même de prétendant devait lui être appliqué. Dans aucune des occasions que nos vicissitudes lui ont offertes, il n'avait fait acte d'intervention effective, et la seule circonstance où il eût paru prêt à suivre les amis qui s'avançaient en son nom, ne fit en dernier lieu que mieux établir qu'il entendait rester le représentant de la monarchie idéale. Nous n'avons pas besoin de rappeler autrement la campagne monarchiste de 1873 et le manifeste du drapeau blanc qui vint y couper court, alors que les chefs qui l'avaient menée se flattaient de toucher au succès. La lettre qui détermina ce brusque dénouement fut-elle dictée par une pensée de loyauté chevaleresque, ou par une habileté voulant masquer la retraite ? Toujours est-il qu'elle devint le terme des tentatives de restauration. A dater de ce jour, les revendications royales n'ont plus été qu'une sorte d'acquit de conscience, un signe de vie donné de temps à autre par l'exilé volontaire de Frohsdorf pour entretenir et réchauffer les adeptes d'une foi platonique. Remettant toujours au lendemain le signal de l'action, que, mieux que personne, il savait ne devoir jamais donner, M. le comte de Chambord avait depuis longtemps cessé d'être un danger pour aucun régime existant. Il meurt environné d'un respect auquel ne se mêlaient plus ni craintes ni espérances, et peut-être le *Times* a-t-il trouvé la formule vraie en disant que le rétablissement de la monarchie en France avait pour principal obstacle la personne même de son représentant.

. . . . . . . . . . . . . . . . . . . . . . .

L.

*L'Opinion* (25 août) :

## VIVE LA RÉPUBLIQUE !

M. de Chambord vient de mourir; il emporte avec lui la défroque complète de la monarchie légitime : droit divin, principe quatorze fois séculaire, drapeau blanc et autres accessoires.

C'est une justice à rendre à celui que ses partisans saluaient du nom de « Roy », il se croyait de bonne foi ; toute sa vie il est resté fidèle à ses origines ; il planait au-dessus de l'humanité.

Jamais il n'a dévié ; jamais il ne s'est prêté aux compromissions des habiles. Quand on lui parlait concessions, il répliquait : jamais. Quand on lui disait de venir à la montagne, il répondait : que la montagne vienne à moi.

Avec cette figure originale disparaît l'antique monarchie française. Cette mort est entière. Henri, dit le Cinquième, n'a point et ne saurait avoir de successeur. Jamais celui des d'Orléans que le *Gaulois* décore déjà du nom de Philippe VII ne récoltera l'unanimité des suffrages des tenants de la légitimité ; les d'Orléans sont rivés au drapeau tricolore, aux traditions parlementaires, alors que la monarchie de droit divin est rivée au drapeau blanc, à la charte octroyée.

Donc, la mort d'un homme a pour conséquence la mort d'un parti. Et c'est ce fait que nous entendons mettre en lumière, car il démontre plus qu'aucun autre le vice du système monarchique et l'excellence du régime républicain.

Il y a quelques mois, la République perdait un de ses enfants, grand parmi les plus grands, pur parmi les plus purs, patriote parmi les plus patriotes. Du Nord au Midi, de l'Est à l'Ouest, le deuil était général. Les dissidences s'effaçaient devant une tombe ouverte. Est-ce que la marche de la République a subi un moment d'arrêt ? Est-ce que le parti républicain a un instant périclité ?

Non, car la République est au-dessus des personnalités quelque éclatantes qu'elles puissent être ; elle n'est liée à aucun homme ; elle est la vérité et tous les autres gouvernements ne sont que mensonge ; en un mot, elle est synonyme de justice, d'ordre et de progrès.

Aujourd'hui, M. le comte de Chambord meurt loin de sa patrie, après cinquante-trois ans d'attente. Et sur cette tombe ouverte, la France pousse ce cri unanime : Vive la République !

O. Crouzet.

*La Paix* (26 août) :

## LE DERNIER DES BOURBONS

Depuis quelques jours les personnes de l'entourage de M. le comte de Chambord avaient perdu tout espoir. L'événement vient de justifier leurs douloureuses prévisions. M. le comte de Chambord n'est plus.

Nous, républicains de vieille date, nous saluons respectueusement cette tombe qui vient de s'ouvrir et où va dormir de l'éternel sommeil le représentant d'un passé, dont la dernière pelletée de terre jetée sur le cercueil du descendant de Louis XIV va effacer jusqu'à la dernière trace.

Le comte de Chambord — c'est là ce qui lui vaudra une place à part dans l'histoire — a noblement conduit le deuil de l'antique monarchie bourbonnienne. Grâce à lui, cette monarchie et le régime dont elle était l'éclatante représentation n'aura pas fini dans des aventures de grande route, dans des intrigues de couloir, dans des alliances hybrides, dans des compromissions de bas étage. Quelque jugement que l'on puisse porter sur l'homme qui vient de mourir, nul ne pourra dire qu'il ait été un aventurier. C'est beaucoup en un temps où il n'est pas toujours possible de distinguer entre les représentants des régimes déchus et de simples *condottieri*.

Le comte de Chambord a-t-il été un mystique ayant

réellement foi dans le miracle d'une résurrection de l'état politique et social dont il se considérait comme la suprême incarnation? A-t-il été, au contraire, un sage qui, ayant l'intuition des périls et de l'instabilité de toute restauration monarchique, a préféré les jouissances d'une royauté honorifique, d'une couronne idéale aux terribles hasards d'une royauté effective?

Son refus d'abandonner le drapeau blanc, ce drapeau qu'il savait que la France n'accepterait jamais et à la vue duquel les chassepots, — comme l'a si justement dit le maréchal de Mac-Mahon, qui devait savoir à quoi s'en tenir, — seraient partis tout seuls, a-t-il été l'effet d'un fanatisme aveugle, de l'étroitesse d'un esprit incapable de voir les choses comme elles sont et se repaissant de chimères, d'un tempérament naturellement porté à la mysticité?

Est-ce au contraire la vue claire des difficultés, des périls que devait faire naître toute tentative sérieuse d'un retour en arrière, d'une lutte contre la Révolution, qui a dicté, dans des circonstances que l'on n'a pas oubliées, la conduite du comte de Chambord? Quand il s'est fièrement enveloppé du drapeau blanc, n'est-ce pas avec la pensée qu'il se fermait le chemin du trône et qu'il s'assurait ainsi, en agrandissant son rôle, cette sérénité d'existence qui lui paraissait préférable à toutes les angoisses d'un pouvoir éphémère, à toutes les aventures dans lesquelles on voulait l'engager?

C'est là le secret de la conscience du prince, que nul ne pénétrera jamais. Quoi qu'il en soit, à quelque mobile qu'ait obéi le comte de Chambord, lorsqu'il a prononcé son *non possumus*, en écrivant la fameuse lettre qui a mis fin à l'intrigue monarchique de 1873, il est impossible de méconnaître que si la guerre civile a été épargnée à la France, que si nous n'avons pas été exposés à de nouvelles tourmentes, et peut-être à de nouvelles révolutions, que si la République a pu se fonder et s'affermir progressivement sans recours à la force, l'attitude du comte de Chambord a été pour quelque chose dans ces heureux résultats, et c'est pourquoi les républicains ne peuvent faire entendre aucune parole amère sur la tombe du dernier représentant de la vieille monarchie française, sur cette tombe où le drapeau aux fleurs de lys d'or va être enseveli pour ne plus jamais être déployé par aucune main humaine.

Au point de vue politique, la mort du comte de Chambord n'est pas un événement dont il faille s'exagérer l'importance. La situation des partis n'en sera pas sensiblement modifiée, et moins encore la situation de la République. Nous ne sommes plus au temps où les destinées du pays tenaient à la vie ou à la mort d'un homme. Ces destinées ne dépendent plus que de la nation, mise par le libre suffrage universel en possession de sa souveraineté. Or, il n'est pas présumable que la mort du prétendant, qui tenait par si peu de liens à la nation, diminue l'attachement que celle-ci a voué, ainsi que viennent encore de l'attester les dernières élections, aux institutions républicaines.

Le pays, qui ne voulait entendre parler à aucun prix d'une restauration monarchique, quand M. le comte de Chambord était le chef de la maison de France, ne changera pas de sentiment parce que ce chef s'appellera désormais le comte de Paris. Ce n'est point une question de personnes qui détournait la France de la monarchie, c'était une question de principes. En quoi donc la substitution d'une personne à une autre dans les compétitions monarchiques pourrait-elle intéresser la nation?

On parle, il est vrai, de l'union qui doit être, parmi les conservateurs, la conséquence de la mort du comte de Chambord. La branche cadette recueillant par droit de légitime succession l'héritage de la branche aînée, la fusion se trouverait ainsi naturellement accomplie entre les légitimistes et les orléanistes, ce dont il pourrait résulter, le cas échéant, quelque péril pour la République.

Ce sont là des vues absolument erronées, et on peut s'en convaincre en se rappelant que la soumission du comte de Paris, comme chef de la branche cadette, à M. le comte de Chambord, comme seul représentant du principe monarchique, n'a en rien affaibli les dissentiments profonds qui existaient et qui existent encore entre les hommes de l'extrême droite et ceux du centre droit. L'abîme qui sépare ces hommes s'est peut-être même agrandi à la suite de la démarche du chef de la maison d'Orléans. Il n'en sera pas beaucoup autrement à la suite de la mort du comte de Chambord, et les divisions seront peut-être d'autant plus profondes qu'aucune question de nom propre ne marquera plus les divergences sur les questions de conduite et de principes.

En tout cas, dût cette union, dont on nous parle, entre légitimistes et orléanistes se réaliser, nous n'aurions nul souci à en prendre, car, nous le répétons, la République est au-dessus de toutes ces combinaisons de partis, dont la nation se sépare chaque jour davantage, et pour lesquels, qu'ils soient unis ou divisés, il n'y a plus d'avenir possible sous le régime du suffrage universel, c'est-à-dire de la souveraineté nationale.

Les regrets que nous donnons à la mort du comte de Chambord nous sont donc exclusivement inspirés par le sentiment du respect dû à tous ceux qui, quelque rôle qu'ils aient été appelés à jouer par leur naissance ou par les événements, ont su tenir dignement leur place sur la scène politique. Le fait n'est pas tellement fréquent dans le monde des prétendants, qu'on puisse s'étonner de l'hommage que rendent les républicains à la mémoire du dernier des Bourbons.

*Paris* (25 août) :

## LE ROY EST MORT

M. le comte de Chambord a succombé ce matin à Frohsdorf.

L'agonie avait commencé hier après midi ; mais il y a plus d'un mois que les amis du prétendant avaient perdu tout espoir de le voir revenir à la santé.

En présence de ce deuil qui frappe une famille française, illustre dans le passé, le respect des adversaires est d'autant plus facile, que le fils de la duchesse de Berri n'a jamais fait de mal à son pays. S'il avait écouté quelques-uns de ses partisans ; s'il avait sacrifié le repos de la France à son ambition personnelle ; s'il avait, ainsi qu'on le lui demandait, posé hautement sa candidature royale, au lieu de se tenir dans le vague des revendications historiques et des lamentations pieuses, l'impartialité serait pour nous moins aisée.

Mais grâce à M. le comte de Chambord, à son honnêteté, à sa droiture, la France n'a pas eu de don Carlos. Personne ne l'oubliera devant sa tombe. On ne saurait d'ailleurs attendre de ces représentants des vieilles races royales qu'ils accompagnent généreusement la nouvelle démocratie dans sa marche vers le progrès, vers la liberté inaliénable, vers la paix honorable, sûre et perpétuelle.

C'est une mission historique qu'ils achèvent de remplir auprès de nous. Après avoir servi à grouper autour d'eux la nationalité française, éparse et divisée contre elle-même, ils servent maintenant dans leur immuable attitude à mesurer le chemin parcouru par les peuples, comme ces phares dont s'éloigne un navire dans la nuit, et qui lui montrent encore de loin leur étincelle tremblotante, — jusqu'à ce que le jour levant les éteigne et les noie dans un rayon de soleil.

La succession politique de celui que les légitimistes appelaient Henri V va probablement revenir au comte de Paris. Le nommera-t-on Louis-Philippe II, ou Philippe VII, ou Louis XIX? Grave question, qui va, pendant plus d'une semaine, occuper la jeune cour. La France ne verra changer pour cela ni le coin de ses monnaies, ni l'effigie de ses timbres-poste, ni les inscriptions de ses monuments.

Le plus inquiet des Français, ce doit être maintenant celui qui va porter le poids de sa naissance, et dont les actes n'auront point toute l'indépendance dont jouissent les simples citoyens. Plaignons ce prince mélancolique, dont la mort de son parent fait un prétendant malgré lui, et qui va se trouver dans cette cruelle alternative : infidèle s'il s'abstient et rebelle s'il agit.

Le roy est mort : Vive la République!

CH. LAURENT.

*Le Parlement* (25 août) :

A la suite d'une longue maladie qui a fait passer plus d'une fois les légitimistes de la crainte à l'espérance, le dernier représentant de la branche aînée des Bourbons vient de mourir à Frohsdorf, à soixante-trois ans, après plus d'un demi-siècle d'exil. Inconnu dans ce pays, étranger à toutes les idées de la France moderne, il disparaît sans que sa mort éveille d'autre sentiment que le respect dû à une vie droite et sans tache, à un nom illustre honorablement porté. Des transports d'enthousiasme ont accueilli autrefois la naissance de l'enfant du miracle et nos plus grands poètes l'ont chantée; la nouvelle de la mort du fils du duc de Berri excitera, dans la majorité du peuple français, des impressions beaucoup moins vives. Mais si elle ne prend en aucune façon le caractère d'un deuil national, elle n'en est pas moins un événement politique considérable, et elle provoque de sérieuses réflexions.

Que vont faire les légitimistes? Telle est la première question qui se présente. La longue maladie du comte de Chambord leur a laissé le temps de réfléchir et d'arrêter leur ligne de conduite; mais sans doute quelques jours se passeront avant que leurs résolutions soient connues. A ne consulter que la généalogie, le plus proche héritier du prince qui vient de mourir n'est pas, on le sait, M. le comte de Paris. La famille d'Orléans descend de Louis XIII; une autre branche de la maison de Bourbon, celle d'Espagne, remonte à Louis XIV. Sans la renonciation du duc d'Anjou, qui a abdiqué, pour lui et ses descendants, toute prétention à la couronne de France en montant sur le trône d'Espagne, don Carlos serait, aux yeux des légitimistes, le successeur désigné de leur roi. Ses partisans, s'il s'en trouve, allégueront que la renonciation de Philippe V a cessé de produire ses effets du jour où une révolution a enlevé l'Espagne aux héritiers mâles du duc d'Anjou; ils exploiteront les sentiments d'incurable défiance et de haine qui existent, chez beaucoup d'adhérents de la monarchie du droit divin, contre l'arrière-petit-fils de Philippe-Égalité et le petit-fils de Louis-Philippe. Peut-être verrons-nous éclater, dans le sein du parti légitimiste, une scission entre les « Incurables » et les « Habiles », qui se disputaient naguère si vivement dans la presse. Il est à peu près certain, toutefois, que la très grande majorité du parti reportera sur les princes d'Orléans, sinon ses affections, du moins ses espérances. La démarche que les princes ont faite à Frohsdorf, au début de la maladie du comte de Chambord, aura sans doute contribué à affaiblir certaines antipathies et à dissiper certaines préventions.

Nous n'avons pas, on le conçoit, à nous prononcer sur ces querelles et ces intrigues de famille. Tout ce que l'on peut dire dès à présent, c'est que la partie, si elle s'engage entre le prince espagnol et le prince français, ne sera pas absolument égale. Don Carlos, s'il fait valoir ses titres, n'aura aucun ménagement à garder, aucune précaution à prendre. Déjà expulsé de France il y a quelques années, la perspective d'une nouvelle mesure du même genre ne l'effrayera guère. Il parlera haut et affirmera son droit sans réserve. De l'autre côté, la situation ne sera pas la même. Les princes d'Orléans sont Français; ils vivent dans ce pays, ils en ont été assez longtemps proscrits pour connaître les tristesses de l'exil et craindre d'y retomber. Ils se savent surveillés de près, épiés par la défiance républicaine, épiés aussi par la défiance légitimiste. Pourront-ils rester dans une parfaite inertie? Voudront-ils faire un acte d'adhésion à la République? C'est le secret d'un prochain avenir.

Quant au parti républicain, le seul au nom duquel nous ayons le droit de parler, ce n'est pas en spectateur indifférent qu'il assistera à ces délibérations intimes et qu'il en attendra le résultat. Jusqu'à présent, il a pu considérer avec dédain les manifestations légitimistes, il a pu hausser les épaules quand on lui annonçait pour le lendemain le retour du roi. Il savait à merveille que, de ce côté, aucun danger sérieux ne le menaçait, et que le fils de la duchesse de Berri ne débarquerait jamais en Vendée. Si le triste aventurier qui a ensanglanté le Nord de l'Espagne pendant quelques années était accepté par les légitimistes ou par une partie d'entre eux comme l'héritier des Bourbons de France, il serait permis de le considérer comme plus inoffensif encore, s'il est possible, que l'était le prétendant qui vient de mourir. Mais si l'union des monarchistes se fait sur un autre nom, sur un nom qui représentera à la fois les traditions de la vieille royauté et les souvenirs du régime constitutionnel, il serait puéril de se dissimuler que la situation de la République n'en deviendra pas plus facile, et que de plus étroits devoirs de vigilance et de sagesse s'imposeront aux hommes qui ont la charge de ses destinées. Certainement, elle ne sera pas en péril. Certainement elle est fermement assise, les élections du 12 et du 19 août l'ont prouvé une fois de plus, et elle saurait se protéger au besoin. Mais, qu'on ne s'y trompe pas, de tous les moyens de défense auxquels elle sera tentée de recourir, le plus sûr, le plus efficace, sera une politique modérée, tolérante, exempte de faiblesse envers les exigences du radicalisme, respectueuse de tout ce qui fait la solidité et la grandeur de ce pays.

*La Patrie* (26 août) :

## LE DERNIER BOURBON

Chateaubriand, dans l'admirable étude historique qu'il consacra aux « Quatre Stuarts », laissa, à propos de la triste fin du dernier prétendant anglais, mort à Rome, couler de sa plume cette phrase mélancolique : « Il avait pour lui son bon droit ; mais le malheur pres-
» crit contre la légitimité. »

Il est impossible, en effet, devant la catastrophe qui clôt irrévocablement, dans l'histoire de France, les pages enflammées, héroïques et saintes qu'y écrivirent les Bourbons de la branche aînée, de se défendre à la fois contre un effroi légitime, en présence d'infortunes acharnées et imméritées, et contre les réflexions amères que fait naître une comparaison fatidique entre les destinées de deux vieilles maisons royales.

Charles-Edmond Stuart, le héros de Culloden, le malheureux chevalier de Saint-Georges qui, arrivé victorieux à quatorze lieues de Londres, dont il dépendait de lui de se rendre maître, hésita à y entrer, l'on ne sait encore pourquoi, mourut en exil, lui aussi, malheureux et calomnié, emportant avec lui dans la tombe « son bon droit » et les traditions de la politique catholique qu'il représentait.

Un grand historien a dit : C'est pour être restés catholiques que les Stuarts ont été chassés du trône et n'y sont jamais remontés.

Qui voudrait soutenir que cette observation ne s'appliquerait pas, avec moins de rectitude peut-être, mais pourtant avec une justesse suffisante, aux derniers Bourbons et particulièrement à Monsieur le comte de Chambord ? Toutefois, que nos confrères les publicistes révolutionnaires ne se hâtent pas de tirer de ces faits et de leur rapprochement un argument contre la Monarchie et contre le catholicisme : la Monarchie subsiste en Angleterre, malgré la mort des Stuarts et malgré l'essai de la République qu'imposa Cromwell, ce Gambetta militaire ; et, quant au Catholicisme, il a pris, dans le même pays, une telle revanche, qu'on peut prévoir que dans un siècle il aura reconquis la nation.

Les idées ne meurent pas ; mais les familles qui les incarnent transitoirement ont leurs destins réglés par Dieu et contre lesquels ne sauraient prévaloir les plus hautes qualités ni les plus nobles vertus privées d'une personne royale. C'est cette vérité qui arrache au même Chateaubriand cette exclamation, que l'on croirait inspirée par l'événement qui nous occupe : « Tourmentez-

» vous pour rétablir la vertu chez un peuple qui l'a
» perdue, vous n'y réussirez pas ; il y a un principe de
» destruction en tout. A quelle fin Dieu l'a-t-il établi?
» C'est son secret. »

Ce principe de destruction éclate précisément dans la destinée du petit-fils de Charles X avec une persistance qui évoque invinciblement le souvenir des antiques légendes grecques sur la mystérieuse puissance de la fatalité. Mort en exil, comme le dernier Stuart ; porté, comme lui, par un caprice des événements à quelques pas de la couronne qu'il aurait peut-être pu saisir, mais qu'il n'aurait pu garder ; regagnant l'exil sans avoir accompli cette tentative suprême, il disparaît soudainement, emporté par un mal subit, entouré des derniers héros de la fidélité et des nobles courtisans de l'infortune.

. . . . . . . . . . . . . . . . . . . . . .

S'il avait régné, rêve qu'il n'a même pas essayé de réaliser, tant cette réalisation lui a semblé impossible, on lui eût certainement reproché, comme on l'a fait à Napoléon III, certaines tentatives de groupement des ruches humaines, en vue de remédier aux calamités qu'engendrent l'individualisme et l'isolement ; la construction de villages ouvriers ou la reconstitution des corporations, qui ne revivent aujourd'hui qu'imparfaitement et maladroitement sous le nom de syndicats professionnels. Seulement, Monsieur le comte de Chambord eût introduit sans doute dans ces créations l'élément religieux qui était la note dominante de son tempérament intellectuel.

Quoi qu'il en soit, il n'était étranger à rien de ce qui intéresse et préoccupe la France. Il eût pu être un bon roi si ses principes absolus et de droit divin n'eussent été en opposition formelle avec le principe démocratique qui est la base de notre société moderne.

*Le Pays* ( 27 août ) :

## QUESTION DU JOUR

La mort de M. le comte de Chambord nous a surpris au milieu des travaux du conseil général. Nous les avons abandonnés tout aussitôt pour reprendre notre place ici.

L'événement, quoique prévu depuis quelque temps, est considérable. Il aura d'immenses résultats que nous examinerons.

C'était une noble, une imposante figure que celle de M. le comte de Chambord, et il ne nous coûte pas de dire que nous l'avions en fervente admiration.

Enfermé dans ses principes autoritaires comme dans une armure, il est tombé avec eux et ressemble, sur son lit de mort, à ces chevaliers de pierre qui sont sculptés, couchés sur le dos, les mains jointes, l'épée au côté et les yeux au ciel.

Il n'a jamais cédé ; il n'a jamais faibli.

Cet homme qui n'a jamais été qu'en exil a été un grand roi, plus grand que beaucoup de ceux qui ont occupé le trône.

Sans couronne, sans royaume, il se trouve qu'il a régné.

C'est qu'aujourd'hui les caractères sont rares.

Vous trouvez du talent souvent, de l'intelligence partout, de la volonté nulle part.

On est arrivé à ce point de dégradation morale, qu'on félicite celui d'entre nous qui, par hasard, n'a pas changé d'opinion et demeure ferme dans ses idées.

N'avoir pas varié devient une exception ; n'être pas apostat constitue un mérite, et n'avoir pas trahi son parti prend la proportion d'une éclatante vertu.

Voilà pourquoi, dans ce temps misérable, où l'on trafique de tout, où l'on vend tout, où l'on n'a pas le temps d'être honnête, cette tête du comte de Chambord semble apparaître avec l'auréole d'un autre âge.

Il était comme un rocher inébranlable contre lequel venaient battre vainement, se briser et mourir les flots tumultueux et boueux du siècle.

Ce qui, de loin, accourait comme une tempête, n'était plus qu'une vaine écume sur ses pieds.

On lui a reproché de n'avoir pas voulu venir.

Quelle amère dérision !

Mais qui donc, à cette heure et depuis longtemps, ne connaît pas l'exacte vérité sur cette question désormais historique !

On lui offrit le trône, c'est vrai, mais à des conditions inacceptables.

On ne l'accueillait qu'enchaîné dans une charte insolente.

Il devait régner et ne pas gouverner.

Ce sont les hommes du 16 mai qui lui firent cet affront.'

Et le roi refusa.

Il savait qu'on ne peut sauver la France qu'avec un pouvoir illimité, sans réserve, sans contrôle autre que celui de la conscience.

Le sentiment impérieux de ses devoirs lui donnait l'étendue de ses droits.

Et c'est alors que pour en finir, que pour briser avec ces propositions déshonorantes qui le faisaient roi constitutionnel, c'est-à-dire roi fainéant, il mit entre les maires du Palais et lui une barrière infranchissable : le drapeau blanc.

Les maires du Palais ne purent pas passer outre ; mais, hélas ! et malheureusement pour le Prince, la France non plus ne passa pas !

Pour garder fier et honorable son présent, il avait évoqué le passé, passé glorieux, passé que personne ne désavoue, mais qui n'a que faire aujourd'hui devant l'épanouissement de la démocratie moderne.

Ce linceul, ce suaire attaché à une hampe, et devenu

le drapeau royal, sépara pour toujours la France de l'héritier de ses rois, la France, cette grande vivante, de celui qui n'était déjà plus qu'un volontaire revenant.

Et s'il vient seulement de mourir, il y a longtemps déjà qu'assis mélancoliquement sur le marbre qui recouvre les siens, il attendait, triste et résigné, comme enseveli déjà, l'heure attardée de les rejoindre.

Car la royauté légitimiste, à moins d'événements inouïs, était devenue presque impossible.

Et c'était lui qui l'avait voulu.

Plutôt que d'être ce qu'on avait essayé de faire de lui, il aima mieux rester ce qu'il était.

Au fond, qui donc fut plus héroïque de lui ou de son aïeul Henri IV.

Pour le Béarnais gouailleur, Paris valait bien une messe.

Pour le comte de Chambord, la couronne ne valut jamais une lâcheté.

Maintenant qu'il est mort, je puis jeter sur sa tombe tout mon respect et toute ma vénération.

Il y a longtemps, bien longtemps, que la France n'avait enfanté un plus noble fils.

Lui et le Prince impérial se valaient, quoique de caractères différents.

Ils devaient être logiquement les diamants de la couronne de France.

Et Dieu n'a pas voulu.

Après les avoir montrés tous les deux, comme on montre l'espoir aux malheureux avides, il les a retirés soudainement.

Après avoir, un instant, éclairé de leurs yeux qui reflétaient les clartés du ciel, notre siècle de hontes et de misères, il nous a replongés dans la nuit, dans la fange.

C'est que l'expiation n'est pas complète, c'est que nous n'avons pas assez souffert, c'est que nous ne sommes pas encore dignes d'être gouvernés par d'honnêtes gens.

Pour combien de temps encore, mon Dieu! sommes-nous voués aux voleurs, aux assassins, à la République?

Paul de Cassagnac.

*Le Petit Caporal* (26 août):

Bien que la mort du comte de Chambord fût depuis quelque temps un événement attendu par le public et qui ne devait point le surprendre, une certaine émotion s'est cependant répandue à l'arrivée de la dépêche qui l'annonçait. Il est certain que, même parmi les indifférents, une sympathie pleine de pitié s'était élevée en présence de ce spectable émouvant du long martyre auquel était en proie ce prince infortuné qui a souffert une agonie effroyable de deux mois.

S'il ne s'agissait que de saluer la mort du plus honnête homme qu'on pût voir, dont la vie simple, droite, une, pourrait être proposée en modèle, nul doute que la même oraison funèbre, remplie des regrets les plus sincères, convînt à tous les organes de la presse.

Tous évidemment seront respectueux; tous rendront hommage au noble caractère du prince qui n'est plus, mais tous n'envisageront pas de même les conséquences de sa mort.

Pour les uns, ce sera un coup terrible à des espérances qui avaient leur origine dans une foi ardente que la plus longue attente ne pouvait attiédir.

Pour d'autres, ce sera un deuil passager; et le fameux cri: « Le roi est mort, vive le roi! » ne manquera pas d'être poussé par les hommes de principes immuables.

Pour d'autres, ce sera la disparition du dernier représentant du principe royal et monarchique du passé; ce sera la disparition du dernier débris de ce qui fut grand dans la vie nationale de la France, et de ce qui ne le sera plus que dans la mémoire des hommes.

En effet, avec M. le comte de Chambord meurt plus qu'un homme : c'est un principe qui s'éteint.

Et l'on aura beau dire que M. le comte de Chambord laisse, en M. le comte de Paris, un héritier politique, cette assertion ne trouvera que des incrédules : Le roi est bien mort !

Des deux principes, le Droit divin et le Droit populaire, un seul reste debout : le Droit populaire.

Le droit divin a vécu et M. le comte de Paris ne cherchera pas à le faire revivre en sa personne ; il s'y essayerait en vain, personne ne voudrait voir en lui le Roi de par la volonté de Dieu !

Le droit divin ayant disparu, et le peuple étant rentré dans sa puissance originelle, il n'y a plus de monarchie possible, dans l'avenir, que celle qui puisera ses droits dans la consécration populaire.

La démocratie est la grande maîtresse du jour. Elle oscille entre ces deux pôles : la République et l'Empire, et pour ceux qui pensent comme nous que les traditions séculaires de ce pays imposent la forme monarchique au gouvernement de la démocratie, comme seule façon d'allier le passé au présent, et de donner quelque stabilité à un ordre de choses essentiellement mobile, un seul cri est possible : Le Roi est mort, Vive l'Empereur !

Henri Dichard.

*Le Petit XIX<sup>e</sup> Siècle* (27 août) :

## LE DERNIER ROI

La mort du comte de Chambord a été commentée par toute la presse républicaine. Les articles consacrés au dernier des Bourbons de France sont assez identiques, quant au fond. Les journaux républicains, à quelque nuance qu'ils appartiennent et sauf quelques exceptions prévues du côté des feuilles intransigeantes, s'accordent à rendre hommage aux vertus du comte de

Chambord, et à parler de l'homme en qui finit dignement la race de nos rois, avec respect et avec émotion. En même temps, ces journaux considèrent généralement que la mort du roi de Frohsdorf n'est qu'un accident historique, et que le parti monarchiste n'est guère plus menaçant pour la République aujourd'hui qu'hier.

J'ai déjà, en racontant la mort du comte de Chambord, insisté sur les vertus privées de l'homme, sur sa profonde et inaltérable honnêteté politique. Ce n'est pas qu'à diverses reprises, cédant à des conseils intéressés, à des objurgations pressantes, il n'eût paru prêt à transiger avec les principes sur lesquels repose notre société moderne. Mais si, trois ou quatre fois, il a fait quelques concessions à l'esprit de la Révolution, ç'a toujours été en termes vagues, ambigus, contraints, et toujours il s'en est sur l'heure repenti, et l'a bien fait voir par de nouvelles déclarations, inspirées par les doctrines les plus absolutistes de la monarchie du droit divin. C'est alors qu'il a vraiment agi selon sa conscience, car nul homme ne fut plus complètement fermé que le comte de Chambord aux idées modernes, et plus résolument hostile aux réformes démocratiques qui sont aujourd'hui un fait accompli. C'est même là ce qui fait l'originalité et la grandeur de sa figure dans l'histoire. Négligeant certaines défaillances légères et passagères, l'histoire honorera dans sa vie une admirable unité de conduite.

. . . . . . . . . . . . . . . . . . . . . . .

Dans sa tombe descend avec lui la vieille monarchie française. « Je suis, disait-il lui-même, un principe. » Ce principe va disparaître. Entre la monarchie telle que la comprenait le petit-fils de Charles X et telle que la comprend celui qui est, dit-on, son héritier, M. le comte de Paris, il y a un infranchissable abîme, il y a la Révolution de 89 à 92. A coup sûr la mort du comte de Chambord profitera, dans une certaine mesure, aux princes d'Orléans, et impose aux républicains des devoirs de prudence et de prévoyance politiques plus étroits que jamais.

*Le Petit Journal* ( 26 août ) :

## MORT DU COMTE DE CHAMBORD

Le comte de Chambord est mort, hier matin, après une longue et cruelle maladie qui, depuis un mois, ne laissait plus aucun espoir.

Nous saluons respectueusement cet homme qui descend dans la tombe ; si, prince et prétendant au trône, le comte de Chambord n'a pas eu l'énergie et l'audace que cette situation comporte, il a été, dans la plus grande acception du mot, un honnête homme.

Mais nous devons rechercher quelles peuvent être les conséquences politiques de cette mort.

*\*\**

« Le roi est mort, vive le roi ! »

C'était le cri de l'ancienne monarchie, cri symbolique qui attestait la permanence du pouvoir royal.

Un axiome de droit exprime la même idée de continuité : « Le mort saisit le vif. »

Il n'y a donc ni à s'étonner, ni à s'indigner ; mais, dans les circonstances actuelles, il est permis d'aller au fond de la situation en prenant pour texte précisément l'ancienne formule royale : « Le roi est mort, vive le roi ! »

Les royalistes de tous les partis et même de toutes les nuances ont habilement opéré depuis un mois, depuis le début de la maladie du comte de Chambord, pour que cette formule devienne la réalité.

« Henri V est mort, vive Henri VI, ou Louis-Philippe II ! »

Ils n'oublient qu'un détail, ils n'omettent qu'une futile considération, savoir : la mort en exil volontaire du premier et l'embarras extrême du second.

Comme simples particuliers, le comte de Chambord et le comte de Paris sont des hommes de réelle valeur ; comme prétendants, ils sont nuls : c'est à la fois la garantie et la sécurité de la République.

*Le Petit National* (26 août):

## LA MORT DU COMTE DE CHAMBORD

Le comte de Chambord est mort.

Nous avons dit, lorsqu'une première fois on crut sa fin prochaine, ce que nous avions à en dire.

L'histoire s'occupera peu de lui; mais elle devra constater qu'il fut un honnête homme, ce qui n'est pas un mince mérite pour un prétendant de son importance, qui, sollicité par des ambitieux affamés, a dû repousser l'offre de bien des capitulations.

Ainsi s'éteint dans l'exil le neuvième et dernier représentant de la dynastie des Bourbons.

Commencée par un petit prince ambitieux, sans grands scrupules et plein de génie, elle finit par un homme médiocre, mais loyal, en passant par toutes les gammes du caractère humain.

. . . . . . . . . . . . . . . . . . . . . . . . . . .

A Louis XVIII succède son frère Charles X, grand viveur, grand chasseur, qui justifie le proverbe: *Quand le diable devient vieux, il se fait ermite.* Celui-ci se livre aux congrégations religieuses et apporte au gouvernement les idées et les préjugés d'avant 89.

Il est bousculé.

Et c'est son petit-fils encore qui devait revenir. Au lieu d'une couronne, il a reçu en dépôt des principes de gouvernement qu'il a fidèlement gardés; mais il n'a eu ni l'audace ni l'esprit d'astuce et de ruse qu'il faut pour conquérir les trônes.

Il finit en bourgeois riche, pieux et correct.

Sa vie n'a pas gêné son pays; sa mort ne le délivre d'aucun souci.

Il représentait un principe inapplicable à une nation qui a accompli son évolution et vogue en pleine démocratie.

Son principe meurt avec lui.

Si quelque collatéral était assez fou pour l'accepter

comme héritage, il devrait accepter en même temps l'exil perpétuel de celui qui n'est plus.

Édouard Siebecker.

*Le Petit Parisien* (26 août) :

## LA FIN D'UN PRÉTENDANT

La royauté n'existait plus depuis longtemps : — celui que les légitimistes persistaient à appeler « le roy » vient de mourir à son tour.

Cette mort n'a pas plus d'importance que n'en aurait l'écroulement d'une de ces ruines que, parfois, on rencontre par les routes — vestige d'un temps disparu, autrefois château et, maintenant, masure.

M. de Chambord ne comptait plus : — ce n'était qu'une ombre, qu'un fantôme du passé, et parfois on se demandait s'il était véritable qu'il y eût au monde, dans un château d'Autriche, un homme qui espérait rétablir à son profit en France un trône écroulé depuis un demi-siècle.

Aussi, à cette heure, en entendant dire par les royalistes : « Le roy est mort ! » sommes-nous tentés de nous écrier :

— Encore !

Le roy est mort : Vive la République !

. . . . . . . . . . . . . . . . . . . .

Nous ignorons ce que les princes d'Orléans vont essayer de faire au lendemain de la mort du dernier héritier des Bourbons ; — mais ce que nous savons, c'est que la République est forte et qu'elle n'acceptera point de nouveau les manœuvres hostiles de prétendants qui espèrent retrouver un sceptre sur le sol français.

Soit francs, soit dissimulés, les agissements des princes d'Orléans ne seront point tolérés ; — le comte de Chambord laisse un héritage : l'exil ; libre à eux de l'accepter !

Il n'y a plus la place dans la France actuelle pour

cette espèce de gens qui s'imaginent avoir le droit de gouverner un peuple : les prétendants au trône doivent se dire que le trône a été définitivement brisé, et l'instant est loin de nous où l'on pouvait hériter de la direction de notre pays comme de la propriété d'une terre.

Jean Frollo.

*La Petite République Française* ( 26 août ) :

## LE COMTE DE CHAMBORD

Le comte de Chambord est mort, hier, à Frohsdorf.

Nous ne sommes pas de ceux qui piétinent le cadavre d'un adversaire et qui dansent sur sa tombe.

Nous ne proférerons pas d'insulte ; nous ne pousserons pas des cris de joie. Nous n'imiterons pas l'exemple hideux que donnaient, il y a huit mois, à propos d'une perte autrement importante et douloureuse pour la France, ces mêmes journaux qui paraissent aujourd'hui encadrés de noir et qui, des gentilshommes qu'ils prétendent représenter, n'ont réussi à reproduire que le langage de leurs palefreniers.

Au surplus, pourquoi des outrages ? Pourquoi des chants de triomphe ? Le comte de Chambord n'a jamais été pour la République un ennemi redoutable. Lui-même ne se faisait point d'illusion sur la place qu'il tenait dans les préoccupations politiques du pays. Il jugeait impossible le rétablissement d'une royauté quelconque, il prévoyait qu'un coup de main heureux appellerait à bref délai une révolution. Aussi se montrat-il intraitable sur la question du drapeau. Il assura son repos, sans rien sacrifier de sa dignité.

La République, à qui le comte de Chambord vivant ne porta point d'ombrage, n'a pas davantage à s'émouvoir de sa mort.

Nous n'ignorons pas qu'il existe un prétendant autour duquel on va essayer de rallier les débris des partis légitimiste et orléaniste. Mais ce prétendant, fils d'une Allemande, le suffrage universel ne le connaît pas, et le gouvernement veille sur lui, cela nous suffit.

*La Presse* (25 août) :

M. le comte de Chambord est mort, ce matin, à 7 h. 15 m.
C'est la fin d'un parti. Cette mort produira sur les légitimistes le même effet que la mort du prince impérial a produit sur les bonapartistes. Elle les divisera.
La République n'a plus à se préoccuper que des orléanistes.

*Le Radical* (26 août) :

## LE COMTE DE CHAMBORD

Avec le dernier représentant du principe monarchique s'évanouissent les dernières espérances d'un parti, espérances bien futiles et bien frêles, puisque la mort d'un homme suffit à les dissiper à jamais.
Le parti légitimiste de droit divin n'existait plus que de nom, frappé qu'il avait été par le poignard de Louvel. Le duc de Berri, fils de Charles X, était, en effet, le seul rejeton des rois de France, et les fidèles de la royauté comprirent tout ce que sa mort leur enlevait. C'est donc avec cette suprême énergie des partis qui sombrent qu'il se cramponnèrent, comme à la dernière planche de salut, à la naissance de cet enfant posthume.
Il est resté insensible aux intrigues, aux plans de campagne ténébreux, aux propositions de transactions qui ne lui ont pas manqué. C'est dans cette insouciance des intérêts que la mort est venue le chercher, et supprimer avec lui les dernières espérances de la faction monarchique.
Nous ne le jugerons pas sévèrement, et nous lui tien-

drons compte de la loyauté et de l'intégrité de sa vie. Ce dernier représentant d'une race de tyrans, de débauchés, de bandits et de despotes nous a offert ce type curieux, si rare aujourd'hui :
Un honnête homme !
GEORGES LEFÈVRE.

*Le Rappel* (26 août) :

## LA MORT DU COMTE DE CHAMBORD

Le comte de Chambord a succombé hier matin aux suites de la maladie qui pendant plus de deux mois l'a tenu alité.

L'événement était, depuis quelques jours au moins, si sûrement prévu que la nouvelle n'est plus faite pour surprendre le public.

Quant aux conséquences politiques de cette mort, le *Rappel* les a déjà déduites à plusieurs reprises. Le 4 juillet, M. Auguste Vacquerie disait:

« La mort du comte de Chambord démontre une fois de plus la supériorité de la république sur la monarchie. Un homme meurt et voilà un parti enterré. Que reste-t-il aujourd'hui du drapeau blanc et de tout ce qu'il contenait dans ses plis? En république, les hommes peuvent mourir, la chose reste. Cela vient de ce que la monarchie c'est un individu, et que la république c'est le pays. »

Le 5 juillet, le rédacteur en chef du *Rappel* ajoutait:

« Il n'y a eu à Frohsdorf que des paroles, et des paroles n'étaient pas difficiles à nier pour un prince qui a renié le testament de son père et la royauté de son grand'père. Au lieu qu'aujourd'hui, en prenant la suite des affaires du petit-fils de Charles X, le petit-fils de Louis-Philippe fait incontestablement amende honorable au droit divin et condamne l'orléanisme à mort. A partir d'aujourd'hui, il n'y a plus de parti orléaniste. Il n'y a plus d'Orléans. Si nous étions consultés sur l'épitaphe qui convient au tombeau du comte de

Chambord, nous conseillerions celle-ci : *Ci-gît l'orléanisme.* »

Le *Rappel* n'a rien à changer aujourd'hui à ce qu'il disait hier.

*La République française* (26 août) :

M. le comte de Chambord a succombé hier à la maladie qui depuis près de deux mois ne laissait plus d'espoir à ses fidèles. Les circonstances ne font point de cette mort un événement politique. Il n'est pas défendu de supposer que la prévision plus ou moins nette de cette éventualité avait été pour quelque chose dans la recrudescence d'échauffement qu'avaient fait paraître les royalistes, il y a huit ou neuf mois, quand ils criaient en Vendée et dans la Camargue : Le Roi vient. Rien dans les circonstances extérieures ne paraissait propre à les encourager à une tentative d'agitation aussi brusque et aussi vaine; mais dès ce temps-là le sentiment s'etait répandu parmi eux que le roi risquait de ne pas voir l'heure marquée par la Providence si l'on ne faisait quelque effort pour l'avancer.

C'est une singulière et mélancolique destinée que celle de ce prince dont la venue au monde avait causé tant de transports d'enthousiasme parmi les tenants de la monarchie traditionnelle, leur apparaissant comme une marque saisissante de l'intervention du Ciel dans leurs affaires et qui devait lui-même, roi sans royauté, héritier sans postérité, passer cinquante-trois années sur la terre d'exil sans autre emploi de sa vie que le culte infécond d'un principe qu'à ses yeux il incarnait lui-même. Alors que le couteau de Louvel semblait avoir frappé dans ses racines mêmes la branche aînée des Bourbons restaurée, que cette dynastie dans la plénitude du pouvoir voyait se dérober son avenir, la naissance du fils posthume du duc de Berri produisit un délire dont l'on ne peut se rendre compte qu'en se replongeant dans l'histoire de cette époque. L'enfant du miracle n'avait pas dix ans quand il suivit son grand-père en exil. Il y grandit dans un entourage morose de vieux amis de la famille, courtisans contre lesquels son jeune esprit pouvait d'autant moins se tenir en garde que leurs flatteries semblaient plus dégagées de tout mobile d'intérêt. Tout contact des idées modernes, toute communication avec le monde réel étaient écartés de lui comme une souillure, comme un manquement envers sa race. Rejeton tardif d'une race deux fois détrônée en moins de quarante ans par la révolution, lui-même chassé par elle, il apprit à maudire tout ce qui avait quelque apparence de lien avec l'ordre des choses fondé par la Révolution, avec les doctrines qu'elle avait fait triompher. Envisageant toutes choses sous ce point de vue exclusif, il ne s'inquiétait guère parfois si ses réprobations n'atteignait pas une bonne partie des ancêtres dont il se réclamait, et il était à peu près incapable de se représenter les idées qui forment le fonds courant de la société moderne. Les hommes avec qui il vivait lui assuraient que la France languissait faute de son roi légitime qu'elle l'appelait de ses vœux, que les embûches sataniques de la Révolution l'empêchaient seules d'élever la voix et qu'au premier jour où elle aurait la liberté de se faire entendre, elle serait à ses pieds et verrait en lui un libérateur. C'est le langage qu'il entendait à toute heure, c'est celui qu'apportaient de temps en temps quelques pèlerins qui allaient lui porter leurs hommages dans sa lointaine retraite et qu'on avait d'ailleurs généralement stylés : aucun autre ne pouvait guère parvenir jusqu'à lui. Les plus durs démentis de l'expérience ne devaient plus entamer une conviction qui s'était ainsi enracinée ; l'illusion renaissait sans cesse et, fût-elle même par moment ébranlée dans le for intérieur, il la faisait revivre, la proclamait avec une obstination accrue, s'en faisait une obligation de conscience et y rentrait aisément comme dans le seul état d'esprit que son éducation lui eût rendu supportable.

On put voir d'ailleurs dès les premières manifestations de sa pensée, que sa foi était aussi religieuse que monarchique. L'alliance du trône et de l'autel était sa conception politique essentielle ; ses sentiments dévots, très vifs dès longtemps, prirent une place de plus en plus large dans les manifestes, les proclamations, les lettres d'encouragement dont il cherchait de temps en temps à ranimer le zèle de ses adhérents. Les brèches faites au domaine de saint Pierre, puis la ruine décisive du pouvoir temporel du pape l'amenèrent de plus en plus à confondre sa cause avec celle de l'Église, et à établir une solidarité étroite entre les espérances de restauration des deux pouvoirs. Voilà pourquoi pendant que les doctrinaires de la légitimité pure voyaient sans cesse leurs rangs s'éclaircir, leur roi voyait s'attacher à lui une clientèle nouvelle, dont la politique est purement cléricale, qui n'a d'attachement théorique pour aucune dynastie ni pour aucune forme de gouvernement, qui avait même souvent professé de l'indifférence à cet égard, dont l'idéal est la théocratie et qui n'était attirée vers le prétendant qu'en raison de ses protestations personnelles de plus en plus nettes de dévoûment absolu aux intérêts de l'Eglise et de soumission à ses décrets. Cette clientèle-là ne fait pas partie de l'héritage du comte de Chambord.

La vie du comte de Chambord se relie à notre histoire politique par un petit nombre d'épisodes occasionnés par les démarches faites auprès de lui. Le premier qui ait fait quelque bruit est le fameux pèlerinage de Belgrave square en 1843, qui fut suivi du vote de flétrissure de la Chambre des députés d'alors. Mais un autre plus rapproché de nous, parut un instant pouvoir engendrer des conséquences plus graves. Tout le monde a encore présente à l'esprit l'histoire des intrigues qui s'agitaient il y a juste dix ans. Les meneurs du 24 mai avaient renversé M. Thiers avec le parti arrêté de rétablir la monarchie. On avait commencé, après bien des préparatifs, par provoquer la démarche de l'héritier de l'usurpateur Louis-Philippe auprès de son noble cousin; on représentait « la maison de France » tout entière réunie derrière son chef. Une ambassade de députés de la droite négociait à Frohsdorf: tout était préparé pour l'entrée du monarque dans « sa bonne ville »; les voitures de gala étaient construites, on avait réservé pour la fin, comme un détail accessoire, la question du drapeau. Le comte de Chambord rompit net et déclara qu'il ne serait jamais « le roi légitime de la Révolution ».

Le comte de Paris est resté depuis le prisonnier de sa démarche ; il a été arrêté il y a déjà quelque temps dans des conciliabules d'amis variés de la maison de France, qu'il ferait figure de prétendant sous le vocable de Philippe VII; ce numérotage, qui n'évoque en France que des souvenirs remontant au plus près au quatorzième siècle et dont le peuple n'a pas gardé la mémoire, est destiné à provoquer plus de sourires que d'applaudissements. Mais il est plus gênant d'être appelé Philippe VII dans la ville d'Eu qu'il ne pouvait être flatteur d'être appelé Henri V à Frohsdorf, et quoi qu'on ait pu dire en d'autres temps de la moralité des tentatives de fusion, nous sommes bien convaincus que la mort du petit-fils de Charles X ne cause à personne des regrets plus sincères qu'au petit-fils de Louis-Philippe I$^{er}$.

*La République radicale* (26 août) :

## L'HÉRITAGE

Le comte de Paris accepte-t-il la succession ouverte par la mort du petit-fils de Charles X ? Va-t-il se poser en prétendant ?

Au fond, cela nous est indifférent. La République ne sera pas plus menacée par le comte de Paris qu'elle ne l'était par le comte de Chambord.

Sans doute les d'Orléans sont gens d'intrigue, ils ne reculeront pas devant les concessions comme leur cousin; mais la France républicaine, maîtresse d'elle-même, ayant le sentiment de sa souveraineté, saura déjouer toutes les basses manœuvres et les combinaisons les plus habiles de ces ambitieux à froid.

Il n'en est pas moins vrai que, pour les royalistes, c'est, suivant la propre expression de la *Gazette de France*, « un nouveau règne qui commence ».

Seulement, quel nom prendra le nouveau prétendant ?
Sera-t-il Philippe VII ou Louis-Philippe II ?

Les purs de la légitimité n'hésitent pas : le successeur d'Henri V ne peut s'appeler autrement que Philippe VII, sans quoi il ne continuerait pas la monarchie légitime.

C'était, dès hier, l'opinion du *Gaulois* qui, sans plus attendre, imprimait en gros caractère ces mots : « Henri V est mort : Vive Philippe VII ! »

Mais, d'un autre côté, les partisans de la royauté constitutionnelle ne l'entendent pas de cette façon. Quoi ! Le comte de Paris renierait les traditions de sa famille ! Il abandonnerait le coq pour le lys ! Il troquerait le drapeau aux trois couleurs contre l'étendard « d'Arques et d'Ivry » ! Lui, petit-fils de Louis-Philippe, bifferait de sa propre histoire la révolution de 1830 !

Vous voyez que l'accord ne sera pas très facile entre ces deux fractions du parti monarchique.

L'*Univers* comprend si bien la situation que, pour lui, la royauté est morte, bien morte. « C'est, écrit-il mélancoliquement, un principe qui succombe, un régime qui finit. »

L'*Univers* est dans le vrai.

Seulement, ce n'est pas d'aujourd'hui que le principe qui lui était cher est frappé de mort. Ceux qui croyaient encore à la possibilité d'un retour à l'ancien régime, se berçaient d'illusions. Le comte de Chambord avait plus de clairvoyance. Il comprenait que tout était bien fini.

Voilà pourquoi nous assistons impassibles aux discussions byzantines des gazettes monarchistes. Cela nous amuse de les entendre soulever de pareilles questions de détail. Le comte de Paris peut choisir entre les deux appellations qui lui sont offertes. Il pourra se donner du Philippe VII ou du Louis-Philippe II, — à sa guise, — il ne sera jamais ni l'un ni l'autre.

Pour faire un roi, il faut des royalistes.

Or, la France est républicaine.

Léon Richer.

*La Revue catholique des Institutions et du Droit* (septembre) :

..... C'est dans cette situation critique, à l'heure où une grande solution est déclarée nécessaire, où sans doute elle est prochaine, que la France subit l'épreuve la plus douloureuse. Le prince sur qui reposait son espoir ; celui dont le règne dès longtemps attendu devait rendre à notre malheureuse patrie la paix, le droit, la justice et la prospérité, l'héritier de saint Louis, d'Henri IV et de Louis XIV, est mort sur une terre étrangère, au moment où, après une première crise, on le croyait sauvé. Les mois de juillet et d'août ont été cruels pour nous !

La douleur nous empêche aujourd'hui de dire tout ce que fut ce prince, tout ce que la France a perdu le 24 août ! On le comprend partout, à cette heure, même dans les camps ennemis ou indifférents. Rarement un roi régnant a causé par sa mort une émotion aussi profonde, aussi générale, que ce roi qui n'a pas régné et qui a vécu cinquante-trois ans en exil. De quoi s'occupe-t-on depuis quinze jours ? Du gouvernement ? non. Des affaires ? pas davantage. On ne parle que de ce roi sans royaume dont le nom était si grand, qui a imposé un respect universel, et qui laisse un vide imprévu dans la nation qui n'a pas voulu le connaître !

Au milieu des ruines morales et matérielles de nos temps, à côté des violences et des hypocrisies des hommes de mal, de la lâcheté et de l'avilissement des caractères, cette empreinte laissée par la Révolution à tant d'hommes qui voudraient avoir le courage d'être des gens de bien, nos générations ont vu au-dessus d'elles deux hommes portant en eux la gloire du passé, la leçon et l'exemple du temps présent et l'espoir de l'avenir.

L'un de ces hommes qui s'est appelé Pierre, hier Pie IX, est aujourd'hui Léon XIII. Il vivra autant que le monde. L'autre était Henri de France. Tous deux ont été outragés, dépouillés et chassés par la Révolution. Le droit et la justice n'ont pas eu de représentants plus élevés qu'eux, et rarement la justice et le droit ont été violés avec autant d'éclat que dans leurs personnes. Ni l'un ni l'autre de ces rois n'a jamais, pour régner, pactisé avec le mal, ni perverti, trompé ou violenté les hommes. Ils ont passé en faisant le bien, en flétrissant le mal, et proclamant au milieu de l'indifférence, de la lâcheté ou des menaces, les vérités et les principes qui seuls peuvent soutenir ou sauver le monde, et que la Révolution prétend remplacer par de grossiers mensonges ou par le néant.

Mazzini lui-même l'avait déclaré : « Il n'y a que deux hommes en Europe, Pie IX et Henri V! » Le successeur de Pie IX ne nous manquera jamais. Mais on comprend le vide profond d'une époque qui avait pu se promettre et chaque jour attendre le règne d'Henri V.

Ce roi sans couronne a, pendant plus de quarante ans, montré à l'Europe ce qu'est un Roi très chrétien, très grand, très juste, véritablement de son siècle, longuement préparé à résoudre tous les problèmes modernes de la politique et de la société, connaissant à fond les devoirs bien plus que les droits de la royauté, père dévoué des humbles et des faibles, chef incomparable pour un grand peuple, aimant plus que tout sa patrie ingrate, et suivi dans son exil d'un cortège d'hommages, d'amour et de respects comme nul triomphateur n'en eut sur le trône. À côté de ce souverain détrôné combien ont paru petits les autres souverains régnants et puissants! Un seul, le Pape, l'a dépassé en prestige et en majesté, mais celui-là ne tient pas sa grandeur de la terre !

Henri V a fait comprendre à notre siècle ignorant et trompé ce qu'est la royauté catholique, que nul prince, dans l'histoire, n'a faite plus haute, plus belle, à la fois plus divine et plus humaine. Saint Louis même, son aïeul et son modèle, n'en a pas conçu un idéal plus complet, ni plus capable d'assurer la paix, la grandeur et la prospérité d'un peuple.

Heureuse aurait été la nation gouvernée par un tel

prince! Ce sera un des plus grands étonnements de l'histoire, et, un jour sans doute, un des grands regrets nationaux, d'avoir vu la France, dans l'état où l'a mise la Révolution, passer pendant près d'un demi-siècle à côté de lui sans vouloir le connaître; le repousser parce qu'il était trop honnête, trop grand, trop national, trop français, trop chrétien, et le laisser mourir sur la terre d'exil, pendant qu'elle s'abandonnait, elle, la patrie de saint Louis! à une bande d'aventuriers et de malfaiteurs cosmopolites venus de tous les repaires de l'Europe pour la ruiner, la déshonorer et l'anéantir!

Certes, nous savons que jamais les chrétiens ne doivent désespérer... Nous nous rappelons que Dieu s'est souvent servi d'instruments inconnus et inattendus pour sauver les peuples. Mais comment ne pas voir dans le coup actuel une épreuve nouvelle pour notre nation? Comment ne pas y reconnaître le châtiment d'erreurs et de fautes que les peuples ne commettent pas impunément? Nous avons pu voir près de nous, pendant des années, celui que la France chétienne croyait destiné à la sauver. Un mot suffisait pour sortir de l'abîme où nous nous débattons. Ce mot n'a pas été dit, et la nation aveuglée s'est obstinée dans ses erreurs. Il semble qu'on ait entendu le peuple égaré répéter ce cri sinistre qu'a proféré autrefois un autre peuple perdu : « *Nolumus hunc regnare super nos!* » Dieu, las de tant d'égarements obstinés et coupables, retire son élu et nous abandonne.

Plus que jamais, en présence de cet immense malheur, on sera tenté de désespérer de l'avenir. Nous aussi, en ne considérant que les hommes, nous nous laisserions aller au découragement. Mais n'oublions pas que nous ignorons les desseins et les voies de la Providence qui permet seule les plus grands comme les moindres événements. Ce qui est impossible aux hommes est facile pour Dieu. Si la France trouve encore grâce devant lui, les instruments de son salut naîtront sous ses pas.

..... Saluons le grand prince et le grand règne dont l'obstination révolutionnaire a privé la France! Pleurons le grand Français que sa patrie a méconnu, peut-être parce qu'elle ne le méritait pas! Mais continuons à lutter sans défaillance contre le mal qui nous envahit. Dieu ne demandait que dix justes pour sauver une ville coupable : espèrons qu'il en trouvera assez pour sauver la France !

..... Nous croyons que la patrie de celui qui devait être Henri V a encore un grand rôle à remplir dans le monde. En regrettant le beau rêve que ses fils les plus dévoués avaient formé pour elle, nous attendrons l'avenir, nous lutterons courageusement contre la Révolution, et nous resterons pleins d'espoir dans le Dieu de sainte Clotilde, de Charlemagne, de saint Louis et de Jeanne d'Arc!

Un ancien Magistrat.

*La Revue de la Révolution* (5 septembre) :

## LE COMTE DE CHAMBORD

C'est l'intelligence anxieuse et le cœur profondément troublé que nous venons rendre hommage à la mémoire de M. le comte de Chambord.

La mort de celui que l'histoire nous permet de nommer Henri V, est une perte dont les conséquences dépassent les limites de la politique. C'est une perte *historique*, une perte non pas seulement pour la France, mais pour la civilisation.

C'est en cela surtout qu'elle nous touche, nous qui — ici — sommes uniquement des historiens. Cette perte, c'est sur la démocratie française qu'elle semble devoir peser davantage, car c'est elle que Henri V paraissait destiné à sauver.

Ce que ses ancêtres avaient fait pour les guerriers d'abord, pour les commerçants ensuite, en les poussant dans la voie de la civilisation chrétienne, et en créant la gentilhommerie et la bourgeoisie, Henri V, par ses qualités comme par ses aspirations et sa situation, était appelé à le faire pour les ouvriers.

Lui mort, la démocratie française est-elle condamnée désormais à la civilisation révolutionnaire, c'est-à-dire à la désorganisation et à l'impiété? Ses successeurs comprendront-ils, comme Lui, la mission historique de la monarchie française? C'est ce qu'il ne nous est pas permis de discuter ici.

Ce que nous pouvons dire, c'était qu'il était le type de l'Honneur, de cet Honneur, qui, masquant les défauts naturels du peuple français, avait fait de la France la grande nation, admirée et glorieuse, que l'on sait; de cet Honneur qui était le puissant lien national, la grande cause de notre unité, de notre patriotisme, et le centre de ce foyer lumineux dont les rayons éblouissaient l'Europe. C'est pour cela surtout que nous le pleurons, ce *Prince de l'honneur*, car aussi longtemps qu'il était là, nous n'avions qu'à Le montrer aux étrangers qui nous disaient : L'Honneur quitte le génie de la France.

La *Revue* perd en Lui le plus auguste de ses lecteurs. Cette perte n'ébranle pas notre courage. Nous avons toujours à défendre la Société française, la tradition monarchique, la civilisation chrétienne. Nous avons toujours en face de nous le même ennemi, qui descend toujours de plus en plus dans le mépris, mais qui mérite toujours la même haine.

Nous n'avons pas le droit de crier ici : le Roi est mort, vive le Roi! Nous pouvons crier : l'ennemi est vivant, sus à l'ennemi !

Ch. d'Héricault, Gustave Bord.

*La Revue des Deux-Mondes* (1ᵉʳ septembre):

La politique est pleine de contrastes. Tantôt elle se traîne dans les obscurités, dans les vulgarités, dans les tracas laborieux ; tantôt elle se résume et se concentre dans un de ces événements qui frappent soudainement l'opinion en rouvrant devant elle de mystérieux horizons. Où en est-on aujourd'hui en Europe et en France?

Qu'en est-il pour nous, et de nos affaires intérieures, et de nos expéditions lointaines, et de ces avertissements plus ou moins menaçants qui nous viennent comme des bourrasques d'Allemagne, qui coïncident avec une certaine agitation de la diplomatie? Tout reste plus que jamais assez confus, il faut l'avouer. L'avenir n'est clair pour personne, et c'est à ce moment, c'est au milieu de ces préoccupations qu'a éclaté, pour ainsi dire, cette mort de M. le comte de Chambord, qui a tout éclipsé pour un instant, qui ajoute un deuil nouveau, une scène émouvante de plus à l'histoire des races royales dispersées et ballottées par les révolutions du temps.

Elle n'avait plus rien d'imprévu, il est vrai, cette fin d'une grande et noble existence. Depuis que le prince avait été saisi par le mal, il y a un peu plus de deux mois, on comptait ses jours, presque ses heures. Il ne vivait plus pour le monde, il achevait de vivre, il s'éteignait par degrés dans des souffrances qui ont pu être tout au plus atténuées, qui ne pouvaient être vaincues par la science. Il s'est éteint définitivement sans se plaindre du mal, sans murmurer contre la destinée ingrate qui le faisait mourir dans l'exil, mais non sans envoyer un regret attendri à la patrie absente, et lorsqu'il a rendu son âme éprouvée, il s'est trouvé que ce roi sans royaume, ce prince sans couronne, ce proscrit des révolutions, était quelque chose de plus qu'un personnage ordinaire dans la société européenne. A son lit de mort, à sa dernière heure comme durant sa maladie, il a été l'objet d'un intérêt croissant, du dévoûment de ses amis, de l'attention du monde. Pendant quelques jours ou quelques semaines, tous les regards se sont tournés vers Frohsdorf, et ce n'était pas seulement par une banale curiosité, c'était parce que, dans ce vieux château des Alpes de Styrie, où il avait passé une partie de sa vie, ce mourant représentait les traditions, les souvenirs, les malheurs, la dignité et la majesté d'une maison dont l'histoire se confond avec l'histoire de France.

. . . . . . . Les événements ont marché, les révolutions se sont succédé et M. le comte de Chambord, qui n'était qu'un enfant en 1830, qui n'était à peine qu'un adolescent au moment où il devenait, par la mort de Charles X, un chef de dynastie, le représentant de la légitimité vaincue, M. le comte de Chambord est resté un exilé. Personnifiant un principe immuable en face de révolutions éphémères, d'où sortaient tour à tour et la République et l'Empire, il ne pouvait être que ce qu'il a été : un banni, un généreux banni devenu homme en exil, attendant l'heure où le pays reviendrait au principe qui vivait en lui. Il a attendu cinquante ans. . . . .

Non, sans doute, ce n'était pas un fin tacticien, et il y a eu au moins une circonstance où il a pu prolonger ainsi son exil; mais s'il n'avait pas l'habileté d'un politique expert à profiter des occasions, il s'était fait, par la hardiesse de sa sincérité, une vraie grandeur morale, et cet exil qu'il refusait d'abréger par une équivoque, il l'avait toujours supporté en prince qui savait donner de la dignité à l'infortune. Jamais il ne s'était abaissé aux intrigues, aux vulgaires manèges des petites cours d'émigration ou des prétendants de hasard. Tous ses actes, il les accomplissait au grand jour, sans subterfuge, sans compromettre ses amis, sans créer un embarras aux puissances qui s'honoraient de lui donner un asile. Représentant d'une royauté sans sceptre, il restait sans effort un des premiers gentilshommes de l'Europe, et il faisait respecter en lui le passé, le caractère d'une des premières maisons de l'univers. Il ne régnait pas, — il comptait presque parmi les têtes couronnées. Ce prince banni depuis plus d'un demi-siècle était sûrement resté un Français passionné dans son exil. Il aimait la France dans le présent comme dans le passé, dans ses revers comme dans ses succès; il s'intéressait ardemment à ses affaires, à ses épreuves, et aux jours des derniers désastres, il s'était associé de loin, autant qu'il l'avait pu, aux malheurs publics. Il maintenait certes très haut des droits dynastiques qu'il regardait comme inséparables des traditions françaises, des intérêts nationaux; mais pas un instant, dans sa vie d'exilé, il n'a eu la pensée d'encourager les luttes intestines, de donner des mots d'ordre de guerre civile, de prêter son nom à des crises où il aurait pu espérer ressaisir la couronne. Il est demeuré, sans impatience, sans agitation vaine, le représentant respecté d'un principe qu'il a tenu à garder intact à travers les révolutions, et c'est ainsi que, par sa loyauté et sa droiture, par la dignité et le désintéressement de sa vie bien plus que par ses idées, il s'était fait cette position unique d'un prince peu fait peut-être pour l'action, mais honorant sa cause dans les conditions ingrates de l'exil. Il n'a connu ni l'éclat ni les épreuves du règne; il a eu l'estime universelle, et les sympathies qui l'ont accompagné jusqu'à cette dernière heure, où, en mourant, il laisse l'héritage d'une paix de famille rétablie, des traditions monarchiques passant à d'autres princes dignes de les continuer.

. . . . . . . . . . . . . . . . . . . . . . .

CH. DE MAZADE.

*La Revue des Questions historiques* (1ᵉʳ octobre) :

Henri V a glorieusement personnifié la royauté française; il a porté d'une main ferme et avec une dignité incomparable le drapeau de la monarchie traditionnelle; il aurait pu régner : mais sa conscience s'est refusée à laisser amoindrir le prestige de la couronne qu'il tenait de ses pères; il a préféré les tristesses de l'exil à des compromis que repoussait son inflexible droiture : conserver intact le dépôt de nos traditions nationales, tel était pour lui le premier des devoirs.

La France sait maintenant tout ce que Dieu lui avait donné, tout ce qu'elle a perdu en la personne de ce Roi dont le dévoûment pour son pays n'a jamais varié, et qui, ne pouvant sauver cette nation ballottée par le flot des révolutions, livrée à tous les hasards de gouvernements d'aventure, a offert sa vie pour elle, mettant ainsi comme un sceau suprême à toute une vie de sacrifices et d'abnégation.

La France a vu mourir à Frohsdorf, après un long martyre, celui que la Providence semblait avoir désigné pour la relever de ses ruines. Elle l'a contemplé avec une respectueuse émotion durant ces derniers jours, empreints d'une majesté vraiment royale; elle a admiré ce courage héroïque, cette résignation sublime, cette grandeur d'âme digne d'un petit-fils de saint Louis. Disons mieux : le monde entier s'est ému devant un tel spectacle, et c'est entouré des larmes des amis de la royauté, des hommages de tous les honnêtes gens, du respect des adversaires mêmes, que Henri V s'est éteint doucement, en murmurant le nom de la France et en implorant pour elle la miséricorde divine.

Quelle page d'histoire que cette terrible agonie de deux mois qui rappelle les souvenirs sublimes de la mort de Louis XIII, de la mort de Louis XIV! que ces funérailles magnifiques, où les marques de respect de toute une population en deuil se mêlaient aux larmes d'un immense cortège de Français de tous les rangs, pour attester la profondeur des regrets, l'unanimité de la vénération!

O Roi, vous avez donné, par votre vie et par votre mort, une grande leçon! En nous faisant toucher du doigt le néant des espérances humaines, vous nous avez montré où est la véritable grandeur! O Roi, nous nous inclinons en pleurant devant votre tombe, et nous baisons respectueusement votre cercueil! Au nom de l'histoire, nous osons vous promettre ce titre de JUSTICIER que souhaitait votre noble et patriotique ambition, et que vous eussiez si noblement porté!

*La Revue du Monde catholique* a consacré sa livraison du 27 septembre au comte de Chambord. Sa vie, sa correspondance, sa maladie, ses derniers moments, ses funérailles ont été racontés et appréciés par MM. Oscar de Poli, Charles de Beaulieu, Charles Buet et Arthur Loth.

*La Revue politique et littéraire* ( 8 septembre ) :

## LE COMTE DE CHAMBORD
## SA MORT ET SA SUCCESSION

La mort du comte de Chambord n'a provoqué en France que des manifestations de respect. Le parti républicain s'y est associé tout entier sans une seule dissonance. Le dernier des Bourbons de la branche aînée ne pouvait inspirer d'autres sentiments : il n'a été directement mêlé à aucune intrigue, à aucune conspiration ; il a aimé la France à sa manière, souffrant réellement de ses malheurs, fidèle jusqu'au bout et sans une heure de défaillance à sa foi monarchique, rêvant son long rêve dans une retraite pleine de dignité. Ce n'est pas à lui seulement, mais encore à son parti que la France vient de témoigner une estime sincère : car ce parti, elle l'a toujours trouvé, comme son roi lointain, patriote et désintéressé, chimérique et loyal. Elle n'a pas contre lui l'implacable rancune que lui inspiraient les Bonaparte après 1870.

Il faut ajouter que le parti républicain — ou, pour mieux dire, la France républicaine, car elle vient de s'affirmer en ce sens avec éclat aux dernières élections des conseils généraux — sait bien qu'au fond ce sont des honneurs funèbres qu'elle rend à la légitimité en tenant le plus respectueux langage sur la tombe du comte de Chambord. Lui-même n'avait jamais pris pied en pleine réalité ; c'est une sorte de vie élyséenne qu'il menait à Frohsdorf, simulant une ombre de royauté devant une ombre de cour, ne vivant que des choses du passé, en parlant le langage sans aucun accent moderne et le parlant toujours à propos... pour ses adversaires — car, si d'aventure une chance de régner lui venait, il lançait aussitôt un manifeste qui la lui enlevait du coup. Il a été en ce sens le vrai roi de l'inopportunisme pour les siens, un prétendant comme des adversaires politiques en demanderaient au ciel pour vivre en pleine sécurité. Il a été le Simon Stylite du vieux monde monarchique et catholique, immobile sur sa colonne, où on l'admirait dans sa bonne foi chevaleresque, d'autant plus qu'on savait bien que jamais la France moderne ne s'y placerait à côté de lui.

E. DE PRESSENSÉ.

*Le Siècle* (25 août) :

# LE COMTE DE CHAMBORD

M. le comte de Chambord vient de mourir à Frohsdorf. Le petit-fils de Charles X s'est endormi, comme son aïeul, sur la terre étrangère, après un exil de cinquante-trois ans, sans avoir pu reconquérir la couronne que le roi des Ordonnances avait perdue. Une révolution de la France contre son roi avait détrôné Charles X ; il aurait fallu faire une révolution contre la France elle-même pour faire un roi de l'exilé. L'œuvre était au-dessus des forces humaines. Dans l'intervalle, la France, à travers des vicissitudes variées, voyait se dérouler les conséquences de la Révolution ; la démocratie « coulait à pleins bords » ; la révolution du mépris emportait la branche cadette et donnait au pays l'instrument de la volonté nationale, le suffrage universel. La monarchie de droit divin s'effaçait peu à peu, comme un souvenir, dans une ombre toujours plus épaisse ; c'est à peine si la France, entraînée vers de nouveaux destins, détournait un moment la tête pour écouter les protestations monotones du représentant du drapeau blanc. Le comte de Chambord a eu du moins la fierté et la consolation de mourir à l'ombre de ce drapeau qu'il ne voulut jamais renier. Les royalistes, ou certains royalistes, porteront des jugements sévères sur une attitude qui les a déçus et irrités. L'histoire trouvera quelque grandeur à ce représentant d'un passé fini sans retour qui, fort d'un droit qu'il croyait tenir du ciel, refusait de s'incliner devant les révolutions du temps et de la terre, et qui resta fièrement debout quand l'ambition, l'intérêt et ses propres amis l'adjuraient de se baisser — pas pour longtemps — le temps de donner une signature à M. Chesnelong.

Henri IV disait que Paris vaut bien une messe. Le comte de Chambord ne fut pas élevé à cette école de scepticisme. On lui apprit que le représentant d'une race royale instituée par Dieu lui-même se dégrade en faisant des concessions à son peuple. On lui proposait en exemple son aïeul Charles X. Chateaubriand raconte dans ses *Mémoires* un entretien qu'il eut avec le roi exilé, au sujet de l'éducation du prince : « Je fus, dit-il, peu compris. *La religion a fait de Charles X un solitaire, ses idées sont cloîtrées*. Je glissai quelques mots sur la capacité de M. de Barande et l'incapacité de M. de Damas. Le roi me dit : M. de Barande est un homme instruit, mais il a trop de besogne. Il avait été choisi pour enseigner les sciences exactes au duc de Bordeaux, et il enseigne tout : histoire, géographie, latin. J'avais appelé l'abbé Mac-Carthy, afin de partager les travaux de M. de Barande : il est mort. J'ai jeté les yeux sur un autre instituteur qui arrivera bientôt. » Ces paroles me firent frémir, ajoute Chateaubriand, car le nouvel instituteur ne pouvait être évidemment qu'un jésuite remplaçant un autre jésuite. Que, dans l'état actuel de la société en France, l'idée de mettre un disciple de Loyola auprès de Henri V fût seulement entrée dans la tête de Charles X, *il y avait là de quoi désespérer de la race.* »

M. Guizot se rappelait ce cri de désespoir de Chateaubriand quelques années après. C'était pendant les orageux débats sur les *flétris* de Belgrave square. Répondant à Berryer, qui avait fièrement défendu les légitimistes, le ministre de Louis-Philippe terminait son discours par ces mots : « Il y a, messieurs, il y a des destinées écrites, il y a des incapacités fatales dont aucun médecin ne peut relever ni une race ni un gouvernement. »

Le comte de Chambord attendait à Frohsdort des circonstances favorables au rétablissement de la monarchie. Les malheurs de la France en 1870-71 n'étaient-ils pas un avertissement du ciel ? Dans un moment de faiblesse qu'expliquaient des désastres inouïs, la France ne venait-elle pas de nommer une Assemblée monarchique ? Ses amis l'avertirent alors de se tenir prêt : mais le prétendant ne leur laissa pas la liberté de préparer une restauration au moyen d'une équivoque, et c'est alors (juillet 1871) qu'il lança le plus important de ses manifestes.

« A l'occasion de ce drapeau (le drapeau blanc), disait-il, on a parlé de conditions que je ne dois pas subir...

» Non, je ne laisserai pas arracher de mes mains l'étendard d'Henri IV, de François Ier et de Jeanne d'Arc...

» C'est avec lui que s'est faite l'unité nationale ; c'est avec lui que vos pères, conduits par les miens, ont conquis cette Alsace et cette Lorraine dont la fidélité sera la consolation de nos malheurs...

» Je l'ai reçu comme un dépôt sacré du vieux roi mon aïeul mourant en exil ; il a toujours été pour moi inséparable du souvenir de la patrie absente. Il a flotté sur mon berceau, je veux qu'il ombrage ma tombe...

» Français ! Henri V ne peut abandonner le drapeau blanc d'Henri IV ! »

Cependant orléanistes, légitimistes et bonapartistes coalisés ont renversé M. Thiers et saisi le pouvoir. M. le comte de Paris, conformément à des engagements pris à Dreux, dans une entrevue entre le duc d'Aumale, le prince de Joinville et les chefs du parti légitimiste, est parti pour Frohsdorf ; il s'est jeté dans les bras du comte de Chambord ; il a renié son grand-père Louis-Philippe ; il a déchiré le testament du duc d'Orléans, son père, ce testament où le duc d'Orléans disait, en parlant de son fils : « Qu'il soit roi ou qu'il demeure défenseur inconnu et *obscur d'une cause à laquelle nous appartenons tous*, il faut qu'il soit avant tout un homme de son temps et de la nation ; qu'il soit catholique *et serviteur passionné, exclusif, de la France et de la Révolution* » ; il a déchiré le testament de la duchesse d'Orléans, sa mère, où on lit : « Que mes fils restent fidèles aux préceptes de leur enfance, *qu'ils restent fidèles aussi à leur foi politique... Ils se souviendront toujours des principes politiques qui ont fait la gloire de leur maison, que leur aïeul a fidèlement servis sur le trône, et que leur père, son testament en fait foi, avait adoptés avec ardeur...* » La réconciliation est faite ! L'heure du rétablissement de la monarchie va-t-elle enfin sonner ?

On se rappelle comment le manifeste de Salzbourg mit fin tout à coup aux espérances des orléanistes. M. Chesnelong, ambassadeur des royalistes de Versailles, avait apporté la nouvelle que le roi renonçait enfin au drapeau blanc. Le prétendant protestait de nouveau de son attachement inviolable au drapeau d'Arques et d'Ivry. Il est mort sans l'avoir abandonné ; mais quelle satisfaction et quelle victoire d'avoir vu à ses pieds le petit-fils de l'usurpateur de 1830 !

La République n'a pas à se réjouir de la disparition de cet adversaire irréconciliable, mais loyal ; elle n'a pas à s'alarmer des conséquences qu'elle peut avoir pour la reconstitution probable du parti royaliste autour d'un nouveau chef. Les princes qui sont allés à Frohsdorf ne feront pas oublier ce voyage à la France. S'ils venaient à manquer à ce qu'ils doivent au pays, ils ne seraient pas au bout de leurs voyages.


*Bulletin de la Société bibliographique et des Publications populaires* (septembre-octobre) :

## MONSIEUR LE COMTE DE CHAMBORD

Comment la Société bibliographique ne porterait-elle pas le deuil de celui que Berryer a si bien nommé *le premier des Français*, du prince admirable en qui se résumaient les traditions de la France, et que Dieu semblait avoir désigné pour restaurer parmi nous le culte de la foi, de l'autorité, de la vraie liberté, de la dignité nationale, du patriotisme chrétien, de toutes ces grandes choses qui ont assuré à la monarchie française la prépondérance dans le monde, et qui, pendant tant de siècles, ont fait sa force, son prestige, son honneur et sa gloire.

L'âme même de la France a tressailli au spectacle de cette longue et douloureuse agonie, de cette fermeté royale et chrétienne en face de la mort. Et ceux qui ont encore quelques sentiments de grandeur morale se sont inclinés avec respect devant cette dépouille mortelle que conduisait à sa dernière demeure, sur la terre d'exil, un imposant cortège de Français fidèles à travers les marques touchantes de la vénération d'une population tout entière.

Il dort son éternel sommeil, auprès de son aïeul le roi Charles X, de son oncle le duc d'Angoulême, de sa tante la sainte fille de Louis XVI, de son admirable sœur la duchesse de Parme, celui que Dieu avait fait naître, il y a soixante-trois ans, au milieu des transports d'une allégresse universelle ; celui dont les poètes, les grands de la terre, les souverains de l'Europe avaient salué le berceau, et que le nonce apostolique nommait alors *l'enfant du miracle;* celui qui personnifiait avec tant de majesté le principe de la monarchie héréditaire et traditionnelle, et dont les cruelles privations de l'exil n'avaient pu abattre l'âme vraiment royale, refroidir le cœur vibrant d'amour pour son pays, altérer l'invincible confiance dans les destinées de la nation faite par ses ancêtres ; celui chez qui n'avait cessé de resplendir l'antique honneur national, et dont l'inflexible fermeté à conserver intact le dépôt de nos traditions monarchiques fut un objet d'étonnement et d'admiration pour ses adversaires mêmes ! Par la noblesse de son caractère, par sa haute intelligence des besoins de notre époque, par son honnêteté proverbiale, Henri V semblait être pour la France le gage d'un brillant et fécond avenir.

Dieu ne l'a point appelé à régner. Mais il n'en tiendra pas moins une grande et glorieuse place dans la longue série de nos rois. Qui ne gémirait de voir à jamais perdues pour la France tant de qualités incomparables, de royales vertus? Il faut s'incliner devant les insondables desseins de la Providence; il faut surtout, avec celui que nous pleurons, ne jamais désespérer des destinées de notre patrie : « Ma personne n'est rien, mon principe est tout », disait sans cesse le représentant de la monarchie traditionnelle. Prions donc, prions toujours, et espérons encore...

La Société bibliographique, œuvre de foi et de science, œuvre de défense religieuse et sociale, vouée à la restauration de ce qui a été l'essence même de la France, alors que le principe de la royauté restait immuable et incontestable, ne pouvait passer inaperçue pour celui dont le cœur ne battait que pour son pays. Dès les premiers mois de sa fondation, en 1868, M. le comte de Chambord avait daigné témoigner à notre société sa haute sympathie, en se faisant inscrire parmi ses membres et en la gratifiant d'un généreux apport.

..... Henri V a été par excellence l'homme du devoir. Du haut du ciel où Dieu lui a donné la récompense d'une longue vie de sacrifice et d'abnégation, il veillera sur ceux qui continuent à combattre le bon combat. Grâce à son intercession, la France chrétienne, si profondément abaissée, reprendra sa glorieuse marche dans le monde pour le triomphe des idées qui font la force et l'honneur des nations civilisées, et qu'elles ne sauraient répudier sans être condamnées à disparaître, comme un instrument désormais inutile.

*Le Soir* (25 août) :

## MONSEIGNEUR LE COMTE DE CHAMBORD

Le petit-fils de Charles X vient d'expirer en exil, ou du moins sur la terre étrangère. Et néanmoins l'impression générale, presque universelle, que va causer cette nouvelle est qu'un Français, un grand Français, vient de mourir. Reste à savoir si, par suite de cet événement, il n'y aura rien de changé en France. Mais ce n'est pas l'heure de soulever un débat politique autour de cette tombe. Pour nous, du moins, c'est un tribut d'hommage que nous y apportons. Quoi qu'on puisse penser du prétendant qui était en lui, l'homme était digne de tous les respects.

Les familiers et les amis qui l'ont entouré de leur fidélité pendant sa vie pourront raconter les qualités de cœur et d'esprit qui le distinguaient. Les Français qui n'ont pas l'usage ni le goût des cours ne le connaissent que par la haute image que l'on se faisait de lui, comme étant le représentant de la monarchie française, si intimement liée, pendant tant de siècles, aux destinées de la patrie. Ils s'inclineront sur la tombe dans laquelle est descendu avec lui le vrai principe monarchique et le drapeau qu'il a gardé sans tache jusqu'à la fin, et ils salueront d'un pieux hommage le souvenir, resté vivant dans la personne du comte de Chambord et qui disparaît avec lui, de l'ancienne France. Ils diront : Le roi est mort, vive la France !

N.

*Le Soleil* (25 août) :

Un grand malheur vient de frapper la Maison de France dans la personne de son auguste chef : Monsieur le Comte de Chambord est entré dans l'éternité, au château de Frohsdorf, sa résidence officielle.

Depuis quelque temps déjà, ce douloureux événement était prévu. Mais il restait aux nombreux amis d'un Prince respecté pour ses hautes vertus, aimé pour ses grandes qualités, l'espoir que Dieu ferait en sa faveur un miracle.

Avant de quitter ce monde, Monsieur le Comte de Chambord a été cruellement éprouvé par de longues et intolérables souffrances qu'il a supportées avec un courage vraiment surhumain, avec une résignation toute chrétienne.

La France entière a suivi, avec une pieuse anxiété, les différentes phases de cette lente agonie, et, après s'être associée, en pensée, à l'admirable dévoûment de Madame la Comtesse de Chambord, elle s'associera de cœur à son inexprimable, à son inconsolable douleur.

On comprendra que, sous le coup de cette nouvelle, nous nous bornions à exprimer la douloureuse émotion que nous cause un événement qui produira en France et même en Europe une impression profonde.

L'heure n'est pas encore venue de dire quelles pourront être les conséquences politiques ultérieures de la mort de Monsieur le Comte de Chambord. Il emporte dans la tombe d'ardentes sympathies, de persévérantes fidélités qui l'ont consolé sur terre, qui le suivront au ciel.

Monsieur le comte de Chambord était le dernier représentant de la descendance directe de Louis XIV. Mais la race d'Henri IV, mais la Maison de France ne disparaît pas avec lui. La branche aînée est éteinte, la branche cadette est vivante.

A. DE CESENA.

*Le Télégraphe* (25 août) :

## LETTRES D'UN DÉPUTÉ

M. le comte de Chambord est mort.

La vie de ce prince n'a point d'analogue dans l'histoire. Il est entré dans la royauté et dans l'exil le même jour. Dernière incarnation d'un principe quatorze fois séculaire, il a porté pendant cinquante-trois ans la fiction de la royauté avec la même conscience, avec la même dignité, avec le même respect qu'il eût fait de la royauté elle-même.

Il se croyait de bonne foi, il se sentait le dépositaire responsable d'un principe sacré, venant de haut, de plus haut que l'humanité : venant de Dieu, et, par conséquent, s'imposant à tous et à lui tout le premier.

Voilà le secret de cette vie, toujours semblable à elle-même, évidemment modelée sur un idéal toujours présent, n'en déviant à aucun prix, rebelle à toutes les compromissions, dédaigneuse de tous les avantages et restant fière et pure sous l'obsession des conseils ambitieux.

M. le comte de Chambord était le premier soldat de son principe et le plus soumis. Cinquante-trois années d'attente n'avaient point altéré sa foi, ni fait fléchir ses espérances : le jour de sa restauration arriverait ; il en avait pour garant la Providence divine, qui ne cessait de veiller sur la France, sur la France agitée et malade et qui ne pouvait retrouver le calme, la santé, la puissance, que sous l'égide de ses anciens rois... En attendant l'heure, il demeurait respectueux à son poste, méditant les améliorations de son règne, recevant ses fidèles, plein de déférence envers les vieux, faisant entendre aux jeunes des paroles austères.

Hélas! la foi — qui sauve, dit-on — ne l'a point sauvé! Le descendant des rois est mort loin de la Patrie. Cela devait être, il ne pouvait régner. On ne fait point revivre les choses mortes, et le droit divin est une chose morte. Il restera au comte de Chambord d'en avoir magnifiquement conduit le deuil.

La royauté du droit divin tombe tout d'une pièce avec son dernier et son plus pur représentant. M. le comte de Chambord descend dans la mort, noblement enveloppé de son drapeau blanc, qu'il n'a point voulu répudier au prix d'une couronne, mettant ainsi avec éclat au-dessus de tout ce principe de l'honneur qui fit de si grandes choses dans l'histoire de notre vieille France.

C'est ainsi que les grandes institutions doivent finir : pleurées de leurs fidèles, saluées par leurs adversaires.

Celui qu'on aurait appelé Henri V l'avait bien compris ; son parti le comprendra-t-il?

Les « habiles » vont-ils dominer maintenant les purs? Les preux vont-ils être distancés par les ambitieux?

Le moment n'est pas opportun d'examiner les conséquences de la disparition de la scène politique de cet

acteur plus platonique qu'actif, mais encore puissant.
Il ne nous paraît point convenable de mêler aujourd'hui
l'intrigue à l'hommage.

Bernard Lavergne.

*Le Temps* ( 25 août ) :

## LE COMTE DE CHAMBORD

On ne peut avoir de doute sur le caractère de la vie qui vient de s'éteindre, sur la marque de cette destinée. Est-il dans l'histoire un homme auquel se soient attachées des espérances plus passionnées, plus persévérantes en même temps, et qui les ait trompées plus cruellement que le comte de Chambord ? Il a été prétendant au trône pendant cinquante ans ; il a représenté le principe de la légitimité monarchique contre les régimes les plus différents, contre la Royauté constitutionnelle, contre l'Empire, contre la République ; les circonstances ont quelquefois paru le servir, et il y eut un moment où il fut sur le point de mettre la main sur la couronne qu'il croyait lui appartenir. L'espèce de pusillanimité dont il fit preuve en cette circonstance n'avait pas suffi pour refroidir le dévoûment de ses partisans. La légitimité est une religion, et la foi ne s'ébranle pas pour quelques obscurités qui passent dans son ciel. Les fidèles de ce culte paraissaient même avoir redoublé de ferveur depuis quelque temps ; ils se croyaient ou affectaient de se croire de nouveau rapprochés du but, et c'est à ce moment que la mort de leur prince ne frappe pas seulement leurs longues attentes de vanité, mais laisse leur foi désormais sans objet. L'antique monarchie française a perdu son dernier représentant ; c'est elle qui descend au tombeau ; Henri V n'a point, il ne peut avoir de successeur.

Cette longue et pâle existence, presque tout entière écoulée dans les limbes de l'exil, avait commencé d'une manière singulièrement dramatique. Le comte de Chambord était né le 29 septembre 1820. Six mois auparavant son père était tombé sous le couteau de Louvel. L'assassin avait bien choisi sa victime. Il avait le droit de croire que la branche aînée de la maison de France était frappée dans son dernier rejeton. Plus d'héritier dans cette famille, ni d'espoir d'en avoir! C'est alors qu'on apprit la grossesse de la duchesse de Berri ; son époux mourant la suppliait de se ménager pour l'enfant qu'elle portait dans son sein. Toutes les pensées prirent alors un autre cours. Cet enfant serait-il un fils? L'assassin aurait-il manqué son coup? Dieu n'interviendrait-il pas en faveur de cette monarchie dont la restauration était déjà une si visible manifestation de la Providence? La Providence intervint, en effet; l'enfant naquit heureusement et c'était un fils. Un cri s'échappa de tous les cœurs royalistes, et, il faut bien le dire, du cœur de presque toute cette France de 1820. Le nouveau-né fut baptisé Dieudonné, acclamé enfant du miracle. Les poètes célébrèrent un si grand événement. Lamartine ajouta un morceau au volume des *Méditations* qui avait paru l'année précédente. Victor Hugo, qui avait fait une ode sur la mort du père, en fit une seconde sur la naissance du fils et une troisième sur le baptême. C'était un délire, il y eut une souscription nationale pour l'acquisition de ce château de Chambord qui devait fournir plus tard un nom au prince exilé. Il y eut aussi, il est vrai, quelques protestations, quelques satires. Béranger écrivait son *Epître d'un petit roi à un petit duc*; Paul-Louis Courier, l'un de ses chefs-d'œuvre, son *Simple Discours*. Orléanistes, bonapartistes, républicains, tout cela éprouvait quelque humeur, et on le conçoit, mais, en somme, la monarchie légitime avait remporté une victoire. La naissance du duc de Bordeaux fut pour la branche aînée, à cette époque, un avantage aussi éclatant que fut sensible et mortel, plus tard, pour la branche cadette, l'accident de voiture qui tua le fils aîné de Louis-Philippe.

Les miracles ne devaient servir de rien. L'abîme qui séparait la royauté légitime et catholique de la France telle que l'avait faite la Révolution se rouvrit ou s'élargit sous le règne de Charles X, et la révolution de Juillet envoya les Bourbons en exil. Cet exil a duré cinquante années pour le comte de Chambord; la mort seule y a mis fin. Son grand-père avait abdiqué en sa faveur au moment où il quittait la France, et il devint de fait comme de droit le chef de sa famille par la mort de Charles X en 1836, et de son oncle, le duc d'Angoulême, en 1844. Nous n'avons pas à rappeler ici les incidents de la vie privée du comte de Chambord, la chute qui le rendit boîteux, ses voyages dans la plupart des pays de l'Europe, son mariage qui ne lui a pas donné d'enfants et qui devint ainsi pour lui et ses partisans une source de si grandes perplexités. Les événements par lesquels le comte de Chambord est entré pour quelque chose dans l'histoire comtemporaine, sont les diverses crises révolutionnaires que la France a traversées depuis 1830, et qui donnèrent au prince exilé l'occasion de se poser en prétendant. Il l'avait fait plusieurs fois, à Londres, en 1843, lors du fameux pèlerinage de Belgrave square. La révolution de 1848, avec son suffrage universel et sa Constitution parut le déconcerter; il assista plutôt qu'il n'y prit part aux tentatives de fusion entre les deux branches bourboniennes qui s'ébauchèrent alors. On ne voit pas non plus qu'il ait rien attendu pour lui du développement du régime impérial après le coup d'État. Sauf Strasbourg et Boulogne, son rôle, pendant toutes ces années, ressemble assez à celui qu'avait joué le prince Louis, cet autre prétendant, durant le règne de Louis-Philippe. Le comte de Chambord, lui aussi, cherche à se rappeler au souvenir d'une nation oublieuse, écrit à ses fidèles des lettres destinées à circuler, publie de temps en temps des manifestes, des programmes, invente de ces mots qui doivent servir de formule à son parti : « Je ne suis pas un prétendant, je suis un principe »; ou encore : « On abdique un droit, on n'abdique pas un devoir ». Ces paroles rendent d'ailleurs fidèlement la position prise par le prince. Il était persuadé que la France était au fond royaliste et catholique, persuadé qu'elle avait besoin du principe qu'il représentait en sa personne, persuadé qu'elle finirait par y revenir et par lui revenir, car il faudrait autrement douter de l'avenir de la nation et de la Providence divine. Le comte de Chambord était avant tout un croyant, un dévot. S'il tenait à la couronne, c'était pour ramener à la foi le pays sur lequel il régnerait. Ses droits ne faisaient qu'un dans son esprit avec la vérité chrétienne. De là la franchise de ses déclarations et la résignation avec laquelle il se soumit à vivre dans l'exil plutôt que de rien sacrifier de sa foi. Le drapeau blanc, le dernier mot donné à l'autorité royale, une France catholique, le rétablissement du pouvoir temporel des papes, tels sont les articles du programme qu'il ne se lasse pas d'opposer à l'esprit du siècle avec une candeur et un courage qui touchent à l'héroïsme. Il sera rappelé par les Français et reviendra au milieu d'eux pour accomplir cette œuvre ou il ne reviendra pas. On reconnaît un esprit auquel des maîtres ont de bonne heure représenté la Révolution française comme le mal absolu, comme le triomphe temporaire du royaume des ténèbres, et qui s'est reconnu pour mission de la combattre et de l'extirper. Et cela se comprend; il y a deux manières de se représenter le cours des choses humaines ; ceux qui ont le sens historique y reconnaissent une évolution, un mouvement dans une direction déterminée; ceux auxquels manque le sentiment de la progression dans l'histoire s'en tiennent à un combat des deux principes, le bon et le mauvais, la lumière et les ténèbres.

Quelle que fût la résignation du comte de Chambord à ne rentrer en France qu'avec l'étendard de Jeanne d'Arc et d'Henri IV à la main, le renversement de l'Empire était fait pour lui rendre l'espérance, et, dans tous les cas, pour le mettre en demeure de se produire. La France était de nouveau appelée à se donner une forme de gouvernement; la décision était remise à une Assemblée favorable à une solution monarchique; après un long silence, le ciel semblait enfin parler et montrer la voie : comment n'aurait-on pas répondu à son appel? Le comte de Chambord comprit le devoir que lui imposait la situation. Son langage à ce moment devint plus précis, son attitude plus haute. Dans une protestation contre le bombardement de la capitale par les Allemands, il parle de « sa bonne ville de Paris ». Dans un manifeste du 5 juillet 1871, il prend pour la première fois le titre de roi. Il consent, après la chute de M. Thiers, à ces tentatives de fusion qu'il avait dédaignées en 1848, et il reçoit M. le comte de Paris à Frohsdorf. Il fait plus, il se prête aux démarches actives et à peine cachées de ses partisans dans l'Assemblée, il entre dans les négociations conduites par MM. Lucien Brun et Chesnelong, il fait des concessions ou du moins il souscrit à des ambiguïtés. Tout est prêt, jusqu'à des commandes d'oripeaux pour le jour de la rentrée triomphale, lorsqu'on apprend soudain que tout est rompu. Quel coup de théâtre! Ceux qui y ont assisté, qui y ont pris part, n'oublieront jamais les émotions du jour où parut, dans l'*Union*, la lettre qui mettait fin à tant d'inquiétudes. Qui peut douter, en effet, que la restauration n'eût été le signal de la guerre civile, que la Révolution, remise en question, n'eût cherché et trouvé sa revanche? Quant aux motifs d'une détermination si inattendue, on ne les connaît pas encore exactement. Il est probable que le prince finit par reculer devant les répugnances des orléanistes pour le drapeau blanc et devant les divisions dont un conflit sur cette question aurait frappé la monarchie fusionniste. Ce n'était pas, au surplus, la seule cause de froideur entre les hommes restés fidèles aux souvenirs de 1830 et les partisans du roi très chrétien. Les premiers, moitié gallicans, moitié voltairiens, trouvaient qu'on leur faisait la politique plus dévote que de raison. « La soupe n'est pas déjà si ragoûtante, nous disait l'un des plus spirituels d'entre eux, pour qu'on nous crache encore dedans! » Ce qui est certain, c'est qu'on avait, à dessein et des deux côtés, noyé le débat dans l'équivoque. On s'était dit : Faisons le coup, brusquons les choses, et l'on verra ensuite. Malheureusement, la forme ici c'était le fond, le drapeau c'était l'essentiel. De la couleur adoptée dépendait l'impression du pays, le concours de l'opinion, par conséquent le sort de l'entreprise, et il fallut reconnaître au dernier moment l'impossibilité de procéder à l'exécution du complot, sans savoir quelle enseigne on lui donnerait. Ajoutons que, dans notre conviction, le comte de Chambord éprouva un certain soulagement du dénouement qui s'imposait à l'aventure. Il sentait les périls de celle-ci, il n'était pas homme d'action, l'ambition ne le poussait point : il avait fait ce qu'il devait pour répondre aux légitimes exigences de ses amis, et il sortait de jeu avec le genre d'honneur qu'il prisait le plus, un beau manifeste, bien retentissant, en faveur des grands principes.

La défaite du complot royaliste et la retraite du prétendant précipitèrent les événements dans le sens opposé. L'Assemblée nationale vota le septennat pour ne pas laisser plus longtemps le pouvoir exécutif en suspens, et la force des choses amena l'établissement d'une constitution républicaine. Le comte de Chambord, qui s'était un moment aventuré jusqu'à venir tâter lui-même le terrain à Versailles, rentra, dès lors, pour toujours, dans son exil. Il a continué à écrire de temps en temps des lettres, des manifestes, mais sans parvenir à triompher de l'indifférence croissante du public. Ses avances les plus notables étaient à peine remarquées. Qui se rappelle qu'à deux reprises, en 1871 et en 1873, il avait fait entrer le suffrage universel dans son programme de gouvernement ? Il y parlait également de deux Chambres, de contrôle. Le fait est que ces concessions n'en étaient point au fond, et ne faisaient nullement disparate dans l'ensemble de ses idées. Comme il réservait, *in petto*, l'autorité suprême, le dernier mot, en toute question, à une royauté qui tenait ses titres de Dieu même, il ne voyait pas d'inconvénient à un mode de suffrage et à l'action d'un Parlement dont les pouvoirs ne devaient jamais avoir qu'une valeur consultative.

On ne peut pas dire que la mort du comte de Chambord soit un événement pour la France, qui, vraiment, depuis quelques années, ne s'occupait plus de son existence et qui ne semble guère destinée à revenir jamais au drapeau blanc, à la monarchie de droit divin et à la religion d'État. La mort du prince est, en revanche, un gros événement pour son parti. Ce parti va être mis à une rude épreuve : l'obligation de faire comme les bonapartistes, de végéter sans chef ou de se ranger derrière un chef dont il ne peut rien attendre. Le comte de Paris, aux yeux des légitimistes, aura le double inconvénient d'être le petit-fils d'un usurpateur détesté, et de n'apporter dans l'office vacant de prétendant au trône aucun des principes que représentait le comte de Chambord. Le comte de Paris paraît croire à l'hérédité monarchique, puisque son voyage à Frohsdorf ne peut avoir d'autre signification, mais il est probablement assez froid sur le droit divin des rois et sur le pouvoir temporel des papes. Est-il même, à vrai dire, un prétendant ? Peut-on l'être quand on a cessé de croire à la légitimité, c'est-à-dire de s'attribuer des droits au gouvernement indépendants de la volonté du peuple ? Nous voyons bien les embarras personnels que le comte de Paris s'est attirés par sa démarche de Frohsdorf, mais nous ne voyons absolument pas quels gages il pourrait donner au parti qui va essayer de se rattacher à lui, ni quels avantages ce parti pourrait tirer d'un pareil tenant de l'idée monarchique. La monarchie pourra continuer à tenir une place dans les craintes des uns et dans les espérances des autres; mais, ainsi que nous le disions en commençant, la royauté historique, celle que le défunt a personnifiée avec une certaine grandeur, cette royauté est bien réellement descendue au tombeau avec lui.

*L'Union* (25 août) :

## LA MORT DU ROI

Nous recevons l'affreuse nouvelle de la mort du Roi! Nos lecteurs comprendront aisément, car ils s'y associent, la poignante émotion qui nous accable; ils ne seront pas surpris de ne trouver ici que le cri de la douleur nationale.

Monsieur le Comte de Chambord n'est plus! Il a succombé aux implacables étreintes d'un mal que les soins les plus dévoués, les lumières de la science n'ont pu conjurer. Dieu, dont les desseins sont insondables, n'a pas accordé à la France le miracle sollicité par tant de prières ardentes.

Il a rappelé à Lui le Prince aussi grand dans ses derniers moments que pendant sa vie. Les mérites de l'agonisant ont couronné ceux de toute une existence passée dans la garde inflexible du Devoir et dans la ferme défense du Droit.

Il n'est plus, le Roi Très Chrétien, en qui la majesté de Louis XIV se tempérait de la charmante bonhomie de Henri IV, et qui avait fait revivre avec tant d'éclat les vertus de saint Louis.

La France, le monde entier salueront, avec un respect attendri, le cercueil qui renferme la dépouille mortelle du Chef auguste de la première Maison de l'univers.

L'Église accompagne de ses suprêmes bénédictions ce vaillant serviteur de Dieu, qui, au milieu des lâches apostasies de ce siècle, fit resplendir sa foi comme le firent jadis ses aïeux de glorieuse mémoire.

L'Histoire consacrera des pages émues à ce Prince qui personnifia avec une dignité vraiment royale le vieil honneur de la Patrie.

Mais l'heure n'est pas encore venue de raconter cette admirable vie : nous sommes à l'heure du deuil. Les larmes voilent nos yeux en écrivant ces lignes. L'*Union* ne peut aujourd'hui qu'offrir à l'auguste Veuve de Henri V l'hommage très respectueux de son affliction, et prendre modestement sa place au milieu du cortège qui va réunir l'Aïeul et le Petit-Fils dans la sépulture royale de Goritz...

Qu'on pardonne à notre douleur d'être brève. Elle est trop vive, trop profonde, pour que nous puissions la surmonter, même en vue de louer le Roi, si bon et si grand, sur lequel reposaient tant de patriotiques espérances.

Et que peuvent, d'ailleurs, les louanges en ce moment où Dieu a ouvert le livre de sa miséricorde éternelle et de sa justice infinie !

C'est au pied des autels que la Religion nous convie. C'est au pied des autels que se retrouvera demain la France chrétienne dans le deuil.

*Prions pour le Roi.*
*Prions pour la Reine.*
*Prions pour la France.*

. . . . . . . . . . . . . . . . . . .

La nouvelle de la mort de Monsieur le Comte de Chambord, répandue ce matin dans Paris, a provoqué une immense et très profonde émotion. Les journaux ont fait paraître des éditions spéciales que le public lit avec une respectueuse tristesse.

Partout, on ne s'entretient que du funèbre événement qui, quoique prévu, hélas! n'en est pas moins cruel. Les télégrammes affluent de province, tous témoignent de l'intensité de l'affliction qui étreint les cœurs.

En Europe aussi, le malheur qui atteint notre patrie cause une très grande impression.

Nous ne commenterons pas aujourd'hui les hommages qui, de toutes parts, saluent le Roi de France descendant dans la tombe.

Aujourd'hui nous prions et nous pleurons. Nous prions parce que notre foi nous reste comme la suprême consolation de notre fidélité, en face du malheur qui nous frappe. Nous pleurons, car pour nous une douleur intime vient s'ajouter au deuil national.

C'est à la veille de la fête de saint Louis que le Roi a rendu à Dieu son âme enrichie de toutes les vertus chrétiennes. L'ancêtre que la reconnaissance de l'Église a placé sur les autels assiste à cette heure le royal héritier de ses vertus devant le trône de Dieu, qui a appelé vers lui le Prince bien-aimé dont la dernière pensée a été pour la France.

Monsieur le Comte de Chambord aimait la France de toute l'effusion de son cœur si noble et si grand;

même durant la maladie à laquelle il a succombé, il se préoccupait de notre pays.

A l'heure actuelle, les points noirs s'amassent à l'horizon, et les patriotiques alarmes se joignent aux patriotiques regrets.

*L'Univers* (25 août) :

Les prières ardentes qui voulaient un miracle n'ont pas été exaucées. Le Roi est mort. Ce n'est pas seulement un homme qui disparaît, une dynastie qui s'éteint; c'est un principe qui succombe, un règne qui finit. Henri V, exilé dans son enfance et dont l'avènement au trône semblait impossible, même à beaucoup de royalistes, représentait cependant mieux qu'aucun souverain la royauté. Il était le Roi, par ses principes et ses aspirations comme par son droit. Tant que Dieu nous le gardait, la France pouvait espérer, non seulement la monarchie légitime, mais une restauration politique, sociale et religieuse : le salut.

Aujourd'hui, cet espoir nous est humainement interdit. On peut nous montrer César et nous promettre sa conversion, peut-être va-t-il la promettre lui-même? On peut nous offrir le prince constitutionnel, honnête homme, bon père de famille, chrétien dans la vie privée, unissant à l'aversion discrète du mal l'amour contenu du bien; mais le Roi, le vrai Roi, celui qui, croyant à l'Église comme il y faut croire, voulait la protéger, qui entendait faire régner avec lui la justice et les mœurs, ce Roi, il n'est plus, et personne ne peut ni ne veut le remplacer. Il ne faut pas dire à ce point de vue, le plus important de tous, que le trône est vacant, il faut reconnaître qu'il ne sera pas même disputé. L'ère de la monarchie chrétienne est close pour la France, et la révolution est victorieuse absolument.

Sans vouloir rechercher dès maintenant l'action que ce coup de la Providence, devant lequel il faut s'incliner, exercera sur l'état des partis, nous devons indiquer, en deux mots, la situation du parti monarchique.

Les royalistes, trop nombreux, auxquels Henri V, par ses vertus et ses principes, faisait obstacle, vont pousser avec empressement et joie le vieux cri de la France monarchique : « Le Roi est mort, vive le Roi ! » Quelques-uns même, cédant à la fièvre du triomphe, l'ont déjà fait. D'autres, plus désintéressés et dont le cœur saigne, s'associeront froidement et comme par devoir à ce cri. — Il faut songer à la France, diront-ils, et chercher dans la loi monarchique l'appui qu'elle peut encore donner. Nous comprenons ceux-ci, mais nous n'avons pas hâte de les suivre. Sans contester la situation de Monsieur le comte de Paris, nous attendons qu'il ait parlé, avant de saluer en lui un sauveur.

Ce coup, en même temps qu'il frappe la France, atteint l'Église. Le pouvoir temporel perd le seul prince qui pût, avec chance de succès, songer à le relever. D'autres reconnaissent ou reconnaîtront peut-être que le Pape doit recouvrer tout ou partie de ses États, comme garantie de son indépendance ; mais, soit manque de force pour agir, soit manque de dévoûment et de volonté, ils s'en tiendront à de stériles souhaits. L'épée de la France ne sera plus, de bien longtemps du moins, au service de Dieu.

Dans ces derniers temps on a dénoncé l'*Univers* comme trop royaliste. Catholiques avant tout, nous allions nécessairement au prince qui voulait par la loi humaine faire régner la loi divine. En soutenant son drapeau, nous soutenions aussi et surtout la croix. Le dernier acte politique d'Henri V n'a-t-il pas été de glorifier la mémoire et l'œuvre de Louis Veuillot !

La mort du dernier représentant de la monarchie chrétienne, si elle nous afflige profondément, ne change rien à nos principes ni à notre situation. Nous sommes aujourd'hui, nous serons demain, ce que nous étions hier : des catholiques absolument dévoués, comme absolument soumis à l'Église. Nous ne nous désintéresserons pas de la politique et des formes gouvernementales. Le chrétien ne peut se désintéresser de la chose publique dans un pays en révolution et livré aux ennemis de Dieu.

Il y a quarante ans, mon frère, traçant le programme de ce journal, disait : « Nous n'appartenons qu'à l'Église et à la patrie. » Ce programme, les catholiques doivent s'y tenir plus que jamais. Leur œuvre n'est pas de soutenir un prétendant au trône, mais de constituer une force qui puisse faire obstacle aux méchants et encourager les douteux.

Et maintenant, en même temps que nous prierons pour l'âme du Roi, demandons-lui de prier pour la France.

Eugène Veuillot.

*La Vérité* (26 août) :

## LA MORT OFFICIELLE

Cette fois, il n'y a plus de doute à garder, la mort est officielle. Le dernier représentant de la monarchie a bien réellement disparu.

Ce qui reste, ce qui va s'affubler de la défroque du mort ne représente que l'industrialisme monarchique. Les d'Orléans auront beau se remuer, intriguer : ils n'arriveront jamais à se faire prendre au sérieux par personne, car on sait qu'ils ne cherchent pas à faire triompher un principe, mais à ouvrir une entreprise de spéculation politique.

En enterrant le comte de Chambord, on va enterrer la monarchie, et les plus ardents adversaires de ce régime condamné par la conscience humaine seront obligés de dire que la monarchie est morte avec honneur.

Ce qui distingue le comte de Chambord de ceux qui vont se dire ses héritiers, c'est qu'il n'y a pour eux ni honneur, ni foi, ni loyauté politique, pourvu qu'on arrive à mettre le pays en coupe réglée.

Les orléanistes vont se présenter aux rares partisans de la légitimité comme les continuateurs de la tradition du droit divin, parce qu'ils croient pouvoir établir plus facilement sous cette forme leur boutique à spéculation.

Mais nul n'ignore qu'ils s'accommodent de n'importe quel régime, pourvu qu'ils aient sous ce régime des places et de l'argent.

Ils exploiteraient la forme républicaine avec autant de plaisir que la forme monarchique, et c'est ce qui fait qu'ils ne seront jamais que des caricatures de prétendants.

La République n'a pas voulu se laisser exploiter par eux. Elle les a chassés après le 24 Mai. Elle les a chassés après le 16 Mai. C'est pourquoi ils se sont réfugiés sous la bannière de la monarchie.

Et ils vont lever cette bannière plus haut que jamais, maintenant qu'ils se croient les héritiers du comte de Chambord.

Mais ils se trompent. On n'hérite pas de ce qui n'existe plus. On n'hérite pas de ce qui est intransmissible.

Le comte de Chambord n'était quelqu'un que par le cœur, par la droiture, par la loyauté, par le désintéressement.

Cela ne peut pas se transmettre aux descendants de Philippe-Égalité. Après comme avant la disparition du dernier des Bourbons, les d'Orléans ne sont rien que des ambitieux, mieux placés que d'autres pour intriguer, parce que la trahison de l'Assemblée de Versailles leur a livré à la fois des millions et une Constitution.

Les millions, passe encore. S'ils peuvent servir à acheter quelques hommes dans le Parlement, ils ne sauraient servir à acheter le peuple.

Mais la Constitution peut servir à surprendre, à opprimer le peuple. Elle reçoit désormais tout son éclat, toute sa portée, toute sa valeur.

C'est ce qu'on appelle dans le langage des hommes d'affaires une propriété en plein rapport, car l'événement en vue duquel elle avait été faite s'est accompli.

Rien n'empêche plus désormais les orléanistes de pousser leurs intrigues dans tous les sens, car ils ne craignent plus d'effaroucher un parent ombrageux, jaloux de la foi jurée.

Ce qui les a gênés au 16 Mai, ce qui nous a préservés

de certaines violences, de certaines usurpations plus audacieuses encore que celles qui ont été commises, ce n'était pas la crainte de soulever les colères du peuple, c'était la crainte d'éveiller les susceptibilités du comte de Chambord.

On ne voulait pas lui donner de la méfiance, on ne voulait pas lui faire voir qu'on travaillait en dehors de lui contre lui. On craignait de se l'aliéner.

On se disait : « Si nous ne réussissons pas et si notre cousin là-bas apprend que nous songions à le supplanter, à violer la parole donnée à Frohsdorf, il ne nous pardonnera pas. Il nous en voudra mal de mort, et nous aurons tout perdu. »

Désormais les orléanistes n'auront plus de ces craintes ni de ces réserves. Ils pourront donner libre carrière au génie de leur famille, qui semble fait pour l'intrigue.

Devenus plus libres de leurs mouvements, ils apparaîtront mieux aux regards du pays ce qu'ils sont réellement : les pires adversaires de la République.

On ne risquera plus de faire certains choix, de commettre certaines erreurs qui ont trop souvent fait tache dans les majorités républicaines.

Mais en même temps un redoublement de vigilance sera commandé au pays, car il y aura contre lui une conspiration permanente, quotidienne.

Les orléanistes délivrés de la gêne que leur causait la droiture du comte de Chambord, à l'heure même où les conventions avec les grandes compagnies viennent d'être ratifiées, à l'heure où toute l'Europe monarchique s'agite, c'est une coïncidence qui mérite l'attention des patriotes sincères.

Nous avons, il est vrai, un fait récent qui doit nous rassurer : c'est le triomphe des candidatures républicaines dans les derniers scrutins.

Mais nous ne devons pas oublier que les orléanistes ne comptent pas sur le suffrage universel pour atteindre le pouvoir, puisqu'ils ne veulent l'atteindre que pour supprimer le suffrage universel.

Les orléanistes comptent sur la Constitution qu'ils

ont faite en prévision de la mort du comte de Chambord. Quiconque aujourd'hui défendrait la Constitution défendrait aussi les complots des orléanistes.

Cette Constitution ressemble à un acte contre lequel une clause résolutoire s'est produite. Par l'effet de la clause résolutoire, l'acte est nul.

Elle est nulle aussi la Constitution, car nous le demandons : le jour où elle a été faite, le 25 février, si l'on était venu dire à l'Assemblée que le comte de Chambord n'existait plus, qu'il ne faisait plus barrière aux convoitises orléanistes, y aurait-il eu un seul républicain pour la voter ?

Docteur Ralph.

*La Ville de Paris* (26 août) :

Nous pouvons donc, en toute tranquillité d'esprit, rendre justice à un adversaire disparu, à la dignité de son caractère, à la loyauté de son attitude et de tous ses actes. Il porta fièrement dans l'exil son titre platonique de Roi et sut rester une personnification des côtés chevaleresques du caractère français. S'il n'emporte pas les regrets des républicains, il a du moins droit, « sans préambule et sans restriction », à leur estime.

*Le Voltaire* (26 août) :

## MORT LE ROY !

Le comte de Chambord n'est plus : Henri V a rendu à Dieu le panache blanc de la monarchie — et déjà, fidèle à l'ancienne coutume, un journal crie : Le roi est mort, vive le roi, vive Philippe VII !

Philippe VII, le comte de Paris, fait ici l'effet d'une antiquaille de l'histoire, inacceptable — fossile...

Ce qui sauvait encore le nom de Henri, c'est sa

grande allure dans le passé, ses légendes, son auréole bien française : Philippe tout court, cela sent la barbarie des premiers âges, cela ne répond à rien, n'évoque rien.

Tout boîteux qu'il était, perdu dans son exil avec une reine sourde, le comte de Chambord avait pour lui le respect qu'inspirent les vieilles choses ; il était comme le dernier reflet d'un soleil éclatant ou le dernier parfum du lys.

Dans cette déchéance d'une race, il a su rester digne, lui, son incarnation malheureuse ; il nous plaît singulièrement, à cette heure, de rendre hommage à cet orgueil mâle qui n'a pas voulu prendre exemple de plus d'un de ces compromis où se sont diminués, et inutilement, quelques-uns des maîtres d'hier et des prétendants d'aujourd'hui.

J'ai eu récemment, retour de Russie, l'occasion d'approcher le comte de Chambord dans ce château de Frohsdorf, où vont se réunir et se compter les royalistes sans espoir, tous ceux qui ont eu, en ce temps, au moins, l'originalité de la foi quand même.

C'est le moment ou jamais de rappeler l'impression que m'a faite cet écu de France, accroché au fronton du château tout blanc, dans un village d'Autriche, un village très petit, avec des maisons claires et des carrés de jardins joyeux, dans une campagne silencieuse.

Des siècles de notre histoire sont venus aboutir là ; ce château rustique de Frohsdorf était l'épilogue de Versailles ; les trois fleurs de la monarchie française s'épanouissaient lugubrement là-bas, à l'ombre des forêts, à trente heures de Paris !

Au milieu des Autrichiens, les alliés annoncés de l'Allemagne — l'ennemi, le descendant d'Henri IV a vécu avec l'étrange et douloureuse fortune de devoir son hospitalité à un peuple dont toute la politique semble vouloir aujourd'hui tourner contre la patrie.

Il y a deux mois pourtant, le comte de Chambord me disait encore, dans ce salon de Frohsdorf, rempli des souvenirs et des fétiches de notre histoire : « Je » tiens à ce que l'on sache chez nous que je suis prêt à

» faire ce qu'il faut pour sauver la France »; — et maintenant c'est fini...

Le roi est mort inutile — et la France vit toujours !

Sans avoir jamais compté dans les destinées de notre pays, il s'en va — et le pays demeure vivace et fort ; il n'y a pas de plus poignant argument contre les maîtres qui professent qu'eux disparus, tout disparaît et s'écroule...

Le comte de Chambord a vécu dans l'illusion perpétuelle : ce qu'il faut rappeler à son honneur, c'est qu'il a dédaigné toujours d'atteindre à la réalité par des moyens louches : la République lui doit cette justice.

Cette grande probité historique se lisait d'ailleurs sur son visage ; je le vois encore, en vareuse grise, le buste fort, la tête fine et spirituelle, la barbe taillée à la Henri IV, avec le nez de race, le front pur, le regard doux et franc, les lèvres un peu railleuses, la physionomie vivante, alerte, vraie — et jeune.

Jeune ! c'était huit jours juste avant cette maladie qui, avec des alternatives cruelles, l'a laissé maigre et pâle entre les mains des médecins !

Maintenant, la monarchie française a râlé — elle est morte. Des rois peut-être iront se faire représenter aux obsèques d'Henri V, de leur cousin *in partibus*. On verra, autour de ces fleurs qu'aucun drapeau n'a jamais arborées, se grouper les derniers restes du passé : comtes et barons vont gémir, — laissons cette douleur s'épandre toute en paix.

Nous ne sommes pas de ceux qui dansent en rond autour des tombes et font des vers de mirliton avec l'insulte de carrefour au bout des rimes.

Le comte de Chambord va dormir du sommeil des quatre planches : pour l'histoire de notre temps, pour les idées modernes, pour le progrès, il n'a jamais vécu !

Mais dans sa personne défunte, dans ces pauvres restes qui ne pèseront plus lourd demain, — sitôt que les courtisans s'en seront allés, le cœur léger, saluer une autre couronne, nous devons saluer, fût-ce de ce coup de chapeau qui accompagne, dans la rue, les obscurs ou les indifférents en route pour les vers, le dernier homme de l'idée monarchique, intransigeante, honnête.

Allez ! courbez vos échines, criez au néant des fusions, chantez la royauté de branche en branche, sautez de l'aînée à la cadette, oubliez Frohsdorf pour vous inscrire au château d'Eu, — c'est à nous, privilège singulier, que reviendra d'avoir honoré le plus longtemps la mémoire du prétendant mort.

C'est tout le vieil âge que respecte ici l'âge nouveau.

Non, nous ne voulons pas passer l'oubli sur ce que représente le comte de Chambord ; bien au contraire : le contraste de tout ce passé fait ressortir et aimer davantage l'heure actuelle et son souci du progrès.

O vieille monarchie, vidée jusqu'aux moelles, toi qui t'es épuisée à travers les siècles au point de ne plus garder rien pour l'avenir, — que fais-tu, que dis-tu, que vaux-tu mise en regard de l'idée d'aujourd'hui, pleine de sève et de jeunesse !

Tu as l'air, au milieu de nous, d'un ancêtre séché, en momie : regarde l'homme jeune qui passe, avec l'esprit et le cœur neufs.

Regarde cette vigueur qui s'essaie, cette poussée vaillante où bouillonnent des qualités et des vertus impatientes !

Placée en face de cette nation qui attend, travaille et espère, l'ombre du comte de Chambord n'est qu'un repoussoir historique dont l'effet est salutaire, bienfaisant, nécessaire.

La France d'aujourd'hui verra de loin les obsèques du dernier descendant d'Henri IV et se dira : c'est « le vieux » qu'on enterre !

Le vieux — et le passé.

La série est achevée, la monarchie est close. Les soixante-trois ans, dix mois et vingt-trois jours du comte de Chambord ferment le passé ; il n'en faut pas plus pour rompre la chaîne qui pouvait relier la France présente à la France des Mignons et de l'Édit de Nantes.

Je sais bien, il nous reste Philippe VII. Mais Philippe VII, à l'heure des grandes douleurs nationales, a réclamé des millions ; Philippe VII, c'est l'essence même d'un système bâtard, — ni roi ni peuple.

Le comte de Chambord seul pouvait réveiller la monarchie et faire revivre en image tout ce qui dort dans l'écrasement des caveaux de Saint-Denis ; il s'y est refusé ; le procès est jugé, — que tous les honneurs lui soient rendus pour cette démission !

Après lui, rien ; le reste n'existe plus. La monarchie française sera enterrée sous les prières de quelques fidèles et avec les grimaces de quelques faux pleureurs. Vive ce qui est ardent et fort !

Le comte de Chambord est mort le jour même de la naissance du comte de Paris ; la peau de l'héritier en doit frissonner...

Le comte de Paris, Philippe VII, avait-il besoin de cette coïncidence pour voir l'avenir tout en noir !

Alexandre Hepp.

---

Pendant que ce volume était à l'impression, un nouveau document a été publié sur les divergences qui se sont produites parmi les légitimistes au lendemain de la mort du comte de Chambord. Un journal avait annoncé que tout l'entourage du prince s'était rallié à M. le comte de Paris. M. le comte Maurice d'Andigné, secrétaire du comte de Chambord, personnellement mis en cause par ce journal, lui a adressé la lettre suivante :

Paris, 24 octobre 1883.

Monsieur le directeur,

Rentré en France depuis très peu de jours, j'apprends que divers journaux ont prétendu que tout l'entourage de Monsieur le comte de Chambord s'était rallié à Monsieur le comte de Paris. On me communique même un numéro du *Gaulois*, daté du 8 septembre, lequel, sous la rubrique : *Derniers échos de Goritz*, affirme que j'ai fait parvenir à Monsieur le comte de Paris « l'assurance de ma fidélité ».

Votre collaborateur a été induit en erreur, monsieur le directeur; je n'ai pas fait la démarche dont il parle, et d'ailleurs, comme légitimiste, je ne reconnais et je n'ai le droit de reconnaître à Monsieur le comte de Paris que le titre de chef de la branche d'Orléans.

Le silence dans lequel je me renfermais depuis le douloureux événement du 24 août pouvant autoriser une fausse interprétation de mes actes et de mes véritables sentiments, je vous prie de rendre publique cette rectification.

Veuillez agréer, monsieur le directeur, l'assurance de ma parfaite considération,

Comte Maurice d'Andigné.

FIN

# TABLE DES MATIÈRES

Préface. . . . . . . . . . . . . . . . . . . . . . . .   I

## CHAPITRE PREMIER

### NAISSANCE DU DUC DE BORDEAUX.

Mort du duc de Berri. — Déclaration de grossesse de la duchesse. — Tentatives criminelles. — Les dames de la halle de Bordeaux offrent un berceau. — Naissance du duc de Bordeaux. — Procès-verbal et acte de naissance. — La naissance est annoncée au corps municipal de Paris. — Allégresse populaire. — L'enfant est présenté par Louis XVIII aux Parisiens. — Libéralités. — Réjouissances publiques. — Félicitations du corps diplomatique. — L'enfant du miracle. — L'enfant de l'Europe. — Protestation dite du duc d'Orléans. — Les nourrices. — Le baptême. . . . . . . . . . . . . . . . . . . . .   3

## CHAPITRE II

### LA SOUSCRIPTION DE CHAMBORD

Historique de Chambord. — Le domaine est mis en vente. — Première pensée de la souscription. — Ajournement de l'adjudication. — Commission d'organisation. — Rapport du comte Siméon au Roi. — La souscription devant la Chambre. — *Simple discours* de P.-L. Courier — Acquisition du domaine. . . . .   53

## CHAPITRE III

### L'EXIL

Années d'enfance. — Les gouverneurs. — Premières études. — La Révolution de Juillet. — Abdication de Charles X et du duc d'Angoulême. — Départ pour l'Angleterre. — Lielleworth. — Édimbourg. — Holy-Rood. — Première communion. — La famille royale s'établit à Prague. — Nouveaux précepteurs. — Majorité du duc de Bordeaux. — Manifestation royaliste. — La famille royale s'établit à Goritz. — Mort de Charles X.................................. 66

## CHAPITRE IV

### ANNÉES D'ÉTUDES

Études militaires. — Entretiens avec M. de Larochefoucauld. — Opinions du duc de Bordeaux. — Voyages en Autriche. — Voyage à Rome. — Manifestation royaliste. — Lettre à Berryer. — Chute de cheval. — Mort du duc d'Orléans. — Voyage en Allemagne. — Voyage à Venise. — Études navales.......... 78

## CHAPITRE V

### BELGRAVE-SQUARE

Le duc de Bordeaux se propose de visiter l'Angleterre. — Motifs de ce voyage. — Lettre à Chateaubriand. — Arrivée à Belgrave-Square. — Manifestation royaliste. — Lettre à Chateaubriand. — Réponse de Chateaubriand. — Discussion de *l'adresse*. — Vote de flétrissure. — Lettres à MM. Hyde de Neuville, de Fontaine, de Villèle. — Réélection des *flétris*........... 88

## CHAPITRE VI

### LE COMTE DE CHAMBORD

Mort du duc d'Angoulême. — Questions ouvrières. — Questions agricoles. — Mariage de *Mademoiselle*. — Élections de 1846. — Lettre à M. de Larcy. — Mariage du comte de Chambord. — Attitude du duc de Modène envers le gouvernement de Juillet. — Libéralités. — Les ateliers de charité de Chambord. — Inaction du comte de Chambord. — Ses causes. —Lettre à M. de Saint-Priest. . . . . . . . . . . . . . . . .   98

## CHAPITRE VII

### LA FUSION

Chute de Louis-Philippe. — Mort de Chateaubriand. — Lettre à Berryer. — Lettre au duc de Noailles. — Premiers projets de fusion. — Opinion de Louis-Philippe. — M$^{me}$ la duchesse d'Orléans. — Lettre du comte de Chambord. — Voyage à Ems. — La révolution à Rome. — Lettre au général Oudinot. —Voyage à Wiesbaden. — Exposés politiques. — Lettre au duc de Noailles. — Lettre à Berryer. — Mort de M$^{me}$ la duchesse d'Angoulême. — Manifeste du 25 octobre 1852. — La fusion. — Visite de M. le duc de Nemours à Froshdorf. — Le drapeau. — Lettre à M. le duc de Nemours. — La fusion est abandonnée. . . .  113

## CHAPITRE VIII

### QUESTIONS ADMINISTRATIVES ET ÉCONOMIQUES

Lettre sur la décentralisation. — Lettre sur l'Algérie, la décentralisation et l'enseignement. — Lettre sur les ouvriers. — Lettre sur l'enquête agricole. — Lettre sur l'agriculture. . . . . . . . . . . . . . . . . .  135

## CHAPITRE IX

### LE COMTE DE CHAMBORD PENDANT L'EMPIRE

L'épuration de la magistrature.— La Guerre de Crimée.— L'Église et l'État. — La guerre d'Italie. — La question romaine. — Lettre à Villemain. — Lettre à Lamoricière. — Le comte de Chambord offre ses services au Pape. — Castelfidardo. — Les traités de commerce de 1860. — Opinion du comte de Chambord sur la politique impériale. — Lettre à M. de Saint-Priest.— Mentana. — Manifeste du 15 novembre 1869. — Mort de la duchesse de Berri.— La guerre de 1870. — Manifeste du 9 octobre 1870. — Protestation contre le bombardement de Paris. . . . . . . . . . . . .  154

## CHAPITRE X

### LE DRAPEAU BLANC

L'Assemblée nationale de 1871. — M. Thiers chef du pouvoir exécutif. — La Commune. — Manifeste de mai 1871. — Nouvelle tentative de fusion. — Manifeste « Chambord, 5 juillet 1871 ». — Déclaration du 25 janvier 1872. — Manifestations royalistes d'Anvers. — La république conservatrice. — Lettre à M. de la Rochette. — La question du drapeau. — Le 24 mai 1873. — Visite de M. le comte de Paris à Froshdorf. — Les voitures du sacre. — La commission des neuf. — Visite de M. Chesnelong à Frohsdorf. — Séance de la commission des neuf du 16 octobre 1873. — Lettre à M. Chesnelong. — Le comte de Chambord à Versailles. — Manifeste du 2 juillet 1874. — Vote des lois constitutionnelles. . . . . . . . . . . . . . . . . . . 175

## CHAPITRE XI

### DERNIÈRES ANNÉES DU COMTE DE CHAMBORD

Le comte de Chambord rentre dans la retraite. — Manifestations royalistes. — Lettre à M. de Foresta. — Mort du prince impérial. — Dernières lettres : à M. de Mun. — A M. de Carayon-Latour. — A M. Hamon. — A M. de Roux-Larcy. — A M. Eugène Veuillot. . . . . . . 204

## CHAPITRE XII

### MORT DU COMTE DE CHAMBORD

Le « coup de fouet de Goritz. » — Premiers symptômes de maladie. — La note de l'*Union*. — M. Vulpian à Frohsdorf. — Douleur des royalistes français. — Dom Bosco à Frohsdorf. — Bruits d'empoisonnement. — M. Vulpian retourne à Frohsdorf. — Son *rapport* sur la maladie du comte de Chambord. — Les princes d'Orléans à Frohsdorf. — Mort du comte de Chambord. — Retour des princes d'Orléans à Frohsdorf. — Lettre de M. le comte de Paris aux cours européennes. — Cérémonie funèbre de Frohsdorf. — Funérailles de Goritz. — Question de préséance. — M. le comte de Paris n'assiste pas à la cérémonie. — Manifeste des royalistes en faveur de M. le comte de

# TABLE DES MATIÈRES

Paris. — Lettre de don Carlos. — Service funèbre de Saint-Germain-l'Auxerrois. — Dissolution des comités royalistes. — Circulaire de M. de Dreux-Brézé. — Disparition de journaux royalistes en province et de l'*Union* à Paris. . . . . . . . . . . . . . . . . . 214

## APPENDICE

Bulletins médicaux. . . . . . . . . . . . . . . . . . 241

## REVUE DE LA PRESSE.

| | | | |
|---|---|---|---|
| L'Action. | 267 | La Patrie. | 342 |
| La Bataille | 268 | Le Pays. | 345 |
| Le Clairon. | 271 | Le Petit Caporal. | 348 |
| Le Constitutionnel. | 275 | Le Petit XIXᵉ Siècle | 349 |
| Le Correspondant. | 280 | Le Petit Journal. | 351 |
| La Défense | 291 | Le Petit National. | 352 |
| Le XIXᵉ Siècle. | 292 | Le Petit Parisien. | 353 |
| L'Electeur. | 293 | La Petite République française. | 354 |
| L'Evénement. | 294 | | |
| Le Figaro. | 295 | La Presse. | 355 |
| Le Français. | 299 | Le Radical. | 355 |
| La France. | 304 | Le Rappel. | 356 |
| Le Gaulois. | 306 | La République française. | 357 |
| La Gazette de France. | 309 | La République radicale. | 360 |
| Gil Blas. | 311 | La Revue catholique des Institutions et du Droit. | 362 |
| L'Intransigeant | 313 | | |
| Le Journal des Débats. | 315 | La Revue de la Révolution. | 365 |
| Le Journal de Paris. | 319 | | |
| La Justice. | 320 | Revue des Deux-Mondes. | 366 |
| La Lanterne. | 322 | La Revue des Questions historiques. | 369 |
| La Liberté. | 322 | | |
| Le Monde. | 325 | La Revue du Monde catholique. | 370 |
| Le Moniteur Universel. | 326 | | |
| Le Mot d'Ordre. | 329 | La Revue politique et littéraire. | 371 |
| Le National. | 332 | | |
| La Nouvelle Revue. | 333 | Le Siècle | 372 |
| L'Opinion | 334 | Société Bibliographique (Bulletin de la). | 375 |
| La Paix. | 335 | | |
| Paris. | 338 | Le Soir | 377 |
| Le Parlement | 340 | Le Soleil. | 378 |

| | | | |
|---|---|---|---|
| *Le Télégraphe* | 379 | *La Vérité* | 392 |
| *Le Temps* | 381 | *La Ville de Paris* | 395 |
| *L'Union* | 387 | *Le Voltaire* | 395 |
| *L'Univers* | 390 | | |

Lettre de M. le comte Maurice d'Andigné. . . . . . . . . 399

Table des matières. . . . . . . . . . . . . . . . . . . 401

## FIN DE LA TABLE DES MATIÈRES

## CHEZ LES MÊMES ÉDITEURS

# BIBLIOTHÈQUE INSTRUCTIVE

Collection de volumes in-16 illustrés. Brochés. . . . . 2 fr. 25
Cartonnés en toile rouge ou lavallière, avec plaque or,
    tranches dorées. . . . . . . . . . . . . . . . . . 3 fr. 50

A. DUBARRY. — Le Boire et le Manger. 1 vol. orné de 129 gravures sur bois.

G. DEPPING. — Le Japon. 1 vol. orné de 47 gravures sur bois et d'une carte du Japon.

G. CERFBERR DE MÉDELSHEIM. — L'Architecture en France. 1 vol. orné de 126 gravures.

Lieut$^t$ H. BROSSELARD. — Voyage de la mission Flatters au pays des Touareg Azdjers. 1 vol. orné de 40 compositions d'après les croquis de l'auteur, et accompagné d'un itinéraire de la mission, tiré en lithographie.

D$^r$ H.-E. SAUVAGE. — La grande Pêche (Les Poissons). 1 vol. orné de 87 gravures.

J. HERVÉ. — L'Égypte. 1 vol. orné de 85 gravures sur bois et de deux cartes de la haute et basse Égypte.

LOUIS FIGUIER. — L'Art de l'Éclairage. 1 vol. orné de 114 gravures.

— Les Aérostats. 1 vol. orné de 53 gravures.

ALFRED BARBOU. — Les Généraux de la République. 1 vol. orné de 25 gravures.

## EN PRÉPARATION :

*Les Colonies perdues*, par Charles Canivet.
*Les Plantes qui guérissent et les plantes qui tuent*, par O. de Rauton.
*L'Homme blanc au pays des Noirs*, par J. Gourdault.
*Les Chasses de l'Algérie*, par le général Margueritte.
*A travers la vie*, par le D$^r$ Quesnoy.
*Histoire d'un louis d'or*, par Mallat de Bassilan, de la Bibliothèque nationale.
*La France héroïque*, par Alphonse Lair, agrégé de l'Université.
*Histoire d'une Alpe*, par Jules Gourdault.
*Les grandes Souveraines*, par Adrien Desprez.
*Les petits Ecoliers*, par Élie Berthet.
*Les petites Ecolières*, par Élie Berthet.
*La grande Pêche (crustacés, mollusques)*, par le D$^r$ H.-E. Sauvage.

# CHEZ LES MÊMES ÉDITEURS

### VOLUMES IN-16

La Séparation de corps et le Divorce, *à l'usage des gens du monde, et la manière de s'en servir.* Manuel des époux mal assortis, par G. DE CAVILLY. 1 beau vol . . . . . . . . . 3 fr. 50

Rome et Cicéron ou les derniers moments de la république romaine, par DUBOIS-GUCHAN, ancien magistrat . . . . . . . . . . . . . . . . . . . . . . . 3 fr. 50

Chefs-d'œuvre épiques de tous les peuples, par A. CHASSANG, inspecteur général de l'instruction publique, et L. MARCOU, maître de conférences à la Faculté des lettres de Paris. 3 fr. 50

Charles Jobey. — *La Chasse et la Table.* Joli vol., pap. vélin glacé, avec gravures sur acier . . . . . . . . . 3 fr. 50

Peinture géographique du monde moderne, suivant l'ordre dans lequel il a été reconnu et découvert, par M<sup>me</sup> PLÉE. 1 vol. orné de gravures sur bois . . . . . . . . . 3 fr. »

L'Italie d'après nature (*Italie méridionale*), par M<sup>me</sup> Louis FIGUIER . . . . . . . . . . . . . . . . . . . . 3 fr. »

Histoire de la Révolution française de 1789 à 1799, par HENRI MARTIN. 2 forts volumes . . . . . . . . . 7 fr. »

Histoire de la Révolution française, par A. THIERS. 14<sup>e</sup> édition. 8 vol. in-18 jésus, format anglais . . . . . . . . . 28 fr. »

Jeanne d'Arc, par HENRI MARTIN. 1 vol. orné d'une grav. sur acier . . . . . . . . . . . . . . . . . . . . . 2 fr. »

Daniel Manin, dernier président de la République de Venise, par HENRI MARTIN; précédé d'un *Souvenir de Manin*, par M. E. LEGOUVÉ (de l'Académie française). 1 volume . . 3 fr. 50

Augustin Thierry. — Œuvres complètes. 9 vol. 18 fr. »

*Chaque ouvrage se vend séparément*

Conquête de l'Angleterre, 4 vol. . . . . . . . . . . 8 fr. »
Lettres sur l'Histoire de France, 1 vol. . . . . . . . 2 fr. »
Dix ans d'Études historiques, 1 vol. . . . . . . . . 2 fr. »
Récits des temps mérovingiens, 2 vol. . . . . . . . 4 fr. »
Histoire du Tiers-État, 1 vol. . . . . . . . . . . . 2 fr. »

www.ingramcontent.com/pod-product-compliance
Lightning Source LLC
Chambersburg PA
CBHW070929230426
43666CB00011B/2369